108가지 결정

108가지 결정 큰글자책

고조선 시대 쿠데타에서 21세기 수도이전 논의까지
한국의 운명을 바꾼 역사적 선택

초판 1쇄 발행   2021년 7월 23일

지은이   함규진
펴낸이   최용범

편집   박호진, 윤소진
디자인   김태호
마케팅   김학래
관리   강은선
인쇄   (주)다온피앤피

펴낸곳   **페이퍼로드**
출판등록   제10-2427호(2002년 8월 7일)
주소   서울시 동작구 보라매로5가길 7 1322호
이메일   book@paperroad.net
페이스북   www.facebook.com/paperroadbook
전화   (02)326-0328
팩스   (02)335-0334
ISBN   979-11-90475-62-4 (03900)

고조선 시대 쿠데타에서
21세기 수도이전 논의까지
한국의 운명을 바꾼 역사적 선택

108가지 결정

함규진 지음
우리시대 역사학자 105인 선정

책머리에

우리는 세상을 살면서 종종 '시간을 거꾸로 돌리고 싶다'는 생각에 젖는다. 그때는 미처 몰랐지만 나중에 보니 자신의 인생을 결정하는 중요한 결정이 있던 시점으로 되돌아가, 그 결정을 바꾸고 싶다는 욕망 때문이다. 물론 부질없는 생각이지만, 만약 다른 결정을 내렸더라면 인생이 송두리째 바뀌었을지도 모르는 결정이란 분명히 존재한다. 어느 대학에 지원할 것인가, 어떤 직업을 선택할 것인가, 이 사람과 결혼을 해야 하는가 말아야 하는가….

2003년, 한국사 연구자들 사이에서는 한 가지 의미 있는 '결정'이 있었다. "수천 년 한국사의 흐름을 바꾼 역사적 결정을 찾고, 그의미를 새겨 보자"는 취지에 따라, 각 대학 교수, 연구원, 재야 역사학자, 역사작가 등이 함께 의견을 내고 하나로 취합하여 '한국사를 바꾼 결정들'을 선정하기로 한 것이다. 101명이 참여한 이 결과는 이듬해 1월, 『월간중앙』 별책부록인 「역사탐험」 제8호에 개제되었다. 참여자들이 꼽은 역사적 결정은 모두 102개에 달했으나, 선정된 수에 따라 가중치를 부여한 결과 1위인 '한글 창제 결정'부터 20위인 '카터 방북'까지 '최고의 역사적 결정'이 선정되고, 나머지는 일단 우열을 가리기 어려운 결정들로서 소개되었다.

이 책은 그처럼 한국사에 큰 영향을 미쳤던 역사적 결정들을 시대순으로 소개한다. 다만 처음 이 기획을 엮은 2003년에서 몇 년의 시간이 더 지났고, 그 사이에도 몇 가지의 중대한 역사적 결정이 있었다. 그래서 몇 사람의 연구자들의 의견을 더 취합하여, 전체 결정의 수를 108개로 늘렸다. 새로 작업에 참여해주신 분들은 권재상 전 공군사관학교 교수, 박노자 노르웨이 오슬로대 교수, 이철희 성균관대학교 대동문화연구원 연구교수, 그리고 그리고 이 책의 대표 집필을 맡은 함규진 서울교육대학교 교수이다(기존 참여 인원은 이 글의 끝에 정리해놓았다). 108개 결정 외에도, 일부는 몇 가지의 작은 주제로 묶어 비교함으로써 독자의 이해를 돕기로 했고, 사진 및 그림 자료를 선택하여 주제에 대한 접근을 더욱 용이해지도록 시도했다. 이 결정들과는 다른 목록을 주장하는 사람이나, 각 결정의 역사적 의미에 대한 해석에 이의를 갖는 사람도 있으리라. 하지만 한두 사람이 아닌 100여 명 역사 연구자들의 뜻을 모은 결과임을 이해해 주기 바랄 뿐이다.

사람이 있고, 사건이 있는 한 결정의 순간은 반드시 찾아온다. 기업이나 사회단체, 정당 등에도 그런 중요한 결정은 있다. 감원을 할 것인가 말 것인가? 공격적 투자인가, 방어적 수성인가? 과연 누구를 다음 대선 후보로 선출할 것인가? 마찬가지로 역사에도 이렇게 중요한 흐름을 가르는 결정이 분명히 존재하여 오늘날 우리에게 흥미로운 질문을 떠올리게 만든다. "역사에 만약은 없다"라는 말이 흔하게 떠돌지만, 사실 역사 해석은 끊임없는 '만약'을 스스로에게 던져야 하는 분야이기도 하다. 과거에 대한 끝없는 질문이 없었다면,

그 대답을 반영한 역사라는 학문조차 존재하지 않았을 것이다. 역사의 만약은, 그 반대인 진실을 이해하는 유력한 조력자이며, 때로 질문에 대답하는 과정에서 그 만약이 새로운 진실의 자격을 획득하기도 한다. 물론 어떤 경우든 그 근거는 사료다.

책은 108개 결정의 순간과 함께, 그만큼의 질문을 우리에게 던진다. 최초의 역사적 결정인 기원전 194년 '위만의 쿠데타', 이 선택을 기점으로 한국사는 신들이 노니는 이상의 세계에서 사람들이 살아가는 현실의 역사로 강하한다. 만약 이 사건이 없었다면 그 뒤의 역사는 어떻게 바뀌었을까? 한글이 창제되지 않았더라면, 이성계가 위화도에서 회군하지 않았더라면, 우리 역사는 어떤 모습으로 전개되었을까? 이런 질문이 안중근의 의거와 김구의 암살, 경부고속도로 건설을 거쳐 IMF와 남북정상회담, 수도이전 논의까지 이어진다.

결정을 모아 책으로 내며, 한국사에서 사료 부족의 문제를 새삼 통감할 수 있었다. 반만 년 민족사라고 하지만 기원전에 이뤄진 중요한 역사적 결정이 하나뿐이다. 당시에도 사람들은 변함없이 살아갔건만, 이를 밝혀낼 역사의 조각들은 아직 우리의 손에 닿지 못했다. 2000년대에 이루어진 역사적 결정 넷 중에, 남북정상회담을 제외하면 모두(대통령 탄핵, 수도이전 무산, 부계 성 강제조항 폐지) 헌법재판소와 연관된 결정이란 점도 흥미로웠다. 21세기에 들어서, 우리 사회가 그만큼 헌법적 해석을 중심으로 중요한 역사가 판가름 나는 사회가 되었음을 알 수 있다.

이 책을 쓰고, 편집하고, 인쇄하고, 독자들이 읽는 시점에도 중요한 역사적 결정은 이루어지고 있다. 그 모든 일들을 새로이 모아,

'새로운 결정판'을 내고 싶은 생각 또한 간절하다. 어쩌면 10년 정도 뒤에 가능할까? 그 때는 지금보다 더 긍정과 자랑에 차서 책을 엮게 될까? 그것은 아무도 모른다. 하지만 분명한 것은, 선택과 결정 모두 바로 우리의 몫이라는 점이다. 더 나은 한국을 만드느냐, 마느냐의 역사적 결정은 우리 모두의 손에 달려 있다.

저자들을 대표하여, 함규진

• 최초의 논의에 참여하여주신 분들(가나다순) •

고석규	목포대 역사문화학부 교수	김세봉	단국대 동양학연구소 전문연구원
구자성	소사고 교감	김순석	한국국학진흥원 수석연구원
권내현	고려대 역사교육과 교수	김인호	경성대 교양과정부 전임강사
권영필	상지대 초빙교수	김일권	한국학중앙연구원 연구위원
김경수	청운대 교수	김종혁	고려대 민족문화연구원 연구교수
김대환	부산동여고 교사	김창겸	한국학중앙연구원 연구위원
김동수	전남대 사학과 교수	김풍기	강원대 사범대 국어교육과 교수
김미희	신분전자공업고 교사	김현정	상지영서대 강사
김병기	대한독립운동총사편찬위원회 위원장	김희곤	안동대 사학과 교수
나각순	서울시 시사편찬위원회 연구원	신경현	충암고 교사
도진순	창원대 사학과 교수	신동규	강원대 인문과학연구소 전임연구원
문철영	단국대 역사학과 교수	신상용	목포대 역사문화학부 교수
민경현	고려대 사학과 교수	신용하	이화여대 석좌교수
민덕기	청주대 역사문화학과 교수	신형식	이화여대 명예교수
박기수	성균관대 사학과 교수	원영한	강원대 명예교수
박문교	충암고 교사	원 철	전 영남대 사학과 교수
박병식	한민족문화연구원 학술고문	유재춘	강원대 사학과 교수
박성봉	경북대 사학과 초빙교수	육낙현	백산학회 총무
박성수	한국학중앙연구원 명예교수	윤내현	단국대 동양학연구소장

박소연	전주대 문화산업대학 교수	윤동진	문화재 전문 사진작가
박옥걸	아주대 사학과 교수	윤명철	동국대 교양교육원 교수
박용운	고려대 한국사학과 교수	이길상	한국학중앙연구원 교수
박종석	외국어대 강사	이덕일	한가람역사문화연구소 소장
박진태	대진대 사학과 교수	이동현	중앙일보 전문위원
박진호	디지털 복원 전문가	이민원	동아역사연구소장
박한제	서울대 동양사학과 교수	이상배	서울시 시사편찬위원회 연구원
박화진	부경대 사학과 교수	이상협	서울시 시사편찬위원회 위원
박 환	수원대 사학과 교수	이성무	전 국사편찬위원장
복기대	단국대 석주선 기념박물관 학예연구원	이영춘	국사편찬위원회 편사연구관
사공득	홍명고 교사	이이화	역사문제연구소 고문
서길수	서경대 교수	이재범	경기대 사학과 교수
손승철	강원대 사학과 교수	이정신	한남대 사학과 교수
송기호	서울대 국사학과 교수	이주천	원광대 사학과 교수
송호수	사단법인 단군봉찬회 개천대학장	이형우	영남대 국사학과교수
이희근	역사학자	최맹식	국립문화재연구소 유적조사실장
장두홍	충남고 교사	최병헌	서울대 국사학과 교수
장보웅	전남대 명예교수	최봉룡	한국정신문화연구원 대학원 박사과정
전호태	울산대 역사문화학과 교수	정문연	한국정신문화연구원 위원
정구복	한국학중앙연구원 교수	최용범	역사작가
정병철	전남대 사학과 교수	최진옥	한국학중앙연구원 교수
정연식	서울여대 사학과 교수	최태선	서울 현대고 역사교사
정제원	숭의여고 교사	최호균	상지영성대 교양과 교수
정창현	국민대 겸임교수	하문식	세종대 역사학과 교수
정현백	성균관대 사학과 교수	하정용	한국학의학연구원 학술정보부 연구원
조범환	서강대 박물관 연구교수	허동현	경희대 교양학부 교수
조병민	전주고 교사	허영란	역사문제연구소 연구실장
조한경	북천북고 교사	허흥식	한국학중앙연구원 교수
주채혁	세종대 역사학과 교수	홍윤진	충암고 역사 교사
진태하	명지대 국문과 명예교수	홍진호	한양대 사학과 강사
최광식	고려대 한국사학과 교수	황은영	강원대 사학과 강사
최동일	괴산 연풍중 교사		

차례

제2부 고려시대

제3부 조선시대

제4부　근대

제5부 현대

제1부　고대

1

BC 194년 위만의 쿠데타

최초의 쿠데타:
신화의 시대는 끝나고

한국사 최초의 쿠데타는 언제 있었을까? 남겨진 기록에 따르면 지금부터 2200여 년 전인 BC 194년이다. 위만이 자신을 받아준 고조선의 준왕을 배신하고, 왕검성의 새로운 주인이 된 것이다.

　사마천의 『사기』에 위만은 중국 연나라 사람으로 되어 있다. 그는 한고조 유방을 도운 공로로 연나라 왕에 봉해졌던 노관의 부하였던 것으로 보인다. 노관이 통일 이후 공신세력들이 제거되는 과정에서 흉노에 망명하자, 위만도 천여 명의 사람을 이끌고 고조선에 망명했다. 고조선의 준왕은 그의 망명을 허락했을 뿐 아니라 박사의 지위와 사방 백 리의 땅을 주고, 고조선의 서쪽 변방을 수비하도록 했다. 위만은 그곳에서 중국에서 계속 넘어오는 이민자들을 받아들이며 세력을 날로 키웠고, 마침내 "한漢나라가 침공해오므로 수도를 방어해야 한다"는 핑계로 왕검성으로 군대를 진격시켰다. 졸지에 나라를 빼앗긴 준왕은 남쪽으로 달아나, '한왕韓王'이라 칭했다고 한다.

위만이 과연 『사기』의 기술대로 '중국인'이었을지, '한민족'이었을지는 논란이 많다. 국사 교과서를 포함한 여러 책에는 위만이 실제로는 한민족이었다고 적혀 있다. 그 근거는 위만이 조선으로 올 때 큰 상투騰를 틀고 조선옷을 입었다는 것, 위만이 나라를 빼앗은 후에도 국호를 계속 조선이라고 했다는 것, 위만조선 정권에서도 조선 토착민이 고위직에 기용되고 있다는 것 등이다.

하지만 이것으로 위만을 한민족이라 보기에는 무리가 있다는 지적도 많다. 조선식 용모를 꾸민 것은 망명의 의지를 표현하기 위했을 뿐이 아닐까? 조선이라는 국호를 유지하고('조선'이라는 말도 '국호'라기보다 '지명'에 가까울 수 있다) 조선인을 중용했다는 사실도 위만이 국내 기반이 약한 망명자 출신으로서 그만큼 토착세력을 아우를 필요가 있었다는 의미로 읽어야 하지 않을까?

> "위만이 토착세력을 중용했다는 사실은 역으로 그가 조선계가
> 아니라 중국계일 가능성을 뒷받침해주는 근거가 된다." 이희근

실제로 당시 그리 뚜렷한 민족적 구분이 있었는지도 의문이며, 고대 세계에서는 필요에 따라 수시로 국경을 넘어 다니며 이국땅에서 뿌리내리고 사는 것이 일상이었다. 따라서 위만이 '한민족'인가 '중국인'인가 하는 논란은 당시 사람들이 듣는다면 도저히 이해할 수 없는 논쟁일지도 모른다.

위만의 민족정체성보다 중요한 문제는 이것이 한국사에서 최초

의 쿠데타라는 사실이다. 그 이전의 우리 역사는 어땠는가? 신의 아들이 왕이 되고, 성스러운 군자가 통치를 하여 사람들이 모두 예의를 알고 문을 열어 두어도 물건을 훔치는 사람이 없었다고 했다. 물론 현실적인 인간 사회가 그렇지는 못했으리라. 아무튼 역사의 이 시점에서부터 '현실'은 비로소 문자의 옷을 입는다. 대의도 명분도 입에 발린 소리일 뿐, 힘과 기회만 있다면 은혜를 베풀어준 상대도 배신하며, 폭력과 기만으로 권력을 쟁취하는 '보통 인간'의 역사가 시작된다.

2

372년 고구려 불교 승인

'불국토'로 가는 길

삼국에 처음 불교가 들어온 때는 고구려 소수림왕 2년372년, 전진의 부견이 사신과 함께 승려 순도를 파견했을 때다. 순도는 불상과 경문도 함께 가지고 왔으며, 2년 뒤에 다시 승려 아도가 방문했고, 소수림왕 5년375년에는 최초의 절인 초문사가 지어졌다. 이 절에는 순도가 거처했다. 아도를 위해서는 다시 이불란사를 창건했다.

소수림왕이 불교를 받아들인 이유에 대해서는 대략 세 가지의 설이 있다. 첫째, 고구려가 사대관계를 맺고 있던 전진에서 '하사'한 불교이므로 싫든 좋든 받아들일 수밖에 없었다는 것이다. 일본의 타무라 엔쵸가 주장한 이 설은 "만약 고구려의 왕이나 귀족이 불교에 반발했다면, 그것은 곧 전진의 부견에 반발하는 것이었다"라 하여 전혀 색다른 종교의 전파치고는 매우 순조롭게 이루어진 듯한 불교 전파를 국제관계적으로 설명한다. 타무라는 동진의 마라난타가 침류왕

1년384년에 백제에 불교를 전한 것 역시 이런 식으로 설명하고 있다. 하지만 이 설은 허점이 많다. 사대관계라는 것이 엄격한 주종관계 같은 것은 아니기 때문이다. 고구려가 수, 당과 싸우고 신라도 삼국통일 과정에서 처음에는 적극적으로 추종했던 당나라와 전쟁을 벌인 것에서도 보듯, 작은 나라가 큰 나라의 뜻에 언제나 순종하는 일은 없었다. 사대관계란 동맹이면서 한쪽의 위상을 더 높게 쳐주는(주로 국력 차이 때문에) 동맹 관계라고 할 수 있다. 그렇다면 전진이나 동진이 보낸 불교라 하더라도 고구려, 백제에서 수용할 의지가 없었다면 거부했을 것이다. 아니면 최소한 왕실에서 적극적으로 진흥하지는 않았을 것이다. 즉 불교 수용에는 받아들이는 쪽의 적극적 이해관계가 있었다고 보아야 한다.

어떤 이해관계일까? 두 번째 설에서는 소수림왕의 개인적 고뇌가 불교 수용에 영향을 주었다고 한다. 그는 고국원왕의 아들인데, 고국원왕은 백제와 치열하게 싸우다가 전사했으며, 일설에는 그 목이 장대에 매달려 조롱거리가 되었다고 한다. 이후 등극한 소수림왕은 오랜 팽창 정책을 접고 수성과 내치에 몰두한다. 여기서 소수림왕이 아버지의 비참한 죽음에 충격을 받아 심리적으로 위축되었을 것이며, 따라서 불교를 통해 마음의 안정을 얻으려 했으리라는 해석이 나온다. 하지만 소수림왕의 심리에 대한 구체적 기록이 없는 상황에서 이는 지나친 유추이고, 전쟁이 일상이 된 시대에 왕이 전사하는 일은 그다지 드물지 않다. 그리고 왕이 개인적 위안을 얻으려 전혀 새로운 외래종교를 나라에 퍼뜨렸다는 것은 당시의 왕권을 과대평가하는 것이다. 사실 고구려뿐 아니라 백제, 신라 모두 왕실의 주도 하

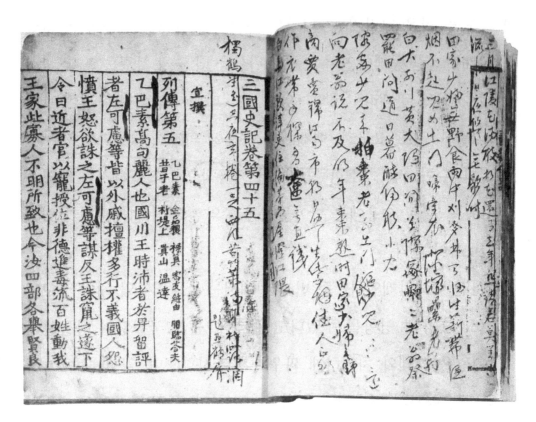

고려 인종 23년(1145)에 김부식金富軾을 주축으로 편찬된 삼국시대 역사를 다룬 기전체紀傳體의 정사 서正史書이다. 성암고서 박물관이 소장한 『삼국사기』는 현재까지 발굴된 판본 중에서 가장 오래된 것으로, 태조 이전의 고려조 번각본으로 추정된다.

에 불교를 수용했던 것은 바로 그 왕권과 관련이 깊었다.

불교는 세상의 부와 권력을 하잘것없게 보며, 욕망을 죽이고 마음을 비우라고 가르친다. 이렇게 보면 불교가 왕권에 도움이 될 일이 없을 것 같다. 하지만 본래 종교란 다양한 교리 중에서 어느 부분을 강조하느냐에 따라 어용이 될 수도 있고, 혁명론이 될 수도 있다. 삼국의 왕들은 자신을 전륜성왕, 즉 '살아 있는 부처'로 내세웠다. 왕이 다스리는 나라는 불국토라 하여 왕에게 충성하는 것이 곧 부처를 믿는 것이요, 왕의 명을 받들어 나라를 지키는 것이 곧 불법을 수호하는 것이라고 했다. 또한 크게 불사를 일으킨다는 명목으로 많은 돈과 논밭을 시주받고, 그 일부를 황룡사나 미륵사 같은 웅장한 절을 짓는 데 사용했다. 한편 일부는 왕실의 내탕금으로 사용했으니, 왕은 불교를 진흥할수록 왕권의 상승을 볼 수 있었다. 또 당시의 지식계급이었던 승려들은 왕을 도와서 고위 관료 역할을 해낼 수 있었다. 일반 귀족과 달리 승려는 가족을 갖지 않기 때문에 왕으로서는 더욱 믿고 맡길 만했다. 삼국이 율령을 제정하고, 태학을 세우며, 국사를 편찬하는 등 국왕 중심의 관제를 정비하는 시기가 불교 수용 시기와 거의 일치한다는 사실도 이를 뒷받침한다. 삼국 중에서 가장 왕권이 약했던 신라의 경우 다른 나라처럼 '원만하게' 불교를 수용하지 못하고 이차돈의 순교라는 과정을 거쳐야 했던 것도(지금은 이차돈의 순교란 법흥왕과 이차돈이 밀약하여 벌인 일종의 '쇼'였다고 보는 시각이 많다. 순교라는 과정을 일부러 연출하여 불교 공인 반대론을 제압했다는 것이다) 이러한 왕권 강화 과정에 맞선 견제 세력의 존재를 짐작케 한다.

"고대 문화 건설의 주역인 불교 공인을 통하여 한국 문화의 수준과 폭의 본질적인 변화의 계기를 마련했다."   최병헌

"4세기 철제농기구의 보편적 사용으로 인한 농업 생산력의 발전과 아울러 농민층의 상대적 성장으로 인해, 이전과 같은 신화적 이데올로기로 통치하기 어려운 상황에서 삼국의 왕실이 불교를 수용함으로써 국왕을 중심으로 민을 통합하여 강력한 전제적 집권체제를 수립하고 고대국가로 발전할 수 있었다."   박진태

이렇게 이 땅에 뿌리를 내린 불교는 이후 천육백여 년 동안 민족의 정신세계를 풍요롭게 했으며, 많은 문물을 생산했다. 하지만 이 단계에서 아직 삼국의 불교는 왕실 불교, 귀족 불교에 불과했다. 불교가 일반 민중에게까지 내려와 명실공히 민족의 종교가 되려면 통일신라시대, 원효를 기다려야 했다.

3

395년 고구려의 중원 정벌

대륙을 달리다

고구려를 가리켜 '전쟁의 나라'라고 부른 사람이 있다. 실제로 우리 역사의 여러 국가들 가운데 고구려만큼 호전적인 나라는 없었다.

> "어려서부터 활쏘기와 말타기를 익히고… 인사할 때는 한쪽 무릎을 꿇고 구령을 붙여 인사한다. 평소에도 천천히 걸어가는 법이 없고, 달리듯이 걷는다."

『삼국지』「위지동이전」에서 고구려 사람들을 묘사해놓은 것을 보면 마치 전문 무사계급을 묘사해놓은 것 같다. 고구려 사람이라면 평민이라도 이처럼 일상 속에서도 '군기가 바싹 들어 있었다'는 것이다. 그리고 전문 무사계급 역시, 그것도 아주 많이 존재했다. 1만여 명의 '좌식자'들은 평소에는 놀고먹으며 아무 생산 활동도 하지 않는다. 그

25

러다가 전쟁이 벌어지면 곧바로 나가 싸우는 것이다. 당시 중국의 군대가 죄수와 불량배들을 끌어 모아 졸속으로 편성하거나, 농사일밖에 모르는 농민을 강제로 징집해서 이루어지는 게 보통이었으니, 중국의 군대에 비해 수는 뒤질지 몰라도 용맹함과 무예에서는 고구려군이 대체로 월등했다고 봐도 좋을 것이다.

고구려가 호전적일 수밖에 없었던 이유는 자국 내 생산 만으로는 먹고살기가 힘들었기 때문이다. 위나라의 관구검이 고구려를 침공하여 수도 국내성까지 쳐들어간 적이 있는데, 그곳이 한 나라의 수도로서는 너무 초라하고 토지도 척박한 것을 보고 "어떻게 이런 곳에서도 사람이 산단 말인가" 하고 놀랐다는 이야기가 전해진다. 고구려는 건국 이래 4세기 무렵까지도 주변 부족과 국가를 약탈해서 얻은 물자와 인력으로 겨우 국가를 유지했다. 그만큼 중국 땅을 종종 습격했지만 약탈이 목적이었기에 싸움에서 이겨도 점령은 하지 않고 곧바로 철수하곤 했다.

그러나 관구검의 대대적인 고구려 정벌 이래 고구려의 국세는 한동안 크게 기울어졌고, 이에 남쪽의 한반도로 눈을 돌렸더니 다시 백제의 맹반격을 받아 고국원왕이 전사하는 상황에 처한다. 이후 소수림왕과 고국양왕은 모두 섣불리 대외 침략에 나서기보다 내실을 다지는 정책을 취한다. 불교 수입, 율령 반포, 태학 설치 등이 그런 정책의 일환이었다.

이렇게 다져진 내실을 바탕으로, 다시금 고구려의 기상을 온 세상에 떨친 사람이 바로 광개토왕이었다. 그는 23년이라는 재위 기간 동안 북쪽으로 숙신과 부여, 동쪽으로 동예를 쳐서 복속시키고 서쪽으로는 후연과 싸웠으며 남쪽으로는 백제와 신라, 왜를 압도했다. 그의 치세 중에 고구려는 '제국'으로 탈바꿈했다.

그런데 광개토왕의 주 공격목표는 본래 한반도 남쪽이었다. 특히 등극 이듬해에 백제를 공격해 10성을 빼앗는 것을 시작으로 재위 5년396년에 백제의 58성을 점령하고 백제 왕의 형제를 포로로 잡을 때까지 주로 백제와 전쟁을 했다. 그러나 397년, 광개토왕은 후연의 요동성을 공격함으로써 동천왕대의 요동 공격242년 이래 155년 만에 중국에 적극적인 공세를 펼쳤다. 402년에는 먼저 공격해온 후연에 대해 요하를 넘어서까지 반격전을 펼치는데, 요하를 넘어서 중국 본토까지 쳐들어간 일은 고구려 역사상 처음이었다.

광개토왕은 왜 강성한 중국을 상대로 정면승부를 펼쳤을까? 당시 중국이 통일왕조를 잃고 5호16국시대가 되면서 작은 왕조들이 계속 일어나고 사라지는 혼란에 빠져 있었던 점, 그래서 고구려 정도의 힘으로는 너끈히 상대할 수 있었다는 점이 무엇보다 큰 이유다. 또한 광개토왕은 소수림왕 이래 다져온 내실을 더욱 확실히 했다. 기존의 5부족 연합 체제는 왕을 중심으로 한층 통합되었고, 사마司馬, 참군參軍 등 군사제도를 신설하면서 군사력을 더욱 효율적으로 편성, 관리하게 되었다. 이런 배경에서 벌인 대중국전은 성공했다. 고구려는 요동의 지배권을 확립했고, 국력을 크게 소모한 후연은 비틀거리다가 탁발씨의 북위에게 멸망당했다.

그러면 앞의 의문과는 반대로, 왜 광개토왕은 여세를 몰아 후연을 완전히 정복하고, 나아가 중원으로의 진출을 노리지 않았을까? 5호16국이 소수의 북방민족들에 의해 수립된 경우가 많음을 생각하면, 이 기회를 틈타 고구려도 중원의 한구석을 차지하고, 잘만 하면 후일의 금나라나 청나라 같은 대제국을 수립할 수도 있었을 것이다. 그러나 광개토왕은 요동을 확보하는 데 만족하고는 다시금 눈을 한반도 남쪽으로 돌렸다.

중국과 한반도라는 두 개의 전선에서 동시에 전쟁을 치르기를 꺼려한 점도 있을 것이다. 하지만 한편으로 고구려 국가 체제의 한계 때문일 수도 있다. 꾸준한 중앙집권화 노력으로 광개토왕대에는 예전과는 비교할 수 없을 만큼 통합되었지만, 그래도 고구려는 부족연합적인 나라였다. 5부족 외에 말갈족, 선비족 등 복속된 민족들도 있었다. 고구려의 군대란 중앙에서 동원하는 상비군이라기보다 각 부족과 호족이 제각기 동원하여 왕의 깃발 아래 모인 연합군이었다. 전선을 크게 확대하면 통일성이 깨지기 쉽고, 자칫하면 넓은 지역을 손에 넣은 부족이나 호족이 반란을 일으킬 수도 있었다. 그래서 광개토왕과 그 후계자들은 요동, 남만주, 한반도 북부를 차지하는 선에서 만족했던 것이다.

오늘날 우리는 이 선택을 다행으로 여겨야 할까, 아쉬워해야 할까? 조한경은 광개토왕의 중국 공략을 "우리 민족의 기개를 드높이고 자존심을 세운 일"이라 높이 평가하면서도 좀 더 적극적인 공세를 펴지 못한 점을 아쉬워한다. 반면 박성봉은 "광개토왕이 무분별한 영토 확장보다 농경지 확보 위주의 착실한 정복 사업을 벌인 것은 현명한 단안이었다. 이 단안이 없었다면 고구려사의 운명도 거란, 여진과 궤를 같이 하게 마련이었을 것이다"라고 한다.

광개토왕의 중국 공략은 한국과 중국의 경계선을 모호하게 만들었으나, 결국 요하를 넘어 더 나아가지는 않음으로써 고구려 역사가 한반도 쪽으로 확정되었다. 그런 사실을 오늘날의 동북공정 관련 논쟁에서는 주목해야 할 것이다.

4

427년 평양 천도

한반도와 만주 동시 경영의 계기

단출한 기록 뒤에 숨은 천도의 비밀

장수왕의 평양 천도 과정에 대한 역사상의 기록은 매우 단출하다. "15년427년에 평양으로 도읍을 옮겼다"라고 『삼국사기』에 적혀 있는 것이 전부다. 그러나 그 의의는 대단했던 것으로 여겨진다. 평양에 남아 있는 안학궁의 유적을 보면, 둘레 2,888미터, 넓이 38만 제곱미터에 달하는 왕궁 터에 51채 정도의 건물이 서 있었던 것으로 추정된다. 안학궁 뒤에 쌓은 대성산성은 둘레 길이만도 7킬로미터에 달했다. 이전 수도인 국내성은 물론 백제와 신라, 아니 당시 중국의 어느 수도와 비교해봐도 거대한 규모였다.

그런 점에서 일부의 주장, 즉 평양 천도가 만주 지역에서 중국의 압박에 못 이겨 부득이하게 이루어졌다는 주장에는 설득력이 적다.

물론 동천왕대에 위의 관구검이 침입하여 국내성이 유린되는 사건은 있었다242년. 당시 국내성의 피해가 극심했으므로 평양으로 임시 천도를 했을 정도였다. 하지만 잘 알려진 것처럼 장수왕과 그 이전의 광개토왕대에는 고구려가 중국과 한반도로 최대의 세력을 떨치던 시절이었다. 그런데 굳이 후퇴하는 의미의 천도를 할 필요가 있었을까? 그것도 그렇게 웅장한 새 궁전까지 지으면서? 더구나 동천왕대의 위기보다 더 가까웠던 위기는 장수왕의 증조부에 해당하는 고국원왕이 평양에서 백제군에 의해 전사했을 때였고371년, 이 때문에 다음 왕들인 소수림왕과 고국양왕은 한동안 팽창 정책을 접은 채 내치에만 몰두해야 했다. 광개토왕대에도 계속 평양 부근까지 공격해오는 백제를 경계해 왕이 친히 그 지역을 순시하고 성을 쌓기도 했다. 그러면 오히려 평양보다 더 북쪽에 수도를 두어야 했지 않은가?

평양 천도에 대한 또 한 가지 해석은 그 지역의 경제적 장점에 주목한다. '산골 마을'인 국내성과 달리 평양은 교통의 요충지로서, 대동강과 재령강을 이용하면 국내적으로도 각지의 세곡稅穀 운송이 편리했고, 국제적으로도 곧바로 황해로 나가 중국과 교류할 수 있었다. 더욱이 대동강 하류의 기름진 평야지대는 수도권 주민이 먹고도 남을 미곡을 생산할 수 있었다. 3세기에 국내성을 유린한 관구검이 "땅이 너무 척박하여 곡식을 기르기 부적당하고, 사람 살 곳이 못 된다"고 했던 것과 대조된다. 따라서 평양이야말로 "삼국통일의 원대한 이상을 실현하기에 적합한 터전"이었다는 것이다.

하지만 여기서 빠질 수 없는 요소가 두 개 더 있다. 하나는 첫 번째 해석과는 반대로, 수세가 아닌 공세적인 입장에서 평양으로 천도

대성산성大城山城

평안남도 대동군 임원면에 있는 고구려시대 산성으로, 내부에는 식량 창고 터, 무기고 터, 병실 터, 20여 개의 성문터가 발견되었다. 산성 주변에 약 1,200기基의 고분이 남아 있어 이 성이 도성을 보호하는 데 중요한 역할을 했다는 것을 알 수 있다. 그뿐만 아니라 고구려가 천도한 평양의 동황성東黃城으로 추정 돼 오늘날 고구려가 한민족의 영토였다는 증거로 남아 있다.

했다는 것이다. 다만 그 대상은 중국이 아니라 한반도 남부였다. 사실 천도 후에 장수왕은 지속적으로 백제에 대한 공세를 펼쳐, 장수왕 63년475년에는 군사 3만으로 백제의 한성을 함락하고 개로왕을 죽임으로써 증조부 고국원왕의 원수를 갚았다. 앞서 광개토왕이 평양 지역을 자주 순시하고, 성을 쌓고, 아홉 곳의 사찰을 한꺼번에 신축하는 등의 조치를 취한 것도 백제에 대한 '공세적 방어'의 일환이었고, 어쩌면 평양 천도는 광개토왕 때부터의 프로젝트였을지 모른다는 해석도 가능하다.

또 하나는 바로 모든 천도 과정에 뒤따르는 현상, 즉 지배계급의 개편 내지 교체다. 그것은 아울러 왕권의 강화를 의미했다. 예전에는 지배계급의 물적 근거가 대체로 토지였다. 그런데 토지는 쉽게 옮길 수 있는 게 아니다. 그래서 수도가 다른 곳으로 옮겨가면 토지 때문에 뒤따라가지 못하는 중앙귀족들은 토호로 전락하는 경우가 많았다. 수백 년간 고구려의 수도였던 국내성은 자연히 귀족들의 기득권이 집약된 고장이었을 것이니, 왕이 평양으로 옮기는 데는 기존의 귀족들을 억누르고 그만큼 왕권을 강화하는 의미가 있었을 것이다. 다만 이 가설은 앞서 "국내성은 토지가 척박했고 평양은 풍요로웠다"고 한 점과 다소 어긋난다. 그만한 차이가 있었다면 귀족들이 기득권을 미련 없이 버리고 현대의 강남·신도시 개발처럼 평양 개발에 열을 올렸을 수도 있을 테니까. 그래서 국내성의 귀족들이 그곳에 머물러 토호가 되었다는 분석도 있고, 대부분 평양으로 옮겨왔다는 분석도 있다.

고구려의 전성시대

평양 천도 이후에는 어떻게 되었는가? 이때부터 다음 왕인 문자명왕 때까지를 보통 고구려의 전성시대라 한다. 천도 직후 장수왕은 전국의 행정구역을 재편했다. 즉 5부部를 신설하고, 평양을 왕도, 국내성과 한성을 별도別都로 하는 삼경三京 체제를 만들었다. 여기서 5부를 신설한 것은 의미가 크다. 그때까지 고구려는 여러 성이 각각 중앙과 연결되는 체제였다. 그러나 이제 몇몇 성을 하나의 부로 묶어 욕살이라는 지방장관을 파견해 다스리게 한 것이다. 즉 지금의 도道와 같은 광역행정 단위가 처음 수립된 것인데, 그만큼 지방에 대한 국왕의 지배력이 강화되었다고 하겠다.

교통의 요지인 평양을 중심으로 대외관계도 전에 없이 활발해졌다. 천도 이후에는 중국의 북위, 송과 남제와의 교류 횟수가 몇 배로 증가했다. 매 차례마다 조공 및 답례품 액수, 즉 무역 거래량도 배 늘었다. '육지의 고구려'가 '바다의 고구려'를 겸하는 계기가 평양 천도였다고 보기도 하는 이유다.

하지만 빛에는 그림자도 있는 법. 천도 과정에서의 기득권 재편 과정이 반드시 순탄하지는 않았던 것 같다. 장수왕 60년472년에 백제의 개로왕이 북위에 보낸 표의 내용에는 "연(장수왕)이 포악하여 고구려는 어육이 되었고, 대신大臣, 강족強族을 죽이는 일이 끝도 없어 죄악이 하늘에 닿았습니다. 그 백성들은 이리저리 흩어져 혼란이 극도에 달했습니다. 이제야말로 고구려를 멸망시킬 때이니, (우리 백제에게) 도움을 주시기 바랍니다"라고 되어 있다. 적대국의 묘사인 만큼 다소 과장되었을 수는 있다. 하지만 비슷한 시기에 중국으로 망명하는 고구려 귀족이 여럿 보이고 있어서, 당시의 권력투쟁을 뒷받침하는 게 아닌가도 싶다. 천도 이후 고구려가 유난히 중국과의 교류에 힘쓴 것도 중국의 위세와 물자를 이용해 귀족들의 동요를 막으려 했기 때문이라고 해석하기도 한다. 하지만 다른 견해도 있다. 평양 천도를 통해 가장 불이익을 받았던 세력은 국내성을 근거로 하던 귀족이 아닌 원래 낙랑 지역이었던 평양 현지에서 활동하던 중국 계열 귀족들이었다는 것이다. 그래서 이들 중 몇몇이 견디지 못하고 중국으로 되돌아가는데, 망명 귀족이란 대부분 이들을 말한다.

한편 고구려의 축제, 의례 행사에 대한 기록을 들여다보면, 천도 이전과 이후가 확연히 다르다. 고구려의 가장 중요한 의례였던 동맹은 천도 후 패수희라 하여 평양 지역의 의례로 바뀌는데, 앞서 조상신인 해모수와 유화를 모시던 행사가 천도 이후 크게 축소되고 형식화된다. 이는 불교의 영향력이 본격화되었기 때문으로 보인다. 또 봄철에 대략 날을 잡아 거행하던 교렵은 중국에서 수입한 역법의 영향으로 3월 3일로 날짜가 고정된다. 그리고 가을의 사냥 행사가 점점 줄어들고 간소화되는데, 이것은 농경문화의 융성 때문으로 보인다. 결국 평양 천도 이후의 고구려는 토속신을 섬기며 약탈을 행하던 수렵민의 부족국가에서 불교를 믿으며 중국의 문화에 심취하는 고대 농업국가로 바뀐 것이다. 고구려의 상무정신은 여전히 뚜렷했지만, 어느새 고구려는 동아시아 문명의 한 축인, 안정된 봉건제국의 모습을 보여주고 있었다.

평양 천도의 역사적 의미

평양 천도가 한국사에서 어떤 중요성이 있는지에 대해서는 대체로 "만주냐, 한반도냐?"의 문제를 놓고 보는 시각이 많다. 일부에서는 이로써 민족의 활동 영역이 한반도로 축소되어 대륙으로의 웅비가 어려워지게 되었다고 본다.

> "대륙적 성격의 고구려가 한반도의 평양으로 천도함으로써 우리 역사의 대륙적 성격이 퇴화하고 반도적 성격이 강해졌으며, 이로써 신라, 백제와 격렬하게 대립하는 계기가 되었다." 이덕일

> "국내성을 근거로 만주를 호령하던 고구려가 압록강 이남으로 옮겨 남진정책을 취한 것이 광개토대왕 때 쌓아왔던 북방영토를 상실하게 되는 결정적 계기였다." 박진호

하지만 반대로 안으로 내실을 다지게 되었을 뿐 아니라, 백제, 신라를 자극하여 고대국가가 완성되고, '한국', '한민족'의 정체성이 더 분명해졌다고 긍정하는 시각도 있다.

> "각종 문물과 제도를 개발하여 민족문화를 살찌게 하고 이후 동아시아의 한 중심축을 형성한 사실史實은 더 주목해야 마땅할 것이다." 박성봉

"현재 고구려를 중국사로 편입하려는 중국의 정치적 의도가 비역사적인 인식임을 강력하게 뒷받침할 수 있는 중요한 계기라 할 수 있다. 중국의 정사인 25사류에 후일 만주 일대에서 건국된 요나라와 금나라에 대한 역사서인 『요사』와 『금사』가 포함되어 있지만 『고구려사』가 따로 입전되어 있지 않은 것도 장수왕의 평양 천도가 가져온 효과라 생각된다."

김일권

고구려가 평양으로 옮긴 이후 더 발전되고 성숙해졌음은 이론의 여지가 없다. 백제, 신라의 반발을 불러왔다는 점에서 국제정치적으로는 다소 문제가 있었을지 모르나, 고구려의 발전 도상에서 필요한 과정이었다고 이해해야 한다. 어느 시대의 천도든지 역사적 의의를 생각하기보다 그 시대를 사는 사람들의 행복과 안녕을 생각하여 결정하는 것이 정답 아닐까.

수도를 바꾼다, 시대를 바꾼다 - 천도

한 나라의 중앙 정부가 있는 도시.

'수도首都'에 대한 국어사전의 정의다. 2004년 '수도 이전 논쟁'이 벌어질 때는 충청 지역에는 정부만이 이전하여 '행정수도'가 되며, 서울은 '경제수도'로 기능을 다할 것이므로 엄밀히 말해 수도 이전은 아니고 행정수도 이전일 뿐이라는 주장도 나왔다. 하지만 수도의 정의가 정부의 소재지를 뜻하므로 '행정수도'란 사실 말장난일 뿐이다.

물론 근대와 그 이후 사회에서는 행정수도와 달리 경제수도가 있다고 해도 통할 만큼, 수도권이 반드시 경제·문화의 중심지가 되지는 않는다. 그러나 적어도 전근대 사회에서는 정치, 경제, 문화의 모든 것이 수도를 중심으로 이루어지는 게 보통이었다. 그런 점에서 수도를 다른 곳으로 옮기기로 하는 '천도' 결정은 역사적으로 중요한 의미를 갖기 마련이다.

한국사에서 천도는 수없이 많았으나, 이 책에서 중요한 역사적 결정으로 꼽은 천도는 고구려의 평양 천도를 비롯해 백제의 공주 천도, 고려의 강화도 천도, 조선의 한양 천도가 있다. 여기에 천도를 계획했으나 실패한 사례로는 묘청의 난과 노무현 정부의 수도 이전 계획이 있다.

천도에는 '물갈이' 즉 지배세력의 교체를 주목적으로 하는 천도, 경제적·사회적 발전을 이룩하기 위한 천도, 대외적으로 수세에 몰려 쫓겨서 가는 천도와 공세적으로 전진하는 천도가 있을 수 있는데, 공주 천도와 강화도 천도는 수세적인 성격의 천도였다. 반면 묘청의 서경 천도론은 공세적인 성격이 강했고, 한양 천도는 물갈이의 의미가 컸다. 또 노무현의 수도 이전론은 '국토의 균형개발'을 명분으로 했는데, 이것은 경제적·사회적 발전을 염두에 둔 것이라 하겠다. 다만 이런 목표가 하나에 그치지 않고 복합적일 수 있다. 평양 천도의 경우 '수세에 몰린 천도' 외에는 공세적 전진, 지배계급 물갈이, 경제적·사회적 발전 모색의 의미를 모두 갖추고 있었다고 여겨진다.

한국사에서 가장 중요했던 수도를 꼽으라면 아마도 서울과 평양이리라. 평양은 고구려와 북한의, 서울은 조선과 대한민국의 수도로써, 한국사에서 가장 두드러지는 네 개의 국가가 이 두 도시를 중심으로 하기 때문이다. 만약 통일이 이루어진다면, 그 때는 이제까지의 천도 이상으로 중요한, 통일 수도로의 천도 결정이 나오게 될까?

5

475년 웅진 천도

백제의 멸망을 막은 결단

"괴로워서 죽었다고 '개로왕'이다."

고등학교 국사 시간, 선생님의 우스개에 배를 잡고 웃었던 기억이 난다. 하지만 우스개만도 아닌 것이, 백제의 개로왕은 아마 최악의 괴로움을 맛보고 죽어갔을 것이다. 『삼국사기』에 의하면 고구려의 장수왕은 도림이라는 승려를 첩자로 파견, 개로왕이 노상 바둑이나 두면서 국사를 게을리하게 했다. 그러는 한편 전쟁 준비를 착착 진행하여, 마침내 457년에 대대적인 공격으로 백제의 수도 한성으로 들이쳤다. 개로왕은 성의 뒷문으로 몰래 도망치다가 그를 배신한 자들의 손에 비참한 최후를 맞이했다. 그러나 개로왕의 괴로움은 그리 중요치 않다. 백제가 이대로 멸망하느냐 아니냐의 기로에 서 있었다.

다행히도 태자 문주의 간청을 받아들인 신라가 구원병을 보내주었기에, 고구려군은 일단 물러갔다. 하지만 언제 다시 고구려의 침입이 있을지 모르는 터, 새로 왕이 된 문주왕과 백제 귀족들은 천도를 하기로 의견을 모았다.

어디로 천도할 것인가? 고대 세계에서 일국의 수도가 되려면 큰 물길을 끼고 있어야 한다. 그래야 지방의 세금을 포함하여 물자 유통이 쉬워지기 때문이다. 그런 점에서 처음 물망에 오른 곳은 여주였다. 하지만 그 물길이 바로 한강이라, 고구려가 물길을 따라 침공해올 가능성이 우려되었다. 그리하여 최종적으로 선택된 천도 지역은 그보다 한참 남쪽에서 금강과 잇닿아 있는 웅진, 오늘날의 공주였다. 이로부터 538년에 성왕이 다시 사비(부여)로 천도하기까지 60여 년간, 백제는 제2의 수도인 웅진에서 '웅진 시대'를 꾸려나가게 된다.

"만약 백제가 한강 유역인 여주로 천도했더라면
고구려는 백제를 완전히 멸망시키는 결정을 내렸을 것이다.
그랬다면 고구려는 한반도에서 절대 강자의 지위를 차지해
삼국통일의 결정적 고지를 점령했을 것이다. 결국 백제는
공주로의 천도를 통해 생명을 연장할 수 있었고, 200년 뒤에는
신라가 삼국 전쟁의 최후 승자로 남게 될 수 있었다."   김종혁

문주왕의 결단은 일단 바람 앞의 촛불 같던 백제의 생명을 구했다. 그러나 더 장기적으로는 삼국통일의 주도권을 고구려가 아닌 신라에게 넘겨주는 결정이 되었다.

6

진흥왕이 북한산에서 본 것은

"어제의 적은 오늘의 친구."

백제가 신라와 나제동맹을 맺을 때433년, 비유왕이 신라의 눌지왕(눌지마립간)에게 했음직한 말이다. 두 나라는 건국 이래 숱한 싸움을 벌여온 사이였지만, 고구려의 무시무시한 남하 공세에 손을 잡을 수밖에 없었다. 두 나라 중에 백제가 사정이 더 급했다. 백제는 근초고왕 때만 해도 고구려를 평양까지 밀어붙이고 고국원왕을 죽일 만큼 삼국 중에서 가장 위력이 컸다. 하지만 이후 3대에 걸쳐 복수의 칼을 간 고구려가 광개토왕, 그리고 장수왕대에 백제를 무섭게 공격해왔다. 결국 개로왕이 죽었을 뿐 아니라 수도를 한성에서 웅진으로 옮겨야 했다. 한강 유역을 상실하고 만 백제는 신라와 다급히 손을 잡을 수밖에 없었다.

두 나라의 밀월관계는 백제의 동성왕이 신라에서 왕비를 맞아들이면서 한껏 무르익었고, 때마침 돌궐과 대결해야 했던 고구려도 남하의 기세가 주춤해졌다. 이에 용기를 얻은 백제는 신라의 힘을 빌려 한강 유역을 되찾고야 말겠다는 계획을 세우고 착실한 준비를 해나갔다.

백제의 성왕은 웅진으로 옮겼던 수도를 다시 사비로 옮기면서 오랜 숙원을 풀기 위해 최선을 다했다. 마침내 553년, 백제는 고구려를 총공격해 멋지게 승리했다. 그렇게 꿈에도 그리던 한강 유역을 다시 품에 안았다. 한편 신라는 뒤늦게 군대를 출동시켜, 대략 오늘날 강원도 지역에 해당하는 죽령 이북-철령 이남의 영토를 확보했다.

그러나 이때 아무도 예측하지 못했던 일이 벌어졌다. 김무력이 이끄는 신라군이 한강 하류로 진격해온 것이다. 고구려군과 싸우느라 지쳐 있던 백제군은 두 나라가 싸우는 동안 팔짱만 끼고 있던 신라군을 당할 수 없었다. 결국 백제는 한성을 내주며 퇴각했다. 120년간 이어져온 나제동맹이 하루아침에 깨지는 순간이었다. 백제에서 고구려, 다시 백제로 주인이 바뀌는가 싶었던 한강 유역이 처음으로 신라의 손에 들어가는 순간이기도 했다.

성왕은 당연히 화가 머리끝까지 났다. 그는 태자 부여창에게 군대를 주어 복수혈전에 나섰다. 백제군은 먼저 북쪽에서 쳐들어오는 고구려군부터 무찌른 다음, 전속력으로 남하하여 신라의 중심으로 쳐들어갔다. 성난 백제군의 공격력은 대단해서 신라 수도 금성으로 가는 관문격인 관산성이 뚫려 버렸다. 남쪽에서도 백제와 결탁한 대가야가 신라를 공격해서 신라는 급박한 상황에 처하게 되었다.

그러나 운명의 여신은 백제 편이 아니었다. 무슨 이유에서인지 몰라도(역사책에는 병중이던 태자 부여창을 위문하기 위해서라고 되어 있으나, 전쟁이 한창일 때 왕이 위험을 무릅쓰고 행차하기 위한 이유로는 설득력이 약하다), 성왕이 단 50기만 거느리고 관산성으로 가다가(이 역시 어이없을 만큼 적은 병력이다. 오천五千을 잘못 써서 오십五十이 되었다는 추측이 있다), 마침 남하 중이던 김무력의 한강 주둔군과 마주친 것이다. 성왕은 붙잡혀서 목숨을 잃고 말았으며, 졸지에 왕을 잃은 백제군은 허겁지겁 퇴각했다. 이것으로 한강 유역 수복의 꿈은 물거품이 되었고, 백제는 이후 약 150년 뒤 멸망하기까지 다시는 삼국시대의 주역으로 나서지 못했다. 반면 신라는 한강 유역을 지켰을 뿐 아니라, 562년에는 대가야까지 멸망시켜 삼국통일로 가는 고속도로에 올랐다. 이제 갓 스물이 된 진흥왕은 120년 전 비유왕의 말에 이렇게 냉소하며 대꾸한 셈이다.

"오늘의 친구는 내일의 적."

개국 이래 처음 한강 유역을 밟은 진흥왕은 그곳에 신주新州를 건설하고, 친히 북한산에 올라 순수비를 세웠다. 개인적으로 보면 오랜 신의를 짓밟은 배신이었지만, 국가적으로는 불과 몇 년 사이에 국토를 세 배 가까이 불리고, 통일의 대업을 쌓을 주춧돌을 마련한 영주英主 진흥왕. 그는 북한산 꼭대기에 올라 하나로 통일된 한반도를 내다보았을까? 아니면 신라도 백제도 고구려도 모르며 그저 한가롭게 세 나라의 땅을 오가며 노는 새들을, 인간의 야망과 신념은 아랑곳없이 한없이 펼쳐진 푸른 자연을 보았을까?

553년 진흥왕의 성왕 배신과 한강 유역 진출

"백제와의 동맹관계를 청산한 자체는 국가적 신용을 무너뜨린 행위이지만, 현실적 측면에서 신라에 의한 삼국통일의 초석을 마련했다. 삼국통일은 국토적으로 불완전한 통일이라 하여 폄하되고 있지만, 사실상 우리 민족이 처음으로 한민족 동일체를 형성하는 데 매우 큰 역할을 했다고 할 수 있다. 진흥왕의 한강 유역 진출은 명분과 실제의 고민에서 현실을 보다 중시한 냉정한 선택 하에 이루어졌다. 다른 나라에 비해 고대국가로서의 출발이 가장 늦었다고 여겨지는 신라가 삼국에서 우위에 서게 되는 결정적 계기가 되었음은 물론이다."

김세봉

7

632년 선덕여왕 즉위

모란꽃 그림에는 피의 향기가

우리 역사에서 여왕이 있었던 경우는 신라뿐인데, 그것도 선덕, 진덕, 진성까지 셋이나 된다. 그러고 보면 신라에서는 남녀차별이 별로 없었으며 왕이 되는 데 남자냐 여자냐는 문제되지 않았던 것처럼 생각하기 쉽다.

물론 근세 이후, 특히 조선시대와 비교해 보면 신라시대 여성의 지위는 매우 높았다. 하지만 여왕의 즉위가 아무런 잡음 없이 이루어진 것은 아니었다. 적어도 첫 번째 여왕, 즉 선덕여왕은 즉위 당시나 이후에나 여자라는 점 때문에 맹렬한 반대를 받아야 했다.

선덕여왕의 이름은 덕만德曼으로, 남달리 어질고 총명했다고 한다. 하지만 그녀가 왕위에 오른 까닭은 어질고 총명해서가 아니라 아버지 진평왕에게 대를 이을 아들이 없었기 때문이다. 진평왕은 무려 54년이나 왕위를 지키며 각종 제도를 정비하여 왕권을 크게 강화했다. 그렇지 않았더라면 애초에 딸에게 왕위를 물려줄 엄두도 내지 못했으리라. 그럼에도 여자를 왕으로 모신다는 데는 반발이 적지 않아서, 진평왕은 부득이 덕만의 재능이 여느 남자보다 낫다는 점을 과시하려 '전설'까지 만들어야 했다. 그 유명한 '당나라에서 보내온 모란꽃 그림을 보고 향기가 없음을 알았다'는 이야기다.

그래도 갓 즉위한 여왕의 입지는 불안하기만 했다. 즉위 직전에는 칠숙과 석품의 반란이 터졌다. 또한 즉위 초부터 고구려와 백제가 잇달아 침공하여 영토를 빼앗기게 되자 "이게 다 여왕 때문이다"라는 식의 목소리가 끊이지 않았다. 결국 재위 15년647년에는 귀족 세력의 대표인 상대등 비담이 반란을 일으켰다. 신라의 버팀목이 되고 있던 당나라조차 "너희 나라는 여자를 임금으로 삼으니, 마치 도적을 주인으로 섬기는 격이 아니냐. 차라리 우리가 귀족을 하나 보내줄 테니 그를 대신 섬기지 않겠느냐?"며 비아냥거렸다. 그렇게 말한 당태종은 장차 자신의 후궁 중 하나인 무조武照가 측천무후로서 중국 유일의 여황제가 될 줄은 꿈에도 몰랐겠지만!

이에 선덕여왕은 구 귀족세력에 맞서 자신을 지켜줄 신진 귀족세력에 의지했다. 이들이 바로 김춘추, 김유신 등으로, 훗날 삼국통일의 주역들이다. 김춘추는 뛰어난 정치 감각으로 친 여왕 세력을 규합하고, 김유신은 전장을 달리며 적을 무찔렀다. 특히 김유신의 활약은 "여왕 때문에 나라가 약해졌다"라는 불평불만을 잠재우기에 충분했다. 선덕여왕은 이들의 도움을 입는 한편 이들의 지위를 높여주는 데 최대한 힘을 발휘, 서로 밀어주고 끌어주는 관계가 성립되었다.

비담의 난이 김유신에게 진압된 후에는 아무도 여왕과 그녀의

1926년 경주시 서봉총에서 발견된 금관으로 높이 30.7cm, 지름 18.4cm이다. 금관의 가지 끝마다 봉황이 한 마리씩 붙어 있는데, 이를 발굴할 때 참가한 스웨덴 황태자 구스타브 6세를 기념해 서봉총금관이라는 명칭을 붙였다.

신흥귀족들을 막을 수 없었다. 그들은 새로운 시대, 통일 시대의 승리자였다. 선덕여왕은 영명한 군주로 칭송을 받았고, 다른 여왕이 이어질 수 있게 했다. 김춘추는 왕(태종무열왕)이 되고, 김유신도 태대각간의 지위에 올랐다가 죽은 다음 왕으로 추대되었다. 만약 진평왕에게 아들이 있었다면, 또는 덕만을 왕으로 세우기로 결정하지 않았더라면, 엄격한 신분제 사회였던 신라에서 격이 떨어지는 귀족인 김춘추와 가야계인 김유신 등이 두각을 나타낼 기회도 없었을 것이다. 그리고 삼국통일의 과정 또한 크게 달라졌을지 모른다.

8

642년 연개소문의 쿠데타

고구려의 혼을 살린다?

"포악하고 무도한 독재자."

"동아시아에 이름을 떨친 무패의 영웅."

역사에는 간혹 평가가 극과 극으로 갈리는 사람들이 있다. 연개소문도 그 중 하나다. 『삼국사기』를 쓴 김부식은 연개소문(?~666)을 '성품이 오만하고 잔인한데다 자신의 권력을 위해 물불을 가리지 않는 냉혈인간'으로 묘사했다. 하지만 신채호는 『독사신론』에서 그를 '4000년 한국사 최고의 영웅'으로 추켜세웠다.

연개소문의 가문은 할아버지 때부터 고구려 최고의 관직인 대대로(막리지였다고도 한다)를 지냈는데, 연개소문의 대에 이르자 주위의 반대가 심해 관직을 세습하기 곤란해졌다. 그러자 연개소문은 일단 물러서는 듯하다가, 열병식을 명목으로 영류왕의 측근을 유인하여 모조리 죽여 버렸다. 그 뒤 곧바로 궁궐로 난입하여 영류왕마저 쳐 죽인 다음, 영류왕의 아들을 옹립해 왕위에 앉히고(보장왕), 스스로 막리지가 되어 실질적인 고구려의 통치권자 노릇을 했다.

연개소문은 이처럼 분명 숱한 피를 손에 묻히며 쿠데타를 일으켜 독재자가 되었다. 그럼에도 그 쿠데타를 정당화하는 경우가 많은데, 그것은 연개소문의 손에 죽은 영류왕이 '나약하고 굴욕적인 사대 외교'를 했다는 해석 때문이다. 사실 영류왕은 수나라에 이어 새로 대륙의 주인이 된 당나라와 밀월관계를 맺고 있었다. 수양제의 침공 당시 포로로 잡혀 있던 중국인들을 되돌려 보내고, 수나라를 물리친 것을 기념해서 세웠던 경관京觀도 스스로 허물어 버렸다. 심지어 고구려의 강역을 묘사한 지도를 스스로 바치기까지 했다. 이게 어찌 수백 년간 중국을 상대로 한 발짝도 물러서지 않았던 강국 고구려의 왕에 어울리는 모습이란 말인가? '겁쟁이' 왕과 그 주변의 귀족들을 쓸어버리고 중국에 대해 당당한 자세를 회복한 연개소문의 쿠데타는 정당한 게 아닐까?

하지만 다른 각도에서 생각해보자. 영양왕 시절, 고구려는 수나라의 침입을 물리쳤지만 그것은 '상처뿐인 영광'이기도 했다. 중국 대군에 저항하는 가장 효과적인 방법은 농경지와 마을을 스스로 불태우고 산속 요새에서 농성하는 '청야전술'이었다. 이는 적의 보급을 어렵게 하여 결국 퇴각하게 만드는 효과가 있었지만, 그만큼 감수해야 할 피해도 컸다. 더욱이 통일된 중국의 저력, 수나라 때보다 한층 정비되고 강화된 당나라의 힘은 결코 얕잡아볼 수 없었다. 그렇다면 적어도 당분간은 다소 자존심을 깎더라도 중국에 저자세를 보이면서,

안으로 힘을 기르는 편이 낫지 않았을까? 연개소문의 쿠데타는 당나라에게 좋은 침공 명분을 주었다. 훗날 조선시대에 광해군을 내쫓은 인조반정이 병자호란의 명분을 주었던 일과 차이가 없다. 물론 연개소문의 고구려는 당 태종의 대군을 물리쳤지만 피해는 컸으며, 하마터면 패배할 수도 있었다. 고연수가 이끄는 고구려의 15만 군사는 당군에게 철저하게 패했고, 1만 명이 전사, 3만6천 명이 포로로 잡히고 말았다. 당 태종이 만약 여세를 몰아 평양으로 직접 진격했더라면 어떤 일이 벌어졌을지 모른다. 당 태종이 안시성을 먼저 함락시킨다는 결정을 내렸기에, 고구려는 절체절명의 위기에서 벗어날 수 있었던 것이다.

그것도 끝이 아니었다. 고구려에게 자존심을 구길 대로 구긴 당 태종은 죽을 때까지 걸핏하면 군대를 보내 고구려를 괴롭혔다. 그런 파상공세는 이후 측천무후와 당 고종의 시대까지 이어졌다. 강대국인 고구려였지만 그런 끝없는 시달림 속에 점점 국력은 떨어져 갔고, 일반 민중의 고통과 피해는 이루 말할 수도 없었다.

연개소문은 중국에 대해 강경노선을 펼쳤을 뿐 아니라, 한반도 남쪽에 대해 적극적인 침략 정책을 취하기도 했다. 이는 위기감에 젖은 신라로 하여금 새로운 결단을 내리도록 만들었다. 다름 아닌 당나라와의 동맹이었다. 제2차 세계대전 당시, 한때 압도적인 위력을 자랑했던 히틀러가 끝내 패배한 이유는 두 개의 전선에서 동시에 전쟁을 치렀기 때문이라고 한다. 서쪽으로 영국과 프랑스를 공격하면서, 동쪽에서도 소련과 싸웠던 것이다. 그 결과 그때까지 서로 적대관계나 다름없었던 영국·미국과 소련이 연합하게 되었고, 양쪽에서 독일을 공격함으로써 히틀러를 패배로 몰고 갔던 것이다. 당나라와 신라를 상대로 동시에 공세를 펼쳤던 연개소문의 선택 또한 그런 우愚가 아니었을까?

연개소문의 쿠데타와 독재는 또 다른 문제점도 낳았다. 고구려 사회의 연대성을 뒤흔들고, 연개소문파와 반연개소문파로 갈라져 다투게 만들었다. 당나라가 침공해왔을 때 고구려 전선이 전에 비해 쉽사리 무너지고 만 것도 성마다 내분이 일어나 일치단결해 저항하지 못했기 때문이었다. 연개소문을 옹호하는 사람들은 '타락한 구귀족들과 신진세력의 갈등'으로 풀이하지만, 후계자인 그의 아들들 대에서는 그런 갈등이 더욱 심각해지고, 끝내 고구려의 멸망을 불러오게 된다.

개인이나 국가나, 때로는 비상한 수단에 의존할 필요가 있다. 곧이곧대로만 해서는 손해를 볼 경우가 있는 것이다. 그러나 목숨이 없어질 정도의 손해가 아니라면, 차라리 잠깐 손해를 보면서 정도를 지키는 편이 더 나을 때가 많다. 불법적인 권력 장악, 부도덕한 독재정권은 때때로 대단한 업적을 이뤄내는 듯 보인다. 그러나 길게 보아 그 후유증은 국가와 민족에 커다란 상처를 남겨놓는다. 때로는 치명적인 상처를.

9

한반도의 운명을 가른 역사적 결정

본래 당나라는 신라와 동맹할 생각이 없었다. 당나라 입장에서는 고구려만 문제였지, 한반도 남부에서 백제와 신라가 어떻게 되든지 관심 밖이었다. 굳이 따지자면 백제가 신라보다 당나라와 가까웠다. 일찍부터 중국과 교류가 활발했던 백제는 고구려와의 대결 때문에 더욱 중국과 밀착했고, 당 태종이 고구려를 원정할 때 황제 전용의 금으로 만든 갑옷을 포함해서 병사들의 갑옷을 만들어 바칠 정도로 깍듯했다.

그러면 고구려가 문제였던 이유는 무엇인가? 중국과 그에 맞서는 북방민족이 전통적으로 한반도에 대해 갖고 있는 입장 때문이었다. 중국이든 북방민족이든 한반도가 어느 한편과 손을 잡고 다른 한편과 맞선다면? 그러면 다른 한편은 양쪽으로 적을 맞아 매우 곤란한 처지에 놓인다. 한반도가 같은 편이 되지 않을 바에는, 적이 되지도 못하게 해야 후환이 없다. 게다가 고구려는 새로 통일한 중국의 자존심을 무참히 짓밟았다. 당 태종만 해도 돌궐이든 어디든 적수가 없었는데, 유일하게 고구려에서만 치욕적인 패배를 맛보지 않았던가. 이후 당 태종은 고구려만큼은 절대로 그냥 두지 않겠다는 결심을 단단히 했다. 하지만 수양제만큼 어리석지는 않았던 그는 대규모 원정을 되풀이하는 대신 소규모 원정군을 끊임없이 보냄으로써 고구려를 차차 지치게 만드는 전략을 썼다.

한편 신라는 다급했다. 신라는 광개토왕 시절까지는 고구려와 밀착해 있다가 장수왕이 노골적인 남하 정책을 쓰면서 백제와 결탁했고, 120년간 나제동맹을 굳건히 이어오다가 진흥왕이 성왕을 배신함으로써 한강 유역을 차지했다. 하지만 이는 고구려와 백제를 제휴케 하였고, 신라는 양쪽에 공격을 받는 처지가 되었다. 특히 진흥왕 때문에 벼랑까지 몰린 백제의 공격은 집요했다. 특히 643년에는 백제군이 신라의 40개 성을 빼앗고, 신라로 들어가는 길목인 대야성마저 함락시켰다.

대야성 전투는 김춘추에게 개인적인 아픔을 남겼다. 이 전투에서 이찬 김품석과 그의 부인 고타소랑이 죽었는데 고타소랑이 바로 김춘추의 딸이었기 때문이다. 이 소식을 들은 김춘추는 기둥에 기대어 서서 온종일 눈도 깜빡이지 않았는데, 마치 정신이 나간 사람 같았다고 한다. 그리고 외치기를,

"아아! 사내대장부가 되어서, 어찌 백제를 집어삼키지 못하랴!"

그것은 원한 이상의 문제였다. 김춘추와 김유신은 선덕여왕 즉위 후 불안해진 정치적·군사적 상황을 이용해서 출세를 해왔다. 부쩍 잦아진 백제와 고구려의 침공을 '암탉이 왕이 되었기 때문'이라며 소요를 일으키는 이들을 앞장서서 진압하고, 특히 김유신은 전쟁에서 보란 듯 공을 세움으로써 '암탉론'을 제압했던 것이다. 지금 진덕여왕이 선덕여왕에 이어 즉위할 수 있었던 것도 그 덕분이었다. 그러나 이제 고구려와 백제의 공세에 끝내 밀리게 된다면, 신라가 망하기에 앞서 김춘추와 김유신이, 어쩌면 여왕도 망할지 모른다. 김춘추는 허겁지겁 고구려로 달려가 동맹을 맺으려 했지만 그것이 실패하자 이번에는 당나라와의 동맹을 위해 황해를 건넜다.

"우리나라는 후미진 바다 구석에 떨어져 있으며, 공손히 대국을 섬긴 지 여러 해입니다. 하오나 백제가 완악하고도 교활하여 여러 차례 침범하고 능멸하더니, 지난해에는 대군을 일으켜 나라 깊이 쳐들어와 수십 성을 빼앗아갔습니다. 그리하여 대국에 입조할 길조차 막고 있습니다. 폐하께서 천군天軍을 빌려주시어 저 악독한 백제를 쳐없애 주시지 않는다면, 우리 백성들은 모두 저들의 노예가 될 것이니, 그러면 어찌 저희가 다시 천조天朝를 우러르고 조공을 바치겠나이까."

『삼국사기』에는 김춘추가 무릎을 꿇고 이렇게 말하자 "당 태종이 깊이 감동하고 군사를 빌려주리라 약속했다"고 적혀 있다. 그러나 어찌 그랬겠는가. 그런 겉치레 뒤에는 실제로 이런 대화가 오가지 않았을까.

"백짓장도 맞들면 낫다고 했습니다. 고구려를 치실 때 저희가 뒤에서 힘을 보탠다면 훨씬 수월해질 것입니다."

"너희는 나라도 작고 병사도 약하니 우리에게 도움이 되지 않는다. 백제 하나도 이기지 못해 우리에게 힘을 빌리려는 것이 아니냐?"

"천자의 군대에 저희가 어찌 비기리까. 하지만 전투가 아니더라도 최소한 군량을 운반하는 역할을 맡을 수는 있지 않겠습니까? 송구하오나 전에 고구려를 친정하실 때도 군량 문제로 고민하셨다 들었습니다."

"…그럴듯하기는 하다. 하지만 너희보다는 백제에게 그 역할을 맡기면 더 낫지 않겠느냐?"

"백제는 믿을 수 없습니다. 이미 고구려 원정에 출정하겠다 해놓고서 약속을 깨지 않았습니까? 그리고 부끄러운 말씀이옵니다만 지금 저희보다 강한 쪽이 백제이며 약한 쪽이 저희이옵니다. 그렇다면 총명하신 폐하께서는 '억강부약抑强扶弱'의 묘妙를 모르시지 않으리라 여기옵니다."

"…음."

김춘추는 당 태종의 생각을 정확히 짚었다. 고구려를 칠 때 뒤에서 백제나 신라가 힘을 보태 준다면, 최소한 군량 운반이라도 책임져 준다면 원정이 훨씬 수월해질 것이다. 그런데 백제와 신라 중 어느 쪽을 택할 것인가? 심정적으로는 오히려 백제가 마음에 들었으나, 억강부약, 즉 두 상대를 멀리서 견제할 때 약한 쪽을 도와 강한 쪽을 억제하는 것이 병법의 기본이었다. 백제가 만약 신라를 병합한다면 고구려 이상으로 화근이 될 수도 있지 않을까? 그에 비해 한반도의 동쪽 구석에 치우친 신라라면….

마침내 나당동맹은 타결되었다. 두 나라는 힘을 합쳐 먼저 백제를 무너트리고 다음에 고구려를 쳐서, 고구려 영토는 당나라가, 백제 영토는 신라가 갖기로 약속했다. 또한 신라는 당나라에 대한 신의 내지 귀속의 표시로 김춘추의 아들들을 시작으로 왕족들이 번갈아 장안에 머무는 숙위 제도를 만들었다. 또한 법흥왕 이래 써오던 고유의 연호를 버리고 당나라의 연호를 쓰며, 관복을 당나라식으로 바꾸었다. 진덕여왕은 손수 비단에 당나라 황제를 찬양하는 「태평송」을 수놓아 바쳤다.

당 태종과의 만남 후 6년이 지나 진덕여왕이 죽으며 김춘추에게 왕관을 물려주었다. 태종무열왕의 등극이었다. 한편 당 태종은 그보다 5년 전에 죽고 고종이 즉위해 있었다. 동맹 체결 후 1년 만에 당 태종이 죽음으로써 동맹은 왠지 김이 빠진 듯했지만, 무열왕 2년655년에 고구려와 백제의 연합군이 신라를 공격하자 당나라가 고구려를 침으로써 숨통을 틔워주는 등 동맹의 의의는 살아 있었다. 그러나 애초 약속한 '나당연합군에 의한 백제 멸망'이 이루어지자면 그 뒤로 5년이 더 지나야 했다.

신라가 외세인 당나라를 끌어들여 '같은 민족' 고구려와 백제를 멸망시킨 것을 부정적으로 보는 시각이 많다. '민족반역'이라는 말까지 나오기도 한다.

"신라가 당나라에 군대를 요청하여 백제와 고구려를 멸망시켰고,
이것은 결국 외세의존이라고 하는 나쁜 선례를 우리 역사에
남겨놓았다."
　　　　　　　　　　　　　　　　　　　　　　　　　　박옥걸

"우리 민족의 역사가 한반도 내부로 후퇴하고 중국에 대한
예속성이 강화되는 계기가 되었다."
　　　　　　　　　　　　　　　　　　　　　　　　　　권내현

어떤 학자는 통일신라가 차지한 신라, 백제와 고구려의 일부 영토는 삼국 전체의 영토에 비해 사분의 일에 지나지 않는다는 계산까지 내세우며 신라의 결정을 성토한다. 하지만 원래 삼국은 서로에 대해 동족의식이 약했으며, 신라와 고구려 사이는 더 약했다. 신라만이 아니라 백제도 여러 차례 중국과 손을 잡고 고구려를 멸망시키려 했었다. 또한 신라 대신 고구려가 통일했으면 만주에 근거한 거대한 제국으로서 훗날 원이나 청처럼 중국 전체를 석권하는 나라가 되었을지도 모른다고도 하는데, 그렇게 될 경우 과연 우리나라의 정체성은 어디서 찾을 수 있는가? 싫든 좋든 우리 민족은 한반도에 정체성을 가지고 있다. 그리고 그런 정체성을 갖게 된 계기는 신라의 '통일'이었다. 그러므로 나당동맹은 한국 역사상 중요했던 결정 108개 중 당당 3위로 평가되기에 충분하다.

"삼국 간의 항쟁은 자체의 힘의 논리에 따라 진행되어 왔으나
신라가 당이라는 이민족을 끌어들여 삼국 간의 쟁패에서
주도권을 장악한 것은 중대한 결정이었다. 이 결과 부정적이든

긍정적이든 삼한통일이라는 역사적 대업을 달성할 수 있었다는 점에서, 동맹 체결의 결단은 우리 민족의 역사를 바꿀 만한 결정이었다."

이상배

10

660년 소정방의 신라 군사 처벌에 반발한 김유신

나당전쟁의 실마리

신라와 당나라 연합군은 힘을 합쳐 백제를 멸망시켰다. 소정방이 이끄는 13만 당군이 7월 10일 백제 남쪽에 상륙하여 기벌포에서 백제군을 무찔렀고, 김유신이 이끄는 5만 신라군은 7월 9일에 출진하여 황산벌에서 계백의 5천 군사와 싸워 가까스로 승리한 후 소정방군과 합류했다.

그런데 두 나라의 군대가 만나는 자리에서 문제가 생겼다. 소정방이 "본래 7월 10일에 만나 함께 백제를 치기로 했건만, 신라군은 기일을 어겼다"면서 신라의 독군督軍 김문영의 목을 베려 했던 것이다.

공동의 적을 깨트리고 한창 흥겨워야 할 분위기에 찬물을 끼얹는 소정방의 전격 발언에 주위는 물을 끼얹은 듯 조용해졌다. 뭐라고 항의하고 싶지만 막강 당나라의 총사령관이 저렇게 서슬이 퍼래서 소리치고 있잖은가? 군율을 어긴 것도 사실은 사실이니 뭐라고 할 수가….

그러나 모두가 그렇게 생각하고 있지는 않았다. 소정방 이상으로 분노한 얼굴로 자리에서 벌떡 일어선 사람은 다름 아닌 신라군 총사령관 김유신이었다.

"대장군! 장군은 황산벌의 전투가 얼마나 치열했는지 모르시기에 그리 말씀하시는 것이오!"

"신라군이 얼마나 허약했으면 십분의 일밖에 안 되는 병력 때문에 고전했겠소…. 그래 그것이 군율을 어긴 합당한 이유가 된다고 보시오?"

한 마디도 지지 않고 비아냥대는 소정방. 그러자 김유신의 눈꼬리가 하늘로 뻗쳐 올라갔다.

"정 그러신다면, 나는 죄 없이 치욕을 당할 수 없소. 먼저 당나라와 싸워 무찌른 뒤에 백제와 싸울 것이오!"

5만의 신라군으로 13만의 당군을 치겠다니! 더욱이 적진인 백제 땅 한복판에서? 당나라를 부모처럼 섬겨온 매부, 무열왕 김춘추는 어떡하라고? 그러나 "머리털이 꼿꼿이 곤추서고, 허리춤에 찬 보검이 칼집에서 저절로 튀어나왔다"라고 적혀 있을 만큼 살기등등한 김유신의 자세에 결국 당군의 위세가 먼저 꺾였다. 부장 동보량이 소정방에게 "이러다가는 신라군과 정말로 싸우게 되겠습니다"라 하자 소정방도 자신의 말을 철회한 것이다. 그리고 두 나라의 군대는 아무 일도 없었던 것처럼 다시 백제 공략에 힘을 모았다.

이것은 작은 해프닝에 불과할 수도 있다. 그러나 백제, 고구려와 대결하기 위해 오로지 당나라를 추종해온 듯하던 그때까지의 신라 노선이 바뀔 수 있음을 보여준 단초이기도 했다. 당나라의 지시에 따르지 않고 반항하기로 한 결정이 바로 새 시대의 주역인 김유신에 의해 내려진 점이 그것을 여실히 보여준다.

"이는 후일 668년에 문무왕이 대당전쟁을 할 수 있는 계기가
되었다."

정구복

11

해골물에서 얻은 것은

원효의 본명은 설서당 또는 신당이며, 압량주 불지촌의 사라수 아래서 태어났다. 본래 부유한 집안 출신이었으나 재산을 사찰에 헌납한 후 출가하여 불도를 닦았다. 당시 신라의 승려들은 동아시아 문명의 중심이던 당나라에 유학하여 한 차원 높게 불경을 공부하려고 했다. 원효도 의상과 함께 당나라로 들어가려 했는데, 한 번은 고구려군의 검문에 걸려 실패했고 두 번째로 시도했던 것이 661년, 그의 나이 35세 때였다.

그러다가 당항성에 이르렀을 때 토굴에서 밤을 지냈는데, 밤중에 목이 말라 일어나 보니 마침 바가지에 담긴 고인 물이 있었다. 그래서 맛있게 마시고 잠든 뒤 아침에 일어나 보니 바가지는 해골이었으며, 그처럼 맛있다고 여긴 물은 해골 썩은 오물이었다(또는 토굴인 줄 알고 잤던 곳이 깨어나 보니 파헤쳐진 무덤 속이어서 놀랐다고도 한다). 모르고 겪을 때는 즐거울 뿐이었으나, 실상을 알고 나니 역겹고 메스꺼울 따름. 원효는 이때 '모든 것이 오직 마음에 달렸다'라고 깨닫고, 굳이 당나라까지 가서 공부할 필요가 없다며 유학을 포기한다.

이처럼 천 년도 훨씬 전에, 한 승려가 내린 극히 개인적인 결정이 한국사에서 중요한 까닭은 무엇일까? 그 결정은 원효가 귀족적이며 당나라 중심적인 불교 공부의 길에서 벗어나 대중적인 토착 불교의 길로 접어드는 결정이었기 때문이다. 이후 그는 자신을 소성거사小性居士라고 부르며 천민에게도 부처의 가르침을 전해나갔다. 또한 불경을 깊이 공부해야만 불도에 이를 수 있는 것이 아니며, 마음만으로 충분하다는 사상을 펼쳐 학술적으로나 종교적으로나 큰 영향을 미쳤다.

한 모금의 해골 썩은 물에서 비롯된 원효의 유학 포기 결정은 "신라 불교 대중화와 불교의 한국화를 가져왔다"고 하며(김창겸), 원효가 이룩한 불교는 "한국 불교의 원형이며 민중과 연대한 불교"로서(김인호), "왕실과 귀족 중심의 불교에 지나지 않았던 삼국시대를 능가하는 참다운 불교문화 토착화가 이루어졌다"(박성봉)고 평가된다.

12

고구려의 멸망을 불러온 형제 간 싸움

"연개소문 아들들의 반목이 없었더라면 고구려는 그렇게
허무하게 무너져 내리지 않고 2백 년 이상 더 유지되었을
것이다."

육낙현

우리 역사에서 가장 웅장한 위세를 떨쳤던 '제국' 고구려, 대국 수와 당의 침공마저 막아낸 고구려가 마지막에는 형제 싸움으로 그야말로 '허무하게' 무너진 점에 대해서는 아쉬워하는 사람이 많다.

고구려의 마지막을 장식한 독재자 연개소문이 죽자, 맏아들 남생이 대신하여 막리지가 되었다. 남생은 지방을 순시하면서 수도 일은 동생 남건과 남산에게 맡아보게 했다. 그런데 누군가가 형제를 이간질했다. 남건에게는 "형이 당신들을 꺼린 나머지 제거하려 한다"고 하고, 남생에게는 "당신의 아우들이 모반을 꿈꾸고 있다"고 하였

다. 처음에는 곧이듣지 않던 형제도 마침내 서로를 의심하게 되었고, 남건 쪽에 심어 두었던 남생의 간첩이 발각되자 형제들 사이의 반목은 돌이킬 수 없게 되었다. 결국 남건은 왕을 볼모로 실권을 차지하고 스스로 막리지가 되어 남생을 공격했다. 남생은 당나라로 달아나, 그곳에서 동생, 즉 고구려를 치는 일에 앞장서게 되었다.

2년 뒤668년 남생을 앞세운 당나라군이 고구려를 침공하여 평양을 함락시켰다. 남건은 유배되고, 남생은 우위대장군이라는 벼슬을 받았다. 고주몽 이래 몇 세기 동안 중국을 괴롭혔던 동방의 패자 고구려의 최후였다.

그러나 『삼국사기』 등에 전하는 이 이야기는 다소 왜곡되었다고 보기도 한다. '형우제공兄友弟恭', '가화만사성家和萬事成' 등의 교훈을 역사의 에피소드마다 강조하는 유가적 역사서술법에 따르고 있다는 것이다. 남생, 남건 등의 반목이란 사실 여러 부족으로 이루어져 있던 고구려의 분열을 의미하며, 고구려의 멸망은 한 집안의 싸움 차원이 아니라 통일 중국과의 오랜 싸움에 따른 후유증이 더 이상 견딜 수 없을 지경에 이른 결과라고 본다.

중요한 역사적 결정이라 해도 때로는 극히 단순하고, 개인적인 에피소드처럼 보일 수도 있다. 그러나 그 개인적인 에피소드가, 역사서에 서술된 표현보다는 훨씬 복잡한 사실을 그 뒤에 감추고 있을 때도 있다.

13

757년 경덕왕의 중국화 정책

동방예의지국으로의 첫걸음

경덕왕의 이름은 김헌영이며, 742년에 형 효성왕의 뒤를 이어 왕이 되었다. 그는 신라 역대 왕들 가운데서도 가장 열성적으로 당나라에 사대事大한 임금이었다. 당시 당나라는 현종 재위기였는데, 안록산의 난이 일어나 현종이 촉으로 피신하며 애첩 양귀비도 저버릴 정도로 나라가 혼란스러웠다. 이런 마당이면 평소 중국을 어렵게 대하던 처지라 해도 딴 마음을 가질 만도 한데, 경덕왕은 멀리 촉에 피난 가 있는 현종에게 조공 사절을 보냈다. 양자강의 만 리 뱃길과 험하디 험한 산길을 촉의 거쳐, 죽을힘을 다해 찾아온 신라 사절을 대하고 현종도 감격했던지, 이런 시를 손수 지어 보냈을 정도였다.

… 머나먼 동방의 땅, 구석지에 머물렀건만
오랜 세월 천자의 교화를 정성으로 받들었구나.

… 성실하도다! 하늘도 감동하리라.

어질도다! 그 덕행에 짝이 있으리라.

… 푸르고 푸른 지조여, 모쪼록 더 소중히 하여

어지러운 시절에도 변하지 말지어다.

이런 사대주의의 맥락에서일까? 경덕왕은 재위 16년757년에는 신라의 전통 지명을 중국식으로 고치는 개혁을 단행한다. 가령 사벌주는 상주尙州로, 삽량주는 양주良州로, 수약주는 삭주朔州로 바뀌었다. 다시 2년 뒤에는 관직명도 중국식으로 고쳤다. 창부대사는 창부낭중郎中이 되고, 예부대사는 예부주부主簿가 되고, 병부노사지는 병부사병司兵이 되는 식이었다.

504년에 지증마립간이 '왕王'이라는 중국식 칭호를 쓴 이래 신라의 중국화는 지속적으로 진행되어 왔다. 하지만 경덕왕처럼 대대적으로 고유 명칭의 중국화, 순우리말의 한자화를 시행한 왕은 없었다. 경덕왕이 대책 없는 '중국 마니아'였기 때문일까? 그런 점도 있었으리라. 하지만 더 중요한 이유는 왕권 강화에 있었던 것으로 보인다. 경덕왕은 중국화 정책을 시행하는 전후로 관제官制를 개편하고 율령체제를 강화하는 등의 개혁을 실시했다.

"고유문화를 폐기하고, 중국 지향형의 문화권에 편입된 계기가 되었다."

허동현

세계사를 보면 러시아의 표트르 대제는 관리들의 용모와 복식을 서구식으로 바꾸는 것으로 서구적 근대화, 황제권 강화의 개혁에 착수하였다. 경덕왕 역시 당시 정치, 군사, 문화적으로 초강대국인 중국을 따라하는 방식을 통해 국가의 면모를 일신하는 한편, 왕의 권위를 높이려고 했을 것이다. 하지만 오늘날 우리의 시각에서는, 어쨌든 이로써 우리 고유의 문화가 불식되고 중국 문화에 대한 종속성이 높아진 일이 아쉬울 뿐이다.

14

846년 장보고 암살

스러진 해상왕의 꿈

장보고張保皐는 궁복 또는 궁파라는 이름으로도 전하며, 일본 기록에는 장보고張寶高라고도 한다. 지금의 전라남도 완도 출신으로, 어릴 때부터 힘이 세고 지도력이 있어서 여러 사람이 따랐다. 당나라로 건너가 벼슬을 하다가, 노예무역에 시달리는 동포들을 보고 분개하여 귀국한 뒤, 청해진을 근거지 삼아 세력을 모았다. 이후 해적들을 소탕하는 한편 중국과 일본의 신라 거류민을 중심으로 삼각무역을 시작하여 '해상왕'이라는 이름에 걸맞은 웅대한 무력과 재력을 구축하였다.

장보고의 운명은 837년에 전기를 맞는다. 다음 왕위를 이어받게 되어 있던 김균정이 김명에게 살해되고, 김명이 민애왕으로 즉위하자 김균정의 아들 김우징이 청해진으로 도망쳐온 것이다. 김우징은 자신을 도와 민애왕을 없애고 왕위를 찾게 도와줄 것을 청했고, 장보고는 이에 응하여 김우징에게 청해진의 힘을 빌려주었다. 일은 성공하여 김우징은 신무왕으로 즉위했고, 장보고는 감의군사의 벼슬과 2천 호의 봉지를 받게 되었다.

그러나 해양세력에 그치지 않고 중앙권력까지 발을 디딘 장보고에게는 그만큼 적이 많아졌다. 김우징을 도와 왕이 되는 데 큰 역할을 했지만 상대적으로 장보고에 비해 대접받지 못한 김양이 한 축이었고, 지방에서는 장보고에게 눌려 세력을 펴지 못하고 있던 군소 해상세력의 불만이 커져갔다. 이런 가운데 왕실에서도 장보고를 껄끄럽게 여기기 시작했다. 장보고가 신무왕의 예전 약속을 근거로 자신의 딸을 왕비로 맞을 것을 요구하자, 신무왕을 이어받아 왕이 되어 있던 문성왕은 "어떻게 장보고처럼 미천한 신분의 사람이 왕의 장인이 된단 말입니까?"라는 주위 신하들의 반대에 고개를 끄덕이고 만다.

그리하여 조정과 청해진 사이에는 불화가 날로 깊어갔다. 이대로 가다가는 장보고의 반란이 일어날 것으로 본 조정이 먼저 손을 썼다. 염장이라는 장군을 거짓으로 장보고에게 항복토록 한 것이다. 장보고는 염장을 신임하여 함께 술자리를 가졌고, 염장은 장보고가 취한 틈에 그의 칼을 빼앗아서 찔러 죽였다.

장보고가 어이없이 죽어버리자 그의 부하들은 이창진처럼 염장을 없애려다 실패해 죽거나, 중국이나 일본으로 달아나버렸다. 문성왕은 염장에게 아간 벼슬을 내리고는 당분간 청해진을 관리하게 했지만, 청해진은 날로 세력이 기울다가 마침내 851년에 폐지되어 남아 있던 주민들은 내륙으로 강제 이주되었다.

청해진

통일신라 때 장군 장보고張保皐가 해상권을 장악하고 중국·일본과 무역한 곳이다. 장보고는 1만 명의
군사를 이끌고 청해에 진鎭을 설치, 가리포에 성城을 쌓아 전략적인 요충지로 삼았다. 이후 청해진은 서
남 해로의 긴한목 구실을 하였다.

신라 왕실의 장보고 암살 결정은 여러 의미를 갖는다. 우선 신라가 삼국을 통일했으면서도 끝내 골품제도의 폐쇄성을 극복하지 못하고, 새로운 세력을 널리 포용하여 국가와 민족의 발전 역량으로 삼는 일에도 실패했음을 보여준다. 장보고는 자신의 실력으로 이름을 떨치게 되었으나, 옛 백제 출신이자 천한 신분이었던 그는 결국 권력의 틀에 맞지 않았던 것이다.

또한 청해진의 몰락은 그동안 억눌려 있던 여러 해상 세력, 상인 세력이 줄줄이 일어나는 계기가 되었다. 그 중에는 개성을 근거지로 한 왕씨 가문도 있었으며, 나중에 왕건이 이를 바탕으로 고려를 세우게 된다. 이들은 모두 장보고를 목표로 삼아 각자의 터전에서 힘을 키워갔고, 이렇게 지방 호족세력의 분립이 날로 심해지며 통일신라의 종말이 가까워져갔다.

그러나 더 큰 관점에서, 장보고의 죽음은 우리 역사에서 바다라는 무대가 없어져가는 전기가 되었다고 할 수 있다. 이후 고려시대에는 그래도 해상무역이 명맥을 이었으나, 조선시대에는 그나마 자취를 감추고 한국은 '은둔의 왕국'이 된다. 장보고는 우리 민족이 바다를 무대로 활약했던 시대의 절정을 이루었으며, 이후 그의 해상 영웅담에 비교할 것으로는 이순신의 대첩이 있을 뿐이다.

제2부 　고려시대

15

918년 왕건의 궁예 축출과 고려 건국

준비된 쿠데타: 승자가 쓴 역사

"왕건의 등장과 그가 궁예를 축출하고 고려의 국왕으로
즉위하게 되는 사건은 한국사에서 가장 큰 사건 중 하나라 할 수
있다. 고려의 시작과 더불어 비로소 우리 민족은 하나의 국가를
이루게 되었다."

박옥걸

'궁예' 하면 흔히 '남 좋은 일만 한 사람'이라는 생각을 떠올린다.
고구려 재건의 깃발을 들고 일어서서 후삼국 중 가장 넓은 지역을
손에 넣었지만, 결국 부하 왕건에게 통일왕조의 태조 자리를 넘겨주
고 자신은 맨몸으로 달아나다가 이름 모를 백성의 손에 초라한 최후
를 맞았기 때문이다.

한편 왕건은 '덕이 있는 사람이 나라를 얻는다'는 유교의 교훈에
가장 잘 들어맞는 인물처럼 여겨진다. 그를 주제로 한 여러 소설이나

TV 사극에 그렇게 묘사되었고, 『고려사』의 기술과도 일치한다. 왕건은 어디까지나 왕위에 욕심이 없고 묵묵히 할 일을 다했을 뿐이지만, 궁예의 포악함에 질린 신하들이 궁예를 내쫓고 왕건을 '억지로' 왕위에 앉혔다는 식의 해석이다.

알려진 사료만 보면 궁예는 '덕 있는 군주' 자격에 확실히 미달한다. 처음에는 미륵불을 자처하며 신라 말기의 악정에 시달리던 백성들의 희망이 되더니, 점점 사치에 물들어 가혹한 세금을 마구 부과했다. 그래서 백성들이 농기구와 베틀을 내던지고 앞 다투어 달아나는 지경이라, 왕건이 궁예를 대신해 나라를 맡지 않았던들 나라가 망했을 것이다.

하지만 그것은 '이긴 자의 기록'이다. 그 표현에 현혹되지 않고 이면을 유추해 본다면, 당시 철원으로 도읍을 옮긴 궁예에게는 거듭되는 통일전쟁의 자금을 마련하고 중앙관제를 정비할 필요가 있었고, 그 과정에서 호족들을 심하게 다그쳤던 듯하다. 따라서 호족들의 불만이 극에 달했고, 그것이 결국 궁예의 몰락을 재촉한 것은 아닐까?

또한 궁예는 날이 갈수록 포악해져서 걸핏하면 '관심법觀心法'으로 상대의 마음을 꿰뚫어본다며, 그에 따라 '역모를 꾸미고 있는' 신하들을 '하루에도 백여 명씩' 학살하였다. 뿐만 아니라 왕비와 두 왕자까지 처참하게 죽였다. 그래서 이 폭군의 걷잡을 수 없는 광기를 그치게 하려면 쿠데타밖에 없었다는 것이다. 그런데 궁예가 죽였다는 왕비 강씨는 황해도의 유력한 호족 출신이었고, 궁예에게 참소를 했다가 왕건의 조사 결과 거꾸로 죄를 받게 되었다는 아지태는 청주의 호족으로써 다른 청주 호족들을 참소했다. 이렇게 볼 때 궁예의 말년에는 옛 고구려 출신 호족 집단과 백제 출신 호족 집단, 그리고 신라 출신 집단 사이에 알력이 심각했던 것 같다. 그것은 궁예가 왕건의 본거지였던 송악(개경)을 버리고 철원으로 도읍을 옮긴 이유와도 관련된다.

왕건은 송악을 오랜 근거지로 하여 인망과 재력을 구축한 한편, 복지겸과 배현경 등 신라 출신의 지지도 얻었다. 여기에 고구려, 백제 출신 호족의 알력관계도 적절히 이용함으로써 대권은 점차 궁예에서 왕건으로 옮겨간다. 왕건은 여기에 그치지 않고 일반 민중의 지지까지 얻으려고 작전을 짰다. '궁예는 이제 끝났으며, 하늘은 왕건을 선택했다'는 참언讖言을 시중에 유포토록 한 것이다. 이렇게 볼 때 왕건의 쿠데타는 철저히 준비된 쿠데타였다. 공식 기록의 "복지겸 등이 탕왕, 무왕의 고사에 따라 어두운 임금을 물리치고 천명을 받으시라고 간곡히 권하자 끝내 사양하려 했으나 부인 유씨(신혜왕후가 된다)가 손수 갑옷을 가져오며 결단을 촉구하매, 비로소 결심하고 거사에 나섰다"는 내용은 왕건을 욕심 없는 유덕자로 포장하기 위한 픽션, 또는 쇼였을 것이다. 그것은 궁예가 제거된 후 처음에는 왕건을 지지했던 이흔암, 환선길 등이 반란을 일으켰으며 공주 이북의 30여 성이 한꺼번에 고려를 버리고 후백제에 귀순했다는 사실에서도 알 수 있다. 정말로 궁예가 대책 없는 폭정을 일삼아 나라가 당장 무너질 지경이었고, 유덕한 왕건이 그를 대신하는 것을 뭇 신하와 백성이 한마음으로 환영했다면 그랬을 리가 있겠는가? 궁예의 사후 옛 백제 지역 호족들이 하도 많이 떨어져 나갔기 때문에, 본래 태봉〉후백제였던 역학구도는 불과 몇 년 만에 고려〈후백제로 바뀌었다. 왕건이 호족들간의 알력을 교묘히 이용해 정권을 잡았지만, 집권 후 적어도 백제 출신 호족들의 환심을 얻는 데 실패했음을 짐작케 한다.

궁예가 여러 곳에서 모인 호족을 아울러 나라를 운영해가다가, 결국 충분한 리더십을 발휘하지 못해 나라를 빼앗긴 것만은 사실이다. 그런 점에서 그 후 왕건이 고려 정국을 안정시키고 나아가 통일까지 이루는 과정에서 보여준 리더십을 보면, '천명'이 과연 사람을 제대로 선택했다고 봐도 되리라. 하지만 '이긴 자의 역사'에 쓰인 표현처럼, 궁예는 '나쁜사람'이고 왕건은 '착한 사람'이었기에 '모든 사람의 뜻이 하늘에 닿아 저절로 천명이 바뀐 것'은 아니었다. 역사상 첫 번째 쿠데타(위만)가 그랬듯, 모든 쿠데타는 비열하고 잔인하며 마키아벨리적인 권력 투쟁일 뿐이다.

918년 왕건의 궁예 축출과 고려 건국

16

918년 왕건의 대신라 햇볕정책

평화적 통일을 위한 결단

'햇볕정책'은 과거에도 있었다. 그리고 그것은 통일을 실현했다. 918년 고려 태조로 즉위한 왕건이 신라를 상대로 펼친 정책이 바로 그것이었다.

통일되었던 한반도가 다시 후고구려, 후백제, 신라로 갈라지게 된 원인은 기본적으로 낡은 귀족제에 사로잡힌 신라의 폐쇄성과 부패에 더해, 장보고 사망 후 본격화된 지방 호족들의 발호에 있었다. 하지만 후고구려와 후백제를 세운 지도자, 즉 궁예와 견훤의 신라에 대한 깊은 원한도 어느 정도 작용했다. 궁예는 자칭 신라의 왕족인데, 권력 다툼의 와중에 내버려졌으며 한쪽 눈도 그때 잃었다고 했다. 정말은 사실이라기보다 꾸며낸 이야기일 가능성이 높지만, 궁예는 신라의 수도를 '멸망의 도시滅都'로 부르게 하거나, 영주 부석사에 쳐들어갔을 때 거기 모셔져 있던 헌안왕의 초상화를 칼로 베는 등 신라에 대해 노골적인 적개심을 드러내고 있었다. 견훤 역시 백제의 원한을 갚는다며 신라 타도를 국정의 첫 번째 목표로 내걸었다. 말만이 아니라, 927년에 신라의 금성을 습격해 비빈을 능욕하고 경애왕을 무참히 죽이기도 했다.

반면 왕건은 즉위 때부터 신라에 온건한 입장을 밝혔다. 물론 그것은 궁예를 내쫓고 잡은 왕좌가 아직 튼튼하지 않았으므로, 내부 안정에 우선 힘을 기울일 필요가 있기 때문이기도 했다. 왕건의 이런 처지를 알고 있던 견훤은 왕건을 다독이고 신라를 밀어붙이는 전략을 택한다. 918년 왕건에게 즉위 축하 사절을 보내고, 920년에는 자신의 손에 들어온 일부 지방을 내주기까지 했다. 어차피 집안 단속에 정신이 없을 왕건이지만, 잘 달래서 뒤에서 공격하지 않게 만든 다음 신라와의 싸움에 전념한다는 계획이었다.

그러나 견훤의 이런 전략은 신라와 고려를 가까워지게 만들었다. 후백제가 왕건의 즉위 즉시 사절을 파견해 왕건과 친해지려 했던 것과는 달리, 궁예의 복수심을 겁내어 후백제보다도 고려를 더 꺼리고 있던 신라는 2년이 지나서야_{920년} 겨우 고려에 사절을 보내고 친교를 맺었다. 그러나 921년에 후백제가 신라의 대야성을 공격하자, 신라는 왕건에게 원병을 요청한다. 여기서 왕건은 고민이 되었을 것이다. 신라를 돕느냐, 후백제와의 화친을 유지하느냐? 왕건의 선택은 신라였다. 급파된 고려군은 후백제군을 신라 땅에서 내쫓았다. 이로써 '여나 동맹'이 성립되고, 후백제와의 화친은 깨어졌다.

당시 썩은 고목처럼 쓰러지기 직전이었던 신라에 군사적 동맹으로서의 가치는 거의 없었고, 오히려 고려의 부담만 되었다. 이후

918년 왕건의 대신라 햇볕정책

10년간 고려는 후백제와의 대결로 때로는 왕건이 거의 목숨을 잃을 뻔할 정도로 위기에 몰렸고, 신라를 도와주느라 막대한 피해를 입기도 했다. 그러나 왕건은 끝내 친신라 정책을 포기하지 않았으며, 이에 따라 930년의 고창 전투에서 후백제군을 결정적으로 격파하고 몇 달 뒤 금성에 입성하자, 신라 백성들의 열렬한 환영을 받았다. 이미 신라인들은 고려에 마음으로 귀속해 있었던 것이다. 이는 5년 뒤935년에 마침내 경순왕이 천년사직을 들어 고려에 항복하는 것으로 이어진다. 왕건판 햇볕정책의 결실이었다.

> "왕건은 후백제와의 대결을 준비하기 위해 신라에 대해서는
> 유화적인 햇볕정책을 선택했다. 이로써 고려는 신라의 권력층과
> 민중일반의 지지를 획득하며 후백제에 대한 전략적 우위를
> 선점했다. 고려의 통일을 통해 우리 역사는 다시 북방으로
> 진출하는 계기를 만들 수 있었다."
>
> 최용범

과거 삼국시대에 빈번했던 배신과 동맹 파기처럼, 왕건은 신라와의 동맹을 깨고 신라를 급습하여 병합할 수도 있었다. 그러나 신라는 힘은 약할지언정 천 년의 전통과 뛰어난 문화, 유서 깊은 귀족 가문들이 있는 나라다. 그런 신라를 완벽하게 손에 넣으려면 견훤처럼 힘으로 몰아치기보다는 부드럽고 따스한 햇볕을 계속해서 비춰주는 방법이 나았다. 그리하여 신라가 스스로 고려의 품으로 뛰어들게 하는 것이야말로 왕건식 햇볕정책, 고려식 통일 전략이었고, 그것은 멋지게 성공했다.

하지만 오늘날 햇볕정책과 결정적으로 다른 점도 있다. 왕건은 그것을 자신의 국내적 권력기반 확충에 이용하지 않고 철저히 국익 차원에서 추진했으며, 마냥 관대한 듯하면서도 실속은 확실히 챙겼다는 점이다. 왕건은 처음 신라와 동맹을 맺던 때에도 신라 사신에게 '신라의 삼보三寶'에 대해 질문했다. 신라의 삼보란 황룡사 구층탑과 장륙존상, 그리고 진평왕이 쓰던 허리띠인 성대聖帶였는데, 이 중 움직이기 어려운 황룡사의 보물은 그대로 두되 성대는 자신에게 바치도록 했다. 신라가 고려에게 사실상 복속되었다는 표시를 삼은 것이다. 그리고 진정 사심 없는 우호관계였다면, 이때 이후 거의 해마다 신라 호족들이 고려에 항복해오는 것을 그대로 받아주었을까? 왕건은 귀순자 중 거물에게는 왕씨 성을 내려주기까지 하며 신라 호족의 투항을 장려했다. 그러므로 마지막에 경순왕이 고려에 항복한 것은 달리 선택의 여지가 없는 결정이었을지도 모른다. "덕이 있는 사람이 나라를 얻는다." 하지만 그 덕에는 냉철한 판단과 교활한 술책 또한 필요하다.

17

935년 신검의 쿠데타

후백제의 멸망을 부른 아들의 반역

후백제를 건국해서 '후삼국시대'의 한 축을 차지했던 견훤은 930년 무렵까지는 왕건의 고려와 신라를 압도하고 있었다. 그는 과감하고 유능한 군사 지도자였다. 927년에는 신라로 쳐들어가 포석정에서 경애왕을 붙잡아 죽였으며, 돌아가는 길에는 공산에서 고려군을 무찔러 왕건이 겨우 목숨만 부지해 달아나도록 하는 등 일약 위세를 떨쳤다.

그러나 930년의 고창 전투는 고려의 승리와 후백제의 패배로 끝났다. 이후 견훤의 운명도 내리막길을 걸어, 여러 고을이 그의 수중을 떠나 고려로 돌아가더니 935년 3월에는 세 아들(신검, 양검, 용검)의 손으로 왕위에서 쫓겨나 익산 금산사에 유폐되고야 만다.

견훤이 늘그막에 얻은 아들 금강을 귀여워해 신검 등을 제치고 후계자로 세웠기 때문이라고 하는데, 여기에 대해서는 당시 세력이 약화되고 있던 견훤이 금강의 모친 쪽 호족들의 지지를 얻으려 했기 때문이었다는 추측도 있다. 이렇게 보자면 연개소문의 아들들인 남생, 남건의 경우를 '형제 싸움'으로만 해석하는 것이 무리이듯, 견훤의 금산사 유폐 사건을 '부자 싸움'으로만 보아서도 안 될 것이다. '집안 단속도 제대로 못한 한심한 사람들'이라고 비웃는 것 이상의 분석이 필요하다는 말이다.

아무튼 견훤은 유폐된 지 석 달 만에 금산사를 탈출, 고려로 망명한다. 그리고 신검에 맞서 왕건을 도움으로써 스스로 세운 후백제를 무너트리는 일에 힘을 보탠다.

박옥걸은 "견훤의 몰락은 역사적인 일대 사건이 아닐 수 없다. 결국 이를 계기로 고려의 통일이 가능했던 것이다"라고 이 사건에 큰 의미를 부여한다.

18

956년 노비안검법 실시

최초의 민권개혁?

고려 왕조는 통일신라 말기에 각 지방에서 할거했던 호족들을 하나로 묶어 그 위에 올라선 식으로 세워졌다. 따라서 호족들의 힘을 최대한 견제하면서 왕권을 강화하는 일이 태조 왕건 이래 개국 시기 고려 왕들의 숙제였다.

이 숙제는 제4대 광종에 의해 비로소 해결되는 모습을 보였다. 처음에는 호족들과의 관계에서 조심스러웠던 광종은 중국의 후주後周에서 귀화한 쌍기와의 만남을 계기로 야심적인 제도 개혁을 잇달아 추진한다. 그 첫 번째가 바로 노비안검법奴婢按檢法 제정이었다.

노비안검법이란 전쟁포로로 잡혔거나 빚을 제때 갚지 못해 노비가 된 사람을 원래의 신분(양인)으로 되돌리는 내용의 법이었다. 그런 종류의 노비는 호족에게 많았고, 호족의 무력과 재력의 기반이 되고 있었다. 한편 이들 노비는 국가에 부역과 납세의 의무를 지지 않으므로, 국가-왕실로서는 노비란 적으면 적을수록 좋을 터였다. 그리하여 실시된 노비안검법이었지만 당연히 기득권을 침범당한 호족들의 반대가 거셌다. 그들은 광종의 왕비(대목황후)에게 다리를 놓아서까지 노비안검법을 무산시키려고 애썼다.

그러나 광종은 꿋꿋했고, 2년 뒤958년에는 과거제를 시행함으로써 개혁에 한층 더 박차를 가했다. 과거제 역시 호족세력이 세습적으로 장악하고 있는 관료제를 실력 위주의 '왕의 남자'로 채우는 의미가 있었다. 광종은 이렇게 강화된 왕권을 바탕으로 황제를 칭할 정도로 위세를 떨치지만, 그의 사후에는 많은 개혁이 후퇴하고 만다. 노비를 둘러싼 국가와 귀족 사이의 힘겨루기는 고려시대 내내 이어졌고, 조선시대까지도 이어진다. 고려 말기 공민왕이 신돈을 등용하여 실시한 선민변정도감, 조선 후기 영조의 노비법 개혁과 유형원 등의 노비제도 개혁론 등이 모두 광종의 개혁의 연장선상에 있는 것이다.

"노비안검법은 국가의 직접 지배를 받는 양인층의 확대를
    겨냥한 정책이었다."
                                                    이덕일

"노비안검법은 귀족의 세력을 약화시키고 왕권을 강화시킨
    결정적 계기가 되었다."
                                                    박소연

결국 노비안검법은 노비의 처지를 개선한다기보다 왕권을 강화한다는 의미가 더 큰 개혁이었다. 하지만 이로써 많은 사람들이 '사람이면서 물건처럼 거래되고 상속되는 처지'에서 벗어났다. 그리고

지배계층과 지식인 사이에 '노비도 우리와 똑같은 사람인데, 어째서 사람 대접을 받지 못하는가?'라는 의문이 깃들게 되었다. 따라서 노비안검법 제정 결정이야말로 한국사에서 희귀한 민권 개혁의 첫 실마리로 부르기에 부족함이 없을 것이다.

19

900년간 이어온 '인재 등용의 혁명'

"영의정 남지와 영의정 황수신이 모두 수상이 되어 공명과 부귀가 당대에 견줄 사람이 없었다. 그러나 이들이 항상 말하기를 '남자가 되어 붉은 종이 위에 이름을 쓰지 않았으면 별 볼일 없는 인생이다' 하였으니, 이는 문과에 급제하지 못한 것을 한으로 여겼기 때문이었다."

서거정, 『필원잡기』

"과문科文의 법식들은 단지 우리나라 삼천 리 안에서만 행해질 뿐이요, 한 발자국 밖을 나가 다른 나라 사람들이 우리나라 과문을 보게 되면 무슨 말인지조차 모를 것이다. 나라의 선비들이 말을 배울 때부터 벌써 과문을 시작하여 머리가 하얘질 때까지 그것을 익히고 있다. … 쓸모없는 것에다 죽도록 머리를 썩이고 있는 것이다."

이규상, 『병세재언록』

"바야흐로 지금 조정의 큰 폐단은 과거보다 심한 것이 없다. 요행으로 차지하게 되는 사람이 넘쳐 한 해가 한 해보다도 심해지고 하루가 하루보다도 심해지고 있으니, 장차는 사람이 사람이 아니게 되고 나라가 나라가 아니게 될 것이다. 이 어찌 크게 변혁해야 할 바가 아니겠는가?" 정조, 「과거의 폐단에 대한 윤음綸音」

과거제란 시험을 통해 관리를 임용하는 전통적 제도다. 통일신라의 독서삼품과도 그런 범주에 들 수 있겠지만, 그것은 국립대학인 국학의 학생만을 대상으로 했다. 다시 말해 수도에 거주하는 귀족 자제만 응시가 가능했다는 뜻이다. 또한 성적 우수자가 임용 과정에서 득을 볼 수도 있었을 뿐, 급제자에게 반드시 어떤 자격을 부여한 것은 아니었다. 원칙적으로 신분의 차별 없이 응시할 수 있고, 급제자는 특정 자격을 얻게 되는 진정한 의미의 과거제는 고려 광종 9년958년에 처음으로 이 땅에 도입되었다.

2년 앞서 시행했던 노비안검법과 마찬가지로, 과거제 실시도 쌍기의 건의를 받아들인 결정으로 기록되어 있다. 과거제 도입 이유도 노비안검법과 비슷했다. 왕권의 강화와 호족 세력의 억제다. 말하자면 광종은 별도의 역량과 권위를 갖춘 세습 귀족 관료가 아니라, 능력에 의해서만 선발되고 왕의 권위에 의존하는 관료집단을 형성하려 했던 것이다. 광종대에는 모두 8차례의 과거가 실시되었으며, 총 급제자는 39명이었다. 고려시대를 통틀어 250회의 과거를 통해 약 7천 명(잡과 제외)의 인원이 뽑혔다.

과거제가 제대로 꽃핀 시대는 아무래도 조선시대다. 조선시대의 과거는 문과 기준으로 총 804회 치러지고 15,217명이 급제하여, 고려에 비해 시험 횟수는 크게 늘었으되 합격률은 비슷했다. 또한 고려시대에 없던 무과를 신설했고, 고려시대에 비해 응시 자격 제한도 많이 완화되었다. 그뿐만 아니라 과거가 갖는 위상과 의미도 고려시대와는 확연히 달라졌다. 고려시대에는 명문가 출신이 집안의 힘만으로 임용되는 음서제가 과거제에 비해 뒤지지 않는 모습이었으나, 조선시대에는 설령 음서제로 임용될 수 있어도 과거를 보았다. 과거 출신이 아니면 은근히 따돌림을 받고, 관리는 되더라도 고위직은 노리기 어려웠기 때문이다.

조선의 과거는 문과를 중심으로 볼 때 1차인 소과小科를 초시初試와 복시覆試로 치르고 다시 2차인 대과大科를 초시, 복시, 그리고 전시로 나누어 치르는 형태였다. 대과에 합격하면 종6품(장원급제의 경우)에서 정9품까지의 벼슬을 얻을 수 있었다. 소과는 3년마다 치러지게 되어 있었는데 이를 식년시라고 했고, 왕의 등극이나 세자 탄생 등 국가에 경사가 있을 때는 증광시를 베풀었다. 또 수시로 별 명목 없이 별시를 보기도 했다. 식년시는 각 지방에서 정기적으로 치러졌지만 증광시나 별시의 경우 별안간 예고 없이, 그것도 한양에서만 치러졌으므로 전국에서 수많은 응시자가 한꺼번에 한양으로 몰려 북새통이 되는 경우가 많았다. 가장 많을 때는 10만 명이 과거 보러 한양에 올라오는 바람에 한양 쌀값이 폭등하고, 시험장 자리가 모자라 자리를 서로 차지하느라 주먹다짐이 벌어지기도 했다고 한다. 그렇다면 아예 고향으로 돌아가지 않고 한양에 몇 년이고 머물며 시험을 기다리는 사람도 생길 것이다. 이런 사람들이 모여든 '고시촌'으로 남산골이 가장 유명했는데, 여기서 '남산골샌님'이라는 말도 나왔다. 이렇게 '고시 낭인'이 늘어나 사회문제까지 되자 역대 임금은 지속적으로 과거의 1차 합격자 인원을 늘렸으며, 본래 성균관 유생들에게만 실시하던 알성시를 일반에 개방하여 전시殿試 1회만으로 합격시키는 특전을 주기도 했다.

그런데 과거에나 현대에나 시험이란 어떤 사람의 특정한 능력을 특정한 기준에 맞추어 재는 것이다. 따라서 '과연 이런 기준으로 인재를 선발하는 것이 합당한가?'라는 의문이 끊이지 않게 마련이다. 조선에서도 문장력 위주의 '제술'과 경전에 대한 이해력 위주의 '강경' 중 어느 쪽이 선비에게 더 중요한 재능인지에 대한 논쟁이 전기 내내 지속되어, 중종대에는 경전 공부를 중시한 조광조 등 신진사류와 문장 공부의 의의를 강조한 남곤 등 훈구사류의 대립이 정쟁으로 비화하기도 했다. 조선 후기로 가면 아예 과거제 자체가 '점수 따는 기계'만 양산할 뿐, 국가에 필요한 인재를 뽑는 데는 무리가 있다는 주장이 나타났다. 정약용을 비롯한 실학자들, 그리고 정조도 그런 의견을 가지고 있었는데, 결국 과거제 폐지에는 실패한다. 기득권의 벽이 두텁기도 했지만, 그들의 대안이란 것도 고대에나 통용되던 천거제도였기 때문이기도 했다.

과거제를 둘러싼 또 다른 논쟁은 응시 자격 제한과 관련되었다. 조선은 고려에 비해 과거 응시 자격 제한이 적었으나 서얼과 천민은 예외였다. 천민이야 어차피 과거 공부를 할 여유가 없었으니 별로 논란이 되지 않았지만, 서얼은 양반의 자제로서 공부할 기회를 얻고 탁월한 수준에 오른 경우도 많았다. 그런데도 과거를 볼 수 없는 것인가? 서얼에 대한 응시 자격 금지는 불합리하며 철폐해야 한다는 의견이 조선왕조 내내 나왔으며, 때로는 허용하는 일도 있었으나 대체로 금지가 대세였다. 또 하나는 성종 8년1477년에 수립된 재가녀자손금고법再嫁女子孫禁錮法이었다. 과부가 재혼하지 않고 수절하는 '미풍양속'을 권장하고자 재혼한 여자의 자손에게는 과거 응시 자격을 박탈한다는 법률이었는데, 이 때문에 남편이 죽으면 혹시나 며느리가 재혼해 자손의 벼슬길이 막힐까 봐 시댁 식구들이 며느리를 살해하는 일까지 벌어졌다고 한다. 이는 중국에도 없는 조선만의 아름다운 법이라며 중국 사신에게 자랑하는 일도 있었으나, 조선 후기의 실학자들을 비롯해 많은 이들이 도덕을 강요하는 악법으로써 폐지가 마땅하다는 의견을 표출했다. 이것은 고시제도가 가질 수밖에 없는 또 하나의 폐단이었다. 즉 기회의 공평성 문제였다.

또 다른 문제는 부정이었다. 모든 중대한 이해관계가 걸린 일에는 부정이 개입되기 마련, 조선 전기부터 대리 응시, 시험지 바꿔치기, '커닝페이퍼' 등 온갖 부정 사례가 끊임없이 나왔다. 조정은 부정이 적발되면 곤장 100대를 치고 강제노역 3년에 처하는 등 엄격한 처벌을 내렸으나, 좀처럼 부정은 근절되지 않았다. 그러던 것이 후기부터는 부정을 단속해야 할 관료들 측에서 부정을 저지르기 시작했다. 말기에는 아예 합격증을 돈 받고 팔았으며, 기가 막히게도 왕실까지 여기에 끼어들었다. 부족한 재정을 메울 수단이 달리 없었기 때문이었다.

"초시를 매매하기 시작할 때에는 이백 냥도 받고 삼백 냥도 받아 그 값이 고르지 않았다. 오백 냥을 달라면 사람들이 혀를 내밀

958년 과거제 도입

었다. 갑오년 이전의 몇 차례 과거는 천여 냥을 달래도 사람들이 아무렇지 않게 생각했다. 회시는 대략 만여 냥을 받았다."

구한말에 매천 황현이 쓴 글이다. 대체로 세도정치 시대 이후의 과거는 이미 합리성과 공평성을 대부분 잃어버리고, 돈 아니면 권력이 있어야 합격할 수 있는 '그들만의 잔치'가 되어버리고 만다. 이 사실을 모르고 과거 준비를 했다가 쓴맛을 보았던 사람 중에 백범 김구도 있었다. 결국 부패, 타락과 과거 무용론이 팽배해지던 끝에, 갑오경장1894년에서 과거를 폐지하기로 함에 따라 936년 만에 과거는 역사 속으로 사라졌다.

'아메리칸 드림'이라는 말이 있다. 미국은 기회의 땅이기 때문에, 누구든지 열심히 노력하면 성공할 수 있다는 것이다. 본래 사람이 사는 사회란 성공할 기회가 드문 법이어서, 과거에는 신분제의 장벽이 있었고, 근대화 이후에도 웬만해서는 기득권의 두터운 벽을 뚫을 수 없다. 하지만 미국은 역동성이 높고 다원화된 사회이므로 돈도 권력도 연고도 없는 사람도 충분히 기회를 잡을 수 있고, 꿈은 반드시 이루어진다는 것이다. 이제는 미국도 차차 사회가 경직되면서 기회가 줄어들고 있고, 언어 문제와 인종 차별이라는 장벽도 있다. 하지만 이 꿈을 믿고 세계 각지에서 아직도 사람들이 모이고 있으며, 그 중에는 본인은 세탁소나 잡화상을 할지언정 자식은 어엿한 주류가 되기를 바라는 한국인들도 많다.

그러면 '코리안 드림'은 없을까? 적어도 예전에는 있었다. '찢어지게 가난한 집에 태어나 거의 매일 배를 곯지만, 이를 악물고 공부하여 명문대에 진학한다. 그리고 다시 이를 악물어 고시에 합격, 부와 권력을 움켜쥔다'가 그 전형이었다. 대학입시와 고시제도가 맨몸뚱이로 신분 상승을 할 수 있는 기회였던 것이다. 즉 이미 사라진 과거제가 우리 조상들에게 준 꿈과 기본적으로 같은 꿈을 대한민국에서도 많은 사람이 꾸어왔던 것이다.

원칙적으로 자격시험이란 노력하는 사람에게는 엄청난 기회다. 정해진 범위 안에서의 지식만 통달하면 합격할 수 있고, 그러면 다른 조건을 묻지 않고 일정한 이익을 보장하기 때문이다. 하지만 그것이 사회의 최고 가치가 되어버리고, 온 사회가 그것을 위해 경쟁하게 되면, 필연적으로 문제가 발생한다. 과연 기회가 공평하게 주어지는가? 물론 오늘날의 대학시험이나 고시 응시에 출신에 따른 제한은 없다. 그러나 실질적으로 존재하는 불공평함은 어떻게 설명할 것인가. 가령 부유층 자녀는 고액과외를 받아 쉽게 명문대에 들어간다고 한다. 반면 그럴 여력이 없는 집안의 자녀는 명문대 진학이 어렵다. 그 결과 부가 대물림되는 것이다. 그래서 한 차례의 시험이 갖는 비중을 줄이고 내신을 중시한다, 상대적으로 낙후된 지역에 자립형 사립고를 짓는다 등의 대책이 계속 나오지만, 좁은 구멍에 모든 사람이 머리를 들이밀려고 애쓰는 상황 자체가 없어지지 않는 한 폐단은 계속된다. 더구나 채점 과정에 조금만 주관성을 허용하면, 곧바로 부정이 개입된다. 그러다 보니 입시나 고시는 극히 획일적이 될 수밖에 없고, 따라서 다양한 분야를 두루 평가하여 인재를 선발할 수 없다. 고시제도에 있어서는 사법고시를 폐지하고 로스쿨을 만들어 '고시 낭인'을 없애고 더 내실 있는 법학교육을 한다지만, 이는 '로스쿨 낭인'을 만들

뿐이며 로스쿨 등록금을 볼 때 부유층에게 기회를 더 많이 부여하는 것이다 등의 문제에 직면한다.

> "고려 광종에 의해 처음 실시된 과거제는 이후 한국 사회의 통념을 규정지은 획기적인 사건이었다. 지금도 치열한 고시 열풍은 과거제로 그 시원을 거슬러 올라갈 수 있다. 과거제의 실시로 출세를 위해서는 과거를 보아야만 한다는 고정관념을 형성시켰고, 이후 모든 교육제도 등이 과거를 중심으로 운영되었다. 이것은 근대 이후에도 영향을 미쳐서 각종 고시를 출세의 수단, 목표로 생각하는 사고의 원형이라고 할 수 있다."
>
> 박용운

천 년 가까이 과거제를 시행하면서 우리는 얻은 것도 많으며, 잃은 것도 많다. 서구에도 오랫동안 존재하지 않았던 고도로 합리적인 관료제, 국민 모두가 기회만 되면 공부하려는 분위기, '누구나' 노력하면 성공할 수 있다는 자신감 등은 분명 소득이었다. 그러나 한편으로 재능 있는 젊은이들을 시험지옥에 빠트림으로써, 발명, 발견, 과학기술 연구 등에 쓰일 수 있었을 능력이 허비되기도 했다. 중국사 학자 미야자키 이치사다는 "과거제야말로 인간의 사상을 단순화하며, 인류와 사회의 발전에 아무런 유익한 성과를 내놓지 않는 제도다. 참으로 중국인들은 수천 년 동안 쓸데없는 노력만 해온 것이다"라고 조롱했다. 그의 조롱이 한국의 과거와 현재에 어떻게 적용될까.

20

982년 시무28조 채택

유교국가로의 길

최승로는 본래 신라 출신이다. 고려가 통일하는 과정에서 신라의 관리였던 아버지를 따라 개경으로 이주했으며, 이후 학문적 재능을 인정받아 문한文翰이 되었다. 그리고 고려조에서 가장 유교화·중국화에 관심이 높은 군주였던 성종이 즉위하며 그의 시대가 열리게 된다. 그것은 성종 원년에 그가 올린 '시무28조'가 적극적으로 채택되면서 확실해졌다.

시무28조란 '지금 현실적으로 실행할 필요가 있는 과제時務 28가지'라는 뜻인데, 그 내용을 보면 철두철미하게 유교적 사상에 입각해 있다. 그 중에서도 핵심이 되는 것이 '민본民本'과 '억불抑佛'이다.

민본은 '외관外官을 파견해 지방 토호의 착취를 억제할 것'(7조), '연등회, 팔관회 때 무리한 요역을 시키지 말 것'(13조), '궁궐에서 쓰이는 경비를 줄여 세금을 경감할 것'(15조) 등 전체 28개조 중 9개조의 목표가 되고 있다. 한편 억불 역시 8개조에서 다루어지고 있는데, '사찰에 시여施與를 베풀지 말 것'(4조), '사찰에서 이자 놀이하는 것을 금지시킬 것'(6조), '불상을 만들 때 금은은 물론 금속을 일체 쓰지 못하게 할 것'(18조) 등이다(두 가지 주제가 겹치는 조항, 즉 불교를 억제함으로써 백성의 부담을 덜자는 내용의 조항이 5개조에 달한다).

이처럼 최승로의 개혁안이 무엇보다 민본과 억불을 앞세우고 있었던 것은 그 때까지 고려의 정치, 사회를 지배해온 패러다임을 근본적으로 뒤집자는 의미를 띠었다. 즉 백성들이 귀족들, 특히 지방 호족들의 무차별한 착취의 대상이 되면서 그만큼 왕권과 중앙권력은 미약했던 현실을 타개하는 의미가 있었다. 또 한편으로 불교 대신 유교가 지배이념이 되고, 그에 따라 승려 대신 유학자들이 새로운 지배 엘리트로 떠오르게 한다는 구상 역시 담고 있었다.

그러나 오늘날의 시각에서는(그리고 어느 정도는, 조선 성리학자들의 시각에서도) 그의 개혁안이 '순수하게 백성과 나라를 생각하는 것'이라고는 보기 어렵다. 한편으로 귀족들의 입지를 높여주는 듯한 조항들도 들어 있기 때문이다. '신하들을 정중히 예우할 것'(14조), '신분의 존비尊卑에 따라 다른 규모의 집에서 살게 할 것'(17조), '공신들의 자손에게 임용 특혜를 줄 것'(19조), '양천법良賤法을 엄히 하여, 노비들이 주인을 함부로 대하지 말게 할 것'(22조) 등이 그렇다. 그것은 유교 자체가 한편으로 백성을 하늘과 같이 받들 것을 가르치면서 다른 한편으로는 상하귀천上下貴賤의 명분名分을 강조하는 이념이라는 점에서도 비롯되었을 것이다. 하지만 한편으로 최승로의 '계급적 한계', 즉 신라 출신의 귀족이자 유학자, 경관京官이라는 그의 개인적 정체성에서 비롯된 한계 또한 반영되었을 것이다. 다시 말해 그는 지방 호족들을 억누르려 했으나 그것이 광종과 같은 전제군주제로 이어지기를 바라지는 않았고, 유학에 조예가 깊은 중앙 관료-귀족들이 주도권을 잡고 임금과 공치共治하는 체제를 원했다. 더구나 유교적 개혁안에서 빠지지 않기 마련인 토지개혁에 대한 내용이 전혀 없고, 근세의 성리학자들이라면 존치론을 펴되 '필요악이기 때문'이라는 변명이라도 덧붙였을 노비제도를 거리낌 없이 옹호한다는 점, 이런 점은 성리학적 시각에서도 최승로 개혁안의 한계라고 볼 만하다.

"불교 중심의 국가 운영에 대한 전반적인 개혁을 건의하여
관제와 군제, 신분제, 공역제 등을 확립하여 법과 제도에 의한
정치를 시행함으로서, 많은 개혁을 통해 유교적 합리성에
바탕을 둔 정치가 이루어지게 되었다."   이영춘

최승로의 시무28조가 단숨에 고려의 패러다임을 뒤바꾼 것은 아니었다. 불교는 여전히 고려의 중심 이념이었고, 호족 세력도 쉽게 수그러들지 않았다. 그러나 유교가 적어도 실무 부문에서는 불교보다 앞선다는 점, 중앙집권이 고려의 나아갈 길이라는 점은 시무28조에 따라 확립되었다. 그의 사상적 후계자는 우선 다음 시대의 김부식, 그리고 고려 말기의 정도전, 조준 등 신진사대부들이라 할 것이다.

그런데 시무28조라지만 지금 남아 있는 것은 22조뿐이다. 나머지 6개조는 어떤 내용이었을까? 전체의 20퍼센트를 넘는 내용이 실

수로 누락되었다고는 믿기 어렵다. 누가 고의로 없앴다면, 왜 그랬을까?

21

한국사 최고의 협상

고등학교 국사 시간에 매우 놀랍고도 신기하게 생각했던 이야기가 있었다. 바로 '서희와 강동 6주'로, 거란군이 물밀듯 쳐들어왔을 때 서희가 오직 말로 설득해서 그 대군을 물리쳤을 뿐 아니라 저들에게 땅까지 받아내어 영토를 크게 넓혔다는 이야기였다. 아니 대체, 서희라는 사람은 얼마나 말솜씨가 좋았기에, 땅을 빼앗기지 않은 것도 모자라서 거꾸로 땅을 얻었더란 말인가?

고려는 태조 왕건 이래 꾸준히 북방 영토를 개척해왔다. 이후 조선 세종 때의 북방 경략에서 그랬듯, 고려의 왕들도 사민정책을 써서 남부의 백성을 북부로 강제 이주시켜 새로 점령한 땅의 지배권을 굳히려 했다. 한편 916년에 야율아보기가 건국한 거란은 세력을 점점 확장한 끝에 926년에는 발해를 멸망시켰다. 이어서 중국 오대의 분쟁에 개입, 하북성과 산서성 일대에 해당하는 연운16주를 할양받았

102

다936년. 고려와 거란의 관계는 942년에 거란이 보내온 낙타 50필을 받지 않고 만부교 아래 묶어 두어 굶어죽게 만드는 '만부교 사건'으로 전쟁 직전까지 갈 만큼 악화된다. 하지만 이후 거란 왕실 내에서 권력투쟁이 발생하고, 중국에서도 송이 새로 일어나면서 거란은 당분간 고려에 신경을 쓰지 못하다가 984년에 와서 체제를 정비한 다음 고려를 정벌하기 위한 전단계로 요동에서 세력을 넓혀 가던 여진을 정벌했다. 다시 985년에는 요동의 정안국을 멸망시키고 압록강에 이르렀다. 이제 고려 침공은 시간문제였다.

성종 12년993년, 마침내 소손녕을 사령관으로 하는 거란의 80만 대군(일부 연구에 따르면 이는 과장이며, 실제로는 6만 명 정도였을 것이라고 한다)이 압록강을 넘었다. 봉산군에서 고려군과 처음 격돌했는데, 고려군의 참패로 끝났다. 거란군은 일단 진격을 멈춘 뒤 항복을 요구해왔다. 고려가 응하지 않자 다시 안융진을 공격했으나, 이번에는 고려군이 힘써 방어했다. 이로써 양군은 청천강을 경계로 대치하는 가운데, 소손녕이 '80만 대군'을 운운하며 항복을 종용하는 메시지를 계속해서 보내는 상황이 이어졌다.

서경(평양)에 머물러 있던 성종과 조정 중신들 사이에는 난상토론이 벌어졌다. 저항이냐, 투항이냐? 원병을 청하느냐, 화친하느냐? 일단 대치하면서 원병을 청한다는 대안은 일찌감치 포기되었다. 송나라는 원병을 청해봐야 거리가 너무 멀어 도움이 될 것 같지 않았고, 앞서 협력해서 거란을 치자는 송나라의 제의를 거절했던 것도 걸렸다. 또 여진은 이미 고려를 도울 만한 힘도 의지도 없다고 여겨졌다. 그래서 항복밖에 없지 않느냐는 주장이 점차 힘을 얻어갔다. 결국 성종도 "저쪽의 요구대로 땅을 갈라주고 항복하기로 하자"고 결정했다. 다만 군량미를 대비해 서경에 비축해두었던 9,300여 석의 쌀이 거란에게 돌아가면 곤란하니, 대동강에 쏟아버리라는 말을 덧붙였다.

그때 목소리를 높이는 사람이 있었다. 바로 중군사 직책을 맡고 있던 서희였다.

"식량이 족하면 성을 지킬 수도 있고, 전쟁에서 이길 수도 있습니다. 전쟁이란 반드시 병력의 강약에만 좌우되지 않으며, 적의 틈을 엿보아 적절히 행동하면 승리할 수 있습니다. 그런데 어찌 곡식을 버리라 하십니까? 더욱이 곡식은 백성의 생명이 아닙니까? 차라리 적에게 이용되도록 두는 게 낫지, 헛되이 강물에 쏟아버린다면 하늘이 분노할 것입니다."

성종은 듣고 보니 그 말이 옳다며, 곡식을 강물에 버리라는 지시를 취소했다. 그러자 서희는 기회를 놓치지 않고 말을 계속했다.

"거란이 고구려의 옛 땅을 모두 내놓으라고 하는 것은 공연한 위협입니다. 지금 거란의 군대가 강하고 큰 것만 보고 서경 이북의 땅을 떼어주는 것은 좋은 계책이 못됩니다. 사실 삼각산 이북도 고구려의 옛 땅인데, 저들이 요구한다면 내줄 것입니까?"

이에 성종은 서희를 대표로 세워 거란과 협상하기로 한다. 서희는 소손녕이 진을 치고 있던 봉산군까지 찾아가 역사적인 회담에 들어갔다. 누가 봐도 고려가 불리한 입장에서 하는 회담이었으나, 서희는 일부러 약속 시간에 늦는 등 기세 싸움에서 밀리지 않았으며, 회담장 배치와 배석자 수 등 자잘한 것까지 대등하게 하도록 요구하는 등 결코 호락호락하지 않다는 인상을 주려 했다. 회담이 시작되자 소손녕은 대뜸 왜 땅을 갈라 바치지 않느냐고 을러댔다.

"너희 고려는 신라를 계승한 나라이고, 우리는 고구려의 계승자다. 그런데 너희가 우리 땅이어야 할 땅을 침식해 들어왔다."
"우리의 국호가 무엇인가? 고려다. 그리고 고구려의 수도 평양은 지금 우리나라의 서경이다. 우리야말로 고구려의 계승자인 것이다. 그런 식으로 말하자면 그쪽부터 수도인 동경東京을 내놓아야 하지 않겠는가."

고구려와의 연고권을 근거로 땅을 내놓으라는 소손녕의 주장을 서희가 효과적으로 반박하자, 소손녕은 다시 송과의 외교 문제를 들고 나왔다.

"너희는 또 우리와 접경하고 있으면서 바다 건너 송나라에 사대한다."
"압록강 유역도 우리 땅인데, 여진이 그 땅을 훔쳐 차지하고 있으면서 길을 막으니 요나라와 교통할 수가 없었다. 이제 여진을 완전히 축출하고 우리 땅을 되찾게 된다면 어찌 요나라에 사대하지 않겠는가."

이것은 사실 거란이 고려에 침입하기로 했던 근본 원인이었다. 거란은 송나라와의 대결을 최우선 과제로 삼고 있었는데, 만약 송나라와 동맹을 맺은 고려가 후방에서 침공한다면 매우 곤란해질 수밖에 없다. 그래서 송나라와의 관계를 파기하고 자신에게 붙으라는 것이었다. 그래서 대군을 가지고도(실제로는 허풍을 친 것보다 실제 병력이 적었을 수도 있지만) 쉽게 서경으로 진군하지 않고 외교적 타결을 모색했던 것이었다. 약 6백여 년 뒤, 후금이 명나라와 대결하면서 조선에게 요구했던 것과 완전히 똑같은 요구였다.

여기서 서희의 위대함이 드러난다. 그는 이후 조선의 대신처럼 명분에 얽매여 송나라와의 관계에 집착하지 않았다. 송은 멀고 약하며, 거란은 가깝고 강하다. 그것은 부정할 수 없는 현실이다. 따라서 송과의 관계를 끊고 요나라에 사대하기로 결정했다. 하지만 한편으로 '원래 우리 땅인' 압록강 유역을 확실히 손에 넣어야 거란과도 교통하고 여진도 함께 물리칠 수 있다고 설득한 것이다. 이 제의는 받아들여져, 거란군이 퇴군하며 압록강 유역을 고려의 영토로 인정한다는 합의가 이루어졌다.

회담을 끝낸 서희는 소손녕에게 극진히 대접받고, 선물까지 듬뿍 받고는 당당히 돌아왔다. 소식을 들은 성종은 기쁨을 감추지 못하고 청천강까지 마중 나와 서희를 맞이했다. 한때는 서경 이북 땅을 넘겨주고 굴욕적인 항복을 할 뻔 했는데, 비록 송나라와 단교하기는 했으되 피를 더 이상 흘리지 않고 영토까지 확장했으니, 세계사를 다 뒤져도 이처럼 대단한 외교의 승리가 또 있겠는가?

서희가 말로 얻어낸 압록강 유역에는 강동 6주가 설치되었다. 이후 거란이 이 회담 결과를 후회하여 강동6주를 다시 빼앗으려 시도했으나, 고려는 이를 허용하지 않았다. 나중에 거란이 다시 침입해왔을 때 강감찬 장군이 활약하여 물리치는데, 그때도 이 강동6주를 발판으로 싸워 이길 수 있었다. 어려운 상황에서도 상황 자체에 짓눌리지 않고 적이 무엇을 원하고 있는지, 우리는 무엇을 노릴 수 있는지를 냉정하게 판단하고, 불리함 속에서도 기가 꺾이지 않으며, 현실을 직시하여 양보할 것은 양보하면서도 실리는 최대한 챙기는 외교관 중의 외교관, 이런 사람이 이후에도 많았더라면 과연 삼전도의 굴욕이, 나아가 구한말 치욕의 역사가 있었을까?

"만일 당시 대신들의 주장대로 대동강 이북의 땅을 요나라에 떼어주고 항복했다면 소손녕은 계속해서 한반도 전체를 먹으려 했을 것이고, 우리는 압록강, 두만강, 백두산은 물론 한반도 북부를 영원히 차지하지 못했을지도 모른다." 서길수

"서희는 거란의 의도가 송을 제압하기 전에 고려를 송과 격리하기 위한 것에 있다는 것을 파악했다. 그런 정세판단에 기초해 서희는 오히려 강동6주를 요구하는 절묘한 외교적 담판을 벌였다. 그 결과 강동6주는 우리의 주요한 전략적 요충지가 되었고 이후 북진 정책의 주요한 근거지가 되었다."

최용범

22

서경에 심은 황제의 꿈

"조선사 1천 년래 최대의 사건"

단재 신채호가 『조선사연구초』에서 내린 평가는 12세기 초에 이루어진 묘청의 난을 전통 사상과 외래 사상(유교)의 대립, 또한 자주 세력과 사대 세력, 진보 세력과 보수 세력의 대결로 본 결과 나왔다. 신채호는 묘청의 서경 천도 세력의 패배가 곧 민족사의 일대 좌절이며, 오늘날 한민족의 터전이 좁은 한반도로 국한되게 된 전기가 되었다고 한탄하고 있다. 그의 관점은 오늘날에도 그대로 받아들이는 사람이 적지 않다.

"중국과 대등한 입장에서 새로운 국가건설을 지향하였다는
점에서, 민족의 정체성 확립 차원에서 높이 사야 한다."   김순석

"우리 역사에 보기 드문 자주, 자존적인 운동이었다."　최태선

　　그런데 과연 그랬을까?

　　묘청의 난은 1135년 1월에 발발하여 1년 1개월 동안 끌었는데, 서경 천도론 자체는 그보다 매우 앞서 나왔다. 전 임금인 예종 때에도 "개경의 지기地氣가 쇠했으니 서경(평양)으로 옮겨야 국운이 살아난다"는 주장이 성행했다. 묘청의 서경 천도론도 1127년 2월부터 표명되고 있으니, 반란이라는 극단적 결정에 이르기까지 8년이나 논의가 이어졌던 셈이다.

　　묘청은 승려이자 유명한 도참가이며, 도교에도 조예가 깊었다. 그의 주변에는 당시 최고의 문재文才로서 김부식의 경쟁자였던 정지상, 이자겸의 난 때 끝까지 왕을 지켜서 신임을 얻게 된 근시近侍 김안, 그리고 유학자로서 국자감에서 학생들을 가르치던 윤언이 등이 있었다. 이들은 직종도 다르고 학문적 배경도 다양했는데, 다만 공통점이 있다면 서경 출신이라는 사실이었다. 이들에게는 김부식처럼 개경을 중심으로 하는 주류 귀족 출신이 못 된다는 콤플렉스가 있었다. 실제로 정지상은 과거에 장원급제를 했고 고려 제일의 천재로 명성이 뛰어났지만 하급직(종6품) 신세를 면치 못했다. 따라서 이들의 사귐은 본래 주류에서 소외된 동향인끼리의 친목 모임 이상은 아니었을 것이다.

　　그러나 한때 왕 이상의 권력을 휘두르던 이자겸이 1126년 척준경에게 제거되고, 갑자기 권력의 공백과 통치체제의 혼란이 일어남에 따라 이들 '서경 서클'은 새로운 야망을 품게 되었다. 마침 이자겸

의 몰락 과정에서 개경의 궁궐이 불타버려 어수선함을 더하고 있었다. 그러자 서경 천도론자들은 인종에게 서경의 궁궐에 행차할 것을 권했고, 이에 응해 인종이 서경으로 가자 정지상이 앞장서서 무방비 상태의 척준경을 제거해버렸다. 이로써 인종에게 '공'을 세운 천도론자들은 예의 '지기'를 들먹이며 서경 천도를 본격적으로 권하기 시작했다. 묘청은 "서경에 새로 궁궐을 짓고 그곳으로 옮기기만 하면, 금나라가 스스로 머리를 조아려 항복해 올 것이다. 그뿐 아니라 주변 36국이 차례로 항복해와, 고려는 천하의 주인이 될 것이다"라고 호언장담했다.

묘청이 금나라를 운운한 것은 당시의 국제정세와도 밀접한 관련이 있다. 고려는 본래 송나라에게 사대했다가, 서희 이래로 요나라(거란)에 사대하는 한편 송나라와도 친교하는 등거리 외교를 펴고 있었다. 단 여진족(금나라)의 경우는 우월한 입장에서 대해왔다. 하지만 12세기에 들어서며 금나라가 점점 강성해지더니, 요나라를 멸망시키고 송나라마저 강남으로 쫓아 버려 화북을 차지해버린 것이다. 이러한 상황 전개에 고려는 당황했다. 급기야 금나라가 "신하로써 우리를 섬겨라"라고 요구해오자, 그동안 열등한 야만족으로 여겨 오던 금나라에게 머리를 숙여야 하느냐를 놓고 논란이 벌어졌다. 결국 현실은 어쩔 수가 없어 칭신稱臣하기에 이르지만, 그 과정에서 입은 자존심의 상처는 가볍지 않았다. 이 틈을 타고 묘청이 "천도만 하면 금나라가 저절로 항복해온다"고 주장했던 것이다. 실로 시의적절한 정책 홍보였다. 게다가 정지상은 문학계를 움직이고, 김안은 틈만 나면 왕에게 직접 천도론을 들이밀었으며, 윤언이는 국자감 학생들을 선동해

서경 천도와 함께 칭제건원稱帝建元, 즉 왕이 황제라고 선언하고 독자적 연호를 세울 것을 상소하게 했다. 이런 노력이 결실을 보는 듯, 인종은 서경에 새로 대화궁大花宮을 건립토록 했다. 천도론자들의 꿈이 이루어지는 것은 시간문제처럼 보였다.

그러나 개경에 기득권을 가지고 있던 대부분의 귀족, 미신(도참설)에 현혹되어 국가정책을 결정하는 일을 못마땅하게 여긴 유학자, 그리고 칭제건원을 할 경우 금나라의 심기를 건드려 전쟁이 일어날 수 있음을 염려한 신중론자의 반대가 결코 만만치 않았다. 아직 10대였던 인종은 주관이 뚜렷하지 못해서, 천도론자들의 권유에 따라 여러 번 서경에 행차하면서도 한편으로는 불타 버린 개경의 궁궐을 수리하게 하는 양면성을 보였다. 초조해진 천도론자들은 여러 가지 '상서로운 징조'를 일부 꾸며내기까지 하며(기름을 채운 떡을 대동강에 던져 놓고, 기름 방울이 물 위에 뜨자 '용이 토해낸 오색구름'이라 했다고 한다) 서경 천도의 당위성을 극구 선전했다. 하지만 오히려 서경 행차길에 비바람이 몰아치는가 하면 고목이 뿌리째 뽑히는 등 상서로움과는 정반대의 징조가 잇달자 궁색해지고 말았다.

마침내 1132년에 최후의 서경 행차를 한 이후로는 인종의 마음도 천도를 하지 않는 쪽으로 확실히 굳어졌다. 그러자 천도론자들은 꿈을 이루기는커녕 스스로의 안전을 염려해야 하는 상황이 되었다. 그들을 처벌하라는 상소가 줄을 잇고 있었기 때문이다. 이렇게 되자 결국 묘청은 서경에서 국호를 대위大爲, 연호를 천개天開라 하며 반란을 일으켰다. 개경에 머물러 있던 정지상, 김안 등에게는 아닌 밤중에 홍두깨였다. 그들과는 아무런 사전 논의가 없는 거사였기 때문이다.

이에 인종은 정지상 등을 붙잡아 처형했다. 그리고 김부식을 총사령관으로 삼는 토벌군을 서경으로 급파했다.

반란 자체는 1년이 넘어갔지만, '황제' 묘청의 운명은 길지 않았다. 한 달 만에 부하들의 손에 참살되었으니까. '조선사 1천 년의 대사건'치고는 왠지 어설프고, 허무한 전개가 아닐 수 없다. 묘청 일파에는 본래 천도라는 대사업을 추진할 세력과 추진력이 충분치 못했다. 뛰어난 정치가도, 문인도, 사상가도 있었지만 이런 경우 무엇보다 의지가 되는 무력 기반이 없었다(김유신과 이성계를 보라). 그러고는 도참설이나 천변재이를 들먹여 아직 어린 왕의 마음을 사로잡아 얼렁뚱땅 결정을 따내려고만 했다. 그러나 거기에 '국가적 자존심'까지 결부시키다 보니, 도리어 정치적 현실(금나라의 부정할 수 없는 위력)을 외면할 것을 강요하게 되고, 그에 따라 개경의 '보수파'들에게 명분을 실어주었다. 그들은 일회성 이벤트에는 강했지만, 장기적인 의사결정 과정에서 두루 여론의 지지를 얻고 반대파를 설득시킬 능력은 없었다. 최후에 벌인 도박인 반란은 동지들끼리의 연대조차 결여된 몸부림이었다.

"묘청 진영의 주장은 의기가 있었지만, 사실 신흥강국 금에게
주관적 의지만으로는 이길 수 없는 노릇이었다. 또한 급조된
반란에서도 알 수 있듯, 개혁 세력을 다지지도 못한 상태였다.
그리고 고통 받는 백성들의 입장을 고려하지 못하는 우를
범하기도 했다."
최용범

고구려의 추억이 깃든 평양, 칭제건원의 기염, 그런 움직임을 짓밟은 유학자이자, 신라 왕족 출신이며, 『삼국사기』의 저자인 김부식…. 이런 요소들은 '자주세력 대 사대세력', '전통사상 대 외래사상'이라는 구도를 머릿속에 그리기에 충분하다. 그러나 역사는 그처럼 아我와 비아非我가 극명하게 나뉘는 단순한 드라마가 아니다.

23

피가 피를 부르는 폭압의 시대

"철썩!"

"…!"

웃고 떠드는 소리가 가득했던 연회 자리는 별안간 들린 철썩 소리와 함께 물을 끼얹은 듯 조용해졌다. 믿을 수 없다는 듯 그 자리에 서서 뺨을 어루만지고 있는 사람은 이소응. 그는 의종의 보현원 행차 도중에 잠시 쉬면서 흥을 돋우느라 벌인 수박手搏 시범에 나선 참이었다. 그도 한때는 알아주는 무사였지만, 예순이 넘은 나이가 역시 부담이었던지 젊은 병사에게 밀려 쓰러지고 말았다. 그러자 구경하던 한뢰라는 문관이 대뜸 나서서 그의 뺨을 후려갈긴 것이다. 네가 그러고도 장군이냐, 부끄러운 줄 알아라, 이런 태도로….

아들뻘밖에 안 되는 젊은이에게 대뜸 뺨을 얻어맞은 이소응은

114

당혹감과 분노로 머리털이 솟구칠 지경이었다. 아무리 요즘 세상이 무신 대접을 개똥만도 못하게 한다지만, 이럴 수가 있는가? 하기야, 지난 임금 때에도 역시 새파란 환관 놈이 정중부 장군의 수염을 태워 버린 일도 있었다. 김부식의 아들이라던가, 저기, 저놈! 지금 깔깔 웃고 있는 김돈중이라는 놈…!

바로 그 사건의 주인공인 정중부가 지금 호위대장의 자격으로 병력을 인솔하고 있었다. 그의 얼굴 역시 이소응처럼 차갑게 굳어 있었다. 그리고 장군이든 병사든, 칼로 밥을 먹는 사람 치고 이 어이없는 사건을 눈으로 보고 치를 떨지 않는 사람이 없었다.

그래도 임금이라는 사람은 술에 취해 흐느적거릴 뿐, 아무런 긴장감이 없었다. 그는 고려 건국 이래 가장 방탕한 임금으로 유명했다. 사실 건국 초부터 밖으로는 이민족의 침입에 시달리고 안으로는 호족의 견제에 고민하던 선대에 비해 그의 처지는 태평스러웠다. 그러다 보니 술 마시는 게 일이요, 놀러 다니는 게 생활이 되어 버렸다. 이런 그의 태도는 묘청의 난을 김부식이 진압한 이래 세력이 확고해진 문벌문신귀족의 발호와 맞물리며 무신에 대한 유례없는 천대 분위기를 만들어냈다. 즉위 직후만 해도 정신이 또렷했던 의종은 문신귀족들을 제어하기 위해 환관과 무신을 중용했다. 그러나 여기에 문신이 반발하고, 의종 스스로 방탕에 빠지면서 왕의 수족인 환관은 놔두는 대신 무신을 깎아내리는 것으로 일종의 타협이 되었던 것이다. 그래서 지금 이소응이 어이없는 모욕을 당하는 것을 직접 보았으면서도 아무런 간섭을 하지 않고 오히려 즐겁다는 듯한 반응을 보였던 것이다.

그러나 무신으로서는 억울함을 참을 수 없었다. 삼국시대 이래 나라의 중심은 무신이었지만 전쟁 없는 평화가 계속되면서 무신이란 경비 서는 일에나 쓸모 있다고 여겨진 것이다. 더욱이 고려에서는 무신의 힘을 억누르려는 뜻에서 과거제에 무과武科를 설치하지 않았다. 이제 과거를 거친 '글쟁이' 학사들이나 집안이 좋은 '도련님'들, 다시 말해 활쏘기도 말 타기도 제대로 모르고, 전쟁이 난다면 달아나기만 할 것들이 거들먹거리며 무인을 무식하다고 깔보고 있는 꼴이라니, 억울하지 않다면 사람이 아니었다.

호위대장 정중부는 일단 침착하게 병력을 이끌어 목적지인 보현원까지 갔다. 그리고 예의 술판이 또 벌어졌을 때, 삽시간에 연회장에 난입하여 문신과 환관을 닥치는 대로 죽였다. 사방에서 비명이 터지고 피가 마구 튀는 시경에서도 의종은 변함없이 술을 마시면서 음악을 계속 연주하라 했다고 한다. 무신은 수십 구의 시체를 연못에 쓸어 넣어 피바다를 만들고는, 의종을 붙잡아 멀리 거제도로 귀양을 보내버렸다. 그리고 그의 동생 익양공을 명종으로 옹립했다. 의종은 3년 뒤 이의민에게 죽임을 당하는데, 그는 의종의 등뼈를 부서뜨려 가장 극심한 고통을 맛보며 죽게 했다고 한다.

이렇게 주사위는 던져졌다. 허수아비 왕을 앉히고 사실상의 실권자가 된 정중부는 9년 만에 경대승의 쿠데타로 살해당했고, 5년 만에 경대승이 병사하자 이의민의 세상이 되었으며, 다시 4년 만에 이의민을 제거한 최충헌은 통치 기반을 확립하고는 4대에 걸쳐 정권을 유지했다. 이렇게 피가 피를 부르는 무신정권은 백 년 만에 원종이 임유무를 제거하고 강화도에서 나옴으로써 비로소 종식되었다1271년.

그 사이에 국력은 쇠약해지고, 민생은 열악해졌다. 토지겸병이 문벌 귀족 시대보다 심해지면서 생활고에 못 견딘 민중이 민란을 일으키는 일이 잦아졌다. 또한 무신에 대한 불합리한 천대를 이유로 시작된 정권이면서, 국방력은 오히려 약해졌다. 군벌 지도자가 권력투쟁을 위한 각자의 사적인 무력 강화에만 골몰했기 때문이다. 그 결과 다시 재개된 북방민족의 침략(몽고의 제1차 침입) 때 고려 관군은 어이없이 궤멸해 버렸다.

그러면 왜 정중부나 이의민은 스스로 왕위에 오르지 않고, 고려 왕조에 명목적이나마 충성을 계속했을까? 아마도 일본의 바쿠후가 천황의 권위는 존중하면서 실권을 장악했듯, 250년을 이어온 왕가를 자기 손으로 끊는 일은 위험하다고 여겼기 때문일 것이다. 사실상의 '왕조'를 이룩한 최씨정권에서 공식적으로도 새로 왕조를 만들어 보자는 움직임이 약간 있었다. 그러나 정권이 백성의 지지를 별로 받지 못하는 상황에서 역성혁명까지 하면 극렬한 저항에 직면할 수가 있었고, 대몽항쟁까지 수행하는 상황에서 그렇게 하기란 지나친 모험이라 여겨, 끝내 실행하지 못했다. 그 결과 마침내 힘을 회복한 왕실에 의해 처단됨으로써, 후대의 무신, 이성계에게는 좋은 교훈을 남겨 주었다.

고려 무신정권에 대해서는 부정적인 평가가 대부분이다. 그러나 김풍기의 경우에는 색다른 주장을 편다.

"피비린내 나는 고려 무신의 폭압 이면에서 희망의 싹을 발견할 수 있다."

김풍기

어찌됐든 정체되고 부패하고 있던 문신귀족사회에 한 차례 물갈이가 이루어졌으며, 폭압은 역설적으로 민중의 권리와 민본의 필요성에 대한 일깨움을 주었다는 것, 그리하여 고려 말기, 새로운 왕조를 열려는 세력들에게 올바른 개혁의 방향을 제시했다는 게 그 이유다.

24

1232년 고려 고종의 강화도 천도

국난 극복을 위해?
정권 연장을 위해!

오랫동안 수도권에 뿌리박힌 기득권의 압박에서 벗어나고, 국가의 기상을 일신하기 위해 종종 행해진 천도. 백제의 웅진 천도처럼 주로 안보의 이유에서, 쫓겨 가듯 수도를 옮긴 경우도 있다. 몽고의 침략을 받고 있던 고려 고종 당시의 강화도 천도도 그런 예다.

고려는 개국 초부터 북방민족과의 항쟁을 거듭했다. 하지만 전 세계를 휩쓸다시피 한 몽고제국의 침략은 거란이나 여진의 경우와 달랐다. 1231년에 처음 침공해온 몽고군 앞에 고려군은 허무하게 무너졌으며, 고려는 수도 개경에 몽고의 감시기관인 다루가치를 설치하는 것을 포함하는 굴욕적인 조건으로 강화해야 했다.

당시 실질적인 고려의 지배자였던 최씨 무신정권의 최우는 위기 감을 느꼈다. 그는 언제든 몽고군이 다시 몰려올 수 있고, 다루가치의 감시의 눈초리가 늘 번뜩이고 있는 개경을 벗어나는 방안을 모색했다. 그리고 윤린, 박문의 등의 건의를 받아들여 강화도로 천도하기로 결정했다. 강화도를 선택한 이유는 몽고군을 육지에서는 도저히 막을 수 없어도 바다에서는 그렇지 않으리라는 점, 한강과 예성강과 임진강이 만나는 교통의 요지이므로 섬에 떨어져 있어도 지방에서 올라오는 물자를 쉽게 공급받을 수 있다는 점 등이 고려되었다.

그러나 정작 강화도로 천도하는 공식 결정은 쉽게 내려지지 못했다. 적이 당장 턱 앞에 닥친 것도 아닌데 섬으로 조정이 옮겨가는 것은 '나라가 백성을 버린다'는 의미밖에 안 된다는 이유에서였다. 삼별초 소속의 무관이던 김세충이 회의장을 박차고 들어와 "태조께서 도읍한 이 땅을 버리고 어디로 가겠다는 말입니까!" 하며 호소하다가 분노한 최우의 명으로 즉결 처형되기도 했다.

결국 최우의 의지가 관철되어, 고종을 비롯한 왕실에서 하급관료까지 강화도로 이동했다. 말이 이동이지 피난길이나 다름없었고, 하루아침에 도읍지를 버리고 떠나는 조정을 보며 백성들은 함께 짐을 꾸려 따라가기도 했지만, 일부는 귀족의 버려진 저택을 노략질하거나, 최씨정권 타도를 외치며 봉기했다.

강화도로 옮긴 조정은 빠른 시간 내에 궁궐과 귀족의 저택을 신축하고, 연등회와 팔관회 등 개경에서의 주요 국가행사도 그대로 거행하며 한동안 평온한 세월을 보냈다. 그들에게는 다행스럽게도, 몽고군이 강화도까지 쳐들어오지는 않았다. 하지만 내륙은 그들의 말발굽에 짓밟히지 않는 곳이 없었다. 고려 조정은 강화도에서 무려 38년이나 머물렀다.

강화도 천도를 보는 시각은 두 가지다. 가령 허홍식은 '최우의 집권 연장을 위한 사심'이 더 크게 작용했다고 본다. 최우가 다수 신료의 반대에도 불구하고 천도를 강행한 속뜻에는 몽고군에게 당한 참패로 자신의 정치적 입지가 흔들린다는 우려도 있었다는 것이다. 결국 최우와 왕실, 귀족들이 강화도에서 안전을 누리는 동안 백성은 몽고의 침략에 시달려야 했음도 지적한다. 반면 이상협과 같은 경우는 '강화에 천도하여 40년 가까이 막강한 몽고 세력에 저항함으로써 민족의 기개와 정기를 빛냈다'고 긍정적으로 평가한다. 개경을 고수하거나 육지의 다른 곳에서 몽고에 대항했다면 그토록 끈질긴 저항이 불가능했으리라는 것이다. 어찌 됐든 국가의 실체인 조정이 강화도에 피신함으로써 지속적인 저항을 할 수 있었고, 결국 항복했어도 몽고에 짓밟힌 다른 나라들처럼 철저한 망국을 겪거나 무조건적인 굴종을 강요받지 않을 수 있었다고 한다.

아무튼 비상시에 강화도로 조정이 대피하는 사례는 여기에서 비롯되었다. 조선시대에는 수도가 개경에서 한양으로 바뀌었으나, 역시 강화도는 조정의 피난처로 곧잘 이용되었다. 정묘호란 당시 인조가 강화도에 피난했으며, 병자호란 때에도 그리로 가려다가 불가피하게 남한산성에서 농성하던 끝에 굴욕적인 항복을 하게 된다.

25

1237년 팔만대장경 조판

한국사의 불가사의

1995년, 유네스코는 한국의 팔만대장경을 '세계문화유산'으로 지정했다. '팔만'대장경이라니 그냥 그런가 보다 할 수 있지만, 그 규모를 수치로 나타내면 실로 엄청나다. 목판 수가 8만1,258장(현존하고 있는 것만이다), 글자 수 5천만 자, 전체 무게 280톤, 목판을 한 장씩 겹쳐 쌓으면 3,200미터, 옆으로 늘어놓으면 약 60킬로미터가 된다. 게다가 놀라운 점은 만들어진 지 770년이 넘은 오늘날에도 말끔하게 남아 있으며, 글자가 빠지거나 이지러진 부분도 보이지 않는다는 점이다. 어떤 계산에 따르면 이를 만들기 위해 필요했던 인력은 연인원으로 100만이 넘는다고 하니, 실로 한국의 '불가사의'라고 불러도 좋을 유물이 아닐 수 없다.

그러면 왜 이 대장경을 만들기로 결정했을까? 알려진 대로 몽고의 침입을 불력佛力으로 물리치자는 것이 첫 번째 이유였다. 오늘날의 시각에서는 "전쟁에 하나라도 힘을 보탤 것이지, 불경을 깎고 있었느냐?"라고 볼 수도 있다. 하지만 당시로서는 충분히 '합리적'인 결정이었다. 황룡사 구층탑이 건설된 것도 신라가 고구려의 침공으로 위태롭던 시절이었다. 고려시대에도 1010년에 거란이 침공했을 때 대장경을 만들기로 결정하자 때마침 거란군이 물러가는 일이 있었다.

하지만 여기에는 다른 이유도 있었다. 당시 고려 정부는 수도 개경이 아니라 강화도에 피해 있었다. 바다로 둘러싸인 섬에서 왕후 귀족들은 대체로 안전했지만, 육지는 몽고군의 말발굽에 유린되던 처지였다. 이런 상황에서 민심이 정부를 외면할 것을 우려한 최씨 무인 정권은 '국민의식 결집'을 이끌어낼 하나의 이벤트로 팔만대장경 조판을 결정했다고 여겨진다. 5공화국 '무인' 정권이 온 힘을 기울여 88올림픽을 유치했던 것과 비슷하달까. 또한 당시 승려는 단지 불도에만 정진하는 종교인이 아니었으며, 사찰은 중요한 무력과 재력을 갖춘 기관이었다. 대장경 사업을 통해 불교계의 힘을 모으고, 대몽항쟁의 자원으로 삼으려는 의도도 있었을 것으로 보인다.

아무튼 최씨정권도, 몽고제국도, 고려도 먼 역사 속으로 사라진 오늘날, 대장경의 글자 하나 하나는 아직도 그 우미함을 간직한 채 합천 해인사에 보관되어 있다. 그리고 우리에게 '문화선진국의 자부심'(나각순)을 심어주고 있다. 당시 대장경을 제작하기로 했던 결정의 진의가 무엇이었든, 그보다는 민족사에 길이 남을 위대한 보물을 탄생시켰다는 점에서 그 결정은 높이 평가될 만하다.

26

강화도에서 나와 팍스 몽골리카로

세계의 절반을 지배하는 몽고제국, 그 지배자인 원나라 황제, 원세 조元世祖 쿠빌라이.

그 몽고에 40년씩이나 끈질기게 저항했던 고려의 왕, 원종 왕 식王植.

이들의 만남은 1270년이었지만, 첫 만남은 10년 전인 1260년, 양자강 남쪽의 병영에서 처음 이루어졌다. 그때 쿠빌라이는 막 즉위 한 후였고, 원종은 고종의 태자로서 강화하려는 뜻을 전하고자 사신 으로 온 상태였다.

마르코 폴로에 의해 일찍부터 서양에도 널리 알려진 쿠빌라이는 원종을 처음 만날 당시 그리 편한 입장이 아니었다. 그의 즉위에 반 대하고 스스로 제국의 계승자라고 선언한 아리크부거가 북방에서 세 력을 규합하고 있었다. 쿠빌라이가 황궁이 아니라 강남에서 고려 태자를 맞이한 것도 그곳에서 군사작전을 펼치는 중이었기 때문이다.

원종은 최대한 화려한 복장으로 길 왼쪽에 공손히 비켜서서 쿠빌라이를 영접했다. 쿠빌라이는 원종을 보고 매우 마음에 들어 했다.

"고려는 만 리나 떨어진 나라로서, 일찍이 당 태종도 친히 정벌했으나 성공하지 못한 나라다. 그런데 이제 그 나라의 태자가 스스로 찾아와 나를 따르니, 이는 하늘의 뜻이로다."

쿠빌라이는 원종의 방문을 아리크부거와의 대결에 앞선 좋은 징조라고 해석했다. 그리고 원종을 극진히 대접한 다음 함께 개평에 입성했다. 그런데 이때 본국 고려에서 부왕인 고종이 죽었다는 소식이 왔다. 쿠빌라이는 "귀국해서 아버지 대신 나라를 다스려라"라고 말했다. 당시 쿠빌라이의 주위에서는 마침 친원적인 태자가 고려 임금이 되었으니, 그를 잘 대접해서 완전히 원나라 편으로 만들면 더 이상 고려와 싸우지 않고도 안심할 수 있을 것이라고 아뢰는 사람이 많았다. 쿠빌라이도 이를 옳게 여겨, 아예 고려 왕으로 책봉하고는 고려로 돌아가게 했던 것이다.

하지만 고려로 돌아온 원종의 앞길은 순탄치 않았다. 당시 무신 정권은 오래 계속된 최씨의 세도가 최의의 대에서 끝나면서 많이 불안정해져 있었지만, 아직은 유지되고 있었다. 이들은 친원파가 되어 돌아온 왕이 그만 강화도에서 나가 개경으로 돌아가 몽고와 화친하자고 하는 것을 완강히 반대했다. 그래서 계속 '출륙환도'를 미루다 보니 원나라는 원나라대로 왜 약속을 지키지 않느냐고 압력이 들어왔다. 양쪽에서 압박을 받으며 고민하던 끝에, 원종 10년1269년에는 임연이 쿠데타를 일으켜 원종을 강제로 퇴위시키고 태상왕으로 만들었다. 대신 원종의 동생 안경공 왕창을 옥좌에 앉히고는 스스로는 교정별감이 되어 위세를 부리기 시작했는데, 여기서 원나라가 새 정권을 인정하느냐, 원종의 편을 드느냐가 관건이 되었다. 쿠빌라이는 약 10년 전 내전을 앞두고 어려운 처지에 있던 자신을 만나러 멀리서 찾아와 공손히 예를 다했던 원종의 모습이 떠올랐을 것이다. 또한 '애써 키운' 친원파 임금을 이렇게 잃기는 아깝다고도 생각했을 것이다. 그리하여 그는 새 임금은 인정할 수 없으니, 당장 원종을 복위시키라는 칙서를 보냈다. 그리고 병력을 동원하여 고려와의 국경지대로 진군시켰다. 이로써 원종은 복위되었다. 원래 친원파였지만 이번에야말로 쿠빌라이의 은혜에 감읍할 지경이 되었다. 그가 다시 왕이 되어 가장 먼저 행한 일은 원나라에 입조하는 것이었다. 그리하여 1270년, 원종과 쿠빌라이의 두 번째 만남이 이루어졌다. 그리고 원종은 이번만은 반드시 약속을 지키기로 맹세하고, 돌아오는 즉시 출륙환도를 단행했다. 이로써 몽고와 고려의 40년 전쟁은 끝나게 되었다.

원종은 사대주의에 찌든 한심한 왕이었을까? 굽혀야 할 때 굽힐 줄을 아는 현실주의자였을까? 오늘날 그 평가는 엇갈린다. 민족적 자존심에서 보면 분명 불편한 결정을 했으나, 한편으로 그동안 생활이 지옥 같았던 고려 백성들이 비로소 찾아온 평화에 숨을 돌릴 수 있게 된 점도 무시하지 못할 것이다.

"고려가 최대로 유리한 위치에서 팍스 몽골리카 체제에
재편됨으로서 고려라는 국호를 유지하는 유일한 나라가 되었을
뿐만 아니라 그 후 충선왕이 심양왕을 겸직함으로써 북방

기원의 고려왕조로서의 유목사적 정통성을 되찾을 기반을
구축하였다."

주채혁

"이후 고려는 국왕의 시호에 원에 대한 충성을 의미하는 충忠
자를 붙일 정도로 극심한 원나라의 영향력 아래 놓이게 되어,
많은 부분이 변화하였다."

이덕일

27

최초의 민중운동?

"굴복할 것인가, 싸울 것인가?"

1270년 6월, 강화도 궁궐의 한 방에는 숨 막힐 듯한 긴장이 감돌고 있었다. 삼삼오오 모인 사람은 삼별초의 우두머리급 무장들이었다. 이들은 왜 이처럼 긴장한 채로 회의를 열고 있는 것일까? 그것은 근 40년간의 대몽고 투쟁을 마감하고 강화도를 나와 개경으로 돌아간다는 '출륙환도' 결정과 삼별초의 전격 해체 결정이 위에서 내려왔기 때문이다.

삼별초란 본래 야별초夜別抄였다. 최충헌에 이어 최씨 무신정권을 이끌었던 최우가 도적을 단속하고자 창설한 군대로, 규모가 커지면서 좌우 2개 별초가 되고 다시 여기에 몽고에서 탈출해온 사람들로 뽑아 만든 신의군을 추가하여 삼별초三別抄가 되었다. 그 목적이

도적 단속이라지만 실상 최씨 정권에 반대하는 세력을 억제하고 도성을 수비하는 역할도 맡고 있었다. 반은 국가의 정식 군대요, 반은 최씨정권의 사병私兵이었다고 할까.

그런데 조정이 강화도로 들어가면서 몽고군과 싸우는 정규군은 삼별초가 거의 전부라 할 정도로 전투를 도맡아오고 있었다. 그러다 난데없이 조정의 해체 결정이 내려진 것이다. 몽고와 화친하며 환도하는 마당에 몽고군과 계속 싸워온 삼별초를 그대로 두기가 껄끄럽고, 또한 이제는 무너졌다지만 그동안 왕권을 옥죄어 온 무인정권이 이 삼별초를 사병처럼 부려온 점도 간과할 수 없었기 때문이다.

"아무리 생각해도 여기서 끝날 수는 없소!"
"그렇다! 죽든 살든 한 번 해보는 거다!"

마침내 결정이 내려졌다. 장군 배중손과 야별초 지유 노영희 등은 조정의 명령을 무시하고 무기고를 열어 휘하 병력을 무장시켰다. 그리고 승화후 왕온을 새 임금으로 추대하고는, 정부 각료도 나름대로 구성하였다. 그리고 2일 후, 약 1만5천의 병력으로 강화도를 떠나 서해안을 따라 남하하기 시작했다. 이제 그들은 몽고뿐 아니라 고려 조정에 대해서도 적이 된 것이다.

이로써 시작된 삼별초의 대몽·대조정 항쟁은 진도에서 제주도로 옮겨가며 4년간이나 지속되었다. 한때는 경상도와 전라도 해안 지역을 장악하고 서남해권 일대에 위세를 떨쳤으나, 서남해의 섬들 주민을 모조리 육지로 옮기는 '공도空島 정책'까지 펼치며 거듭 정벌군을 보낸 조정과 몽고의 연합세력에 끝내 꺾이고 만다. 삼별초 항쟁은 1273년 윤6월, 제주 항파두리성에서 최후까지 싸우던 김통정 등의 전원 자결로 막을 내렸다.

"몽고의 침입에 맞서 제주도에서 섬멸될 때까지 최후의 1인까지 결사 항전하여, 민족의 자주성과 항쟁 의지를 보여주었다."

이정신

삼별초의 항쟁은 자신들의 기득권을 잃는 상황에서 터진 일종의 항명 사태로도 볼 수 있다. 그리고 삼별초가 원래 무신정권의 사병과 같았다는 점에서, 그들을 민족적 영웅처럼 여겨온 종래의 시각이 과장되었다고 보기도 한다. 하지만 그들이 어떤 의도에서 항쟁을 결정했든, 결코 무시할 수 없는 사실은 그들의 항쟁에 다수의 민중이 호응했다는 것이다. 정부의 대몽고 굴종에 반대하며 "뜻이 있는 자는 모두 삼별초로 가자!"는 부르짖음에 전국 각지의 농민들과 천민들이 무기를 잡고 나섰다. 그런 점에서 삼별초 항쟁의 의의는 충분하다. 그 것은 일종의 민중운동의 하나로 볼 수 있을 것이다.

28

또 하나의 역사

『삼국유사』는 『삼국사기』와 함께 우리의 고대사를 전해주는 귀중한 책이다. 5권 9편목으로 구성되어 있고, 단군에서 후삼국까지를 다루었다. 고려 충렬왕대에 승려인 일연一然이 쓴 것으로 되어 있는데, 다른 견해도 없지 않다. 일연이 죽은 후 만들어진 기념비에 일연의 저작이 100여 권에 달한다고 기록되어 있으나, 그 저작 목록 중에 『삼국유사』는 보이지 않는다. 따라서 어느 누군가(일연의 제자 무극?)가 쓰고는 일연의 이름을 빌렸으리라는 것이다. 아무튼 이 책이 고려 말기에 지어진 것과 중요한 사료라는 사실은 틀림이 없다. 육당 최남선은 『삼국유사』를 '한국 고대사의 최고 원천'이라며 일연을 서양 역사의 아버지라는 헤로도토스에 비기기까지 했다.

그런데 보다 오래된 역사서인 『삼국사기』 저술은 이 책의 '108개 결정'에서 빠진 반면 『삼국유사』 저술 결정은 포함된 이유는 무엇일까? 그것은『삼국유사』가『삼국사기』보다 정사正史로서의 격은 떨어질지언정『삼국사기』에 결여된 요소를 갖추고 있기 때문이다. 바로 '단군신화'를 비롯한 고조선의 역사와 삼국의 건국신화, 그리고 가야의 역사가 우리 역사의 일부로 담겨 있는 것이다. 유교적 가치관에 입각해 씌어진『삼국사기』에서는 '믿을 수 없다'고 하여 일체 배제된 건국신화들, 그리고 고구려, 백제, 신라에만 주목하느라 빠지고 만 가야의 역사, 이는『삼국유사』가 없었던들 영영 우리 역사에 포함되지 못했을 수도 있었다. 이런 점에서『삼국유사』저술 결정은『삼국사기』저술 결정에 비해 역사적 중요성이 크다고 할 수 있다.

"이 역사서가 없었다면 가야를 비롯한 고대의 우리 역사는
　잠들었을 것이다."

　　　　　　　　　　　　　　　　　　　　　　　　　　　　황은영

다만『삼국유사』가 모든 면에서『삼국사기』보다 뛰어나지는 않다. 흔히 단군 등을 기록했다 해서『삼국유사』가『삼국사기』보다 자주적, 민족적이라고 생각하는데, 일연은 연대 표기에 꼬박꼬박 중국의 연호를 사용하고 있다. 또한 사료의 취사선택에서 중국 측 사료를 우리 측 사료보다 더 중요시하고 있다는 점도 지적된다. 그러나 한편 당시 원나라의 속국으로 주체성을 훼손당하고 있던 고려의 현실에 비추어, 독자적인 건국신화를 특별히 부각해서 기술한 점은 그래도 자주적이었다고 평가할 수 있지 않을까 생각된다. 또한 오직 '왕과 영웅들의 역사'였던『삼국사기』에 비해『삼국유사』에는 일반 민중

들의 진솔한 일화도 곳곳에 기술되어 있다. 이런 점에서 『삼국유사』의 가치를 다시 되새길 필요가 있다.

29

1288년 안향의 성리학 수입

거대한 뿌리 심겨지다

호족의 옹립에 의해 탄생했다고 할 수 있는 고려왕조는 전시과제도와 불교를 통해 호족을 제어하며 중앙권력을 지켰고, 광종 이후부터는 유교적 제도를 점진적으로 체계화하며 그 권력을 강화했다. 그러나 거란에서 몽고에 이르는 북방민족의 침입은 국가를 만신창이로 만들었고, 무신정권을 거치며 공직기강과 사회기강이 다 무너져 버렸다. 원나라를 등에 업은 권문세족은 토지 사유를 금지한 전시과제도를 무시하고 끝없이 농장을 확대했다. 이 과정에서 사람의 마음을 위로해주던 불교조차 별 도움이 안 되게 되었다. 권문세족 중에는 사찰 역시 상당수 포함되어 있었으니까.

이런 '아노미적 상황'에 수입되어 새로운 희망이 된 것이 안향의 성리학이었다. 성리학. 신유교라고도 하며, 고대부터 내려온 유교에 주희, 정이천, 정명도 등이 이기론理氣論, 성정론性情論 등 철학적 차원을 더하여 창출해낸 유교의 한 교파 내지 학파다. 그러면 어쨌든 같은 유교인데, 어째서 최승로, 김부식의 유교가 이미 힘을 잃은 상황에서 성리학이 새 희망이 될 수 있었는가?

그것은 성리학이 이理와 기氣 사이의 엄격한 위계질서를 강조하는 교파였기 때문이다. 기가 있어야 사물이 이루어지지만, 이가 없다면 아무런 의미도 없다. 서구 기독교에서 육체에 대한 정신의 우위를 강조했듯, 성리학도 이가 기에 우선함을 무엇보다 강조하였다. 그것은 현실을 어떻게 바라보아야 한다는 뜻인가? 실질보다 명분을 숭상하고, 물질보다 정신을 소중히 하라는 것이다. 목에 칼이 들어오는 상황에서도 절대로 현실과 타협하지 않으며, 절의節義를 잃느니 차라리 목숨을 버려야 마땅하다는 것이다.

그것은 곧 당시의 혼란스런 상황에서 권문세족에 대해 왕권을 회복하고, 원나라의 지배에 대해 국가의 자주성을 되찾으며, 부정부패, 사치와 미신에 휩쓸리지 말고 고고한 절개와 청빈을 생활화하는 과제로 해석되었다. 왕실은 이 성리학에서 땅에 떨어진 왕권을 되살릴 기회를 찾았으며, 백성은 하나같이 악귀처럼 부패하고 착취하는 현실에서 자신들을 구해줄 도덕군자를 보았다.

안향은 1279년에 처음 원나라에 가서 1284년까지 머물렀다. 이때 원의 국학에는 이름난 성리학자 허형이 있었고, 안향은 곧 그에게서 성리학을 배우게 된다. 안향은 주희와 정이천, 정명도의 저서들과 함께 공자, 주희의 초상화를 갖고 원나라에서 돌아왔다. 그리고 공부 끝에 백이정, 권부, 우탁 등에게 성리학을 가르치기 시작했으니, 이 1288년이 이 땅에 성리학이 퍼지기 시작한 원년이다. 안향은 이후 원

유학제거도첨의중찬수문전대학사증시문성공안 順眞 (vertical Chinese inscription)

안향安珦, 1243년~1306년

고려 후기, 제25대 충렬왕 때 최초로 성리학을 도입한 문신. 본관은 순흥, 초명은 유裕, 자는 사온士蘊, 호는 회헌晦軒이다. 원나라에 가서 그곳의 학풍을 연구하고, 주자서를 직접 옮겨 오는 등, 주자학을 국내에 보급하기 위해 각고의 노력을 기울였다. 이후 국학생國學生의 학비를 보조하는 장학기금인 '섬학전'을 설치하는 등 당시 고려 국학의 위기를 구하기 위해 적극적으로 활동을 펼쳤다.

나라에 두 번 더 다녀오며 성리학에 대한 이해를 높였고, 1300년에 재상이 되면서 국학에서 성리학을 가르치도록 하는 계획을 적극 추진한다. 1301년에는 자신의 저택을 국가에 헌납하고, 1303년에는 남아 있던 재산을 털어 담학전이라는 장학기금을 마련해서 젊은 학생들이 성리학을 배우도록 했다. 그의 정성은 결실을 보아 고려 말기 신진사대부 층을 형성했으며, 그들이 세운 조선에서 안향은 백운동 서원에 모셔짐으로써, 성리학 보급에 바친 그의 삶을 영영 기억될 수 있게 하였다.

성리학이 이 땅에 들어온 것이 과연 축복일까? 그렇지 않다고 말하는 사람이 많다. 고려조까지의 활발한 대외관계, 비교적 평등했던 남녀, 과학기술의 발달 등이 조선조에 들어와 정체되고 악화된 것, 그리하여 근대화가 늦어지고 결국 식민지로 전락한 것이 성리학 때문이라는 것이다. 분명 현실에 대해 명분을, 물질에 대해 정신을 지나치게 강조하는 성리학의 경향은 이상에 사로잡혀 실용을 경시하는 문화와 정책을 낳기 쉽다. 또한 지나치게 엄격한 절의를 추구하는 성리학 문화가 인간 지성의 자유로운 발달을 억압하고, 자연스러운 욕구의 발현을 막음으로써 삐뚤어진 성격의 소유자를 양산한다고도 할수 있다. 고려 말기 신진사대부의 불교 비판, 조선조 조광조의 소격서 혁파에서도 보듯 다른 종교나 사상에 대한 지나친 배타주의 역시 문제라고 할 것이다.

그러나 사람이 발전하기 위해서는, 운명을 운명이라 여기지 않고 부딪쳐 극복하기 위해서는, 이상주의도 문제지만 지나치게 뛰어난 현실감각도 문제다. 대의명분은 보잘것없는 개인을 강하게 하고,

영웅이 되도록 한다. 그것은 나라를 위해 목숨을 내던진 선비, 의병장, 열사에게서도 증명되지만, 내 나라와 내 가족의 행복을 위해 이를 악물며 열악한 노동조건을 견뎠던 1960~70년대의 이름 없는 노동자에게서도 확인된다. 그래서 이 민족은 온갖 수난 속에서도 수백 년을 버틸 수 있던 게 아닐까. 비타협적인 이상주의에 실질을 무시하지 않는 현실주의가 제대로 결합될 때, 기적은 이루어지지 않을까. 그래서 처음에는 유교가 나라의 발전을 제약했다고 싫어하던 박정희도 나중에는 유교 이데올로기를 개발하지 않았을까. 다만 그렇게 해서 이룩된 기적적인 발전에는 인간에 대한 보다 넓은, 보다 따스한 시각이 곁들여져야 하겠지만.

"이 성리학은 이후 우리의 가족, 사회, 국가에 대한 통념을
형성하였으며, 이것은 지금까지 강한 구속력을 지니고 있다.
현재의 우리에게 도덕적, 사회적 규범을 제공한 계기라는
측면에서 성리학의 수입은 매우 중요하다."   박용운

30

홀로 나라를 지키다

"한국이 미국의 51번째 주가 된다면?"

진담 같은 농담, 농담 같은 진담으로 종종 들리는 말이다. 어차피 작은 나라로서는 매사에 한계가 있다. 경제, 안보, 문화… 무엇이든지 초강대국 미국의 그늘에 있을 바에는, 아예 '화끈하게' 미국의 일부가 되자! 그래서 자랑스러운 성조기 앞에 몸과 마음을 바쳐 충성을 다 하는 편이 이익이 아니겠는가?

농담이라도 기분 나쁠 사람이 있을지 모르지만, 사실 그런 식의 이야기가 이 땅에서 처음은 아니었다. 그리고 14세기 초, 그것은 결코 농담이 아니었다. 강화도에서 40년간 항쟁하던 정권이 개경으로 환도하고 왕이 원황실의 부마가 됨으로써 '부마국가'로 존속하던 고려. 이렇게 종속 상태로 지낼 바에는 아예 원나라의 일개 성省이 되고 말자는 주장이 진지하게 나오기 시작했다. 그것을 입성책동立省策動이라 한다.

첫 번째 입성책동은 충선왕 1년1309년에 있었다. 당시 충선왕은 원나라에 머물던 중이었는데, 일찍이 몽고 편에 서서 고려 침략의 앞잡이가 되어 악명을 떨쳤던 부원배附元輩 홍복원의 손자인 홍중희가 충선왕을 계속 모함하던 끝에 제기하였다. 하지만 결국 받아들여지지 않고, 홍중희가 실각하는 것으로 끝났다.

그러나 두 번째 입성책동은 심상치 않았다. 충선왕의 뒤를 이은 충숙왕이 심양왕과의 권력투쟁으로 원나라에 잡혀가면서 왕권이 불안해졌다. 그러자 유청신, 오잠이 원나라에 청원하여 "고려에도 성을 설치하여 원나라 본국과 같이 만들어주소서"라고 했다. 이번에는 원나라에서도 진지하게 검토하여, '삼한행성'이라는 이름까지 나돌았다. 이렇게 상황이 다급해지자, 팔을 걷어붙이고 나선 사람이 이제현이었다.

이제현은 15세 때 장원급제를 한 수재로, 혼란스럽던 몽고간섭기의 고려에서 학식과 인품으로 홀로 고고한 빛을 발했다. 충선왕이 원나라에 머물며 만권당을 짓고 학문 탐구에 전념할 때, 이제현을 불러 군신을 초월한 학우學友로 생활했다. 이때 조맹부, 염복, 원명선 등 원나라의 명사들도 이제현과 교류했으며, 따라서 이제현은 부원배 아닌 지원파知元派로서 원나라 조정에 영향력을 미칠 수 있는 몇 안 되는 고려인이 될 수 있었다.

"『중용』에 이르기를, '무릇 천하국가의 다스림에는 아홉 가지 경도九經가 있다. 그러나 그 행함은 한가지려니, 끊긴 대를 잇고, 망한 나라를 복원하고, 어지러우면 바로잡고, 위태로우면 도우며, 의연히 떠나는 자는 후히 대접하고, 달라붙는 자는 엄히 대하는 것이다'라 하였습니다. … 바라옵건대 세조께서 우리의 공로를 잊지 않으신 뜻을 살펴 주소서."

그가 원나라 조정에 올린 상소는 우선 유교 경전의 가르침을 들어 "지금 고려를 기어이 병합하는 것은 대국의 풍도가 아니다"라고 완곡히 지적하고, 원세조 쿠빌라이가 아리크부거와 경쟁할 때 마침 고려의 태자(이후의 원종)가 찾아온 것을 기뻐하며 고려가 국체를 보전하고 고유의 풍속을 유지하기를 허용했던 일을 상기시키는 내용이었다. 원나라의 비위를 최대한 맞추면서, 고려의 자주성을 지키려는 뜻이 절절이 배어 있었다. 이제현은 이 외에도 원나라의 승상 배주를 비롯한 유력자들에게 두루 연락하고 부탁하여 이들이 고려를 도와 입성에 반대하도록 운동했다.

이제현의 분투 덕분에 입성책동은 무산되었고, 이후에도 두 차례나 더 책동이 있었지만 끝내 실현되지 않았다. 이제현은 충선왕, 충숙왕, 충혜왕, 충목왕, 충정왕, 그리고 공민왕까지 6대를 내리 섬기며 각 왕들이 원나라나 내부의 간신배에 의해 위기에 처했을 때는 몸을 던져 보호했다. 그리고 고려 말기의 심화된 모순을 성리학적 해법에 따라 해결하고자 노력했다. 그의 개혁은 결국 결실을 보지 못했지만, 그의 뜻은 신진사대부에게 이어져서 새로운 성리학 국가를 건국하게 되었다.

"이는 중국의 속국이 되어 버렸을 가능성을 막아낸 대결단이었다."

정구복

21세기 초엽인 지금, 우리는 아직도 14세기 초엽처럼 약소국 신세다. 그리고 하나의 초강대국에 여러 가지로 얽매인 처지다. 그 초강대국이 무리한 요구를 해올 때, 이제현처럼 그 한복판에 뛰어들어 결코 감정에 치우치지 않으면서도 원칙을 잃지 않으며 우리의 입장을 떳떳이 지킬 수 있는 인재가 과연 있을까?

31

1352년 공민왕의 반원정책

익숙한 것과의 결별

고려 조정이 몽고에 굴복하여 몽고의 세계지배 체제에 편입된 지 80년, 고려는 가까스로 독립을 유지하였으나 자주성은 심각하게 훼손되어 있었다. 충렬왕, 충선왕처럼 왕의 시호 앞에 충忠을 붙여 원나라에 대한 충성을 표시함은 물론, 왕이 즉위하면 곧 원나라에 입조入朝하고 때로는 거기서 10년이 넘도록 머물러야 했다. 원나라의 뜻에 따라 왕이 바뀌거나, 폐위된 왕이 복위하거나 하는 일도 빈번했다. 왕부터 신하들까지 몽고식으로 호복변발胡服辮髮을 해야 했던 것도 불문율이었다.

"우리 태조께서 삼한을 통일하신 이래 대대로 사대하였다. 우리 성스러운 원나라가 일어나자, 가장 먼저 복종하였다…."

1351년 즉위한 공민왕이 즉위 교서에서 밝힌 말이다. 그 역시 10년가량 원나라에서 살았고, 그 사이에 형인 충혜왕의 죽음과 조카인 충정왕의 폐위를 보았다. 모두 원나라의 뜻에 따라 이루어진 일이었다. 그런 마당에 즉위 때부터 원에 깍듯한 태도를 보이는 것은 당연하게 보였다. 공민왕은 말만이 아니라 원의 요청에 응해 두 차례나 병력을 파병하거나 하며 어디까지나 원나라에 충성한다는 자세를 실천으로 보여주기도 했다.

사실 그는 원나라의 지배체제에 안주하고 느긋하게 사는 쪽을 더 좋게 여겨졌을지 모른다. 공민왕은 본래 정치가보다 예술가에 어울리는 성격이었고, 신하들과 정치 논쟁이라도 한바탕 하고 난 뒤에는 기력이 빠져 후궁에 틀어박혀 한동안 두문불출하고는 했다. 이때 그의 지친 심신을 달래 주는 소일거리가 원나라에서 익힌 문학과 예술이었고, 다독여 주는 사람은 원 황실에서 시집온 노국공주였다. 공민왕과 노국공주는 한국사를 통틀어 가장 금슬 좋은 부부였다. 이렇게 보면 공민왕이 개인적으로 반원反元을 선택할 이유는 없었다.

하지만 그가 맡았던 역할, 왕권과 국익을 위해 모든 것을 바치지 않으면 안 되는 왕의 역할이 그에게 '익숙한 것과의 결별'을 결정하게 했다. 시대는 이미 원나라의 쇠퇴 조짐을 보이고 있었고, 원나라의 입김에 왕권이 계속 뒤흔들리는 상황, 또 원나라와 연결된 권문세족이 아래로 백성의 고혈을 빨고 위로 임금을 우습게 여기는 상황은 왕으로서 결단을 요구하고 있었다.

공민왕 1년1352년, 공민왕 스스로 호복변발을 그만두는 것으로 개혁은 시작되었다. 같은 해에 조일신의 난이 있었는데, 조일신은 공민왕이 원나라에서 지낼 때 가까이에서 모신 사람이었다. 조일신은 권세가 늘면서 원나라 황실과 인척으로 연결되어 권세가 대단했던 기씨 일파를 먼저 공격했다. 이로써 기씨의 힘이 어느 정도 꺾이자, 이번에는 공민왕이 이인복에게 밀지를 내려 조일신을 제거했다. 공민왕은 원나라에게 정면으로 대항한다는 표시를 내지 않으면서 착착 반원의 포석을 깔고 있었던 것이다.

공민왕 5년1356년에는 기철을 암살하여 기씨 일족을 완전히 뿌리 뽑고, 다음과 같은 선언을 했다.

> "이제부터 법령을 밝히고 기강을 정돈해, 온 백성이 모두 함께 새로이 출발할 것을 기약한다."

그리고 원나라의 연호를 폐지하고 몽고 간섭 이전의 관제로 복귀했다. 내정을 간섭해온 정동행중서성을 폐지하였다. 그리고 쌍성총관부를 격파해 영토를 회복하였다. 이쯤 되면 원나라에서도 가만히 있을 수 없어서, 계속 사신을 보내 문책하였으나 공민왕은 자못 공손히 대답하며 변함없이 원나라에 사대한다고 밝혔다. 하지만 이미 대세는 반원으로 가고 있었다.

이후 몇 년간은 홍건적과 왜구, 여진족 등이 사방에서 침입하여 고려나 원나라나 서로 견제하고 말고 할 틈이 없었다. 하지만 일족이 멸망한 원나라 기황후의 한은 절절하여, 공민왕 12년1363년에는 김용, 최유 등과 결탁하여 충선왕의 아들인 덕흥군을 대신 세우고자 '김용의 난'을 일으켰다. 덕흥군은 병력을 이끌고 고려로 진입하려 했지만 이성계에게 격퇴되었고, 김용은 흥왕사에서 공민왕을 암살하려다가 실패했다. 공민왕은 이를 김용 등 소수의 반란으로 처리하고 기황후 등에 대해서 적대적 태도를 표시하지는 않았지만, 마침내 완전한 반원의 기치를 올릴 계기가 생긴다. 공민왕 14년1365년에 노국공주가 아이를 낳다 죽은 것이다.

공민왕에게 이는 개인적으로 영혼을 뒤흔드는 큰 손실이었으나, 한편으로 원나라와의 끈이 마침내 끊어졌음을 의미하기도 했다. 같은 해에 공민왕은 신돈을 등용하여 본격적인 개혁에 착수했다. 그리고 18년1369년에 명나라가 사신을 보내자, 이인임을 보내 명나라와 협력하며 요동 공략을 추진했다. 같은 해에 이성계에게 동녕부를 치게 하여 국토를 다시 넓혔다. 이때는 기씨의 남은 친족인 화의옹주를 강제로 비구니로 만들어 절에 가두고, 원나라에서 온 사신을 '간첩질을 했다'는 혐의로 목을 베는 등 친명반원은 완전히 노골화되어 있었다.

공민왕의 반원정책은 시대의 조류를 제대로 읽고, 익숙한 것과의 과감한 결별을 택한 것이었다. 하지만 그 과정에서 원나라와 기황후 일족만 아니라 국내의 권문세족, 홍건적, 왜구 등 여러 방해자들을 상대해야 했다. 그에 따라 이성계, 최영, 신돈 등이 새롭게 권력 중심부로 부상했으며, 이들은 결국 고려가 멸망하기까지의 역사의 주역이 된다.

32

1363년 문익점의 목화 수입

널리 세상을 따뜻하게 하다

"역사상 가장 드라마틱한 밀수 사건."

문익점이라는 이름을 듣고 흔히 떠올리는 말이다. 고려 말에 원나라에서 귀양살이를 하던 문익점은 그곳 사람들이 목면이라는 것을 입어서 겨울에도 따뜻하게 지내는 것을 본다. 그는 고국 백성들에게도 이 따뜻한 목면옷을 입히고 싶었다. 그러나 중국은 면화 반출을 엄격하게 금지했다. 그는 생각 끝에 붓두껍 속에 목화씨를 몰래 감추어 밀수에 성공한다….

그러나 실제 역사를 보면 이 이야기는 왜곡된 부분이 많다. 문익점이 고려 말에 원나라에서 목화씨를 들여온 것은 사실이다. 그러나 당시 원나라는 목화의 반출을 금지하고 있지 않았다. 따라서 구태여 붓두껍에 숨겨서 가져올 필요도 없었다. 또한 문익점은 당시 원나라에서 귀양살이를 하던 것이 아니었다. 그런데 이런 왜곡된 이야기가 널리 퍼진 이유는 일단 드라마틱한 것을 좋아하는 야담의 속성 때문일 것이고, 조상의 업적을 과장하고 싶어 했던 문씨 문중의 선전도 한몫했을 것 같다.

아무튼 목화 수입은 당시 서민의 생활에 혁명과도 같은 변화를 가져왔다. 당시 쓰이던 삼베나 모시는 생산이 힘들었을 뿐 아니라 보온 효과가 크지 않았다. 목면은 생산성, 보온성, 가격 등 모든 점에서 월등한 직물이었다. 문익점은 '목숨을 걸고 목화씨를 밀수했다'는 공로를 인정받을 수는 없어도, 단지 수입했을 뿐 아니라 그 재배와 보급까지 담당했다는 점에서 더 큰 평가를 받을 만하다. 기록에 따르면 처음 열 알의 목화씨를 가져왔으나 시행착오 끝에 겨우 한 알만 재배에 성공했다. 그리고 그 한 알로부터 얻은 목화를 10년 만에 전국으로 확산시켰을 뿐 아니라, 원나라의 승려 홍원에게서 물레와 씨아 제작법까지 배움으로써 직조기술까지 보급해냈다. 덕분에 목화씨 수입 후 30여 년 만에 전 국민이 무명옷을 입을 수 있었다.

문익점은 공민왕의 개혁 때와 신진사대부의 개혁 때 모두 보수파 쪽에 섬으로써 후에 정치적으로 곤경에 처한다. 하지만 이처럼 목화를 보급한 공로가 인정되어 사면되었을 뿐 아니라, 죽은 후인 조선 시대에는 충선공忠宣公, 영의정에 추증되었다. 우리 역사상 실로 보기 드문 '실용주의자의 승리'라고 할까.

33

1374년 공민왕 시해

고려 부흥의 꿈은 저물고

"성품이 엄격·중후하고 또한 자애로우며 어질어 뭇 백성의 인심을 널리 얻었다. 그러나 만년에 이르러서는 시기심이 많아졌고 또한 음란하였다. 그리하여 화를 면하지 못했다."

조선 초기에 김종서 등이 편찬한 『고려사』에서 공민왕을 평가한 내용이다. 고려를 뒤엎고 일어난 왕조가 조선이고, 그 조선에서 정부 주도로 펴낸 역사서인 만큼 고려 왕들에 대해 반드시 올곧은 평가를 했다고는 보기 어려울 수도 있다. 하지만 다른 임금이 아닌 공민왕에 대해서는 조선의 왕과 사대부도 만감이 교차했을 것이다. 고려 말기에 공민왕이 세운 개혁의 이념이 곧 조선의 건국이념에 계승되었으며, 만약 공민왕의 개혁이 성공했더라면 조선은 세워지지 않았을지도 모르기 때문이다. 그래서일까, 조선 역대 왕들의 위패를 모신 서울

종묘 한켠에는 공민왕과 그 왕후인 노국공주의 영정을 모신 신당이 들어서 있다.

공민왕은 본래 정치보다는 예술에 어울리는 사람이었다. 고려시대의 그림으로 드물게 남아 있는 〈천산대렵도〉뿐 아니라 지금은 사라졌지만 조선 중기까지 남아서 연산군이 감상하며 감탄했다는 〈노국대장공주어진〉 등 걸작을 남긴, 빼어난 그림 솜씨의 소유자였다. 또한 『고려사』의 평가처럼 자애롭고 어진 성품이어서, 마당의 개 한 마리가 아파서 우는 것도 안쓰러워 어쩔 줄 몰랐다고 한다. 태평성대에 임금이 되었다면 뛰어난 문화군주로 이름을 남겼으리라. 그러나 그에게 주어진 건 난세였다. 그것도 수백 년을 이어온 왕조가 바야흐로 무너질 듯 휘청거리고 있었다. 그는 일단 왕좌에 앉은 이상 있는 힘을 다해서 냉혹한 징치적 역할을 해내지 않으면 안 되었다.

그는 재위 중 매국적 친원세력, 수구적 권문세족과 끊임없이 싸움을 벌였다. 최소한 두 차례의 대규모 역모가 있었고, 홍건적의 침략을 피해 전국을 떠돌아다닐 때도 있었다. 그러나 반원정책으로 자주성 회복을 모색하고 옛 영토를 되찾는 한편, 신진사대부를 등용해 권문세족에 맞서는 세력을 형성했고, 전민변정도감을 통해 권문세족이 빼앗은 토지와 노비를 백성에게 돌려주었다.

그러나 정치적 계산과 암투에 지친 공민왕은 두 사람에 대한 전폭적인 믿음으로 원래의 섬세한 본성을 달래곤 했다. 사랑하는 아내 노국공주, 그리고 스승처럼 존경했던 신돈이었다. 그러다가 노국공주가 죽고 신돈에 대한 신임도 흐려지자, 공민왕은 갈수록 파행으로 빠져들었다. 『고려사』에 따르면 준수한 용모의 청년들로 '자제위'를 만들어 동성애에 탐닉했으며, 자제위와 비빈들을 억지로 합방시켜 후사를 보려 했다고도 한다. 이는 권력자 주변에 항상 떠도는 과장된 풍문을 악의적으로 기록한 것일지도 모른다. 자제위라는 것도 실상 주요 귀족의 자제로, 그들을 일종의 인질로 삼음으로써 귀족을 견제하려 한 것이라는 해석도 있다. 하지만 결국 공민왕의 최후를 가져온 것이 이 자제위였다. 익비益妃와 관계하여 임신시킨 홍륜을 비롯한 자제위의 몇몇이 작당하여, 왕을 암살한 것이다. 노국공주가 죽은 후 9년, 역모죄를 쓴 신돈이 죽은지는 3년만이었다.

이 암살 역시 『고려사』의 문맥대로 '타락한 혼군昏君의 어이없는 최후'로만 볼 게 아닐지 모른다. 그와 숙명적으로 맞섰던 권문세족, 친원파의 음모가 '몸통'이고, 홍륜의 불장난 이야기는 '깃털'이 아니었을까? 아무튼 홍륜과 그를 도운 최만생 등은 곧바로 처형되었고, 이후로는 아무도 고려왕조를 보전하면서 개혁을 추진한다는 꿈을 꾸지 않게 된다.

공민왕, 그는 시대가 자신에게 준 사명을 분명히 인지한 사람이었다. 그러나 그의 예술가 기질과 수백 년간 쌓인 시대적 모순은 그의 의지가 지탱할 수 있는 정도를 넘어서 있었다. 그리고 그가 쓰러졌을 때, 사실상 고려도 함께 쓰러졌다.

"고려의 멸망은 복합적인 원인에 의한 것이었다. 그러나
　공민왕의 죽음과 함께 고려는 결정적으로 멸망의 길로
　들어섰다고 할 수 있다."
　　　　　　　　　　　　　　　　　　　　　　　박옥걸

34

1383년 정도전과 이성계의 만남

개인과 개인의 만남?
문과 무의 동맹!

정도전과 이성계, 각각 신진사대부와 무인세력을 대표하는 두 사람은 고려가 낳은 시대의 인걸이면서, 고려를 뒤엎고 새로운 왕조를 세운 두 주역이기도 했다. 두 사람 모두 왕족도, 권문세족도 아니었다. 이성계는 북방에서 여진족, 홍건적과 싸우는 무장으로, 정도전은 중앙에서 주로 학술과 교육 쪽의 업무를 보는 관료로 경력을 쌓아가고 있었다. 만약 두 사람이 만난다면 그것은 곧 새로운 시대를 알리는 신호탄이 될 것이었다.

그 만남은 운명의 장난처럼 우연히 이루어졌다. 그 무대를 마련한 사람은 아이러니하게도 조선 건국의 마지막 걸림돌이었던 정몽주였다. 이제현 문하에서 정도전과 함께 공부했던 정몽주는 본래 정도전과 막역한 사이였다. 그리고 정도전보다 앞서서 이성계와 인연을 맺기도 했다. 정도전이 이성계를 처음 만난 곳은 함주의 병영, 바로 그곳에서 이성계의 막료로 근무 중이던 정몽주를 찾아갔다가 이성계를 보게 되었던 것이다.

정도전은 이성계와 그의 군대를 보고 강렬한 인상을 받았다. 어느 곳에서도 볼 수 없던 질서와 의욕이 넘치는 병영, 그리고 그들을 엄격히 통제하면서도 결코 거만하거나 난폭하지 않은 이성계의 도량 때문이었다. 한편 이성계도 정도전을 눈여겨보았다. 젊은 나이에 넘칠 만큼의 학식으로 무장한 한편, 흔히 책만 파는 유생에게 보이는 유약함이나 현학적 기질이 전혀 없었기 때문이었다.

"이렇게 훌륭한 군대를 거느리셨으면, 그에 맞는 일을 하셔야 하지 않습니까?"

술이 얼근해지고, 대화가 무르익자, 정도전의 입에서 나온 말이었다. 그 의미를 자세히 설명하지 않았으나, 두 사람 모두 뜻이 통했음을 무언중에 느낄 수 있었다. 이성계는 더욱 융숭한 대접을 하고는 아쉬운 마음으로 정도전을 보냈다. 떠나기 전, 정도전은 병영에 서 있던 늙은 소나무 껍질을 벗겨내고 이렇게 한 수의 시를 썼다.

긴긴 세월을 지내온 한 그루 소나무여,
청산에 자라나 몇 만 해를 넘겼나.
해가 바뀌면 다시 만나볼 수 있을까.
저 고을에 돌아갔다, 곧 그대 따라 발걸음 옮기리.

그는 이미 이성계를 '주군'으로 섬기기로 정했던 것이다. 그리고 1년이 지나, 정계에 복귀한 정도전은 이성계의 지원을 얻어 성균관 대사성까지 오른다. 그리고 이후 문과 무의 최고 파트너로서 새 왕조를 건설해간다. 수없이 스쳐가는 사람과 사람의 만남, 그 속에서 인연은 쉴 새 없이 엉키고 흩어지지만, 한국사를 통틀어 이 때 두 사람의 만남만큼 이후의 역사를 뒤바꾼 만남은 흔히 볼 수 없다.

35

1388년 위화도 회군

이미 주사위는 던져졌다

장마였다.

비가 앞이 안 보일 정도로 퍼부었다.

병사들은 지쳤다. 빗물에 절어 후줄근해진 갑옷을 멋대로 벗어버리고, 진창이 된 땅에 아무렇게나 널브러졌다. 장교들도 그냥 쳐다보기만 하고 말리지 않았다. 10만여 병력이 평양을 출발한 지 벌써 한 달여, 장마로 불어난 강물 때문에 위화도에서 발이 묶인 지도 16일이 되었다. 어찌 되려노? 전쟁이고 뭐고, 병사들은 그저 집에 가고 싶을 뿐이었다. 그렇지 않아도 눈치를 슬슬 보다가 달아나는 사람이 한둘이 아니었다. 어떤 경우에는 장교까지 함께 탈영했다.

"회군이다!"

귀가 아플 정도로 쏟아지는 빗소리 속에서 긴 외침이 진영을 울렸다.

"뭐라고? 지금 뭐라고 그랬지? 자네 들었나?"
"회군이다! 회군이다!"
"서경으로 돌아간다!"

장교와 병사들은 어리벙벙해 하면서도 허겁지겁 일어났다. 그리고 갑옷과 식량을 챙겼다. 얼마 뒤, 말머리를 뒤로 돌리고 빗발 속에서 압록강을 건너는 수만 명의 고려군. 강 건너에는 한 장수가 서 있었다. 이성계다! 억수 같은 빗속에서도 이성계가 탄 백마는 눈에 박혔다. 그는 붉은 활과 흰색 깃의 화살통을 메고 동상처럼 우뚝 서 있었다. 자신의 병사들이 강을 건너는 동안, 그 자리에서 움직이지 않고 보고 있었다.

군대라기보다 홍수를 피하는 피난민처럼 강을 건너던 병사들은, 서로 수군거리며 저 사람이야말로 진짜 인물이라고 했다.

이성계, 이제 54세가 된 그는 이 거대한 역모의 순간, 무엇을 생각하고 있었을까?

위화도로 가는 길

요동 정벌의 직접적인 동기는 명나라의 철령위 설치 추진이었다. 우왕 14년1388년 2월에 명나라는 매우 공격적인 투의 연락을 해왔다. 고려에서 조공한 말馬이 질이 나쁜 말이니 나중에 징계하겠다는 말부터 해서, 명나라의 사정을 염탐하지 말라는 말, 그리고 "철령 이북은 원래 원나라에 속하였으니 모두 요동에 귀속시켜라"는 요구였다. 보다 앞서서는 요동도사 측에서 별도로 연락을 해왔는데, 한술 더 떠서 철령 이북, 이동, 이서가 모두 요동의 관할이므로 고려 전체가 정요위定遼衛의 관리를 받아야 한다는 내용이었다.

고려와 명나라와의 관계는 우왕대에 들어 계속 심상치 않았다. 친명배원 정책을 추진했던 아버지 공민왕과는 달리, 우왕은 이인임, 염흥방, 임견미 등 친원세력의 옹립을 받고 있었다. 이인임은 공민왕 시해의 배후자가 아닌가 하는 의심을 받았는데, 친명적이던 공민왕이 죽은 이상 명나라의 견책을 받을 것이라 여겨 원나라를 추종하기로 한 것이다. 그는 김의를 시켜 명나라 사신을 살해할 정도로 극단적인 행동을 했다. 이에 김의를 벌하고 원나라 사신을 내쫓아야 한다고 상소하던 정몽주, 정도전 등 친명적 신진사대부들은 귀양에 처해졌다. 그렇다고 해서 우왕이 명나라와 완전히 단교한 것은 아니고, 원나라와 명나라 사이에서 어정쩡한 입장을 취하고 있었다. 여기서 말을 조공하라, 처녀와 환관을 보내라 등 명나라 측의 요구가 점점 커지면서 우왕 주변은 반명적 분위기가 팽배했다. 우왕은 11년1385년 6월에 지진이 일어나자 "서쪽에서 지진이 났으니, 하늘이 요동을 무너지게 하시는 징조 아닌가?"라고 말하였다. 최영도 이인임 등과는 거리를 두고 있었으나 명나라의 요구가 많아지자 "이럴 바에는 군사를 일으켜 치는 것이 낫다"고 공언할 정도로 반명적이었다.

뭔가 심상치 않은 분위기는 명나라에서도 인식하고 있었던지, 철령위 설치를 요구하는 전문에서는 "너희가 은밀히 사람을 시켜 우리가 군사를 일으키는지, 배를 만드는지를 엿보고, 우리 편 사람이 정보를 줄 경우 큰 상을 주고 있다고 한다. 마치 아이들 장난 같은 짓이 아닌가? 앞으로는 이런 행동을 하지 말라. 사신도 받아들이지 않겠다"라는 내용이 보인다. 당시 고려와 명나라는 일촉즉발의 상황에서 서로를 의심하며 정보전을 치열하게 벌이고 있었던 모양이다. 고려는 전국의 호적을 점검하고 징집에 대비했으며, 5도의 성을 수축하고 서북쪽으로 장수들을 여럿 파견하는 등 전쟁 준비를 진행시켰다. 요동 정벌 분위기가 무르익으면서 반대론은 가혹한 탄압을 받았다. 가령 공산부원군 이자송은 최영에게 요동 정벌을 포기하라고 충고했다가, 귀양 가서 살해되었다. 마침내 요동 도사가 철령에 이르기까지 역참 70군데를 설치했다는 소식이 전해지면서 정벌은 결정되었다. 우왕은 전국에 징집령을 내렸다.

그러면 승산은 있는 정벌이었을까? 많은 사람들이 이를 무모한 결정이었다고 본다. 그것은 당시에도 그랬다. 이성계의 유명한 '4불가론'이 대표적이다.

첫째, 작은 나라가 큰 나라를 치는 것은 불가하다.
둘째, 여름철에 군사를 내는 것은 불가하다.
셋째, 왜적이 빈틈을 노려 쳐들어올 것이니 불가하다.
넷째, 무더운 장마철이라 활의 아교가 녹아 풀어지며, 전염병이
　　　돌게 되니 불가하다.

첫 번째 문제는 상식적인 접근이다. 당시 명나라는 이미 중국을 석권한 상태였고, 원나라는 멀리 북쪽 사막으로 쫓겨 가 있었다. 통일된 중국이 병력으로나 물자로나 얼마나 벅찬 상대인지는 뻔하지 않은가? 두 번째 문제는 농번기에 농민들을 징집하는 것은 곤란하다는 것이며(식량 조달이 어렵다는 문제점도 있다), 마지막 문제는 이미 공민왕 시절부터 대대적으로 창궐해온 왜구가 북방 공략의 뒷덜미를 잡는 일이 빈번했기에 역시 상식적인 생각이었다. 전술적으로 가장 세세한 넷째 문제는 당시 고려군의 주무기였던 활이 무력해질 수 있다는 점, 대군이 이동하는 과정에서 전염병이 발생하면 치명적일 수 있다는 점을 짚었다.

그러면 역시 무모한 결정이었을까? 꼭 그렇지만은 않을 수도 있다. 당시 명나라가 중원을 거의 제패했다고는 해도 원나라의 위협은 아직 남아 있었으며, 화북 지방은 더 안정시킬 필요가 있었다. 따라서 화북을 비롯한 전국에서 병력을 모아, 대군을 진군시킬 상황은 아니었던 것이다. 그리고 어차피 화북에서 요동까지는 매우 멀고 길도 험하다. 옛 수나라의 대군도 너무 먼 원정길 도중에 지치고 굶어서 제힘을 다 발휘 못할 지경이었으니, 만약 고려가 선제공격으로 요동을 점령한다면 명나라가 병력을 동원해도 제때 효과적인 반격이 힘들었을 것이다. 왜구 문제도 당시 최영과 이성계의 활약, 최무선의 화약무기 사용 등으로 많이 진정된 상태였다. 공민왕 시절부터의 북방 경략도 왜구의 침략을 감수해가며 꾸준히 이루어졌음을 볼 때, 왜구를 경계하지 않을 수는 없었겠지만 그것만으로 요동 정벌을 포기할 만큼은 아니었다. 장마철에 활이 느슨해질 가능성은 있지만, 그 문제는 중국 측이 더하다. 우리 활은 뿔로 만든 각궁이었던 데 비해, 중국의 활은 대나무로 만들어 습기에 매우 약했기 때문이다.

하지만 그것은 전술적인 계산일뿐이다. 전략적으로는 역시 요동 정벌은 무리였다. 가령 일단 요동을 손에 넣는다 해도, 중국은 점점 더 안정될 것이며, 명나라는 갈수록 강해질 것이다. 고려가 중국의 체제 전환기를 틈타 요동을 차지하고 중국과의 일전을 불사한다면, 그것이야말로 고구려의 전략 그대로였다. 그러나 그 끝은 어땠는가? 중국이나 북방민족이나 무엇보다 꺼렸던 건, 한반도가 그들 중 한쪽과 손을 잡고 다른 쪽에 맞서는 것이었다. 그 이유 때문에 수, 당이 고구려를, 거란이 고려를, 후금이 조선을 공격했던 것이다. 지금 고려가 요동을 노린다면 명나라의 전면 침공을 부르는 것과 마찬가지였다. 더욱이 지금의 고려는 과거의 고구려보다 약체가 아닌가?

여름철에 무리한 징병을 함으로써 농민을 농촌에서 억지로 끌어낸 것도 간단한 문제가 아니었다. 당장 군의 사기가 높을 리 없고(실제로 도망병이 속출했다), 한 해 농사를 망쳤을 경우 가혹한 겨울이 올지도 모르기 때문이다. 이성계는 4불가론이 묵살되자 추수가 끝나는 가을까지만 출병을 늦추자고 다시 건의한다. 그러나 역시 묵살된다. "그대도 이자송처럼 되고 싶은가?"라는 차가운 말과 함께.

그러면 결국 우왕과 최영은 전략 감각이 부족했던 탓에 무리한 출병을 결정했던 것일까? 여기서 그들(특히 최영)의 진의는 전쟁보다 정치에 있었다는 해석이 나온다. 최영과 이성계는 한때 동지였다. 바로 이인임 세력을 숙청하는 데 손을 잡았었다. 하지만 이후에는 누가 봐도 최대의 라이벌일 수밖에 없었다. 그런데 이들이 가진 힘은 곧

동원할 수 있는 무력에 있다. 최영의 경우는 중앙의 숙위군이며, 이성계는 동북면 군사들을 사병처럼 부렸다. 그렇다면 최영의 입장에서 이성계의 힘을 가장 확실히 줄일 수 있는 방법은 무엇일까? 바로 요동 정벌을 빌미로 그들을 전쟁터로 내보내면 되지 않겠는가? 물론 요동에서 이성계군이 전멸하지는 않을 것이다. 그러나 패퇴해 온다면 그 책임을 물어 실각시킬 수도 있고, 안 그래도 충분히 힘이 꺾였으니 마음대로 요리할 수 있다. 그런 이유에서 최영이 명나라의 위협을 지나치게 과장하며 '북풍'을 일으켰다는 해석도 있다. 명나라는 철령위 설치를 요구했고 결국 우왕 14년 3월에 설치를 실행한다. 그러나 그 위치는 옛 쌍성총관부 지역에 해당하는 고려의 서북쪽 끝이 아니라, 그보다 북쪽으로 멀리 떨어진 만주 지역이었다. 그러고 보면 명나라의 위협적인 연락이라는 것도 일부에서 조작·첨삭한 것일 가능성마저 있다.

　하지만 요동 정벌의 직접적 근거가 되었던 철령위가 그렇게 묘하게 처리되었다는 점에서, 이와는 정반대의 '음모'를 유추해볼 수도 있다. 즉 철령위 요구에서 위화도 회군까지 이르는 과정은 명나라와 친명적인 이성계 일파가 몰래 내통하여 세웠던 하나의 시나리오가 아니었을까? 철령위 설치를 비롯한 위협적인 태도를 보임으로써 최영 등을 자극, 무리한 출병을 이끌어낸 다음, "만일 중국을 범하여 처자께 죄를 얻으면 종묘사직과 백성이 도탄에 빠질 것이다. 내가 도리를 잘 가려서 회군하기를 청하였으나, 왕께서 외면하셨다. 최영이 늙고 우매하여 말을 듣지 않으니 어찌하랴. 그대들과 함께 돌아가 왕을 뵙고, 간신을 제거하여 생령을 편안히 해야만 하지 않겠는가"라는 명분을 들어(이성계가 위화도 회군을 개시하며 밝힌 성명이었다) 신속하게 회군, 최영을 제거하고 친명정권을 수립한다는 것이었다면? 위화도에서 16일간 발이 묶인 것도 사실은 정말로 발이 묶였던 게 아닐지도 모른다.

이런 음모론 중 어느 것이 진실일지 가리기에는 지금 남아 있는 근거가 불충분하다. 다만 당시 요동 정벌이 전혀 무모한 결정만은 아니었다는 것, 정벌의 진짜 의도는 최영과 이성계 어느 한 쪽의(두 쪽 다의?) 음모였을 수도 있다는 것을 생각해볼 뿐이다.

회군, 그 이후

요동정벌군은 조민수의 좌군, 이성계의 우군으로 이루어졌고 좌우군을 합친 병력이 38,830명이었다. 여기에 병참대원이 11,600명이었는데, 대략 부풀려서 10만 대군이라 했다. 위화도에서 회군한 이들은 일제히 서경으로 진격하여 5일 만에 입성했는데, 우왕과 최영이 개경으로 달아난 뒤였다. 다시 이틀 만에 개경 근교에 도달해 우왕에게 사실상 항복을 권하는 글을 보냈다. 우왕은 굴하지 않고 사방에서 군사를 긁어모으고, 시내에 방을 붙여 이성계, 조민수 등을 암살하면 큰 상을 준다고 밝혔다.

이틀 뒤, 이성계는 양쪽으로 병력을 나누어 개경 진입을 시도했다. 하지만 최영의 수비대에 격퇴 당한다. 뜻밖에 실패했으니 반란군은 적잖게 동요했을 것이다. 하지만 여기서 다시 한 번 이성계의 쇼

맨십이 돋보였다. 그는 패배를 알리는 보고에도 일부러 아무렇지도 않은 듯 느릿느릿 자리에서 일어나고, 태연히 식사를 했다. 그리고 "승패를 점쳐 보겠다"며 소나무 가지를 활로 쏘았다. 단번에 적중. 고려 제일의 활솜씨는 여전했는데, 이것을 보고 병사들은 모두 용기백배했다. 마침내 이성계가 친히 병력을 지휘해 남문을 공격, 돌파에 성공했다.

병사들은 궁궐에 침입해 숨어 있던 우왕과 최영을 끌어냈다. 이성계는 최영의 손을 잡고 "이 일이 내 본심은 아닙니다. 국가가 불안하고 백성의 한이 사무쳤으니, 부득이해서 한 일입니다. 부디 잘 가시기를…." 이렇게 말했다고 한다. 한때의 전우, 지금의 라이벌은 눈물을 흘리며 잠시 손을 잡고 있었다. 그리고 최영은 다시는 돌아오지 못할 길로 떠났다.

최영을 제거한 이성계 일파는 명나라의 연호를 사용하고, 명나라 관복을 입는 것으로 새 정치를 시작했다. 그리고 우왕이 환관들과 함께 이성계의 집을 급습해 암살하려 하다가 실패하자, 그를 폐위하고 강화도로 유배했다. 다음 왕을 누구로 할지에 대해서는 쿠데타 세력들 사이에 잠시 논란이 있었으나, 결국 우왕의 아들인 창이 즉위한다. 그리고 이성계파 신진사대부들의 개혁 정책이 본격화된다. 과전법이 추진되고, 권문세족이 농단했던 인사행정이 합리화되고, 불교가 억제되었다. 하지만 "신돈의 자식이라 공양왕의 피를 받지 않았다"는 어설픈 명분에 밀려 창왕이 폐위되고 난 1389년, 왕요가 고려의 마지막 왕으로 즉위한다. 이어서 고려왕조의 마지막 보루였던 정몽주가 선죽교에서 피살된 뒤, 1392년 6월에 이성계에게 양위함으로써 고려는 34대, 475년 만에 멸망했다. 공양왕은 왕위에서 물러나기 직전 이성계와 '맹세'를 하여, "하늘이 위에 있고, 땅이 위에 있는 한, 대대로 자손들이 서로 해치지 말기로 한다"는 문서를 받아냈다. 그리고 공양군의 작위를 받고 강원도에서 은거하다 죽었으나. 몇 년 지나지 않아 새 왕조는 남아 있던 왕씨 왕족들을 몰살했다.

회군 결정의 중요성

위화도 회군이 두 번째로 중요한 역사적 결정으로 꼽힌 이유는 무엇일까?

이는 단순히 권력자 개인이 바뀌는 쿠데타였다기보다 한 왕조의 변경을 가져온 쿠데타였다는 점, 그것도 고려에서 조선으로의 변경을 가져왔다는 점이 우선 중요하게 평가된다. 왜 고려에서 조선이 중요한가? 두 왕조 모두 5백 년씩 끌었으니 한국사에서 중요할 수밖에 없겠지만, 그보다 삼국시대 이래 계속된 '귀족-불교'의 문명이 조선에 들어서면서 '사대부-유교' 문명으로 바뀌었음에 주목해야 할 것이다. 현대의 기준에서 보자면 신분 차별은 계속되었고, 남녀차별은 심해졌으며, 상공업은 침체되고, 민족 자주성은 약화되었으니 고려에서의 조선이라는 흐름이 긍정적이 아닐 수도 있다.

> "무인 세력과 신진사대부에 의한 유교주의 국가의 건설로
> 유교적 권위주의 구조가 형성되었다."　　　구자성

"열린 사회에서 닫힌 사회로의 전환이었다."

허동현

하지만 반대로 볼 수도 있다. 사대부들은 과거 귀족에 비해 더 합리적이고, '바른 정치'에 대해 더 심각하게 고민했다. 그래서 전제 개혁이나 세제 개혁 등 많은 개혁 시도가 있었고(실패하거나 미진한 경우가 많았지만), 한때는 서양을 앞설 정도의 체계적인 관료제도가 정비되었다. 신분제는 엄격했지만 과거제와 노비 해방 움직임 등으로 종전보다는 그래도 조금씩 숨통이 트였다. 그 문물이 지나치게 고유의 것을 저버리고 중국을 지향했다지만, 오늘날 서구 문물에 '몰입'하고 있는 우리가 할 말은 아닐 것이다.

"임진왜란이 있기까지 무려 200년 동안 그나마 외환에서 자유로울 수 있었던 점은 유연한 사대교린 정책에서 비롯된 측면이 있고, 신분사회의 질곡을 완전히 벗어나지 못한 한계는 있지만 민본주의에 입각한 유교 사회의 왕도정치를 이상으로 하며 공론과 법치 국가적 면모를 일신하는 전기를 마련하였다고 할 수 있다."

김세봉

"고려왕조의 오랜 적폐를 해소하고 새로운 왕조를 열었으며, 민중들의 지위가 어느 정도 향상되었다."

이주천

한편으로 왕조의 변경보다 요동 정벌 좌절이 갖는 직접적인 의미에 더 주목하려는 시각이 있다. 여기서도 조선이라는 새 왕조의 사대적 성격을 함께 보기도 한다.

"요동정벌은 약간은 어려운 감이 있었지만 한국사를 바꿀 수
있는 중대한 기로였는데, 이성계의 회군으로 아직까지 만주
땅을 마음속으로만 두고 있는 것이다. 어쩌면 한국사에서 가장
큰 실수였을 것이다."   복기대

"우리 영토가 한반도로 줄어든 결정적 계기가 되었다."   송기호

한국사의 정치폭력

전쟁, 쿠데타, 테러. 이 3대 정치폭력은 전근대 사회의 대표적인 정치 운영 방식이었다. 이 책에서 꼽은 한국사의 108개 결정 중에서도 정치폭력과 관련된 결정이 유난히 많은데, 그 중에서도 가장 많은 수를 차지하는 결정이 쿠데타 결정이다. 시대적으로 볼 때 최초의 중요 결정도 위만이 준왕을 내쫓고 고조선 왕이 된 '최초의 쿠데타'다.

고려대 교수와 국무총리를 지낸 한승주는 5.16을 논하는 논문에서 쿠데타에는 두 가지 요인이 있다고 주장했다. '쿠데타 세력이 사회로 나오는 요인(push factor)'과 '쿠데타 세력을 사회가 부르는 요인(pull factor)'이다. 인사 불만, 정치적 탄압에 대한 반발, 노골적인 권력욕 등이 쿠데타를 결심하도록 하는 요인이라면, 사회 불안, 경제 침체, 정치적 혼란 등은 대중이 쿠데타를 기대하거나 수용하도록 하는 요인이다.

위만 이래 이 땅에 벌어졌던 쿠데타들은 주로 쿠데타 세력이 사회로 밀치고 나온 요인 쪽이 더 크게 작용했다고 하겠다. 위만의 쿠데타, 남건의 쿠데타, 왕건의 쿠데타, 신검의 쿠데타, 묘청의 난, 무신의 난, 이방원의 쿠데타(제1차 왕자의 난), 수양대군의 쿠데타(계유정난), 유신, 그리고 12.12가 그러했다.

하지만 위화도 회군과 5.16은 조금 다르게 볼 수 있을 것이다. 여기에는 권력투쟁 또는 인사 불만에서 쿠데타 세력이 결집되고 거사를 감행하게 된 점이 뚜렷하지만, 당시 시대, 사회가 쿠데타를 갈망했다고도 볼 수 있다. 위화도 회군은 권문세족과 타락한 불교가 더 이상 희망을 주지 못하는 상황에서 사회를 성리학적으로 변혁한다는 의미를 띠었다. 5.16은 구한말 이래 오랫동안 침체되어 온 한국 사회가 다시금 활력을 찾고, 운명처럼 이어지던 가난에서 벗어나는 계기를 마련했다. 보다 '순수하게' 사회변혁의 사명을 앞세웠던 쿠데타로는 갑신정변을 들 수 있다. 하지만 그것은 동시에 가장 사회적 여망을 묻지 않고 진행된 '그들만의 쿠데타'였다.

물론 쿠데타의 핵심은 권력투쟁이며, 개인의 야욕이다. 주로 권력욕이 작용한 쿠데타라 해도 최소한의 명분은 있다. 가령 무신의 난은 지나친 문신 우대 정책에 대한 반발이며, 왕자의 난과 계유정난은 조선을 왕권 중심의 국가로 다시 세우기 위한 '결단'이다. 묘청의 난 같은 경우에는 역사적 중요성이 다른 쿠데타들보다 훨씬 앞선다고 여겨지지만, 그 실체를 볼 때 소수의 권력욕이 더 중요하게 작용했던 것 같다. 서경으로 천도하는 것이 당시의 시대정신이었다거나, 민중의 절실한 소망이었다고 볼 근거가 약하기 때문이다. 인조반정도 쿠데타 세력들 쪽에서는 '금수의 나라로 떨어진 나라의 면목을 다시 세우는' 숭고한 사명을 띠었다고 믿었을지도 모르나, 냉정하게 볼 때 그들의 권력 쟁취 외의 의미를 찾기 어렵다. 유신 역시 5.16과 마찬가지로 사회의 요구에 부응하는 쿠데타였다고 말할 사람도 있겠지만, 그것은 가지 않아도 될 길이요, 가서는 안 될 길이었다.

어느 시대나 전쟁은 수없이 많은 사람의 희생을 가져오면서, 또한 사회의 변혁과 문명의 발전을 추동하는 사태였다. 한국사도 예외가 아니다. 고대에서 현대까지, 전쟁은 한민족의 운명을 바꾸는 사건이 되었다.

그중에서도 가장 중요한 역사적 결정과 관련된 전쟁은 삼국 통일 전쟁, 임진왜란, 그리고 한국전쟁이다. 삼국 통일 전쟁은 진흥왕의 배신, 선덕여왕 즉위, 나당동맹, 김유신의 반항과 연결된다. 임진왜란은 이순신의 전라좌수사 임명, 신립의 탄금대 선택, 고경명의 호남 방어 선택, 여진족의 원군 제의 거부, 쇄환사 파견과 관련된다. 한국전쟁의 경우에는 한국전쟁, 북한군의 서울 지체, UN 개입, 맥아더 해임, 한미동맹과 관련되며 멀리 남북분단이나 단독정부 수립 결정도 연결된다고 볼 수 있다. 이 세 가지 전쟁이 특별히 많은 역사적 결정과 연관되었던 이유는 삼국통일과 한국전쟁이 한민족의 정체성 형성과 그 분열을 가져온 사건이었다는 점, 그리고 임진왜란은 전통 한국이 직면한 최대의 위기였다는 점에서 찾아볼 수 있다.

정치는 권력의 게임이며, 권력은 상대방을 게임판에서 내쫓는 것을 목표로 한다고 할 때, 가장 손쉽고 확실한 수단은 테러, 그 중에서도 '암살'이다. 한국사를 움직인 테러로는 장보고 암살, 공민왕 암살, 명성황후 시해, 이토 히로부미 암살, 김구 암살, 박정희 암살, 그리고 반민특위 습격 결정이 있다. 이 외에도 비록 이 책에서 선정되지는 못했지만 이방원의 정몽주 암살, 문세광의 육영수 저격 등 유명한 암살이 있다. 또한 백제의 왕은 삼분의 일이 암살되고, 조선시대에도 왕들의 죽음이 절반가량 암살로 의심된다고 할 만큼 전근대 정치에서는 테러가 흔히 쓰이는 수법이었다.

그러나 암살 같은 테러는 손쉽고 확실하게 목표를 달성한다지만, 정치 과정의 한 축이 급작스럽게 제거되면서 혼란이 일어나고, 분위기가 극도로 경색되게끔 한다. 또한 예상 밖의 후폭풍과 정당성 위기가 따른다. 장보고 암살이 호족세력의 발호를 가져오고, 명성황후 시해는 민간을 중심으로 극렬한 반일감정을 일으켰으며, 이토 히로부미의 암살도 일본 내에 강경파가 득세하는 기회를 마련해주는 등 장기적으로 보면 테러는 목표 달성에 오히려 악영향을 미친다고도 할 수 있다.

이런 점 때문에, 테러는 역으로 이용되기도 한다. 오늘날에도 외국에서나 국내에서나 가끔 발생하는 테러가 '동정표' 또는 자체 세력의 결집 계기와 상대에 대한 강경 대응 명분을 마련하기 위한 자작극이 아닌가 의심되는 경우가 많은 까닭이다.

어떻게 보더라도 정치폭력은 결코 자랑스러운 역사일 수 없을 것이다. 지금의 세상은 정치폭력에서 해방된 세상일까? 아마도 예전처럼 노골적인 정치폭력은 자행되기 어려우리라. 그러나 더 교묘한, 은밀한 형태의 폭력은 지금 이 순간에도 자행되고 있는 게 아닐까.

36

1390년 개혁 세력의 토지개혁 추진

회귀형 개혁

공전과 사전의 문서를 저자거리에 수북이 쌓아 놓고 불을 질렀다. 불길은 며칠이 되도록 꺼지지 않았다. 지켜보던 왕은 눈물을 흘리며 탄식하였다. "조종祖宗의 사전私田법이 과인에 이르러 재로 돌아가는구나. 슬프도다."

고려 마지막 왕인 공양왕 1년 9월, 위화도 회군 이래 조정을 장악한 신진사대부가 줄기차게 추진해온 토지개혁 사업이 마침내 마무리되는 순간이었다. 하지만 이 거대한 화톳불에서 토지문서만 불타고 있는 게 아니었다. 위화도 회군 과정의 여러 동지가 이미 불쏘시개가 되었고, 앞으로도 될 터, 그리고 결국은 고려 왕조 자체가 재로 돌아갈 터였다.

권문세족의 토지겸병은 고려 사회의 암과 같았다. 조금만 권세가 있으면 힘없는 사람들의 토지를 헐값에 사들여 농장을 늘리니, 세족들의 땅은 산과 강을 경계로 삼는 반면 송곳 하나 세울 땅이 없는 사람이 갈수록 늘어났다. 이쯤 되니 국가 운영도 문제였다. 권문세족의 농장은 대부분 탈세를 했으며 꼬박꼬박 세금을 내는 소규모 자영농은 줄기만 했다. 마침내 관료에게 지급할 땅도 녹봉도 없게 되어, 관료가 살기 위해 권문세족처럼 백성의 땅을 빼앗는 지경이었다. 이 문제를 해결하고자 역대 왕들은 절치부심했고, 공민왕대에는 신돈을 앞세운 전민변정도감이 상당한 성과를 올리기도 했다. 하지만 기득권의 벽은 높고도 두터웠다.

그런 점에서 창왕 즉위년1388년 7월에 조준이 올린 토지개혁 상소는 폭탄과도 같았다. 그것은 '천하의 토지에 왕토 아닌 것이 없다'는 유교 경전의 이념을 근거로 사전私田을 일체 없애고, 국가가 토지세를 받을 때 그것을 걷어서 내는 역할을 근거로 일정한 액수를 스스로 취하게끔 하는 수조권만을 인정한다는 것이었다. 말하자면 토지의 소유권은 국가가, 수조권은 예전의 지주가, 경작권은 농민이 갖도록 하는 개혁안이었는데 이를 과전법이라고 했다. 사실 이것은 땔나무를 얻는 명목의 시지柴地를 없앤 것 외에는 고려 초에 확립된 전제인 전시과와 비슷했으나, 오랫동안 토지의 사유화가 당연시되어 왔던 탓에 그만큼 충격적으로 받아들여졌다. 이 개혁에 반대하는 사람 중에는 권문세족만이 아니라 이성계와 말머리를 나란히 하고 위화도에서 돌아왔던 조민수도 있었다. 또 당대 학문의 최고봉이었던 이색과 신진사대부로 분류되던 권근도 있었다. 이들은 모두 귀양에 처해졌는데, 이색과 권근은 나중에 사면되었으나 조민수는 유배지에서 죽어야 했다.

이색이나 조민수는 개혁에 반대했다는 것 외에도 이성계 일파와 대립각을 세울 수밖에 없었다. 위화도 회군 후 우왕을 내치는 데는 동의했으나 그 아들인 창왕을 옹립했기 때문이다. 그것은 조선 개국 세력들이 내세운 '우는 공민왕의 아들이 아니라 신돈이 반야에게서 낳은 아들이다. 따라서 우와 창은 왕의 자격이 없다'는 입장과 정면충돌했다. 여기에 이숭인 같은 사람은 정도전과의 개인감정이 얽혀 '온건파'에 속하는 등, 복잡한 과정을 거치며 신진사대부는 온건파(왕조유지파)와 급진파(역성혁명파)로 분열되어갔다. 내내 친이성계적이었으나 최후에 온건파로 돌아섬으로써, 선죽교에 피를 뿌려야 했던 사람은 정몽주였다.

과전법은 분명 급진파가 건국의 명분으로 내세울 만한 개혁이었다. 그러나 그 한계도 뚜렷했다. 실질적으로 소유권을 균분한 것이 아니라 수조권을 재조정한 셈이었으므로, 토지문서를 일제히 불태웠지만 어느 정도 시간이 지나자 다시 사전이 생겨났다. 토지는 한정되어 있는데 세습이 되는 공신전을 갖는 공신들이 갈수록 늘어났기에, 조선 초기를 넘어서자 더는 관료에게 나눠줄 과전이 없었다. 그래서 성종대에 토지 수조권을 주는 대신 녹봉만 지급하는 관수관급제로 돌아서는데, 이는 결정적으로 음성적인 토지 사유화를 부추김으로써 중기 이후에는 다시 권문세족의 토지겸병과 소규모 자영농의 몰락 현상이 나타나도록 했던 것이다.

과전법은 완벽한 개혁이 아니었다. 그러나 토지 문제 해결은 성리학을 공부하는 모든 선비들의 숙제였다. 기득권을 무시할 수 없는 현실과 이상 사이에서 끝없이 고민하며, 여러 개혁적 성리학자들이 기득권을 무시할 수 없는 현실과 이상 사이에서 끝없이 고민하며, 때로는 정전제 같은 고대의 제도를 되살리려고도 하고, 때로는 중국 중세 때 있었던 균전제에도 눈을 돌리면서 적지 않은 개혁안을 만들어 냈다. 그러나 이 숱한 개혁안들은 동학의 순박한 요구, '토지는 평균하여 분작한다'를 넘어서지 못했으며, 결국 숙제를 마치지 못한 채 조선은 끝을 맺고 만다.

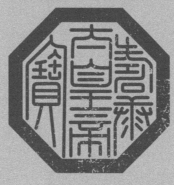

제3부　조선시대

제3부 조세제도

37

한강으로 물갈이 가자

"새 술은 새 부대에."

이런 생각이 천도의 주 동기가 된 경우로는 1394년에 단행한 한양 천도가 있다.

조선 태조 이성계는 1392년 7월 17일에 개경의 수창궁에서 즉위하여 새 왕조를 세웠다. 하지만 개경이 어디인가? 길재의 시조에서 나오듯, '오백 년 도읍지'다. 거리마다 고려 왕조의 그림자가 깃들어 있으며, 권문세족의 본거지이기도 하다. 이성계는 자신이 세운 왕조의 기틀을 확실히 다지기 위해 개경에서 떠날 필요가 있음을 절감했을 것이다. 즉위 후 12일 만에 "남경(한양)으로 도읍을 옮기도록 하라"는 지시를 내렸으며, 이후 정도전과 조준, 그리고 왕사王師 무학 등과 천도 문제를 긴밀히 논의하며 착착 계획을 진행했다.

한때는 계룡산 기슭도 검토했던 모양이나, '물길을 끼고 있지 않아 세곡稅穀 운송에 불편하다'는 지적에 따라 포기했다. 한양으로의 천도를 못박은 후에도 구체적으로 어디에 왕궁을 건설하느냐가 한동안 문제되었다. 원래는 지금의 연세대학교가 들어선 무악산 기슭이 유력했다. 그러나 '지대가 좁아 부적절하다'는 답사 결과가 보고되자, 이성계는 친히 무악산에 거동하여 지세를 살폈다. 그만큼 이성계의 천도 열의는 특별했다.

다음 후보지는 인왕산 기슭으로, 무학은 이곳이야말로 천하명당이라며 적극적으로 추천했다. 그러나 정도전이 반대하고 나섰다. "자고로 임금은 남면南面하는 법인데, 인왕산을 끼고 동쪽을 향하는 것은 좋지 않다"는 것이었다. 결국 이성계는 정도전의 손을 들어 주고, 북악산 아래로 최종 결정을 내렸다. 설화에 따르면 이 때 물을 먹은 무학은 "내 말을 듣지 않았으니, 천 년 왕업이 오백 년에 그칠 것이다. 또한 대대로 적장자가 왕위에 오르지 못하리라"고 예언했다는데, 실제로 조선왕조에 적장자 계승이 귀하기는 했지만 아주 없지는 않았던 만큼, 그리 신빙성 있는 설화는 아니다.

천도 실행 과정도 순탄하지는 못했다. '한양으로 가는 길에 산적이 자주 출몰한다'는 보고가 이어지자, 이성계는 노골적으로 불편해하면서 "과연 사실인가? 오랫동안 송경(개경)에 살아온 재상 이하 벌족들이 천도가 싫어서 괜한 핑계를 대고 있는 게 아닌가?"라고 의심했다. 의심할 법도 했다. 그러나 그럴수록 새 술은 새 부대에 담아야 한다는 이성계의 의지는 굳어져만 갔다. 그리하여 1394년 10월 25일에 비로소 도읍을 옮겼는데, 당시는 아직 새 궁궐이 지어지지도 않아서 부득불 객사客舍를 임시 궁궐로 써야 했다. 궁궐을 짓기도 전에 일단 천도부터 단행하려 했던 이성계의 다급함을 엿볼 수 있다.

이처럼 새 왕조의 새로운 터전을 찾고자 한 태조 이성계의 정치적 결단에서 비롯된 한양 천도, 그러나 이후 한양은 조선의 오백 년 도읍지가 되었을 뿐 아니라, 이후 대한민국의 수도로도 반세기 넘게 이어지고 있다. 1394년에 부랴부랴 결행된 천도이지만 이후 육백 년이 넘도록 이 땅의 중심은 바뀌지 않는다. 광해군대의 교하 천도론, 박정희 시대의 대전 천도론, 노무현 시대의 신수도 건설론이 간간이 있었으나 모두 실현을 보지 못한다. 이제는 천만이 넘는 인구를 거느리고, 정치, 경제, 문화 모두가 지나칠 만큼 집중되어 있는 서울, 이러한 과다 집중의 문제점이 '새 술은 새 부대에'라는 국민적 합의를 이끌어낼 날은 언제일까?

38

1398년 이방원의 제1차 왕자의 난

이방원 vs. 정도전

전도 과정에서 소외된 무학의 '저주' 때문인지 몰라도, 조선왕조는 처음부터 장자에게 왕위가 계승되지 못했다. 일단 뜻밖의 사망이나 쿠데타 때문은 아니었다. 이성계의 맏아들 이방우는 조선의 세자가 되기보다 고려의 유신遺臣으로 살기를 택했다. 일찌감치 신왕조에 참여하기를 거부하고 해주에 은둔하다가 건국 이듬해 세상을 떠나니, 태조 이성계는 부득불 다른 일곱 아들 중에서 후계자를 고를 수밖에 없었다. 그리고 그의 선택은 이제 겨우 열 살을 넘긴 막내아들 이방석이었다. 이것은 본래 여진족과 가까웠던 이성계가 막내아들에게 가장 자리를 물려주는 여진족의 풍습을 따랐기 때문이라고도 한다. 또는 더 인간적인 해석으로, 늘그막에 본 막내가 제일 귀여운데다 후처로 들인 애비愛妃, 신덕왕후 강씨의 소생이었기 때문으로 보기도 한다. 말하자면 예전 견훤의 선택을 되풀이했다는 것이다.

그러나 견훤이 신검 등 전처 소생의 형들 대신 후처가 낳은 막내 금강을 선택한 결정을 단순히 인간적 애정에 끌렸다고만 볼 수 없듯, 이성계의 결정도 그것으로만 볼 수 없다. 사별한 전처(신의왕후)와는 달리 권력이 커지고 있던 이성계가 맞아들인 후처 강씨는 유력한 권문세족의 딸이었다. 따라서 처가의 눈치를 보아야 하고, 또 새 왕조에서도 계속 도움을 받자는 생각이 이방석을 세자로 삼는 데 작용하지 않았을까.

한편 말자상속하는 여진족의 풍습이 이 결정에 크게 영향을 주었을 것 같지도 않다. 정도전 등 철두철미하게 유교적 방식을 준수할 것을 강조하던 개국공신들이 신덕왕후 소생으로 세자를 삼는 데 적극 찬성이었기 때문이다. 다만, 처음에 이성계가 낙점한 왕자는 이방석이 아니라 그의 동복형인 이방번이었다. 공신들과의 논의 이후 이방석으로 바뀌었는데, 아마 공신들 입장에서는 되도록 나이 어린 왕자가 임금이 되어야 유리하다고 여겼기 때문일 것이다.

그러나 역사는 되풀이되었다. 견훤의 선택이 피바람을 불러왔듯, 이방석이 세자가 된 것도 형들의 반발과 쿠데타를 불러일으키고 말았다. 차이가 있다면 견훤의 경우는 애써 세운 나라의 종말을 가져왔으나, 이성계의 경우는 그런 사태는 피했달까(후백제에는 고려라는 라이벌이 있었으나, 당시의 조선은 그렇지 않았다는 게 그런 차이를 가져왔으리라). '잘못된 후계자 낙점'에 대한 반발의 중심에는 다섯째 아들인 이방원이 있었다. 기질이 강직하고 문무에 모두 뛰어났으며, 아버지를 도와 조선 건국에 큰 공을 세우기도 했던 이방원은 이방석 옹립 세력들도 두려워했다. 그래서 정도전은 요동정벌 계획을 내놓고 그에 따라 자신이 실질적으로 군사지휘권을 쥐었으며, 왕자의 사병私兵을 해산토록 조치한다. 그러나 이방원은 가만히 앉아서 당하지 않았다. 태조 7년1398년 8월, 그는 사병을 동원하여 정도전을 기습해서 그를 죽이고 실권을 손에 쥐었다.

쿠데타에 성공한 이방원은 아버지 태조에게 세자를 바꾸라고 요구한다. 힘이 없는 태조가 이에 응하자, 이방원은 자신이 아니라 둘째 형인 이방과를 새로운 세자로 내세운다. 그 이유는 아마도 이 거사가 이방원의 작품이기는 해도 다른 형제들의 양해와 지지를 전제로 하고 있었기 때문일 것이다. 애초에 거사의 명분이 유교적 관습에 반하여 어린 막내를 선택했다는 것인데, 다섯째인 자신이 대신해서는 보기에 좋지 않다. 더욱이 다른 형제들도 제각기 사병을 거느리고 있었다. 후환을 생각하는 이방원의 신중함이 이방과를 조선 2대왕 정종으로 만들어 주었다.

한때 차기 왕위를 예약했던 이방석은 귀양에 처해졌으나 유배지에 닿기도 전에 암살된다. 그의 형 이방번 역시 그렇게 되었다. 이로써 '왕자의 난'은 일단 종료된다. 그러나 그것은 '제1차'일 뿐이었다. 정종에게 소생이 없자 후계를 둘러싸고 넷째 이방간과 이방원 사이에 긴장이 조성된다. 마침내 이방간이 개성을 본거지로 하여 이방원을 공격하면서 제2차 왕자의 난이 일어나지만 곧 제압되고, 이방원은 정종에게서 세자 책봉을 받는다. 그리하여 쿠데타 2년 만에 제3대 왕, 태종이 된다.

이 골육상잔을 포함한 왕권 싸움에 대하여, 최호균은 "종법제적 가족질서의 원칙 확립과 과도한 친명적 모화사상의 발단 계기"라고 본다. 또 김경수는 "조선 건국 후 정치세력의 재편을 초래한 왕실 내부의 권력투쟁"으로 이해한다. 하지만 여기에는 그 이상의 의미가 있었다. 바로 이방원과 정도전의 대결, 그리고 정도전의 패배다. 이는 무인과 사대부의 동맹에 따라 태어난 조선이 왕권 중심의 국가가 되느냐, 신권 중심의 국가가 되느냐의 갈림길이었다. 태종이 승리함으로써 조선 전기는 상대적으로 강력한 왕권을 기반으로 야심찬 기획을 실현할 수 있게 되었다. 하지만 그것은 왕의 독재가 아니라 신하들의 자발적 지지를 이끌어내는 군주리더십을 필요로 했다. 그 리더십이 고갈되고, 신하들의 세력이 강해짐에 따라 조선은 점점 모순과 정체 속에 빠져들어 간다. 제1차 왕자의 난이 단지 누가 왕좌에 앉느냐를 놓고 벌어진 추잡한 자리싸움 이상의 의미를 갖는 점은 여기에 있다.

39

1409년 『조선왕조실록』 편찬 결정

실록 편찬을 둘러싼 갈등

"조선 역사의 흐름을 알 수 있는 『조선왕조실록』은
세계문화유산으로 지정되었을 만큼 대단한 역사기록물이다.
조선시대에 이 기록물이 없었다면 민족의 역사를 알기 어려웠을
것이며, 역사를 알지 못하면 미래의 발전을 예견할 수도 없었을
것이란 점에서, 오랜 기간 동안 변화 없이 지속적으로 기록을
남겼다는 점에서 그 의미가 있다."

이상배

이상배의 말처럼, 유네스코에도 기록문화유산으로 올라 있는
『조선왕조실록』은 1,893권 888책에 이르는 규모로 보나, 세밀함으로
보나 세계에 자랑할 만한 귀중한 책이다. 서양문명이 『성서』를, 중국
문명이 『사서삼경』을 내세운다면, 한국은 이 『조선왕조실록』을 내세
워야 하리라. 그 속에는 시대를 나름대로 치열하게 살다 간 사람들의

숱한 고뇌와 희비가 있고, 중요한 정론과 이론의 대결이 있으며, 정치, 사회, 경제, 문화, 과학의 온갖 정보가 빼곡히 들어 있기 때문이다.

그런데 조선이 처음 실록을 기록하기 시작한 것이 아니다. 여러 제도와 마찬가지로 중국에서 본떴으며, 고려시대에도 실록의 기록이 남아있다. 그러나 『조선왕조실록』이 이들과 다른 점은 실록이란 정식 역사서가 아니라 그 기초자료로서, 그날그날의 사실을 기록한 사초를 편집한 책이기에 그만큼 양이 방대하다는 것과(조선은 오백 년이라는 세월을 존속했으니만큼 더욱 양이 많아졌다), '실록의 사초는 임금도 볼 수 없다'는 엄격한 집필 원칙에 따라 씌어졌다는 점을 들 수 있다. 고려까지와는 또 다르게, 성리학의 시대였던 조선에서는 경전에서 얻는 이론과 현실에 적용되는 정치가 사실의 기록인 역사와 밀접한 관련이 있다고 여겨졌다. 가령 어떤 임금이 행한 어떤 정책이 경전에서 말하는 선정善政인가 악정惡政인가, 그는 종합적으로 보아 성군인가 암군인가 등의 정치적인 평가는 역사를 어떻게 해석하느냐에 따라 결정된다. 그래서 역대 임금은 자신이 어떻게 기록되고 있는지 알고 싶어 사초를 보기 원했고, 선대의 실록에서 문제를 찾아내어 정치적 숙청에 이용하기도 했다. 신하들도 왕권을 견제하거나 당파싸움을 벌일 때 실록을 문제 삼았다. 그러다 보니 그만큼 사초는 아무나 건드려서는 안 되고, 치우침 없이 사실만을 냉정히 기록해야 한다는 원칙이 수립되기도 했다.

『조선왕조실록』은 중국과 고려 실록과는 다른 또 하나의 차이점이 있다. 중국과 고려의 실록은 왕이 죽은 뒤 상당한 시간이 지나 편찬하는 게 보통이었고, 때로는 2, 3대가 지나서야 편찬하기 시작했지만, 조선은 왕이 죽고 새 왕이 등극하고 나서 곧바로 편찬에 착수했다는 점이다. 이 원칙은 어떤 이념이나 관습에 따랐다기보다 태종에 의해 정해졌다.

태종 8년1408년, 이성계가 죽었다. 왕위를 아들 정종에게, 그리고 다시 태종에게 물려주고 태상왕이라는 이름으로 조용히 살던 그가 마침내 죽은 것이다. 그러자 태종은 곧바로 첫 번째 실록, 즉『태조실록』의 편찬에 들어가려고 했다. 하지만 최소한 졸곡卒哭이라도 끝나고 보자는 신하들의 말에 1년을 미루고, 이듬해인 1409년 8월에 영춘추관사 하륜 등을 불러 실록 편찬에 착수하도록 지시한다. 그러나 사관들을 중심으로 반대가 많이 나왔다.

"예진 경우를 보면 3대가 지나야 선왕의 실록을 편찬했습니다. 어째서 이렇게 빨리 실록을 만들어야 합니까?"
"3대가 지나 보시오. 기록물이야 남아 있어도, 당시를 살아서 당시 상황을 증언할 수 있는 사람들이 다 없어질 게 아니오. 그러면 무엇을 기준으로 사초를 편집하겠소? 옛 사람이 '문헌文獻'이라 했는데, 문은 곧 기록이며 헌이란 노성老成한 신하이니, 늙은 신하가 기록물을 편집해서 문헌을 만들었던 것이오."

편찬 시기가 지나치게 빠르다는 반대 의견에 하륜은 '문헌'의 어원을 들먹이며 반박하는데, 사실 노성한 신하의 생생한 증언으로 자료를 보완하고 해석 근거를 찾을 수 있다는 그의 주장은 일리가 있었다. 그것이 오늘날『조선왕조실록』을 더욱 값지게 만드는 것이기도

하다. 하지만 그것은 양날의 검이었다. 예전 임금의 신하들이 수두룩하게 살아 있는 상황에서 실록을 만들면, 그들이 자신에게 불리한 내용은 빼거나 왜곡하도록 입김을 넣기 쉽고, 따라서 공정한 역사 서술이 되지 않을 수 있기 때문이었다. 사실 태종이 이토록 『태조실록』 편찬을 서두르고 있는 이유도 자신의 비리를 적당히 호도하려는 뜻이 숨겨져 있었다. 자신이 살아 있을 때 일을 마쳐야지, 그러지 않으면 왕자의 난이나 태조와의 불화에 대해 무슨 소리가 역사책에 씌어져 대대로 망신살이 뻗칠지 몰랐기 때문이다.

황희를 포함한 소장파 관료들은 옛 방식대로 2, 3대 후에 편찬하자는 입장이었으나, 결국 태종의 의지가 관철되었다. 그래서 태종 9년에 실록이 편찬되기 시작하여, 13년1413년 3월에 15권 3책의 첫 『조선왕조실록』이 완성된다.

선대에 대한 역사적 평가를 너무 빨리 시작하면 직필이 되지 못하고, 정치적 분란에 휘말릴 소지가 있다는 우려는 현실이 된다. 이후 실록 편찬 과정마다 잡음이 없는 일이 없었다. 급기야 연산군 때는 『성종실록』을 편찬하면서 자신의 비리를 덮어주기를 바랐던 이극돈이 이를 거부한 사관 김일손과 마찰을 일으킨다. 이 과정에서 김일손의 사초 내용이 세조를 능멸했다 하여 '무오사화'가 벌어지는데, 여기서 문제가 될 만한 역사왜곡을 시도했던 이극돈만은 아니었다. 김일손도 자료를 냉정하게 분석하고 대조하지 않고, 오직 개인적인 정의감 때문에 그리 신빙성이 없는 뜬소문 같은 자료를 사실인양 실록에 실었던 것이다. 어떤 권력으로도 사관의 역사 서술에 방해해서는 안 된다는 것이 『조선왕조실록』의 직필 원칙이었으나, 한편 사관이

지나치게 통제받지 않는 필봉을 휘둘러도 역시 객관성을 잃을 위험이 있었다.

이처럼『조선왕조실록』의 곳곳에는 사실 왜곡이나 고의적인 첨삭의 흔적이, 또는 자의적이고 주관적인 해석의 그림자가 보인다. 실록을 편찬하는 시기가 너무 빨라서 당대 정치에 영향을 받을 수밖에 없었기에, 무오사화 뒤에도 실록이 당파싸움의 영향을 받아, 집권 당파가 바뀜에 따라 한 번 쓴 실록을 뒤엎는 새 실록이 편찬되기도 했다.『선조수정실록』이나『현종개수실록』,『경종실록』등이 그런 예다. 또『성종실록』에서『중종실록』,『명종실록』에 이르는 기간 중에는 "사신史臣은 말한다"로 시작되는, 기사에 관한 사관들의 촌평이 유독 많은데, 그것이 지나친 주관성이나 당파성에 젖어 있는 경우도 있다.

『조선왕조실록』은 결코 '근대적'인, 바늘 하나의 오차도 허용하지 않는 엄격한 사실의 기록물은 아니다. 개인적인 이해관계나 감정에 따른 왜곡의 유혹을 받고, 당파나 명분에 따라 사실을 뜯어고치기도 했다. 그렇지만 그 의의와 가치는 누구도 부정할 수 없다. 진실한 역사를 남기기 위해 투쟁한 조상의 몸부림이 실록의 페이지마다 면면히 깃들어 있기 때문이다. 그러고도 끝내 부족한 면이 남았기에, 오히려 사람 냄새가 나는 실록이 된 것이 아닐까. 그래서『조선왕조실록』이야말로 우리가 세계에 내놓을 수 있는 전통 문명의 정수가 될 수 있는 것이다.

40

조선은 어떤 국가여야 하는가?

"세자의 행동이 지극히 무도無道하여 종사를 이어 받을 수 없다."

태종 18년1418년 6월 3일, 태종은 14년 동안 세자 자리에 있었던 이제李禔, 양녕대군을 폐하였다. 그러면 누구를 대신 후계자로 삼느냐에 대해 잠시 논란이 있었다. 우의정 한상경 등은 이제의 아들을 대신 세우자고 하였고, 영의정 유정현 등은 "어진 사람을 골라 세우소서"라고 하며 그 어진 사람이 구체적으로 누군지는 밝히지 않았다. 이조판서 이원은 점을 쳐서 새 후계자를 찾자고 했다.

태종은 처음에는 양녕대군(이제)의 아들로 대신하겠다고 하더니, 조금 뒤에는 점을 치는 쪽으로 하겠다고 했으며, 마지막으로 "어진 사람을 고르겠다"고 했다. 그리고 셋째 아들 충녕대군에게 세자 자리를 주기로 정했다. 이때 왕비(원경왕후)가 "형을 폐하고 아우를 세우는 것은 화란의 근본이 된다"며 반대했으나 태종은 뜻을 굽히지 않았다. 그때가 되어서야 유정현 등은, "저희가 어진 사람이라 말씀드렸을 때 사실 충녕대군을 염두에 두었습니다"라고 기회주의적인 발언을 했다.

이렇게 해서 조선왕조 최초의 '평화적인' 왕위 계승자 변동이 이루어졌다. 스스로 형제와 처남을 죽이며 왕위에 올랐던 태종은 세자를 바꾼 뒤 채 두 달 만에 1418년 8월 8일 아예 옥새를 세자에게 떠맡겨 버리고 자신은 상왕으로 물러앉았다.

전설에 따르면 당시 양녕대군 이제는 자신이 임금 그릇이 못되고 아우 충녕에게 성군의 자질이 있음을 알아보고, 일부러 난폭한 행동을 하여 충녕에게 세자 자리가 돌아가도록 했다고 한다. 하지만 공식 기록을 보면 이와는 다르다. 양녕대군은 부왕이 충녕에게 뜻을 두고 있다는 낌새를 차리자 "충녕은 유약해서 임금 노릇을 할 수 없습니다"며 노골적으로 항의하고 있다. 또한 세종이 즉위한 후에도 내내 말썽을 피며 아우의 입장을 난처하게 했다. 이를 볼 때 후계자를 바꾼 것은 태종의 의지가 더 크게 작용했던 것 같다.

그러면 태종은 왜 후계자를 바꾸었을까? 이는 당시 시대의 흐름을 보아야 한다. 그의 아버지 태조 이성계는 무武의 인물이었다. 태종 자신은 문무를 겸비하고 있었으며, 무인 기질은 양녕에게, 문인 기질은 충녕에게 나뉘어져 계승되고 있었다. 그런데 자신(태종) 이후의 조선은 어떤 국가를 지향해야 할까? 대륙에서 명나라의 패권은 굳어져가고 있다. 이제까지 조선은 명과 여진의 사이에서 저울질하며 국익을 추구해왔으나, 앞으로는 살아남기 위해 명나라의 군사적, 문화적 패권을 수용해야만 할 것이다. 그리고 고려 말기부터 이어진 귀족들의 다툼과 탐학으로 민생은 피폐될 대로 피폐해져 있다. 지금의 시대가 필요로 하는 지도자는 호방하고 대담한 무인 군주보다는 섬세하고 온화한 문인 군주가 아닐까? 그렇다면 후계자는 양녕도 아니요, 효녕도 아닌, 충녕이 되어야만 할 것이었다….

이렇게 해서 세종대왕이 탄생하게 되었다. 태종이 원래대로 양녕대군에게 왕위를 물려주기로 했더라면, 아마도 많은 것이 달라졌으리라. 우리 문화는 많은 것을 갖추지 못했으리라. 갑인자, 자격루, 측우기…. 그리고 무엇보다 이 책을 이루고 있는 문자도 한자이거나, 아니면 어떤 다른 문자였으리라.

41

1419년 대마도 정벌

왜구의 본거지를 쳐라

"신우辛禑 6년1380년 경신 8월, 왜적의 배 오백 척이 하삼도에 들어와 바닷가 마을들을 약탈했다. 노략질하고 불살라서 마을이 거의 다 없어지고, 우리 백성을 죽이고 사로잡은 것도 이루 다 헤아릴 수 없었다. 시체가 산과 들판을 덮고, 곡식을 배로 실어 가다가 쌀이 땅에 버려진 것이 두껍기가 한 자 정도이며, 어린아이를 베어 죽인 시체가 산더미처럼 쌓여 피바다를 이루었다. 저들은 2, 3세 되는 계집아이를 잡아 머리를 깎고는 배를 갈라 내장을 들어낸 다음 쌀, 술과 함께 하늘에 제사지냈다. 삼도 바닷가에 인적이 끊어져 텅 비게 되었다."

'왜구'는 일찍이 삼국시대부터 있었으나, 그 규모를 늘려 본격적으로 우리나라 바닷가를 쳐들어온 것은 대략 14세기부터다. 무신의 난과 몽고 침략을 거치며 고려의 체제가 느슨해진 틈을 노린 것이다. 위의 묘사는 다소 과장되어 있겠지만, 고려 후기에 왜구의 피해가 얼마나 심각했던가를 짐작케 한다. 우리 측도 왜구를 상대하느라 부심했다. 최무선이 화약무기를 개발한 것도, 최영과 이성계가 고려 말의 최대 군벌로 떠오른 것도 모두 왜구와의 싸움 결과였다.

차라리 전쟁을 하는 것이라면 전력을 집중하여 결전을 벌일 수 있지만, 왜구는 병력을 모아 기습하고는 곧바로 후퇴하여 흩어져 버리기 때문에 근본적인 근절이 어려웠다. 차선책은 그들이 집결하여 출항, 귀항하는 거점을 공격하는 것이다. 일본의 몇몇 지역이 그런 곳에 해당되었으나, 가장 유력한 곳은 바로 대마도였다. 대마도 정벌은 창왕 1년1389년, 조선 태조 5년1396년 때 있었으나 결정적인 타격을 주지는 못했다. 그리하여 세종 1년1419년, 이번에야말로 왜구의 뿌리를 뽑고 말겠다는 각오로 대규모 정벌이 추진된다.

이종무가 삼군 도체찰사로서 총사령관이 되고, 경기, 경상, 전라, 충청도에서 모은 병선 227척과 병사 1만7천 명이 거제도에서 출격하였다. 6월 20일에 대마도에 상륙한 정벌군은 적군 104명을 참살하고 21명을 붙잡았으며 가옥 1,939호를 불태웠다. 또 적선 109척을 불태우고 20척을 포획했다. 그리고 억류되어 있던 중국인 포로 131명을 구출했다. 그러나 섬의 곳곳에 숨어 있던 왜구를 수색하는 과정에서 역습을 당해 180명이 전사하는 피해를 입었다. 이후 정벌군은 두지포로 선단을 옮기고 장기전을 계획했다. 그리고 연일 수색-공격전을 수행한 결과 적선 15척과 가옥 68호를 불태우고 적군 9명을 참살하며, 중국인 포로 15명, 조선인 포로 8명을 구출하는 추가 전과를 올렸다.

이에 대마도주 도도웅와都都雄瓦는 항복하겠으니 철수해달라는 요청을 해왔다. 아직 가져온 군량이 50여 일분이나 남아 있었으므로 이대로 철군할 것인지에 대해 논란이 일었다. 그러나 마침 농사철에 병사들을 이끌고 온데다가 7월이면 대마도에 태풍이 불어온다는 점도 고려되어, 결국 7월 3일에 조기 철군하였다.

대마도 정벌은 대마도의 항복을 받아낸 이상 승리라고 보아야 한다. 하지만 군사적으로는 아쉬운 점이 많았다. 1만7천의 병력에 65일간의 군량을 갖추고 감행한 정벌전치고는 전과가 너무 초라했다. 더구나 사상자 수만 따지면 오히려 우리 측이 더 많았다. 그 원인은 정벌 계획이 너무 급하게 진행되다 보니 우리의 농번기와 대마도의 태풍 시기를 헤아리지 못해 조기 철군하게 되었다는 점, 진법 위주의 지상진 훈련만 실시되고 해전이나 상륙전 훈련은 거의 없었다는 점, 일선 지휘관들이 초기의 성공에 취해 적의 역습을 허용하며 효과적인 공격을 하지 못했다는 점 등이 있다.

정치적으로도 아쉬움은 있다. 이로써 대마도가 정식으로 항복하고, 조선 중기에 이르기까지 왜구의 침범이 잦아든 효과는 분명 있었다. 하지만 우리는 대마도가 우리 영토라고 못박으며 정벌에 나섰으나, 대마도에서는 항복하긴 했으되 우리의 주권을 인정하지는 않겠다는 입장을 고집했다. 이에 2차 정벌에 나서자는 의견도 있었으나 세종은 받아들이지 않았다. 당초에 대마도나 왜구 문제를 깊이 고심한 쪽은 세종이 아니라 태종이었다. 세종은 여진족 쪽에 더 관심이 많았고, "우리처럼 작은 나라에서 육군과 해군이 모두 있으니 더욱 유지하기 어렵다. 해군을 모두 없애고 육군만 보유하는 게 어떻겠는

대마도對馬島가 들어간 〈해동지도〉

한반도와 일본 규슈 사이의 대한해협 중간에 위치한 일본의 섬이다. 일본이 실효 지배하고 있지만 규슈까지의 거리는 약 132km, 한국과의 거리는 대한해협을 사이에 두고 약 50km에 있어 사실상 한국과 더 가깝다. 섬 크기는 남북 82km, 동서 18km이다. 섬 넓이는 700km²이다.

가?"라는 말을 하기도 했다고 한다. 그리고 태종이 승하하자 세종은 "대마도를 너무 압박하면 왜구가 다시 일어날 위험이 있다"며, 대마도주에게 조선의 벼슬을 내림으로써 형식적인 종주권만을 표시하는 것으로 마무리를 짓고 만다.

이 때 더 치밀한 준비를 거쳐 결정적인 승리를 거두었더라면, 그리고 대마도를 확실히 우리 영토로 했더라면, 이후 임진왜란도 일어나지 않고, 일본과의 관계에서 보다 유리한 입장에 섰을 것이라는 추정은 지나친 것일까?

42

1430년 세종의 공법 개혁 및 후퇴

국민투표로도 부족했던 개혁 기반

세종은 '백성을 위한 정치'를 입버릇처럼 말했던 군주였다. 그는 민생의 부담을 덜어주기 위해 많은 고안을 거듭해 여러 정책을 내놓았다. 그 중에서도 세종이 가장 심혈을 기울였던 민생개혁은 바로 세제稅制 부문 개혁으로, 종래의 손실답험법損失踏驗法을 공법貢法으로 전환하려는 개혁이라 할 수 있다. 예나 지금이나 '먹고 사는 문제'야말로 민생 최대의 문제이기 때문이다.

손실답험법이란 전세田稅를 거둘 때 그 해의 풍흉 정도에 따라 세율을 정하는 것으로, 풍년에는 많이, 흉년에는 적게 거둔다는 원칙만 볼 때는 문제가 없었다. 그러나 문제는 실행 과정에서 불거졌다. 한 마디로 있는 그대로 조사가 이루어지지 않는다는 것. 일일이 조정 관리가 풍흉 정도를 실사할 수 없어 보고서로 대체시키면, 풍년인데도 '이루 말할 수 없이 흉년입니다'라는 보고서가 어김없이 올라왔다. 조정 관리가 실사를 나가면 땅을 많이 가진 지주들(원칙적으로 과전법 하에서는 모든 토지가 국가의 것이므로, '지주'란 존재할 수 없었다. 그러나 실제로는 엄연히 존재했다)이 향응을 베풀고 뇌물을 안겨서 실제보다 적은 수확량을 보고하도록 했다. 이러니 국가는 세금을 제대로 받지 못해 재정난에 시달리고, 백성은 백성대로 법으로 정해진 이상으로 빼앗기느라 살기가 힘들었다. 오직 중간의 지주들만이 배를 불릴 뿐이었다.

이런 폐단을 어떻게 시정할 것인가? 학문군주답게 세종은 책 속에 파묻혀 고금의 세금제도에 대해 샅샅이 뒤졌다. 그 결과 찾아낸 것이 고대 중국에 있었다는 '공법'이었다. 공법은 정액세제다. 풍흉에 관계없이 무조건 일정액을 납부하는 것이다. 그러면 실제로 흉년인데도 많은 세금을 내게 되니, 가혹하지 않은가? 그러나 세종이 정한 세율은 1결당 10두로 종전 평균 세율의 삼분의 일에 그쳤다. 세종의 계산으로는 아주 낮은 세액을 책정해도 중간에 수를 쓰는 일을 없애고 빠짐없이 받기만 한다면 재정이 오히려 나아진다는 것이었다. 그리고 그 계산은 곧 적중했음이 드러난다.

하지만 세종이 미처 계산하지 못한 것은 기득권의 악랄함이었다. 세종 9년1427년에 처음 공법을 꺼내 보니 신하들의 반대가 예상을 뛰어넘었던 것이다. 심지어 세종이 가장 신임하던 황희조차 앞장서서 반대했다. 조정 대신들은 사실 대지주이기도 했다. 그런 그들이 조세 투명성을 높이는 개혁에 찬성할 리가 없었던 것이다. 너무나 완강한 반대에 세종은 일단 개혁론을 접지만, 그만둘 생각은 추호도 없었다. 기회를 보아 다시 화두를 던진다. 하지만 신하 편에서 돌아오는 대답은 마찬가지였다.

이런 공방전의 전기는 세종 12년1430년에 있었다.

"정부·육조와, 각 관사와 한양에 거주하는 전직 관료들과, 각도의 감사·수령 및 품관으로부터, 여염閭閻의 세민細民에 이르기까지 모두 가부를 물어서 아뢰라."

이른바 '전 국민 여론조사'를 지시했던 것이다. 세종의 생각에는 삼분의 일 수준의 세율을 정한 공법을 제시하면 적어도 일반 백성은 찬성해줄 것이라 여겼다. 그렇다면 공법에 반대하는 신하들을 설득할 명분이 생긴다. 뿐만 아니라 공법 관련 여론을 묻느라고 방방곡곡을 다니는 동안, 그동안 임금이 자신에게 뭘 물어본다는 것을 꿈에도 생각하지 못했던 백성은 감격할 것이며 새로운 제도에, 그리고 이 나라에 진심으로 충실하게 될 것이라고도 생각했다. 사상 초유의 전 국민 여론조사는 약 반 년에 걸쳐 진행되어 17만 명의 의견이 수렴되었다. 그러나 결과를 받아든 세종은 실망하지 않을 수 없었다. 찬성 60퍼센트에 반대 40퍼센트. 찬성이 높기는 했지만 압도적인 찬성 의견이라고 볼 수는 없었다. 더구나 지역별 편차가 심했다. 생산량이 높은 삼남 지방에서는 찬성이 압도적이었다. 소액의 세금만 내면 남은 곡물로 많은 이익을 볼 수 있다고 여겼기 때문이다. 그러나 토질이 척박한 북부 지방에서는 어쩌다 흉년이라도 들면 그나마 입에 풀칠할 것도 없어질 것을 염려했고, 반대 의견을 많이 내놓았다.

이렇게 되자 세종은 곧이곧대로 공법을 실시할 수 없게 되었다. 심지어 전에 없는 흉년까지 닥치는 바람에, 공법 반대론은 더욱 힘을 얻었다. 결국 애초의 개혁안에서 어느 정도 물러나, 해마다의 풍흉에 따른 세액의 가감을 인정하기로 했다. 게다가 토질에 따른 수확량의 차이도 무시할 수 없다고 하여, 그 구분도 포함시켰다. 그래서 풍흉의 정도는 아홉으로(연분구등), 토질의 수준은 여섯으로(전분육등) 나누어 각기 그에 맞는 정액세를 내는 것으로 최종 결론이 났다. 공법 개혁안이 처음 제기된 지 17년 만인 세종 26년1444년이었다.

정액세제의 효과는 국가의 세수 증대에는 확실했다. 그래서 만성적 적자는 해결되었다. 하지만 백성의 입장에서는 별로 나아진 것이 없었다. 풍흉을 입맛대로 보고하는 폐단이 여전했을 뿐 아니라, 토질에 있어서도 힘 있고 돈 있는 자들은 기름진 옥답을 가지고도 최하의 황무지라 속여서 보고하고는 세금을 탈루했기 때문이다.

공법 개혁과 절반의 실패(어쩌면 절반 이상의?), 세종은 그 과정에서 정도만을 고집한 셈이다. 신하들이 반대하는 일은 억지로 추진하지 않았고, 아버지 태종 같으면 1년도 안 걸렸을 일을 17년이나 질질 끌었다. 결국에는 여론조사까지 했으나 찬성이 압도적으로 나오지 않으니 개혁 후퇴에 동의했다. 그런 점에서 세종은 정치가로서는 너무 고지식했다고 여길 수도 있다. 하지만 아무리 스스로 옳다 여겨도 여론이 따라 주지 않으면 포기하는 자세, 그것은 리더에게 반드시 필요한 자세가 아닐까? 아니면 반대로, 기득권의 두터운 벽을 깨려면 보다 교활하고 독단적인 자세가 필요하다고 할 것인가?

43

1433년 4군 6진 개척

한반도 강역의 완성

세종 14년1432년, 건주여진의 지도자 이만주가 부족을 이끌고 대거 남하하여 평안도 여연 지역을 습격했다. 수십 명의 양민이 잡혀가고, 사상자도 나왔다. 조정에서는 이 일을 보통 일이 아니라 여기고 대책 논의에 들어갔다. 여진족이 최근 잇달아 침입하고 있었다. 그 이유는 물자보다 사람을 약탈해가기 위해서였다. 여진족은 본래 수렵 부족이지만, 농경의 혜택도 알고 있었다. 그러나 농사를 짓자면 일손이 많이 필요한데, 여진족에게는 그만한 노동력이 없었다. 그래서 중국이나 조선의 마을을 습격해 사람을 잡아가서 농경 노예로 부리고 있었던 것이다.

얼마 후 이만주는 여연 지역 습격이 자기네가 아닌 다른 부족의 소행이라고 통보해왔으나, 조정에서는 믿지 않았다. 그리고 대대적인 토벌에 나서기로 했다. 조선이 전 국력을 기울인 파저강 토벌은 대승리로 끝났다. 그러나 이것은 징벌전쟁이었지 정복전쟁은 아니었다. 고구려의 발상지이기도 한 파저강에서 조선군은 곧바로 철수했으며, 이 전투로 부족의 십분의 일을 잃은 건주여진은 이후 조선이라면 이를 갈게 되었다. 이로써 조선과 여진족은 돌아올 수 없는 강을 건넜으며, 이듬해부터는 이른바 '4군 6진의 개척'으로 여진족을 몰아붙이며 조선의 영토를 늘려 가는 전쟁이 벌어진다.

4군 개척은 세종 15년1433년 3월 17일에 최윤덕이 이끄는 1만 5천의 병력이 일곱 갈래로 나뉘어 여진족의 땅을 공격하면서 시작되었다. 한편 6진은 세종 16년1434년에 김종서를 함길도 도절제사로 삼아 동북방을 개척하는 사명을 맡기면서 본격화되었다. 두 정복사업 모두 군사작전은 순조롭게 진행되었으나, 땅이 척박하고 지형이 험한 곳에서 끊임없이 습격해오는 적을 물리치며 점령지를 유지하는 일이 큰 고충이었다. 세종은 점령한 지역을 유지하고자 비격진천뢰 같은 신무기를 개발하고, 회령에서 경원까지 장성을 쌓았으며, 사민정책을 실시해 조선 남부의 백성을 점령지로 이주시켰다. 정든 고향을 떠나 찬바람 몰아치는 삭막한 땅에 가서 살라니, 저항이 없을 수 없었다. 강제 이주 과정에서 자살자가 속출하는 등 많은 물의가 빚어졌고, 오늘날에도 애민군주 세종에게 어울리지 않는 가혹한 정책이 이 사민정책이었다고 평가된다. 아무튼 대마도를 복속시키는 일에 미온적이었던 세종이 북방 경략經略에는 불굴의 의지와 지칠 줄 모르는 노력을 보임으로써, 마침내 세종 31년1449년 석막에 부령부가 설치되는 것으로 6진은 완성되었다. 다만 4군은 6진보다도 유지가 어려워서 단종 3년1455년에 일단 여연, 무창, 우예 3군이 폐지되고, 남은 자성균도 세조 5년1459년에 폐지했다가 17세기 말에 가서야 다시 설치되는 등 곡절이 심했다.

> "조선 초에 국경을 압록강 · 두만강으로 확정함으로써
> 국민국가의 토대를 마련하였다."
>
> 이상협

영토를 넓히는 일은 대개 영광스러운 역사로 여겨진다. 더구나 4군 6진은 '고구려의 옛 땅을 되찾는다'는 명분을 지니고 있었다. 하지만 파저강을 비롯한 남만주 역시 고구려의 땅이 아니었던가? 그곳에 살던 여진인들 역시 고구려인과 피를 나눈 사람들이 아니던가? 여진과 조선은 본래 인종적으로나 문화적으로 가까웠다. 조선 성종 때 조선에 왔던 명나라 사신 동월이 "조선어는 대체로 여진어와 같다"고 말했을 정도다. 태조 이성계의 경우 오랫동안 여진족과 함께 생활했으며 여진족 일부의 지원을 받아 왕조를 세우기도 했다. 그러나 양녕 대신 충녕을 선택한 이래로, 조선은 명나라에 사대하고 여진족은 '오랑캐'라며 배척하는 국가대전략을 세웠다. 그것이 결정적으로 확정된 것이 파저강 토벌과 그에 이은 4군 6진 개척이었다.

만리장성은 중국인의 무대를 장성 이남으로 한정했다고 한다. 4군 6진은 우리의 무대를 압록강과 두만강 이남으로 한정해 버렸다. 이후 오늘에 이르기까지, 우리는 반도국가로의 정체성을 가지며 살아가고 있다. 그리고 그에 앞서, 이만주와 건주여진의 한恨은 조선에 커다란 앙갚음을 하게 된다. 여진을 통일한 누르하치의 후계자에 의해.

44

1434년 세종의 갑인자 주조

위대한 금속활자, 그러나

활사문화는 동양이 서양을 앞섰다. 더욱이 우리나라의 경우 고려조인 1234년에 『상정고금예문』을 금속활자로 인쇄하여, 서양의 『구텐베르크 성서』(1460년경)보다 230년가량 앞섰다는 사실은 널리 알려져 있다.

그러나 미국 부통령을 지낸 앨 고어는 구텐베르크가 한국의 금속활자 기술에 영향을 받았을 가능성까지 제기하면서도 "그것은 우리가 본받기보다 주의해야 할, 바람직하지 못한 역사"라고 꼬집었다. 무엇 때문에? 고어에 따르면 한국은 세계 최초로 금속활자를 주조하기는 했지만 금속활자가 갖는 효용을 제대로 살리지 못했다. 즉 소수의 귀족만을 위한 한자 서적을 소량으로 찍어내는 데만 사용하여, 단시간 내에 대량으로 책을 찍어내 문화를 광범위하게 보급할 수 있는 금속활자의 잠재력이 전혀 발휘되지 못했다는 것이다. 또한 일단 '첨

단기술'을 확보하고서도 수백 년간 개량을 시도하지 않아, 결국 한 때 뒤졌던 서양으로부터 기술을 수입하는 처지가 된 것도 문제라고 했다.

고어의 말은 옳을까? 우선 기술적 개량만 살펴보자. 조선 개국 후 처음 주조된 활자는 태종 3년1403년의 '계미자'였는데, 이것은 구리로 만든 활자를 밀랍으로 고정시켜 찍어내는 것이었다. 그것은 고려 때의 활자 기술과 별 차이가 없었으며, 밀랍 고정 방식으로는 쉽게 활자가 움직여서 한두 장 찍고 나면 인쇄를 멈추고 다시 고정시키고, 또 한두 장 찍고 해야 했다. 따라서 시간이 많이 걸렸다. 하루에 10장도 찍어내지 못했다고 하니, 활자만 금속으로 만들었을 뿐 목판 인쇄술과 별 차이도 없었다. 이렇게 볼 때 약 100년 동안 기술적 진보가 전혀 없었다고 봐도 좋을 듯하다.

그러나 세종대에 들어 다른 양상이 나타난다. '문화군주' 세종은 더 많은 책을 보급할 수 있는 수단으로 활자에 주목했다. 그래서 활자를 담당하는 주자소를 크게 확충하고 장소도 대궐 밖에 있던 것을 경복궁 안으로 이전하는 등 활자 개량에 큰 관심을 가졌다. 그리하여 세종 2년1420년 '경자자'가 주조되었다. 이것은 고정이 더 잘 되게끔 활자의 몸체가 조판틀에 보다 잘 들어맞도록 개량한 것이었다. 덕분에 하루 10장 이하이던 인쇄 속도가 하루 20장으로 배 이상 늘어났다.

그러나 세종은 여기에 만족하지 않고, 더욱 효율적인 활자를 만들기 위해 노력했다. 그 결실이 세종 16년1434년의 '갑인자'이다. 이것은 밀랍 고정 방식에서 완전히 탈피하여 대나무로 활자를 고정시키는 방식이었다. 인쇄 속도는 하루 40장이라는, 경이로운 수준이었다. 또한 앞선 활자에 비해 단정하고 아름다운 서체를 자랑했다. 그리하여 갑인자는 당시 동양 인쇄술의 정점을 이루었을 뿐 아니라, 이후 조선시대에 새로 만들어진 모든 금속활자가 이 갑인자를 모델로 삼게 된다.

약 100년간 변함이 없던 인쇄 속도가 16여 년 만에 5배 이상 빨라졌고, 목판 인쇄술에 비해 뚜렷한 장점을 확보하게 되었으니, '개량을 시도하지 않았다'는 고어의 지적은 적어도 세종의 노력 앞에서는 무색할 듯하다. 이것은 당시의 문화 선진국, 명나라를 능가하는 수준이었다. 세종이 중국 인쇄 기술을 참고하려고 했다가, "명나라는 한때 금속활자를 썼지만 불편하고 비용도 많이 들어서 다시 목판인쇄로 돌아갔다"는 보고를 받고 실소했다고 한다. 그러다가 나중에는 명나라도 금속활자 기술을 다시 발전시키게 되는데, 바로 우리의 갑인자를 보고 자극을 받았기 때문이다.

"이것은 중국 명나라보다 앞선 금속활자였다.
조선 초 세종 주도로 이루어진 르네상스의 원동력이 되었으며,
명나라 금속활자의 원형이 되기도 하였다."　　　　　　　육낙현

하지만 고어의 또 다른 쓴소리, 즉 금속활자의 잠재력을 제대로 살리지 못했다는 비판에서는 자유로울 수 없었다. 왜냐하면 알파벳, 그리고 한글과 다른 한자의 특성 때문이었다. 30~40개 내외의 활자만 있으면 충분한 알파벳과 달리, 한자 인쇄를 위해서는 20만~30만

개의 활자가 필요했다. 이것을 모두 금속으로 제작하려면 막대한 비용이 들었으며, 인쇄 면마다 활자를 바꿔 끼우는 작업도 구텐베르크 활자처럼 자동적으로 처리할 수가 없었다. 갑인자는 앞선 활자에 비해 활자의 고정 방식을 개량함으로써 인쇄 속도를 높였다. 그러나 활자를 자동으로 바꿔 끼우는 기술, 구텐베르크 활자가 경이적인 인쇄 속도를 가질 수 있었던 바로 그 기술은 한자를 인쇄하는 한 불가능했다. 그리고 무엇보다 독자층, 즉 인쇄된 한자 서적을 읽을 수 있는 능력의 소유자가 소수에 불과했다.

그러므로 서양의 활자와는 달리, 조선의 활자는 소수를 위한 소량의 책만 찍어냈다. 그리고 서양의 활자에 '구텐베르크'처럼 제작자 개인의 이름이 당연한 듯 붙는 것과 달리, 조선의 활자는 '계미자' '갑인자'처럼 제작연도를 나타내는 이름이 붙었다. '이천자' '장영실자'가 아니었던 것이다. 금속활자가 한 개인의 아이디어와 노력의 산물이 아니라 국가적 프로젝트의 산물임을 뜻했다. 현실적으로 한자 인쇄에 필요한 막대한 비용과 인력을 국가밖에 감당할 수 없어서 그렇기도 했지만, 문화 사업을 철저히 국가-엘리트가 주도하여 '어린 백성'에게 베풀어 주는 것으로 보았던 성리학적 사고방식 때문이기도 했다. 개인이 욕망과 창의력을 능동적으로 추구할 수 없는 사회인 한, 근대는 없다.

갑인자는 유통되는 서적의 규모를 전보다 몇 배나 늘렸고, 분명 그것은 '조선 초 르네상스'에 기여했다. 그러나 그것은 서양 르네상스를 가져온 지식 전파의 속도와 규모에 비하면 초라하기만 했다. 한글과 마찬가지로, 금속활자의 잠재력도 수백 년 간 사장된 채로 남았던 것이다. 오직 '중국을 능가하는 성리학적 문화국가'를 만드는 데만 힘쓴 세종의 한계랄까? 하지만 한편으로 세종은 할 일을 다 했다고, 자신의 시대에 걸맞은 발전 과제를 찾아내고 힘써 노력해 완수했다고 할 것이다. 진짜 문제는 그가 이룩한 성과에 안주하며 이후 수백 년 동안 진보에 힘쓰지 않은 후계자들이 아닐까.

45

시집살이의 기원

"파원군 윤평이 숙신 옹주를 친히 맞아 가니, 우리나라의 친영親
迎이 이로부터 비롯되었다."

『조선왕조실록』세종 17년 3월 4일자의 기사다. 숙신옹주는 태종
이 궁녀에게서 낳은 딸로, 세종에게는 이복 여동생이다. 친영이란 혼
례를 치를 때 신랑이 신부 집으로 와서 신부를 맞이하는 예법, 다시
말하면 신랑이 첫날밤을 신부 집에서 보낸 뒤 신부를 자기 집으로 데
려가 '시집살이'를 시키는 혼례법으로,『주자가례』에 적혀 있는 유교
식 정통 예법이었다. 그런데 조선이 성리학을 국가이념으로 표방하
며 건국된 지 40년이 넘은 당시, 아직『주자가례』가 일반인의 생활에
뿌리내리고 있지는 못했다. 특히 혼례의 경우, 삼국시대 이래의 데릴
사위 방식이 서민은 물론 대부분의 양반가에서도 주류를 이루고 있

었다. 오늘날까지도 남자가 결혼하는 일을 '장가간다'라고 하는데, 신랑이 장가丈家, 즉 신부 집에 들어가 거기서 사는 결혼방식에서 비롯된 말이다.

세종이 뛰어난 문화군주라는 사실은 누구나 알고 있다. 그런데 그때의 '문화'란 곧 성리학적 문화였다. 세종은 여러 쿠데타(위화도회군, 왕자의 난)와 피의 숙청으로 얼룩진 건국의 역사가 자신의 대에 이르러 종식되는 한편, 중국에서도 부러워할 만한 문화를 꽃피움으로써 문화에 의한 '제2의 건국'을 이루기를 염원했다. 그런 생각에서 중국 성현들의 가르침대로 민본民本 정치에 힘쓰고, 각종 문물제도를 만들어냈을 뿐 아니라, 모든 풍속을 성리학적 질서에 따라 개혁하기를 바라기도 했던 것이다. 그러므로 유교를 따르는 사람이라면 무엇보다 중요시해야 할 '관혼상제'가 정작 유교직으로 치러지지 않는다는 현실은 세종에게 큰 고민거리였다.

"친영례親迎禮가 우리나라에서 오랫동안 실시되지 않았는데⋯ 태종 때에 실시하자는 의논이 있었으나, 어렵다 하여 실현되지 못했다. 그 어려운 이유란 무엇인가?"
"우리나라의 풍속은 남자가 여자의 집으로 가는 것이 오랩니다. 만일 여자가 남자의 집으로 들어가게 된다면, 곧 거기에 필요한 물자를 모두 여자의 집에서 마련해야 하기 때문에, 그것이 곤란하여 어려운 것입니다. 남자의 집이 부자라면 신부를 맞이하는 것이 어렵지 않겠지만, 가난한 사람은 힘겹기 때문에, 남자의 집에서도 이를 꺼려왔습니다."

"이 예법을 과연 갑작스레 실시할 수 없다면 왕실에서 먼저 실시하여, 사대부로 하여금 본받게 한다면 어떨까."

"정말 말씀과 같이 왕실에서부터 솔선수범하시면, 이를 행할 뜻을 가진 사람은 저절로 따라올 것이며, 그렇게 해서 오래 되면 온 나라에서 저절로 행하게 될 것입니다."

세종 12년1430년 12월에 세종이 김종서와 주고받은 대화다. 그리고 '왕실에서 먼저 모범을 보인다'는 결정이 바로 5년여 만에 숙신옹주의 친영으로 실현된 것이다.

아무튼 강제성을 띤 풍속개혁은 아니었고, 풍속이란 본래 생명이 끈질긴 것이기에, 숙신옹주의 친영 뒤에도 '시집살이'가 보편화되는 데는 매우 오랜 시간이 걸렸다. 중종 때에도 친영례가 널리 보급되지 못하고 있다 하여, 조광조가 '개혁정치'의 일환으로 중종이 새 왕비를 맞을 때 친영을 행하도록 추진하여 성공하기도 했다. 그래도 조선 후기까지도 '친영례를 행하지 않는 집안이 아직 많다'는 말이 간간이 나왔다.

결국 친영례는 우리 고유의 예법과는 다른 중국식 예법이며, 여자가 남자의 집에 매이게 됨으로써 여성차별이 부추겨지는 면을 가지고 있다. 오늘날의 시각에서는 아무래도 긍정적으로 보기 어려운 '개혁'이리라. 그러나 세종은 진실로 아름다운 문화국가를 만든다는 사명감을 가지고 이를 추진했다. 지금의 우리는 세종을 '실용주의적 개혁군주', '과학기술 발전에 매진했던 슈퍼 리더'로 그려낸 사극을 재미있게 본다. 그런데 채널을 잠깐 돌려 보자. 시댁 식구들과 며느리

의 갈등을 그린 현대 가족드라마를 하고 있다. 그러한 갈등의 씨앗이
바로 세종의 결정에서 비롯되었음을 생각해보면 어떨까.

1435년 세종의 숙신옹주 친영 결정

46

글 또한 만백성이 공유할 권리가 있다

오늘날 누구나 쉽고 편하게 쓰는 한글, 이 한글은 어디서 왔을까. 세종대왕이 만들었다. 그러면 세종대왕은 한글을 완전히 새롭게 창제한 것일까? 아니면 어떤 본보기가 있었을까? 한글을 연구하는 학자들은 수십 년 동안 이 문제를 놓고 논란을 거듭했으나 아직 확실한 결론에 이르지 못하고 있다.

한때 정설처럼 널리 퍼졌던 '문창살 무늬를 본떴다'는 설은 별 근거가 없는 공상의 산물이다. 하지만 『실록』이나 『훈민정음』 본문을 비롯한 여러 문헌에 근거하고 있는 설만 해도 '고전古篆 기원설', '산스크리트 문자梵字 기원설', '몽고문자 기원설', '고대문자 기원설', '발음기관 상형설' 등 여럿이며, 여기에 한글은 본래 단군이 만들었으며 세종은 그것을 발굴했을 뿐이라는 '가림토 기원설', 중국 성리학책인 『육서략』에 나오는 「기일성문도」를 참조했다는 '기일성문도 기

213

원설', 일본의 '신대神代 문자'에서 나왔다는 '신대문자 기원설', 고대 히브리 문자가 한글의 원조라는 '히브리문자 기원설'까지 끼어든다.

이처럼 한글의 기원을 두고 가장 '민족주의적인 주장'(가림토에서 나왔다)에서 가장 '반민족주의적'인 주장(중국 사람이 쓴 책의 내용에서, 또는 일본 문자에서 나왔다)까지 다양하게 존재하는 게 현실인데, 이처럼 다양한 설이 분립한 이유는 한글 창제 과정에 대해 남긴 문헌이 많지 않기에 추측의 여지가 많기 때문이다. 한글이 새로운 문자를 집약적인 노력으로 만들어낸 것이라면 당연히 그에 관한 계획서, 검토서, 의견서, 경과보고서 등 문헌자료가 수없이 나왔을 것이다. 그게 정상이다. 그런데 왜 문헌이 별로 없을까?

한글창제의 이유

『조선왕조실록』에서 '훈민정음'을 찾으면 10회밖에 나오지 않는다. '언문'으로 찾아봐도 411회인데, 실록의 방대함에 비하면 터무니없이 적은 숫자다. 실록이라는 것이 대부분 왕과 신하가 현안에 대해 주고받은 이야기의 기록이라고 할 때, 한글은 조선왕조를 통틀어 중요한 현안이 된 일이 거의 없었던 셈이다.

한글은 엄청난 잠재력을 가진 글자다. 정인지가 해례본에서 밝혔듯이 "닭울음소리나 개짖는 소리까지도 모두 표현해 쓸 수 있으며", "지혜로운 사람은 아침나절이 되기 전에 이해하고, 어리석은 사람도 열흘 만에 배울 수 있는" 편리하고도 강력한 표현과 소통의 도

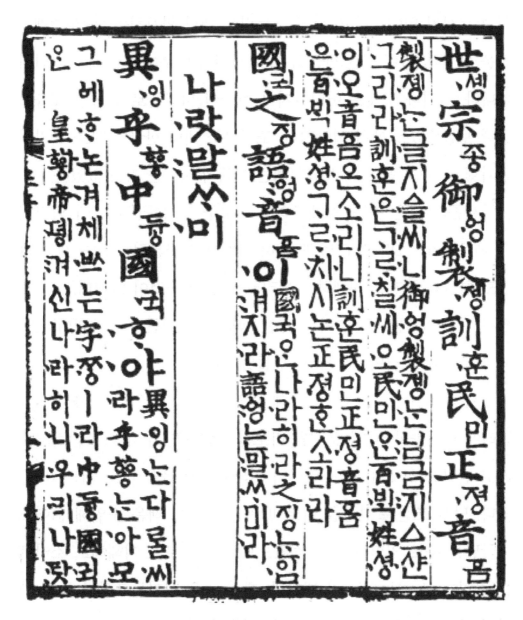

훈민정음 언해

한문으로 된 『훈민정음』에서 어제 서문과 예의例義 부분만을 한글로 풀이하려 간행한 것으로, 현재까지 발견된 가장 빠른 판본은 세조 5년에 간행된 『월인석보月印釋譜』에 『세종어제훈민정음世宗御製訓民正音』을 합본한 것이다. 세조 5년에 제작되었으므로, 훈민정음이 지어진 시기와 약간의 시차가 있는 것이 특징이며, 중세 한국어의 모습을 볼 수 있는 중요한 문헌 자료이다.

구다. 현대에 들어와 세계 최빈국인 상황에서 단기간에 문맹률을 거의 제로까지 떨어트리고, 고급 노동력을 대량 확보하여 빠른 경제성장을 할 수 있었던 것은 한글의 이런 잠재력 덕분이라고 해도 과언이 아니다. 그러나 그것은 어디까지나 한글이 나라글로서 국민 교육을 통해 보급되었을 때의 이야기다. 조선왕조 내내 한글은 보조 문자에 불과했고, '언문'을 널리 보급하려는 정책적 시도는 거의 없었다.

세종의 깊은 뜻을 '사대주의자', '수구적 기득권자'들이 외면했기 때문인가? 그런 면도 있겠다. 하지만 보다 근본적으로는, 세종 자신도 한글을 한자를 대체하는 나라글로 창제한 것이 아니며, 한글을 써서 백성 전체를 학습능력을 갖춘 '국민'으로 만든다는 계획이 없었기 때문이다. 그러면 왜 한글을 만들었는가?

세종 26년1444년 2월 20일, 왜 훈민정음을 만들었냐고 따지는 최만리에게 세종이 "내가 운서를 바로잡지 않으면 누가 바로잡겠는가"라고 반박한 것에서 보듯, 한글의 의의는 한자음을 바로 읽는 데 있었다. 당시 조선은 한문을 따로 배워 중국에서 책은 수입해 읽어도 중국말을 따로 익힐 기회는 적었으므로, 뜻으로는 이해해도 소리로는 갈피를 못 잡는 경우가 많았다. 학식 높은 학자들조차도 특정 한자의 발음을 잘못 읽어서 당황하는 경우가 적지 않았다. 그러면 어떤 '발음 기호'가 있어서 한자음을 알아보기 쉽게 정리해주면 되지 않을까? 한글 창제 작업의 중심에 서 있었던 신숙주는 『동국정운』 서문에서 이렇게 말하고 있다.

"옛사람이 글을 짓고 그림을 그리며, 음音으로 고르고 종류로 가르며, 정절正切로 함과 회절回切로 함에 그 법이 심히 자상한데, 배우는 이가 그래도 입을 어물거리고 더듬더듬하여 음音을 고르고 운韻을 맞추기에 어두웠다. 그러나 훈민정음이 제작되면서부터 만고의 소리가 털끝만큼도 틀리지 아니하니, 실로 음을 전하는 중심줄인지라. 청탁淸濁이 분별되매 천지의 도道가 정하여지고, 사성四聲이 바로잡히매 사시四時의 운행이 순하게 되었다."

따라서 세종의 훈민정음은 당시 지식인, 양반에게 기본적으로 호평을 받을 수 있었다. 경서를 읽고 시를 지을 때 몹시 편리하고 정확한 수단이 제공되었기 때문이다. 최만리가 한글에 반대한 이유는 주로 "한자를 두고 왜 새로 문자를 만드느냐"였는데, 세종이 "네가 운서를 아느냐"고 운운한 것은 단지 그 자리에서 상대의 대답을 곤란하게 하기 위함만이 아니었다. 자신이 한자를 대체하기 위해 한글을 창제한 게 아님을 밝힌 것이다.

그럼 한글이란 단지 소수 양반을 위한 발음 기호에 불과했나? 그렇지는 않았다. 일반 백성을 위한 배려도 들어 있었다. 중국의 『대명률』을 적용해 쓰고 있던 당시의 형법은 유교적 명분에 대해 매우 엄격했다. 자식이 부모를, 며느리가 시부모를 조금이라도 거역하면 강상죄라 하여 사형에 처했고, 그것도 조금만 죄질이 나쁘다 싶으면 거열형이나 능지처참형 같은 악형에 처하는 수가 많았다. 그러나 아직 유교적 습관에 익숙지 않은 일반 백성들은 법을 어겨 참혹하게 처형되는 일이 끝이 없었다. 더 딱한 일은 그런 사람들 대부분이 자신의 행동이 죄가 되는지도 몰랐고, 그 죄를 저지르면 어떤 벌을 받는지도 몰랐다는 사실이다. 그것은 법조문이 일반인은 읽을 수 없는 한문으로 씌어 있기 때문이 아닌가? 그래서 세종은 한글로 법조문을 써서 보여주고 삼강오륜에 대한 가르침도 널리 전하면 이런 딱한 범죄자들이 줄고 반대로 효자와 열부가 늘어나리라 믿었다.

"내가 만일 언문으로 삼강행실三綱行實을 번역하여 민간에 반포하면, 미천한 남녀 모두 쉽게 깨달아서 충신, 효자, 열녀가 반드시 숱하게 나올 것이다."

세종이 당시 정창손에게 남겼다는 말이다. 한글을 국민 교육의 대상으로 보지는 않았지만, 적어도 국민 교육의 수단으로는 보았다는 뜻이다.

그런데 이렇게 훌륭한 국민 교육·홍보의 수단이 있는데 도덕 교화에만 써먹고 말 것인가? 여기서 한글을 창제한 세 번째 이유가 나온다. 그리고 어쩌면 그것이 가장 절실한 이유였을지도 모른다. 바로 개국한 지 얼마 안 된 조선왕조의 정당성 홍보였다. 요즘도 누군가를 읽기 거북할 정도로 칭찬하는 글을 보면 '용비어천가'라고 한다. 한글을 만들어서는 가장 먼저 지은 책이 바로 『용비어천가』였다. "뿌리 깊은 나무는…" 운운하며 시작되는 이 노래책은 조선이 한낱 무인인 이성계가 섬기던 임금을 배반하고 피를 뿌리며 세운 왕조가 아니라, 몇 대에 걸쳐 덕을 쌓고 하늘을 감동시킨 끝에 천명을 받아 일으킨 신성한 기업이라는 내용을 담고 있다. 그것을 그냥 책도 아니고 노래책으로 만듦으로써 일반 백성들도 유행가 읊듯 흥얼거릴 수 있게 하고, 누구나 읽도록 한글로 표기했다. 당시 기술로 이 이상의 정권 홍보 매체가 있었겠는가?

결국 훈민정음은 '백성을 가르치는訓民' 목적과 '운서를 바로잡는正音' 목적을 갖고 만들어졌다. 운서를 바로잡음으로써 지식계급·양반의 환심을 사고, 백성에게 성리학적 명분과 왕조의 정당성을 가르침으로써 충성스러운 백성으로 순치시키려 한 것이다. 오늘날 우리가 한글에서 느끼는 과학성, 민족주체성, 민주주의와 민권 실현의 적합성, 이런 것들은 세종의 흉중에는 혹시 있었을지 몰라도, 훈민정음의 제작 원칙과 과정에는 존재하지 않았다.

'언문'에서 '국문'으로

이처럼 한글의 효용성이 처음부터 한정되어 있었기 때문에, 세종 생전에도 『용비어천가』, 『삼강행실도』 등 교화용 서적, 『동국정운』, 『운회언역』 등 운서 관련 서적, 그리고 『석보상절』, 『월인천강지곡』 등 불교 관련 서적만이 한글 또는 국한문 혼용으로 간행되었다. 한글을 과거의 정식 종목으로 채택하자는 논의도 잠깐 있었으나, 결국 하급 관리들의 임용에만 쓰였다. 이후 세조나 성종대에도 비슷하게 몇몇 불경 언해본 정도가 간간이 간행되다가, 연산군 10년1504년에 연산군의 폭정을 비난하는 투서가 한글로 작성되어 나타나자, 연산군은 "앞으로는 언문을 가르치지도 말고 배우지도 말며, 이미 배운 자도 쓰지 못하게 하며, 모든 언문을 아는 자를 한성의 오부五部로 하여금 적발하여 고하게 하되, 알고도 고발하지 않는 자는 이웃 사람을 아울러 죄주라"는 명령을 내린다.

하지만 그것은 일반 백성 대상이었고, 궁궐 내에서 후궁이나 궁녀들이 배워 쓰는 일은 막지 않았다. 새로운 왕을 정하는 대비의 교지를 비롯한, 내명부에서 정부에 내리는 교지는 설령 한문을 안다 해도 한글로 쓰는 것이 상례화되었으며 궁중 여인의 일기나 편지 등 사적인 문서도 한글로 작성되어 국문학의 새로운 발전이 이루어졌다. 한때 금지되었으되 민간에서도 승려나 양반집 부녀자 중심으로 한글을 써나갔다. 하지만 나라글은 한문이고, 공식 문서나 양반이 보통 보는 글 역시 거의 100퍼센트 한문이었다. 이런 상태가 조선 말기까지 갔다.

조선 말에는 순조 때 유희가 한글 연구서인 『언문지』를 짓는 등 한글에 대한 재조명 움직임이 일부 생겨났다. 이런 경향은 개화파들에 이르러 본격화되었다. 그들은 '문명 개화'를 하려면 일반인들이 쉽게 글을 배우고 쓸 줄 알아야 한다는 생각과 중국의 영향에서 벗어나야 한다는 생각에서 한문에 비해 한글을 추켜세워 '국문'이라고 불렀다. 마침내 1894년의 갑오경장에서 "모든 공문은 한글로 쓰되, 한문을 부기하거나 혼용할 수 있다"는 법령이 제정되면서 한글은 창제 후 450년 만에 나라말의 지위를 공식적으로 갖게 된다. 정부는 또 교과과정과 공무원 임용 과정에 한글을 도입하고, 국문 연구소를 설립하여 이능화, 지석영, 주시경 등 당대의 한글학자들을 초빙해서 한글 연구와 문법 확립 등의 임무를 맡겼다. 민간에서도 1896년에 순수 한글본인 「독립신문」이 발간되고, 주시경의 『국어문법』1887년을 필두

로 한글 연구서와 보급서가 잇달아 나왔다. 1926년에는 조선어연구
회 등에서 '가갸날'이라는 이름으로 한글날을 만들고, 1940년에『훈
민정음』원본이 발견됨을 계기로 종래의 11월 4일을 10월 9일로 바
꿨다. 일제는 본래 한글 자체를 탄압하지는 않았고 20년대와 30년대
초의 '문화통치' 시기에는 장려하려는 입장마저 보였다. 그러나 이후
태평양전쟁에 휘말리면서 조선의 민족성을 아예 없애버리고 조선인
을 일본인으로 동화시키려는 정책으로 바뀌면서, 한글 역시 말살 대
상이 된다. 1939년의 '제3차 교육령'으로 학교에서 조선어 과목을 없
애고 한글이나 한국어를 사용하는 학생은 엄한 체벌을 가하게 했다.
이는 일상생활에서도 한국어, 한글을 쓰지 못하게 하는 식으로 점점
엄격해져서, 1945년 해방이 될 당시에 15세 미만의 청소년은 한글을
쓸 줄 모름은 물론, 한글이라는 글자가 존재한다는 사실조차 모르는
경우가 태반이었다.

이처럼 완전한 말살 직전에서 해방된 한글은 1945년 12월 8일에
군정청에서 '한글 전용과 가로쓰기' 정책을 발표하는 것으로 다시금
국문의 지위를 찾았다. 이어서 1948년 5월 수립된 제헌국회에서는
한글본과 국한문본 두 가지의 헌법을 반포했고, 10월 9일에는 '한글
전용에 관한 법률'이 공포되었다. 이후 어문정책은 한글 전용과 국
한문 혼용 사이를 오락가락하다가, 1970년 1월 1일을 기해 한글 전
용을 단행한 이래로 한글 전용 원칙이 확립되었다. 다만 한글 단어에
일부 한자를 병용하느냐를 놓고 한자 병용 논쟁이 아직까지 이어지
고 있다.

"우리 민족은 우리나라 말과 글을 가진 문화민족이라는
　자부심을 갖고 살게 되었다."

윤내현

"한민족은 한글의 창제로부터 자체의 민족적 주체성을 보여주기
　시작했다"

최봉룡

"우리 문화의 물길을 완전히 바꾸었다."

김풍기

"한국사의 가장 위대한 장면 중에 하나이다."

복기대

"두말할 필요 없이, 현재의 우리에게 가장 큰 영향을 미친
　결정이었다."

박용운

수많은 학자와 지식인은 한글 창제의 위대함을 칭송한다. 대체로 그것이 갖는 민족적인 의미에 주목하는 의견이 많다. 세상에 민족은 많지만 고유의 문자를 가진 민족은 얼마나 되나. 한때 강성했지만 민족적 정체성이 부족해서 멸망한 민족도 있지 않은가. 그것도 어디 보통 문자인가? 합리성으로나 아름다움으로나 세계적으로 경탄의 대상이 되는 한글 아닌가. 그런 한글을 만들어내기로 한 결정이야말로 수천 년 민족사에서 가장 두드러지고, 가장 의미 있는 결정이라 이르기에 이견이란 거의 없을 것이다. 실제로 108가지나 되는 '한국사의 중요 결정' 중에서 한글 창제 결정이 1위였다.

한편 이 한글 창제 결정은 한국사상 민권을 진작한 결정 중에서

도 으뜸으로 꼽혔다. 사람이 사람다우려면 남들과 소통할 수 있어야 하고, 문화를 향유할 수 있어야 한다. 소통과 문화 향유는 문자가 없다면 불가능하기까지는 않더라도 매우 불편할 것이다. 그래서 문자가 만들어진 이후를 문명 시대라 하지 않던가. 물론 문자로 전달되지 못하는 뜻과 마음도 있다. 하지만 문자야말로 최고의 소통 수단이며, 인간이 스스로를 인간답게 여길 수 있는 기본 수단이다. 읽고 쓸 수 있는 문자를 가져야만, 그 사람은 사람으로서 자부심을 느낄 수 있지 않겠는가? 읽고 쓸 수 있음으로 해서, 그 사람은 자신의 의사를 전달하고, 자신의 입장을 주장할 수 있지 않겠는가? 문자를 갖는 것이야말로 인권의 기본이 아니겠는가? 비록 민권을 오롯이 염두에 두고 이뤄진 결정이 아니라고 해도, 그 진면목이 수백 년간 묻혀 있었다고 해도, 한글의 독보성과 영향력은 모든 것을 덮는다. 『세계인권성서聖書』와 같은 것을 엮을 일이 있다면, 다음 문장도 반드시 들어가야만 한다.

나랏말이 중국과 달라 문자와 서로 맞지 않는다. 그러므로 어리석은 백성이 말하고자 하는 바가 있어도 마침내 제 뜻을 제대로 펴지 못하는 자가 많다. 내 이를 불쌍히 여겨 새로 스물여덟 글자를 만들었으니, 사람들이 날로 쓰매 편안케 하고자 할 따름이다.

창조와 발명

갈릴레오의 망원경, 레벤후크의 현미경, 에디슨의 전구, 와트의 증기기관 ….

우리가 어릴 때부터 귀에 못이 박히게 들어온 위대한 발명들이다. 세계사 교과서는 이런 천재들의 발명 이야기로 점철된다. 산업혁명을 가져온 발명들, 정보화 시대를 열어가는 인터넷과 전자공학적 발명들 ….

그러면 한국사의 경우에는 어떨까? 우리도 자랑스러운 발명과 창조의 사례가 있다. 이 책에서 꼽은 그러한 발명 관련 결정은 세종의 한글 창제와 갑인자 주조 결정, 고려 고종의 『팔만대장경』 제작 결정, 선조의 『동의보감』 편찬 결정, 김정호의 『대동여지도』 제작 결정이 있다. 또한 발명이나 창조와는 조금 거리가 있지만, 문익점의 목화 수입 및 보급 결정은 민생에 큰 영향을 준 실용, 기술 부문 결정으로서 중요한 의미가 있다.

그러나 서양의 경우와 비교하면 왠지 미흡함을 지울 수 없는 이유는 무엇일까? 서양에 비하면 발명 관련 결정이 비교적 적다는 것만은 아니다. 그런 결정을 거쳐 애써 태어난 발명품이 서양의 경우처럼 시대 변혁의 큰 역할을 담당하지 못하고, 그 잠재력을 오랫동안 묵히고 말았던 점이 한국사의 아쉬움이다. 한글과 금속활자는 중국이나 일본보다, 아니 어쩌면 서양보다도 일찍 근대적 문명을 꽃피울 잠재력을 가졌음에도 수입된 중국문명의 장식에 그치고 말았다.

또한 서양과 달리 개인의 힘으로 이룩한 발명, 창조보다는 국가 정책적으로 추진된 결과물이 대부분이었다. 그것은 우리의 전근대 사회가 개인의 창조성과 자아실현의 욕구를 서양에 비해 더 억제했음을 뜻한다. 국가가 추진한 발명과 창조란 정치적, 이데올로기적 목적에 이용되기 마련이기에, 개인적인 발명품보다 근본적으로 제한적일 수밖에 없기도 하였다.

한민족이 다른 민족보다 창의성에서 뒤떨어지지는 않는다. 오히려 더 낫다는 분석이 많다. 그러나 우리의 옛 체제는 그 창의성을 억누르는 힘이 유달리 강했으며, 그것은 우리가 근대화 과정에서 겪었던 고난과 수모를 일부 설명해준다.

47

1453년 계유정난

수양대군 vs. 김종서

운명의 밤이 오고야 말았다. 언제부터 이 밤을 위해 준비하고 또 준비했던가. 자못 한 마리의 이무기로서 개울 속에서 삶을 마치는 것을 거부하고, 풍운을 타고 하늘로 오르는 용이 되고자, 그만큼 절치부심하면서 대신의 감시를 피하며, 국법을 어기며 몰래 사병私兵을 기르지 않았던가.

그런데 정작 그 사병의 태도가 믿음직하지 않았다. 귀중한 시간이 마구 흘러가고 있는데, 앞장서서 무기를 들어야 할 홍윤성, 양정 등이 자꾸만 겁을 내면서 "일단 미루자"는 말만 되풀이했다. 그들을 추천한 한명회는 그래도 좀 나아서 "오늘 말고는 기회가 없다"며 설득하는 모습이었지만, 이러다가는 집에서 한 발짝도 못 떼보고 날이 밝을 것 같았다.

그때 더 이상 참지 못한 수양대군이 벌떡 일어섰다.

"정 그렇다면 나 혼자서라도 간다! 따라오든지 말든지 맘대로들 해라!"

이렇게 벽력같이 소리치고는 곧바로 안채로 가 부인에게서 갑옷과 활을 받았다. 그리고 정말로 문을 박차고 나가 한밤의 한양거리를 달려가는 것이 아닌가?

간신히 쫓아간 한명회 등이 합류했다. 그리고 마침내 거사는 시작되었다. 황보인, 김종서, 이양, 조극관…. 그동안 어린 임금을 끼고 국정을 주관해온 늙은 재상들은 이제 살아서 새 아침을 보지 못할 것이다. 다만 늙은 호랑이, 김종서만은 중상을 입은 몸으로 안간힘을 써서 입궐하려 하겠지만, 그것도 결국 쓸데없는 몸부림일 것이다.

우리 역사상 가장 위대한 문예부흥기라는 세종 시대와 그 뒤를 이은 문종 시대, 그 평화와 문운文運은 이렇게 피비린내 속에서 끝장나고 말았다. 다름 아닌 그 시대의 주역 중 하나였던 세종의 셋째아들, 수양대군 이유李瑈의 손으로.

그러나 비극의 씨앗은 어쩌면 세종 자신이 뿌린 것이었다. 세종 17년1435년에 단행했던 '의정부서사제', 그것은 왕의 손에 권력을 집중시켰던 태종대의 육조직계제를 폐지하고 왕과 신하가 의논하며 정치를 이끌어 간다는 개국 초의 통치이념을 재확인했다. 그러나 이로써 강화된 재상권이 유난히 나약한 왕권과 만난다면? 유능했지만 병약하던 문종이 뜻밖에 일찍 죽고, 아직 12세에 불과한 단종이 왕이 되면서 이 최악의 시나리오가 실현되었다. 김종서, 황보인 등 정승들은 이른바 '황표정사'를 통해 사실상 마음대로 정치를 했다. 임금께

올리는 결재서류의 선택지 중 정승이 원하는 것에 미리 노란 표시를 한다. 그러면 단종은 그대로 기계적인 결재만 함으로써, 결국 왕은 허수아비일 뿐이고 모든 것을 김종서 등이 주관했던 것이다.

이런 상황은 일시적일 수도 있었다. 몇 년 후 왕이 나이가 차서 친히 정치를 하게 된다면…. 그러나 일부는 그렇게 여기지 않았다. 자칫하면 이씨왕조가 김씨나 황보씨의 손에 넘어갈 수도 있다고 생각했다. 아니면, 그렇게 생각할 수 있지 않느냐고 했다. 단종의 큰할아버지가 되는 양녕대군이 그랬고, 숙부가 되는 수양대군이 그랬다. 그리하여 "태조께서 세운 종묘사직이 남의 손에 넘어가게 두느니…"라는 '쿠데타 명분'이 자리 잡았다.

계유정난은 많은 것을 파괴했다. 일단 태종의 왕자의 난 이래 50여 년간 자취를 감추었던 정치폭력이 다시금 고개를 들었다. 문文과 리理가 지배하는 상식의 정치 대신, 힘과 술수가 앞서는 정치가 부활했다. 그리고 쿠데타의 명분에 동의하지 않았던 집현전 학사 출신들이 '역 쿠데타'를 모의하다가 도륙됨으로써, 세종이 세운 문치주의의 전통조차 흙 속에 파묻혔다. "천한 백성들이 윗사람을 능멸하는 데 쓰이는" 훈민정음 역시 된서리를 맞았다.

그리고 승리자들은 각각 전리품을 나눠가졌다. 수양대군은 곤룡포를 입었고, 한명회, 홍윤성, 홍달손 등 무뢰배들은 정승 판서의 감투를 썼다. 이들 '정난공신'들의 힘은 갈수록 더 커질 것이었다. 사육신 사건 이후 세조가 "공신밖에 믿을 게 없다"며 몸을 사림으로써 더욱. 세조가 죽은 후에도 예종, 성종의 대까지 더욱 더욱, 이들 공신들의 부와 권력은 커져만 갈 것이었다.

"이 사건으로 조선의 정상적인 헌정질서는 붕괴하고 정치, 경제, 사회적 특권을 독점하는 훈구파가 발생했다. 이후 100여 년간, 조선의 정국은 훈구파의 전횡과 이에 반대하는 사림파의 항쟁으로 전개된다."

이덕일

48

1518년 조광조의 소격서 혁파

무엇이 미신인가?

"이제 소격서를 설치한 것은 도교道敎를 펴서 백성에게 사도邪道를 가르치는 것인데… 이 도교를 신봉하는 것이 민간에서 성행한다 하더라도 임금 된 이로서는 진실로 예를 밝히고 의리를 보이며, 대도大道를 천명하여 바른 방향으로 나아가 끝까지 정도를 보전해야 합니다. 그런데 도리어 사도를 존숭하여 관사를 두어 받들고 초제를 거행하여 섬기며, 마치 당연히 제향해야 할 신처럼 공경하고, 축수와 기도가 더욱 빈번하여 음귀陰鬼가 간악을 빚어냅니다. 이는 곧 임금의 정치가 무도함이니, 하민下民들이 무엇을 본받겠습니까?"

중종 13년 8월 1일, 이렇게 시작된 조광조의 소격서 폐지 상소는 그 후 두 달간 끊임없이 계속되었다. 중종은 난감했다. 소격서란 조광조의 말대로 '도교'의 신을 제사지내는 관공서였다. 하지만 그 전통은 옛 상고시대부터 이어져 온 것으로, 중국에서 수입된 도교라기보다 우리 민족 고유의 종교행사를 주관하는 기관이라 봐도 좋았다. 특히 초제는 마니산 참성단에서 거행되는 제례의식으로, 유교를 표방한 조선시대에도 엄숙히 거행되어 온 것이었다. 그것을 나의 대에 와서 없애라고? 신들이 노하여 나에게나 내 자손에게 화라도 입힌다면? 아무튼 중종은 조광조가 일체의 타협을 모르는 원칙주의자요, 이상주의자임은 익히 알고 있었다. 그리고 바로 그런 점 때문에 혼탁한 정치 현실을 깨끗이 해보라고 이제껏 힘을 실어주기도 했었다. 그러나 오랜 전통과 국가, 왕실의 안녕 희구 의지가 깃든데다, 그 자체로는 아무 음란하고 요란한 것도 없으며 백성에게 피해도 끼치지 않는 소격서까지 폐지하라는 데는 뜨악하지 않을 수가 없는 것이었다.

"소격서는 그 유래가 오래되었다. 세종과 성종께서도 혁파하지 않으셨다."

"세종, 성종께서 대성인大聖人이실지도 모릅니다. 그래도 이 소격서를 혁파하지 않으신 것은 성인의 큰 잘못입니다. 지금 만약 세종, 성종께서 혁파하지 않으신 것이라 하여 끝내 혁파하지 못하시면, 뒤를 잇는 자손도 반드시 주상 전하를 핑계 댈 것입니다."

모든 선비가 존경해 마지않는 문화군주요, 성리학 보급에 신명을 바쳤던 임금인 세종과 성종을 들먹이며 완곡히 반대했는데도 조금도 굽힐 줄 모르는 조광조. 성종은 차차 진절머리가 나기 시작했다.

개혁도 좋고 이상도 좋지만, 다 사람 살자고 하는 일이 아닌가? 지금 소격서 문제 말고 민생 문제, 국방 문제 등 절실한 개혁 과제가 하나 둘이 아니거늘, 소격서를 없애지 않으면 당장 나라가 망하기라도 하는 듯 이처럼 막무가내로 밀어붙이나? 아니, 이 조광조라는 자는 임금의 권위도 아랑곳없다는 말인가? 내가 여기서 끝내 허락을 안 해준다면, 자신과 통하는 사관史官들을 시켜 나를 "우둔하고 용렬한 암군暗君"이라고 쓸 모양이지?

아무튼 끝내 승리는 대간의 총사퇴까지 이끌어내며 극한투쟁을 전개한 조광조에게 돌아갔다. 소격서는 가느다랗게 전해지던 민족의 고유 신앙을 담고 근절되어 버렸다.

그러나 그것은 불안한 승리였다. 이 일로 조광조에 대한 중종의 전폭적인 신임에는 돌이킬 수 없는 금이 갔다. 이 일 이후 조광조는 곧 대사헌으로 승진하지만, 그렇게 하여 이른바 '수구적' 훈구세력과 정면대결을 하는 입장에 서게 된다. 그리고 역시 한 발짝도 양보하지 않고 공신들의 위훈을 삭제하는 정책을 밀어붙인 결과, 기묘사화를 통해 허무한 몰락을 겪게 되는 것이다.

"조광조의 연일 철야 상소로 소격서가 혁파된 것은, 조선 초기 세종대에 이룩하였던 문화와 기술 강국으로서의 국가적 지향성까지 함께 혁파해버린 매우 상징적인 결정이라 할 수 있다. 조선조는 소격서의 혁파 이후 성리학의 사림이 독주하는 체제로 치닫게 됨으로써, 그야말로 고려 이래 지향하였던 사상의 다양성과 문화적 열광이 모두 억압당하는 퇴행의 길로 달려가게 되었다. 이 여파는 현재의 대한민국 사회에도 그대로 계승되어 있어, 우리 사회는 좀처럼 다른 주체의 다양성을 수용할 수 있는 문화 기반이 성숙되어 있지를 않다. 배타성으로 대표되는 이런 현재적 우리 사회의 한계를 역사적인 흐름으로 조망하자면 조광조의 혁파 사건에서부터 찾게 된다."　김일권

49

1519년 기묘사화

젊은이들의 좌절

1519년 11월 15일, 또 하나의 역사 ― 아마도 부끄러운 역사에 속하는 ― 가 밤에 이루어졌다. 굳게 닫혀 있어야 할 경복궁의 연추문이 활짝 열렸다. 그리고 부랴부랴 쏟아져 들어오는 사람들, 그들은 반란군이나 외적이 아니었다. 사모관대를 갖춰 입고, 흰 수염이 바람에 홰홰 날리는, 고관대작들이 잔뜩 긴장한 얼굴로 앞서거니 뒤서거니, 야심한 어둠 속의 궁궐 뜰을 달려가고 있었다.

당시 숙직 중이던, 조광조 일파인 승지들이 뭔가 이상하다는 낌새를 알아차리고 달려가 보았을 때는 이미 상황은 끝나고 있었다. 경연청에 불이 휘영청 밝혀져 있고, 군사들이 삼엄한 경계를 펴는 가운데 병조판서 이장곤, 판중추부사 김전, 호조판서 고형산, 화천군 심정 등이 초조한 얼굴로, 뒷짐을 진 채로 왔다 갔다 하고 있었다. 대체 어떻게 된 거냐고 옥신각신하는 사이에, 병조참지 성운에게 새로 승지를 제수했다면서 들어가 어명을 받으라는 소식이 전해졌다. "사관史官이 반드시 함께 들어가야 한다"고 또 한동안 옥신각신했으나, 결국 성운 혼자 들어갔다. 그리고 얼마 후 다시 나온 성운은 어명을 읽어 내려갔다.

"승지 윤자임, 공서린, 주서 안정, 한림 이구, 응교 기준, 부수찬 심달원, 이들을 의금부에 하옥하라. 또한, 참찬 이자, 형조판서 김정, 부제학 김구, 대사성 김식, 도승지 유인숙, 좌부승지 박세희, 우부승지 홍언필, 동부승지 박훈, 대사헌 조광조를 즉시 체포하라!"

이렇게 해서 조광조의 도학정치 개혁은 허망하게 끝나고 말았다. 날이 밝은 후 비현합조顯閤에서 열린 어전회의에서 조광조 등은 "서로 붕당朋黨을 맺고서 저희 편은 천거하고 저희와 뜻이 다른 자는 배척하였다. 서로 의지하여 힘을 키워 요직을 차지하고, 조정을 대의명분으로 속여 기실 자신들의 사사로운 이익을 거리낌 없이 추구하였다. 후진들을 유혹하여 괴상하고 비상식적인 행동을 본받아 행동하게 하였다. … 이에 따라 젊은이가 어른을 능멸하고, 천인이 귀인에게 대항하여, 국세國勢가 뒤집어지고 조정의 정책이 방향을 잃고 말았다"라는 죄목으로 삭탈관직과 함께 엄벌을 받을 것이 결정되었다. 옥에 갇혀 있던 조광조는 "오직 임금을 바른 길로 모시고 나라를 깨끗하게 하려 했을 뿐"이라 변명했으나, 이미 소용없는 이야기였다. 몇 달 전에 조광조 일파를 비난하는 글을 동여맨 화살이 대궐 문에 꽂힌 사건이 일어났을 때, 사건을 철저히 조사해서 관련자를 숙청했다면 이렇게 되지는 않았으리라. 성균관 유생들의 연좌데모도 소용없었다. 아니, 오히려 긁어 부스럼만 만들었다. 처음에는 조광조에게 곤장 1백대와 원방 부처라는 벌이 내려졌으나, 그를 석방하라는 시위가 연이어 벌어지고 심지어 대궐을 범하려는 듯한 움직임까지 보이자, '이러다가는 정말 역모가 일어나겠다'는 생각에서 조광조에게 사약을 내리라는 어명이 떨어진 것이다.

조광조는 왜 실패했는가? 현실정치 무대에서 숨쉬기에는 너무 맑고 순수했기 때문에? 그렇다. 적당한 선에서 타협할 줄 모르고 오로지 진리를 위해 매진하였기 때문에? 그렇다. 그러나 좋지 않은 의미로 그렇다. 조광조야말로 흑백논리의 전형이었다. 그에게는 모든 개혁 과제가 시급했으며, 일단 현실에 맞는 것부터 하고 나머지는 천천히 추진하자는 이야기는 말도 못 꺼내게 했다. 또한 그에게 적이면 적, 아군이면 아군이었지, 그 중간은 없었다. 일시적으로 협력할 대상이라거나, 사안별로 협조할 수 있는 세력 같은 정치 관념은 조광조의 머릿속에 털끝만큼도 없었다. 역사에 '조광조를 죽인 자'라는 오명을 남기게 되는 남곤만 하더라도, 본래 조광조의 든든한 힘이 될 수 있는 사람이었다. 그는 연산군 시절 강직한 상소를 했다가 귀양 갔던 '운동권 선배'였으며, 조광조가 정계에 입문할 때 열심히 도와주었고, 조광조의 여러 개혁안에도 대체로 원칙적으로는 동의했다. 그러나 경학보다는 사장詞章, 즉 문학을 중시한다는 이유로 조광조에게 '소인배'로 매도당했으며, 그리하여 결국 기묘사화에 동참하게 되었던 것이다.

더욱이 조광조의 개혁은 민생개혁이 아니었다. 그가 정계를 주름잡을 때 추진했던 개혁안은 '소격서 철폐', '친영례와 묘현례 실시', '전국의 기생 없애기', '과거제를 고대 중국의 제도인 향거이선제로 복원' 등등 주로 성리학적 명분과 관련된 것이었고 민생에 도움이 될 전제나 세제 개혁, 또는 신분제 개혁 등은 부차적 문제였다. 다만 훗날 대동법의 원형이 된 대공수미법 개혁안은 독보적이다.

조광조의 개혁과 실패는 360여 년 뒤의 갑신정변과 여러 모로 비슷하다. 민중의 사정은 안중에도 없는 소수 지식인들의 위로부터의 개혁이었고, 사회에 아직 뿌리내리지 못한, 책에서 배운 이념을 가지고 사회를 뜯어고치려는 개혁이었으며, 반대파는 물론 중도파도 포용하려 하지 않고 배제하려고만 했고, 그런 가운데 의외로 어설퍼서 반격의 빌미를 허용하는 바람에 허무하게 실패했다는 점에서 그렇다. 그러나 또 한 가지, 중요한 공통점이 있다. 젊은이들이 순수한 마음에서 일으킨 정치개혁의 목소리가, 어찌됐건 구세력에 의해 진압되고 철저히 부정되었다는 점이다.

"젊은 개혁파들의 개혁실패로 국가의 큰 변화와 개혁이
이루어질 기회가 좌절되었다."

정병철

16세기에나, 19세기에나 젊은이들의 다소 무모할지는 몰라도 순수하고 정열적인 개혁 의지가 좌절됨으로써, 이 나라 정치의 방향은 오랫동안 '노인들을 위한 나라'가 된다. 그런 판세가 뒤집어지려면 21세기의 도래가 필요했다.

50

임진왜란을 막아낸 인사행정

선조 24년1591년 2월 13일, 진도 군수였던 이순신을 전라좌수사에 임명한다는 교지가 내렸다. 종4품을 정3품 당상관으로 올리는, 그것도 얼마 전까지는 종6품 정읍 현감에 불과했던 사람에게 주어진 보기 드문 특진이었으므로, 사간원에서는 잘못된 인사라는 비판을 했다.

"전라 좌수사 이순신은 현감으로서 아직 군수에 부임하지도 않았는데, 좌수사에 초수招授하시니 관작의 남용이 이보다 심할 수 없습니다. 체차시키소서."

하지만 선조는 이미 내린 결정을 거두지 않았다.

"이순신의 일이 그러한 것은 나도 안다. 다만 지금은 상규에 구

238

애될 수 없다. 인재가 모자라 그렇게 하게 하지 않을 수 없었다. 그 사람이면 충분히 감당할 터이니 관작의 고하를 따질 필요가 없다. 다시 논하여 그의 마음을 동요시키지 말라."

이순신은 이보다 앞서 두 차례나 승진되었다가 간원들의 반대로 무산된 일이 있었다. 고사리진 병마첨절제사에 임명되었다가 취소, 다시 한 달 만에 만포진 수군첨절제사가 되었다가 다시 취소되었던 것이다. 이처럼 이순신이 거듭 인사에서 물을 먹은 것은 그가 동인東人으로 분류되고 있었고, 당시의 대간은 서인西人이 장악하고 있었다는 점도 작용했을 것으로 보인다.

그러나 이번 인사만큼은 좌절되지 않았는데, 유능한 인물을 거듭 욕보인 일에 대한 선조의 미안함도 작용했을 듯하고, 또한 역시 동인이며 이순신과는 같은 고향 출신으로서 장시 좌의정 자리에 있던 유성룡이 팔을 걸어붙이고 밀어준 점도 중요한 원인이었다.

이순신이 전라 좌수사에 임명된 때는 임진왜란이 발발하기 불과 14개월 전이었다. 이순신은 마치 그 일을 내다보기라도 하듯, 부임하자마자 병력을 점검하고, 낡은 무기를 손보고 새로 제작하며, 거북선을 건조하는 등 바쁘게 전쟁 준비를 했다. 그리하여 '준비된' 입장에서 적과 상대해, 그 막강한 공세를 물리칠 수 있었다.

이순신이 없었다면, 아니 정확히 말해서 전쟁 당시 전라좌수사라는 자리에 있지 않았다면, 임진왜란의 결과가 어찌되었을지는 오래 생각할 필요도 없다. 1591년 2월 13일의 인사 결정은 어쩌면 무심히 이루어졌을지 모르지만, 실로 국가의 운명을 좌우했다.

51

1592년 신립의 탄금대 선택

피할 수 있었던 패배

선조 25년1592년 4월 26일, 고니시 유키나가 휘하의 일본군이 부산포에 상륙하면서 임진왜란이 발발한 지 13일이 지났을 때, 8천의 조선 관군은 파죽지세로 밀고 올라오는 적군을 기다리며 숨을 죽이고 있었다.

총사령관 신립은 싸워볼 만하다고 믿었다. 왜군의 주무기인 조총의 사거리는 200m. 조선군의 맥궁이 가진 300m보다 뒤떨어진다. 게다가 한 번 발사한 다음 재장전에 시간이 걸린다. 먼저 아군의 화살로 적진을 제압한 다음, 기병을 출격시켜 1발 사격 후 정신없이 재장전을 시도하고 있을 적병에게 돌진한다. 적의 전열은 무너질 것이다. 그러면 그 사이에 약진 돌격해간 우리의 보병이 적들을 쓸어버린다….

그러나 병사들의 얼굴에는 두려움이 서려 있었다. 그들은 자꾸만 뒤를 돌아보았다. 굽이쳐 흐르는 달래강의 푸른 물결이 그들을 유혹하는 듯했다. 본래 왜군을 막기로 정해져 있었던 곳은 조령이었다. 고지에서 적을 내려다보며 방어하기에 절호의 지대였다. 그러나 총사령관 신립은 이곳 탄금대까지 병력을 후퇴시켜, 달래강을 등지고 진을 치도록 한 것이다. 병법에서 금기로 여기는 배수진을 친 것이다…!

"적절히 방어할 수 있는 조령을 버리고 탄금대를 방어지로
선택한 신립의 결정은 단시일 내에 수도 한양이 함락되고
왜군이 한반도 전역을 강탈할 수 있는 발판이 되었다."　박종석

박종석은 이렇게 평가한다. 실제로 여기서 조선 관군의 주력이 꺾임으로써 일본군은 한양으로 거침없이 진격할 수 있었으며, 임진왜란의 첫 2년간 조선군은 육지에서 마냥 밀릴 수밖에 없었다.

그러면 신립은 왜 탄금대를 선택했을까? 어리석은 장수였기 때문에? 그러나 권재상은 다른 평가를 한다.

"근본적 원인은 당시 조선이 택하고 있던 국방 체제인 제승방략
체제의 문제점에 있었다. 국초의 진관 체제를 대체했던 이
체제는 전쟁이 날 경우 중앙의 지시에 따라 해당 지역에서
지방관들이 병력을 동원하고, 중앙에서는 지휘관을 내려보내
지휘관과 병력이 합류한 다음 전투에 임하는 방식이었다.
그러나 오랜 평화와 안일로 병력은 장부상으로만 있을 뿐,

다수가 병역을 기피하고 있었고 훈련 상태도 형편없었다. 그래서 중앙에서 신립이 내려와 보니 도저히 조령에서 방어전을 펼 여건이 아니라고 판단, '필사즉생必死則生', 즉 죽을 각오로 하면 산다는 신념을 병사들에게 넣어주기 위해 탄금대에서 배수진을 친 것이다."   권재성

신립의 전술도 전술에도 나름의 이유는 있었다. 그러나 당시 탄금대에는 비가 많이 내렸다. 이 점이 화근이었다. 땅은 진창이 되고 풀이 뒤엉키면서 기병의 빠른 진격을 어렵게 했다. 따라서 허둥거리며 무질서하게 돌격해 들어간 조선 기병은 그사이에 2탄을 장전한 일본군 총수들에게 희생되고 만 것이다. 눈앞에서 기병들이 무너지자 가뜩이나 전쟁 경험도 없고 두려움에 젖어 있던 궁수과 보병도 혼란에 빠졌다. 그리하여 순식간에 진영이 무너지고, 8천 조선군은 일본군에게 죽거나 달래강 물에 빠져 죽고 말았다. 신립 자신도 탄금대의 고혼이 되었다.

결국 조령 대신 탄금대를 선택한 신립의 결정은 그렇게까지 어이없는 것은 아니었다. 하지만 그는 좀 더 신중하게 판단할 필요가 있었다. 그 모자란 신중함이, 그리고 조선 방어체제의 허술함이 수없이 많은 목숨을 빼앗고 전국을 폐허로 만드는 재난을 가져왔다.

52

1592년 고경명의 금산 선택

한양으로? 고향으로?

고경명은 고민에 빠져 있었다. 한양이냐? 호남이냐? 근왕勤王이냐, 향
방鄕防이냐?

　　후일 '호남 3대 의병장'으로 꼽히게 되는 고경명은 일찍이 과거
에 장원급제하고, 유달리 뛰어난 신진 관료에게만 주어지는 '사가독
서'의 영광을 입었을 만큼 호남의 인재로 이름이 높았다. 그러나 당
파싸움에 휘말려 관직을 잃고 고향에 내려가 있었는데, 임진왜란이
발발하자 담양에서 격문을 돌려 의병을 모집했다. 그 규모는 6천에
달했는데, 고경명의 명성에 이끌린 사람이 많았을 뿐 아니라 성균관
학유를 지내며 역시 호남의 인재라 불리던 유팽로, 성혼의 제자인 양
대박 등이 동참했기 때문이다. 1592년 5월 23일에는 담양에서 이들
3인의 회담이 열려, 고경명을 맹주로, 양대박, 유팽로를 좌·우 부장
으로 하는 '담양회맹군'의 이름으로 호남 의병을 발족시켰다.

그러나 당연히 근왕, 즉 한양에 계시는 임금님을 보호한다는 목표를 갖고 북상하던 고경명 군은 전주에 이르렀을 때 일단 멈춘다. 그 까닭은 조정이 적의 한양 침입을 막는 최종 방어선으로 설정한 임진강에서 이광이 이끌던 5만의 병력이 궤멸하였다는 소식이 들렸기 때문이다. 이에 고경명은 흐트러진 군중심리를 추스르고, 추가 병력을 모집하기 위해 잠시 전주에서 대기하기로 한다.

약 10일 후 고경명 군은 다시 북상, 충청도의 은진에 도달했다. 그러나 이때 일본군이 금산에 접근 중이며, 그곳을 함락시킨 뒤 전주까지 들어갈 것이라는 보고가 들어왔다. 그것을 방치한다면 호남 일대가 일본군에게 돌아갈 것이었다. 여기서 고경명은 고민하지 않을 수 없었다. 우리 고향이 왜적에게 짓밟히는 것을 내버려 두어야 하나? 아니면? 애초에 의병을 모은 명분이 한양으로 가서 임금님을 지키자는 것이 아니었던가. 그런데 여기서 병력을 되돌려야 하나?

결국 고경명은 말머리를 뒤로 돌린다. 어차피 임진강 방어선까지 뚫린 이상 한양은 함락된다고 봐도 좋다. 그리고 만약 호남을 잃는다면 곡창 지대가 적들에게 고스란히 들어감으로써, 저들은 여유 있게 전쟁을 계속할 수 있을 게 아닌가. 긴 안목에서 전쟁에 이기려면, 한양보다 호남이 먼저다! 물론 대부분 호남 출신인 하급 장교와 병졸들의 "우리 고향부터 먼저"라는 염원을 저버릴 수 없었겠지만, 대쪽 같은 선비 출신인 고경명의 결단에는 이런 계산도 들어 있었을 것이다.

고경명 군은 이미 금산을 점령하고 있던 일본군을 공격했다. 방어사 곽영이 관군을 이끌고 와서 합세했다. 그런데 이것이 패인이었다. 관군과 의병이 동시에 금산성을 공격했는데, 관군 쪽이 더 약하다고 본 일본군은 그곳에 공세를 집중했다. 그러자 장교들이 제각기 달아나면서, 관군 진영이 어처구니없이 무너지고 말았다. 그 틈을 놓치지 않고, 일본군은 성에서 나와 도망가는 관군을 살육했다. 그리고 다시 고경명 군에게 달려들었다. 고경명은 일본군에게 겹겹이 둘러싸여 최후를 맞이했다. 그때 달려온 유팽로는 몸을 던져 그를 감싸고, 칼을 대신 받았으나 헛일이었다. 고경명의 아들 고인후 역시 아버지와 함께 전사했다.

결국 고경명 군은 처절하게 패배했다. 그러나 그 패배의 의의는 컸다.

"일본군의 전라도 침공을 저지함으로써 이후 전쟁 기간 동안
전라도가 이순신의 수군 배후기지, 그리고 곡물의 생산기지로서
역할을 할 수 있도록 하여 전쟁의 전개에 엄청난 영향을
주었다고 할 수 있다."
김동수

또한 고경명의 장렬한 최후는 호남을 비롯한 전국의 지사들을 자극하여, 그의 '복수'를 다짐하는 의병이 잇달아 일어나게 하였다. 호서에서 거병하여 금산을 공격, 역시 장렬히 전사한 조헌과 7백 의병들이 그 대표다.

결국 임진왜란이 조선의 멸망으로 끝나지 않았던 것은 바다에는 이순신 군, 육지에는 의병이 있었기 때문이었다. 그러나 전후에 논공행상할 때, 선조는 이 점을 전혀 인정하지 않았다. 숱한 의병장 가

운데 공신에 책록된 사람은 하나도 없었다. "이순신과 원균이 바다에서 몇 번 이기고, 행주에서는 권율이 잘 싸웠다. 그 밖에 우리 군사가 한 일은 아무것도 없다." 이런 냉소적 평가는 명나라에 아부하는 한편 무인 출신 공신들을 최소화하려는 선조 특유의 정치적 계산 때문이기도 했겠지만, "내가 북쪽에서 추위와 배고픔에 떨며 헤매고 있을 때, 너희는 어디에 있었느냐?" 하는 꽁한 마음이 반영되었을지도 모른다. 고경명? 임금은 내팽개치고 자기 고향이나 지키러 달려간 자가 아닌가? 그것은 사실이었다. 그러나 전쟁에 이기려면, 그리고 '조국'을 지키려면 임금이나 정부 요인보다도 더 중요한 것이 있음을 알아야 한다.

53

1592년 여진족의 원군 제의를 조선정부가 거절

병자호란의 불씨를 남기다

선조 25년 9월 17일, 일본군에 쫓겨 한반도 서쪽 끝인 의주까지 피난해 와서, 여차하면 중국으로 도망칠 생각을 하고 있던 조선 조정에 중국 병부의 연락이 들어왔다.

"누르하치가 이끄는 건주위 여진족이 이런 제안을 해왔다. '조선과 여진은 인접해 있는데 지금 조선이 왜놈들에게 쑥밭이 되어버렸다. 이대로는 곧 우리 땅까지 쳐들어올 것이니, 차라리 우리가 선수를 치겠다. 군사를 모아 조선으로 들어가 왜군을 쳐부술 테니 허락해 달라.' 우리는 시의적절한 제의라고 생각하는데, 귀국의 뜻은 어떤가?"

벼랑 끝까지 몰린 상태에서 오매불망 명나라의 원군만 바라보던 조선 조정으로서는 듣던 중 반가운 말일 수도 있었다. 그러나 숙의 끝에 조선 측이 보낸 회답 내용은 이랬다.

"생각건대, 본국의 서북쪽 일대는 건주위와 인접해 있어 조상 때부터 누차 그들의 환란을 입었습니다…. 성화成化 15년1501년에는 그들의 두목인 이만주를 잡아 목 베기도 했습니다. 그로부터 저 노적奴敵들은 늘 분한 생각을 품고서 압록강 연안에 이르러 노략질을 되풀이해 왔습니다….
이제 그들 무리가 왜적을 토벌한다면서 겉으로는 순하게 돕는 체하고 있으나, 속으로는 물어뜯으려는 계책을 품고 있을 것입니다. 만일 그들의 청을 들어준다면 예측할 수 없는 화가 발생할 것입니다…."

여진족은 본래 한족漢族과 비교해 한민족에 가까웠다. 그러나 세종 때 명나라에 사대하고 여진족은 오랑캐로서 배척한다는 외교 노선을 세운 뒤, 조선과 여진은 대대로 불편한 사이였다. 특히 세조 시절 남이가 북방에 출정하여 건주여진의 우두머리 이만주를 죽인 일은 여진과 조선을 결정적인 원수지간으로 만들고 말았다. 그런 점에서 조선이 여진의 원군 제의를 선뜻 받아들이기란 어려울 만도 했다. 또한, 이를 빌미로 여진족이 조선 땅에 들어와서는 그 땅을 점령하고 물러가지 않을 가능성도 충분했다.

하지만 역시 아쉬움은 남는다. 여진족의 제의를 거절함으로써 조선은 다시 한번 친명-반여진 노선을 확인했다. 그리고 죽든 살든

1592년 여진족의 원군 제의를 조선정부가 거절

명나라에 매달리기로 했다. 명나라는 곧 구원병을 보낼 것이지만, 그 공로를 내세워 멸망할 때까지 조선에서 재력과 병력을 쥐어짤 것이다. 한편 명나라 덕분에 죽다 살아났다고 믿게 된 조선의 지배계층은 명나라가 망한 뒤까지도 그리워하며 사대주의에 몸 바칠 것이다. 조선에 무안을 당한 누르하치는 그 뒤 얼마 되지 않아 명나라조차 뒤엎을 제국을 건설할 것이며, 그 위력적인 칼끝을 한반도로 돌릴 것이다.

"이때 누르하치의 원군을 받았으면 이어 이어지는 병자호란의
참극을 막을 수 있었다"
박진호

54

1596년 동의보감 편찬 결정

독자적 의학체계를 구축하다

"요즘 조선이나 중국의 의학책들은 모두 변변치 않고 보잘것없는 초록들이다. 그대는 여러 의학책을 널리 정리하여 좋은 의학책 한 권으로 편찬하도록 하라. 그런데 사람의 병은 몸을 잘 조섭하지 못하는 데서 생기므로, 수양을 우선 쓰고 약과 침구에 대해서는 그다음에 쓸 것이다. 또 처방이 너무 번잡하므로 그 요점을 추리도록 하라. 또한 벽촌과 누항에는 의사와 약이 없어서 일찍 죽는 일이 많다. 사실 우리나라 곳곳에서 약초가 많이 나는데도, 사람들이 잘 알지 못해 그러는 것이니 이를 분류해 두고, 각 지방에서 불리는 이름도 같이 써서 백성들이 알기 쉽게 하라."

『동의보감』 서문에는 선조가 재위 29년 1596년에 태의 허준 (1539~1615)에게 이렇게 명하여, 유의儒醫 정작, 태의 양예수, 김응탁,

이명원, 정예남 등과 함께 편집국을 설치하고 책을 만들기 시작했다고 적혀 있다. 그런데『조선왕조실록』에는 이런 기사가 없다. 단지 광해군 2년1610년에『동의보감』을 완성했으며 이는 선조가 허준에게 내린 지시를 받들어 비로소 완성한 것이라는 기사가 나옴을 볼 때, 정확히 1596년은 아닐지 몰라도 선조가『동의보감』을 만들기로 하고 허준에게 지시를 내린 사실은 틀림없어 보인다. 그러면『동의보감』이전의 의학은 어땠길래 '변변치 않다'는 평가를 받았으며,『동의보감』은 어떤 장점이 있었을까.

'동의東醫'의 길

한의학은 동양 의학에 뿌리를 두고 있다. 중국에서 비롯된 동양 의학은 오랫동안의 경험에 따라 수립된 다양한 민간 처방을 체계화하고, 음양오행 등의 철학 이론으로 정리한 지적 성과물이라고 할 수 있다. 동양 의학은 크게 북의北醫와 남의南醫로 나뉘는데, 북의는 침구학을, 남의는 본초학을 중심으로 한다. 중국의 남부 지방은 본래 기온이 온화하고 습기가 높아 식물 종이 다양하고 풍부했다. 그래서 병에 걸렸거나 상처가 났을 때 조금만 주변을 찾아보면 약초를 쉽게 발견할 수 있었으므로, 약재를 찾고 그 효능에 따라 사용하는 방법을 체계화한 본초학이 발달했다. 반면 중국 북부는 건조하고 삭막한 편이었다. 그래서 약초에 의존하기보다 침을 놓거나 뜸을 뜨거나 해서 처방하는 방법을 개발했고, 그것이 곧 침구학이다.

허준은 이 동양의 의학 전통을 하나로 모으고, 그 특유의 성격을 가미하여 남의도 북의도 아닌 '동의東醫'를 창출해 냈다. 그렇다면 동의란 무엇인가? 『동의보감』은 25권 25책으로, 「내경편」, 「외형편」, 「잡병편」, 「탕액편」, 「침구편」 외에 목차로 이루어져 있다. 여기서 각종 질병과 그에 알맞은 약초 처방을 기술한 「잡병편」과 탕약 쓰는 방법을 다루는 「탕액편」은 '남의'의 주된 방식, 즉 약초로 몸의 기운을 보補하는 방식을 집대성한 것이다. 특히 「잡병편」은 우리나라 산천에서 얻을 수 있는 약초를 열거하고 각각 한글로 이름을 써 놓아, 평민이라도 알맞은 약초를 찾아 응급처방을 할 수 있게 했다. 또 「침구편」은 '북의'의 방식인 침과 뜸을 사용해서 몸의 기운을 다스리는 방식을 집대성한 것이다. 이 모든 것은 허준이 독자적으로 개발했다기보다는 『의방유취』와 『향약집성방』 등 기존의 성취를 정리하고 보완해 편집한 것들이다.

그렇다면 '북의', '남의'와 구별되는 '동의'의 특징은 무엇인가? 그것은 선조가 지시했다는 편집 방침에서 실마리를 찾을 수 있다. "사람의 병은 몸을 잘 조섭하지 못하는 데서 생기므로, 수양을 우선 쓰고 약과 침구에 대해서는 그다음에 쓸 것이다." 즉 병이 이미 생겨서 그것을 본초로든 침구로든 고치는 일보다, 병이 생기지 않도록 평소에 양생, 활생하는 일을 우선한다는 것이다. 허준이 『동의보감』의 첫머리에 놓은 「내경편」은 정, 기, 신, 오장육부 등 활생과 가장 밀접한 신체의 내부를 다루며, 그다음의 「외형편」은 뼈, 혈맥, 근육 등 신체 외부를 다루고 있다. 이로써 정신의학과 체육, 의학이 하나로 합쳐져, 하나의 인간 과학으로 통일되는 것이다.

그러면 왜 '동의'는 치료보다 양생을 우선하는가? 북의와 남의의 기원이 그 환경 조건에서 비롯했음을 보면 미루어 알 수 있다. 우리 나라는 사계절이 뚜렷하고 기온이 온화해 사람 살기에 좋다. 중국 북부처럼 황사가 몰아치는 황야도 없고, 남부처럼 고온다습한 밀림도 없다. 즉 적당히 식이요법과 운동을 해주면 큰 병에 잘 걸리지 않는 다. 그것은 '동東'이 음양오행론에서 갖는 의미, 즉 만물이 저절로 생장하고 활발해진다는 방향 또는 지역의 의미와도 관련된다. 또 한편으로, 우리나라는 자연조건은 좋지만 문명개화의 수준은 높지 않다. 산이 많은 지형인데다 외적을 염려해 길도 일부러 잘 뚫지 않았고, 상업도 발달하지 않았다. 따라서 약재를 사들이거나 의사를 부르려 해도 여의치 않을 경우가 많은 것이다. 그러므로 평소에 활생에 힘써 되도록 병에 걸리지 않도록 하고, 만약 걸렸다면 주변에 있는 자생 약초를 찾아 스스로 치료하면서 버텨 보라는 것이다. 그야말로 '한국 적'인 맞춤 의학이 아닌가!

허준과 『동의보감』

TV 인기 드라마를 통해 일반인에게 친숙한 역사 인물이 된 허준은 드라마에서처럼 의술의 발전에 생명을 걸고, 오직 불쌍한 백성을 구하기 위해 매진하는 사람이었을까. 그는 의원, 즉 양반이 못 되는 계급이었기에 비록 벼슬은 높았지만, 문집도 행장도 남아 있지 않다. 그래서 그의 인품이나 사상을 알 길은 없으나, 실록에 그려진 모습대

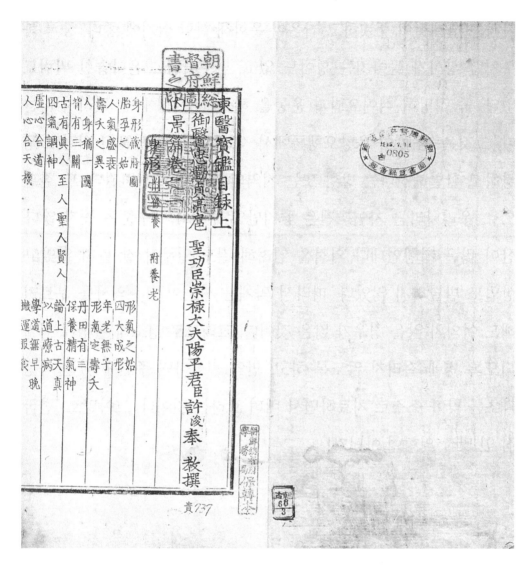

동의보감, 보물 제 1085호

허준은 『동의보감』으로 동양의 의학 전통을 하나로 모으고, 그 특유의 성격을 가미하여 남의도 북의도 아닌 '동의東醫'를 창출해 냈다. 『동의보감』의 구성은 25권 25책으로, 「내경편」 「외형편」 「잡병편」 「탕액편」 「침구편」 외에 목차로 이루어져 있다. 이는 『의방유취』와 『향약집성방』 등 기존의 성취를 정리하고 보완해 편집한 것들이다.

로라면 능력은 뛰어나지만, 인덕은 없었던 것 같다. "허준은 성은聖恩을 믿고 교만을 부리므로 그를 시기하는 사람이 많았다." "위인이 어리석고 미련하였는데 은총을 믿고 교만했다." 등의 묘사가 곳곳에 보이기 때문이다. 젊은 시절의 행적은 잘 알려지지 않고, 무반武班의 서자였다. 비교적 늦은 나이에 내의원에 들어왔다가 30대 후반부터 차차 두각을 나타내기 시작해, 선조 20년1587년 왕의 병을 고쳐 선조의 인정을 받고, 23년에는 당상관에 해당하는 품계를 받으며 차차 출세하기 시작했다.

그가 결정적으로 높은 지위에 오르게 된 계기는 임진왜란이었다. 이때 피난길에 선조를 호종했다 하여 후일 호종공신 3등에 책록되고 양평군에 봉해진 것이다. 그러나 이때부터 그를 시기하는 무리의 공격도 늘어나, 그의 자급이 지나치다, 행동이 오만하다며 언론 3사에서 탄핵 상소를 올리는 일이 거듭되었다. 선조 29년1596년에는 세자, 즉 훗날 광해군의 심각한 병을 치료함으로써 종2품 가의대부가 되었고, 이때를 전후해 『동의보감』을 편찬하라는 어명을 받은 것으로 추정된다. 선조 39년1606년에는 마침내 관직 등급 중 최고위인 정1품 보국을 내린다는 결정이 내려지자, 의관에 정1품을 준 예는 없다며 온 조정이 들고 일어나다시피 해서 결국 보류되었다.

하지만 이처럼 순풍에 돛단듯하던 허준의 운세도 잠깐 내리막을 걸었는데, 바로 노경의 선조가 오랫동안 병에서 회복하지 못하면서 그 화살이 허준에게 돌아갔기 때문이다. 마침내 1608년에 선조가 죽자, 어의 허준을 처벌해야 한다는 의론이 물 끓듯 했다. 광해군은 일단 그를 귀양에 처했으나 1년 만에 석방했고, 다시 1년 뒤 『동의보감』을 완성해 바치자 그에게 말을 상으로 내리고 복직시켰다. 그 후로는 어의로서 봉사하는 외에 『신찬벽온방』, 『언해구급방』, 『두창집요』 등의 서적을 집필하고, 내의원에서 후학을 가르치는 등 분주한 나날을 보내며 큰 풍파 없는 삶을 살다가 광해군 7년1615년, 77세를 일기로 숨졌다. 그가 죽자, 광해군은 주위의 반대를 무릅쓰면서 보류되었던 보국숭록대부의 작위를 추증해 주었다.

『동의보감』 그 이후

『동의보감』은 이후 우리 의학계에, 아니 동아시아 전체의 의학계에 큰 영향을 미쳤다. 조선 후기의 주요 의학서들은 대개『동의보감』의 체제와 접근법을 기본으로 하고 일부 내용을 첨삭 보완한 것들이다. 다만 여기서 한 걸음 더 나아가려는 노력도 있었다. 향약 발굴을 통해 본초학만 한국화할 것이 아니라, 우리나라 사람의 '체질' 자체가 중국과 다르다는 인식에 따라 우리 체질에 맞는 의학을 따로 만들자는 것이다. 그 대표적인 예가 이제마의 『동의수세보원』1895년인데, 그는 사상四象으로 사람의 체질을 나누며 아예 중국의 오행론에서 탈피하여 한국 사람에게는 오장육부가 아닌 사장 사부가 있다고 주장했다.

한편 『동의보감』은 중국과 일본에서도 다투어 수입, 간행하여, 조선에서 만들어지는 중에는 동아시아에서 베스트셀러가 된 유일한 책이 되었다. 실록에 보면 조선에 온 중국 사신들이 병에 걸리면『동의보감』부터 달라고 하여 치료에 참고했고, 돌아갈 때 다른 선물은 마다해도 『동의보감』만은 챙겨갔다고 한다. 중국에서는 1768년에 처음 나온 이래 최근까지(1993년 기준) 30차례 발간되었다. 일본판은 1723년에 처음 나왔다.

> "그때까지 중국 의학에 예속된 거나 다름없던 우리 민족이,
> 자신의 힘으로 의술의 원전을 창제하게 한 결정이었다." 박병식

그러면 독창적이고 한국적인 의술이 빛을 보게 했다는 이유만으로 『동의보감』 편찬 결정이 중요한 것일까? 그런 점만으로는 10대 결정 중 하나에 포함되지는 못했을 것이다. 『동의보감』 편찬은 한국사에서 가장 성공적인 민생 관련 개혁이었다. 민생 관련 개혁이란 무엇인가? 전통적으로 정부가 존재하는 이유는 민본民本, 위민爲民, 즉 백성의 삶을 윤택하게 만드는 데 있다고 여겨졌다. 그러기 위해서 정부는 우선 세금을 적게 거두고, 사치를 일삼거나 부정부패에 빠지지 말아야 한다. 그리고 이런 소극적인 접근을 넘어, 백성의 재산을 두루 고르게 하고, 소수의 힘 있고 부유한 자들의 발호를 억제하는 정책이 필요하다. 그다음으로는 백성의 보건 수준을 높이는 의료 정책과 농업 생산량을 높이는 정책 정도가 이상적인 정부에게 요구되는 조건이었다. 그리고 사실 이는 현대의 정부에게도 요구해야 할 조건이리라.

그런데 민생 관련 개혁 중에서 보다 중요했던 균均의 개혁, 즉 토지 소유를 고르게 만들고 세금을 형평성 있게 거두는 개혁은 그렇게

크게 성공한 경우가 없다. 고려 말의 과전법 개혁은 시간이 지나면서 다시 흐트러지도록 되어 있었다. 대한민국 수립 후의 토지개혁은 '유상몰수·유상분배'로 지주들에게 더 유리했다는 점과, 결국 당시의 방향은 농지 재분배보다 공업화로 가야 했다는 점에서 그리 높이 평가할 수 없다. 실학자들을 비롯한 숱한 학자들의 전제田制 개혁안은 개혁안으로만 끝났다. 세종의 공법 개혁은 절반 이상의 실패였고, 정조의 신해통공도 민생 자체에는 큰 도움이 안 되었다. 가장 성공적이었다고 할 수 있는 대동법은 사실 간단한 내용이었는데도 매우 오랜 세월이 걸려서야 확립되었고, 그것이 확립되었을 때는 이미 다른 세목의 신설 등으로 빛이 바래져 있었다. 그 외에 여기서 108대 결정에 포함하지 않은 개혁들, 즉 조선 후기의 균역법이나 현대의 토지공개념 등도 당초 취지와 비교해 실효성이 떨어지거나 부작용이 심했다.

그래서 결국 '2등급 민생개혁'에 속하는 보건 관련 개혁인 『동의보감』 편찬 결정이 최고의 자리를 차지하게 된 것이다. 당시는 임진왜란 직후로, 전국적으로 민생이 피폐해지고 낮은 영양상태 때문에 전염병이 창궐하던 때였다. 이에 『동의보감』 같은 의학서를 널리 보급해 국민 보건 수준을 개선할 필요가 있었다. 가장 하기 쉬운 양생법을 필두로 하여, 현지에서 이용할 수 있는 향약을 한글풀이까지 곁들여 소개하고, 가장 자체적으로 시술하기 어려운 침구법을 마지막에 두는 구성의 『동의보감』은 그런 점에서 최적의 보급형 의학 지침서였다. 『동의보감』 편찬은 완벽한 보건의료 개혁이었으며 동시에 우리 의학사의 신기원이었다. 따라서 이 책에서 중요한 위치를 차지할 수 있었다. 그러나 우리는 『동의보감』을 자랑스러워하기에 앞서, 그것이 가장 성공한 민생개혁일 수밖에 없었던 역사를 부끄러워해야 하지 않을까. 공법이나 대동법 등과 달리 『동의보감』은 저항을 받지 않고 순조롭게 성공했던 까닭, 그것은 국민의 보건 수준을 높이는 개혁은 기득권자들의 이익과 그다지 충돌하지 않았기 때문이리라. 그러나 기득권을 직접적으로 건드리는 개혁은 예외 없이 좌절되거나 유명무실해지고 말았다. 그러면 지금은 어떨까? 우리의 자랑스러운 대한민국 정부는 지금 국민의 행복과 안녕을 위해 적절한 정책을 펼치고 있는가?

55

다시 내민 화해의 손

선조 39년1606년, 임진왜란이 끝난 지 8년이 되던 해, 조선 조정은 새해 벽두부터 시끄러웠다. '불구대천의 원수' 도요토미 히데요시가 죽은 뒤 새로 권력을 잡은 도쿠가와 이에야스가 자신은 "전쟁 때 병사한 사람도 조선에 보내지 않았다"며 단절된 국교를 재개할 것을 대마도를 통해 요청해왔기 때문이다. 이에 대해 조정은 "도쿠가와는 도요토미와 다르다. 일본과 영원히 원수로 지낼 수도 없으니 적당한 선에서 응하자"는 의견과 "저들을 어찌 믿고 화친하는가? 지금은 저들의 음흉한 계략에 놀아나지 말고, 우리의 힘을 길러 저들이 다시는 넘보지 말게끔 해야 할 때다"는 의견으로 갈려 논쟁이 끝이 없었다. 국교를 재개하자는 일본의 제의는 이미 7년 전부터 간간이 있었으나, "죽어간 백성들의 한이 아직도 절절하다", "지금 사절을 보내면 저들은 우리가 항복했다고 할 것이다" 등의 이유로 묵살되어 왔다. 이제는 일본 정권도 바뀌고 했으니 더는 미룰 일이 아니라는 의견이 점차 힘을 얻었지만, 논의는 1년을 꼬박 끌었다. 그만큼 일본에 대한 의심과 악감정을 씻어버리기 어려웠던 것이다.

마침내 해를 넘긴 선조 40년1607년 1월 7일, 선조는 다음과 같이 지시를 내렸다.

"군주는 백성에게 부모의 도리가 있다. 백성들이 오랑캐에게 잡혀가 예의지방禮義之邦의 백성들로서 오랑캐 나라의 백성이 되게 되었으니 슬프지 않을 수 있겠는가. … 이제 우리나라의 포로를 모두 쇄환시켜 두 나라의 우호를 다지게끔 하라고 하여, 한 번 그들의 뜻을 떠보는 것이 마땅하다. 사신의 칭호를 정하기가 어려운데, 포로로 잡혀간 사람들을 쇄환하는 것으로 명분을 삼을 경우 그 호칭을 회답 쇄환사라고 할 수도 있겠다.

… 또 교린 하는 도리는 신의信義에 불과할 따름이다. 그들이 스스로 전 시대의 잘못을 모두 고치겠다고 말하였는데, 이미 전의 잘못을 고치겠다 하였으면 전 시대에 포로로 잡아간 백성들을 모두 쇄환시켜 그 잘못을 고치고 다시 새롭게 우호를 맺어야 하는 것으로, 소위 신의란 것도 여기에 있는 것이다.

… 또 적을 막는 병기로는 왜倭의 조총만 한 것이 없다. 우리나라가 대략 만드는 법을 배워 만들기는 하였으나 모두 쓸 수 없었다. …만일 이번 회답사에게 조총을 편리한 대로 사들여 오게 한다면, 적국의 병기를 배에 가득 싣고 돌아온다 해도 거리낄 게 없을 것이다."

선조는 세 가지 근거에서 일본에 사절을 보내자고 결정했다. 일본에 끌려간 우리 백성을 두고 볼 수 없으니 그들을 다시 찾아오는 쇄환의 필요성, 그에 따라 사절의 명칭을 과거와 같이 '통신사'라는 명칭을 쓰지 않고 '쇄환사'라고 할 수 있으며, 그리하여 아직은 적극적으로 국교를 회복할 뜻을 공식화하지 않아도 된다는 점, 그리고 쇄환사 편에 조총을 사 옴으로써 국방력을 강화할 수 있다는 것이었다. 아직은 원수 일본과 국교를 재개하기 시기상조라는 것, 또한 먼저 우리 국방력을 다지는 것이 필요하다는 반대론을 모두 무마하는 논리였다.

이로써 여우길을 대표로 하는 쇄환사 일행이 임진왜란 후 최초로 일본에 파견되었다. 그때까지 사명당 유정 등이 특사 자격으로 일본을 방문한 일은 있었으나(역시 포로 쇄환이 목표였다), 조정에서 정식으로 사절을 파견한 것은 이때가 처음이었다. 여우길은 끌려간 우리 백성들 1,418명을 데리고 돌아왔다.

일단 시작한 쇄환사 파견은 한 번으로 그치지 않았다. 쇄환사는 광해군 대에 들어 1617년에 다시 파견되었고, 인조 대에는 1624년에, 그리고 인조 14년1636년부터는 '통신사'라는 이름으로 바뀌었다. 일본과의 국교가 완전히 정상화된 것이다. 이후 통신사의 규모는 계속 커졌고, 성격도 진정으로 양국 간 우호를 다지고 문화를 교류하는 형태로 바뀌었다. 이후 약 200년 동안 한일관계는 전례 없는 평화와 우호를 누렸다. 그리고 그 시작은 쇄환사라는 이름으로 사절을 보낸다는 조심스러운, 그러나 현명한 결정이었다.

"임진왜란을 종결하고, 양국 간에 강화회담을 성사시킨 사절이며, 조선이 주체적인 입장에서 회담을 이끌어갔음을 높이 평가해야 한다."

손승철

056

1608년 광해군의 대동법 실시

200년이 걸린 개혁

"우리나라의 공법貢法은 무너짐이 너무 심하다. 서울에 있는 권세 있고 간교한 무리가 경주인京主人이라고 하면서 여러 도에서 공납하는 물품을 반납防納하고 그 값을 본읍本邑에서 배로 징수한다. 그 물품의 값이 단지 1필匹, 1두斗라면 교활한 방법으로 수십 필, 수십 석에 이르게 한다. 탐관오리들이 그들에게 빌붙어 이익을 꾀하는데, 마치 구렁텅이로 물이 몰려드는 것 같아 그 폐단이 점점 불어나고 있다."

『조선왕조실록』 효종 2년1651년 8월 24일 기사다. 공납이란 전통적인 세법 조목인 조, 용, 조 중에서 조調에 해당하며, 각 지방이 중앙에 특산물을 바친다는 의미다. 그러나 이 공납은 시간이 지나며 점점 폐단이 심해져서, 마침내 세금의 기본인 전세田稅보다도 백성에게 부담이 되고 있었다.

그것은 우선 호戶 단위로 부과하므로 불공평했다. 소득이 높은 호와 낮은 호가 있고, 지역별로도 사정이 다른데 이를 고려하지 않고 일률적으로 부과했기 때문이다. 또한, 처음 공납품의 목록을 정한 다음 수백 년이 지나도 특산물의 산지와 수량 등을 바꾸지 않았다. 그래서 더 생산되지도 않는 산물을 바쳐야 하거나, 운반 과정에 물건이 상하여 퇴짜를 맞을 상황이거나 하면 중간상인이 납부를 대신에 해주고 거액을 갈취하곤 했다. 이른바 '1필 1두를 수십 필 수십 석 값으로 받는' 방납의 폐해였다.

그래서 중종 때 조광조가, 다시 선조 때 율곡 이이가 공납품을 그 가격에 상응하는 쌀로 내도록 하자는 '대공수미법'을 제시했지만 수용되지는 않았다. 그러다가 임진왜란을 맞아 전국의 형편이 극도로 곤란해지자 유성룡의 건의로 대공수미법을 임시적으로 시행한다. 전쟁이 끝난 후 공납 체제가 회복되었으나 불합리함은 여전했다. 그래서 선조 말년에 한백겸이 대공수미법의 재시행을 강력히 건의했고, 마침내 광해군 즉위 직후, 이원익의 진언에 따라 대동법을 시행하게 된다.

이 대동법은 물자를 쌀로 대신하여 납부함으로써 불합리한 진상의 폐단을 없앨 뿐 아니라, 호 단위로 부과하던 세금을 전결田結 단위로 부과토록 하여 사실상 전세화하는 것이었다. 다시 말해서 땅을 많이 가진 사람에게는 불리하고 땅이 없는 서민에게는 유리한 제도였다. 그야말로 국가재정도 좋아지고, 기득권자들의 세력을 억제하는 한편 백성의 부담을 줄이는, 조선왕조 5백 년간 시행된 민생개혁 중

최고의 것이라고 할 수 있었다.

하지만 이상하지 않은가? 대동법이 시행된 광해군 원년은 1608년이었다. 그런데 앞서 인용한 내용으로는 그로부터 40년도 더 지난 효종대에도 여전히 방납의 폐해가 극심하다고 한다. 어떻게 된 것인가? 그것은 대동법의 발걸음이 너무나 느렸기 때문이었다. 광해군은 대동법을 처음 시행하기는 했으나 경기도 일원에만, 그것도 시험적으로 시행했다. 사실 공납의 폐해가 심한 지역은 한양에서 멀리 떨어진 지역이었을 테니, 경기도에만 대동법을 쓴다면 전체적으로 큰 부담이 덜어지지도 못했을 것이다. 광해군은 인조반정으로 밀려날 때까지 대동법을 전국으로 확산시키자는 건의를 묵살한다. 「광해군일기」에 따르면 땅 부자들의 뇌물을 받은 상궁들(김개시?)의 사주로 그랬다는 것인데, 워낙 광해군을 악의적으로 묘사한 내용의 「일기」인지라 사실은 그것과 달랐을지도 모른다. 아무튼 기득권의 저항으로 대동법이 확산은커녕 폐지 위기에 직면하곤 했음은 틀림없는 사실이다. 다음 인조대에는 강원, 충청, 전라로 확대 실시되었다가, 반전되어 강원도를 제외하고는 폐지되었다. 하지만 병자호란 이후 다시 필요성이 대두되면서, 효종대에 김육의 건의로 다시 충청도에 시험 시행되었다가 점진적으로 전국으로 확대되기에 이른다. 선혜청은 대동미를 징수 관리하는 기관인데, 이처럼 대동법의 발길이 느리다 보니, 처음으로 경기청이 생긴 1608년에서 100년이나 지난 1708년(숙종 34년)에야 마지막으로 황해도에 해서청이 설치됨으로써 겨우 완성을 본다.

이렇게 오랜 세월 끝에 정착된 대동법은 현물세에 대한 미련을 버리지 못한 조정에서 따로 '진상', '제공' 등을 거두어 '이중과세'가 되거나 하는 폐해가 없진 않았다. 하지만 장점은 그런 폐해를 압도하고도 남았다. 국가재정이 풍족해졌을 뿐 아니라 전국의 전결에 대해 고정된 액수의 세금을 받았으므로 세입 예측이 가능해졌다. 또한 대동미를 운반하느라 전국의 수운이 발달하고, 따라서 상업과 화폐의 사용도 활발해졌다. 정액 세제에 따른 효과, 일찍이 세종이 노렸던 바로 그 효과에 따라 농민은 힘써 일하기만 하면 상당한 잉여생산물을 확보하여 부를 축적할 수 있게 되었다. 이 모든 것은 '조선 후기 자본주의 맹아론' 즉 조선 후기에 자체적으로 자본주의로 전환할 싹이 나타났다는 주장이 나올 만큼 눈부신 경제 발달을 가져왔다.

> "공물 세제상의 균형한 과세의 모색을 통해 중간 모리배와
> 가진 자들의 횡포를 차단하며 국가 재정 수입을 늘리는 한편
> 소농민층에게 이익이 돌아가는 것을 주안점으로 한 합리적
> 세제개혁 방안이다."
>
> 김세봉

> "농민의 경제적 현실을 무시한 채 호마다 부과하는 공납제의
> 폐단을 극복했을 뿐만 아니라 조선 후기 상품화폐 관계의
> 발달을 추동하여, 중세의 자급 자족적 자연경제 상태를
> 벗어나게 하는 사회적 변동에 큰 영향을 주었다."
>
> 박진태

생각해보면 특산품 대신 화폐(쌀)를 받는다는 아이디어는 합리적이면서 매우 단순하다. 만약 어느 회사원이 "출장을 가야 하는데, 돈

십만 원과 이만 원어치의 도시락을 지급해주십시오"라고 요청한다면, 어떤 사장이든지 "그냥 십이만 원을 주면 안 되겠나?" 하지 않겠는가? 우리 조상들이 그렇게 단순한 생각을 하지 못했을 리가 없는데도, 전통적인 세법을 고집한 끝에 최초로 시행하기에 백 년, 완성하기에 백 년 걸렸다. 그만큼 전통에 대한 존경심이 깊었던 것이 아니라, 기득권의 저항이 집요했다. 그래도 끝내 포기하지 않고 늦게라도 개혁을 완성한 것에 의미를 두어야 할까? 오늘날에는 그만큼 간단한 생각을, 가령 부동산 문제 해법 등을 놓고, '미처 떠올리지 못하고 있는' 경우가 없을까.

57

매우 귀중한 '주워들은 이야기'

지봉芝峯 이수광이 처음 중국 북경에 가서 낯선 외국 사람을 접한 것은 선조 23년1590년으로, 당시 그의 나이는 28세였다. 두 번째는 선조 30년1597년, 세 번째는 광해군 3년1611년으로 장년인 49세가 되어 있었다. 본래 지방관을 두루 역임하며 견문을 넓혔고, 천성적으로 호기심이 많아서 보고 듣는 것을 일일이 기록해두었다. 이런 이수광이 세 차례 서양 문물에 접할 기회를 얻음으로써, 조선은 매우 획기적인 해외 관련 정보를 얻을 수 있게 된다. 특히 그의 『지봉유설』에 나타난 서양을 비롯한 세계 각국의 지리 정보와, 천주교의 교리가 집약된 『천주실의』의 소개문은 조선 사회에 문화적 충격을 주기에 충분했다.

"영결리국永結利國(영국), … 육지에서 서쪽 끝으로 멀리 떨어진 바다에 있다. … 전쟁에는 대포를 쓰며, 바다를 두루 다니며 노략

269

질을 하는데 당할 나라가 없다."

"교화황敎化皇(교황), … 임금을 교화황이라고 부른다. 혼인하지 않으며 당연히 자식이 없다. 죽으면 왕위를 친족에게 전하지 않고 어진 사람 중에서 뽑는다."

"이마두利瑪竇(마테오 리치), … 이마두는 8년 동안 배를 타고 8만 리의 뱃길로 중국에 와서 10년 이상 머물고 있다… 그가 지은 『천주실의』에는 천주가 처음으로 천지를 창조하고 주재主宰, 안양安養하는 도리를 밝혔으며, 이어서 사람은 영혼이 불멸함을, 이어서 천당과 지옥, 사람이 죽으면 그 영혼은 반드시 응보를 받음을 논하였다…."

이수광이 소개한 각국의 지리 정보는 문헌과 대담 내용을 종합한 것으로, 아시아 계통 나라의 경우에는 중국 고대 문헌의 영향이 그대로 남아 있고, 부정확한 것도 많다. 그러나 유럽, 아프리카와 남·북아메리카에 대한 정보도 추가됨으로써 조선이 갖고 있던 기존의 지리적 지평을 크게 넓혔으며, 중국만이 세계의 중심이며 유일한 문명국이라는 관념도 흔들리게 되었다. 또한 교황의 선거제도를 비롯한 서양의 제도는 당시 조선의 정치이념에 충격을 주었다. 여기에 천주교 교리가 최초로 개략적이나마 소개되었다. 이 모든 것은 새로운 학문의 영역이 존재한다는 사실과 그 학문을 익히고 싶은 욕구를 불러일으켰다. 즉 이수광이 '실학'의 문을 연 것이다.

"17세기 초, 종래의 중국 중심의 세계관과 다른 5대륙이 포함된 서양 선교사 마테오 리치 제작의 세계지도 소개로 당시 지식인의 지리적 세계관을 확대했다. 서양 선교사가 한반도에 들어오기 100여 년 전에 천주교의 기본교리문답서인 『천주실의』를 소개했다. 이것 또한 종교적 세계관의 확대라고 할 수 있다."

장보웅

하지만 그것은 결국 '주워들은 이야기'에 불과했다. 몇 편 안 되는 서양 관련 서적, 그것도 한문 번역판 또는 중국인이 쓴 문헌을 참고하거나, 소수 서양인과의 짧은 만남으로 얻은 정보를 정리한 것이다. 이런 정도로 서양이나 서양 학문을 제대로 알았다고 볼 수 있을까? 물론 이수광은 그 물꼬를 튼 사람이므로, 그에게 책임을 물을 수는 없다. 하지만 이후에도 그런 패턴은 변하지 않았다. 실학이라는 것도 결국 이수광 때보다 규모가 더 커졌을 뿐, 간접적으로 얻은 지식을 전통 학문의 잣대로 재단한 것에 불과했다. 그나마 소수의 지식인 사이에서 통용되었을 뿐으로, 19세기 말 조선에 온 선교사는 대부분의 한국인이 여전히 중국, 일본, 몽고나 일부 동남아 국가만 알 뿐 세계 지리에 대해서는 거의 무지하다는 사실을 알았다. 이수광 이래 350여 년이 흘렀는데도! 직접 서양에 가서, 그곳 생활을 하며, 그곳 학제대로 공부해 돌아오는 본격적인 서양 연구는 개항 이후에나 가능했다.

58

고독한 결단은 배신을 부르고

"조선 국왕이 후금국 칸 전하께 삼가 드리옵니다."

광해군 14년1622년 9월, 이런 문구로 시작되는 국서國書가 후금에 전달되었다. 국서를 읽어본 후금 측은 만족했다. 조선과의 오랫동안의 밀고 당기기가 결국 그럴듯하게 정리된 셈이었다. 바야흐로 쇠퇴 일로의 명나라를 거세게 밀어붙이며 중원 정복의 꿈을 키워가고 있던 후금. 그러나 후방의 조선이 자꾸만 신경 쓰였다. 힘은 약한 나라지만, 명나라와 거의 비슷한 시기에 세워진 이래 명나라에 대한 사대와 여진족에 대한 배격을 분명히 해 온 나라가 아닌가? 더욱이 저번에 일본과의 전쟁에서 명나라가 "망하게 된 나라를 살려 주었다"고해서 한층 사대의 정성이 깊어진 나라가 바로 조선이었다. 혹시라도 후금이 명을 공격하느라 여념 없는 동안 후방에서 조선이 공격해온다면 곤란하지 않을 수 없었다.

사실 이미 공격은 해왔다. 명나라의 집요한 출병 요구를 받아들였다. 하지만 당시 조선의 입장은 미묘했다. 싸우기는 싸우지만, 좋아서 싸우는 게 아니라는 식이었다. 사령관 강홍립은 항복하여 지금은 후금을 돕고 있다. 따라서 후금으로서는 조선의 태도를 확인받을 필요를 느끼고 있었다. "계속 명나라에 충성할 것이냐? 후금의 패권을 인정할 것이냐?"

조선에서는 광해군이 여기에 긍정적인 답변을 하려고 오랫동안 홀로 애쓰는 중이었다. 그는 무엇보다도 피폐해진 국력으로 또 한 번의 전쟁을 치를 가능성을 두려워했다. 하지만 대부분의 신하들은 명분론에 사로잡혀 있었다. 명나라의 출병 요구가 오자 "우리가 먼저 달려가 싸웠어야 했는데, 천자께서 친히 요청을 하시게 했으나 부끄럽다"고 하지 않나, 있는 병력 없는 병력을 다 긁어모아 보낸 강홍립의 군대가 심하에서 궤멸한 후에도 "추가 파병을 해야만 한다"고 하지 않나. 좋은 뜻으로 보낸 후금의 사신의 목을 베자고 하지 않나…. 심지어 항명 사태까지 벌였다. 후금 측과의 회담에 대표로 파견한 정충신이 우호적으로 대하라는 왕명을 정면으로 무시하고는 "명나라는 영원히 우리 군주의 나라, 부모의 나라다. 형편이 어렵다고 해서 관계를 끊을 수 없다"는 폭탄선언을 했던 것이다.

그런 상황에서 후금의 지도자를 천자라고는 하지 않았어도 '칸'이라고 호칭한 국서는 그야말로 가까스로 후금에 전달될 수 있었다. 다행히도 후금은 그 선에서 만족했다. 그리고 더는 조선을 괴롭히지 않고 명과의 결전에 전념하게 된다. 약 1년 2개월 뒤, 광해군이 왕위에서 쫓겨날 때까지는.

　엄밀히 말하면 광해군은 '중립외교'를 펼친 것은 아니다. 중립이란 어느 쪽 편도 들지 않고 공정한 자세를 가진다는 뜻이다. 그러나 광해군은 본래 명에 대한 사대를 유지하면서 한편으로 후금을 달래려고 했다가, 후금의 우세함이 점점 뚜렷해지자 명나라의 요구를 무시하면서까지 후금에 편승하려고 했다. 말하자면 '현실주의 외교'라고 할까. 그것은 고려 때 거란의 침입에 임해 송나라와 절연함으로써 명분을 포기하는 대신 강동 6주라는 실리를 얻은 서희의 외교 노선과 짝할 수 있다. 하지만 광해군은 서희처럼 운이 좋지 못했다. 그의 주위에는 너무나 많은 명분론자가 있었고, 그중 상당수는 그의 몰락을 염원하는 적이었다.

59

조선은 오랑캐 나라가 아니다?

광해군 15년1623년 3월 13일, 어스름한 새벽이었다. 한양 서쪽에 자리한 홍제원은 본래 한적한 가운데 물소리만 교교히 들리던 곳이었으나, 이날만은 말발굽 소리로, 그리고 사람들의 외침으로 시끄럽기만 했다.

이귀, 김자점 등을 중심으로 하는 쿠데타 세력은 홍제원에 집결, 점검을 마친 다음, 두 시간 만에 창덕궁에 진입했다. 그리고 조선왕조 역대 두 번째의 반정反正을 무사히 끝냈다.

"… 형과 아우를 살해하고, 조카들을 모조리 죽였으며, 서모庶母를 때려죽이기까지 하였다. 여러 차례 큰 옥사를 일으켜 무고한 사람들을 가혹하게 죽였다. 민가 수천 호를 철거시키고 두 궁궐을 창건하는 데 있어 토목 공사의 일이 10년이 지나도록 끝나지

275

않았다. … 부역이 많고 수탈이 극심하여 백성들이 살 수가 없어서 고난 속에서 아우성을 치고 있으니, 국가의 위태로움은 말할수 없다.

어디 그뿐이겠는가. 우리나라가 중국을 섬겨온 지 2백여 년이지났으니 의리에서는 군신이며, 은혜에서는 부자라, 임진년에나라를 다시 일으켜준 은혜는 영원토록 잊을 수 없는 것이다. 이리하여 선왕께서 40년간 보위에 계시면서 지성으로 중국을 섬기시며 평생에 한 번도 서쪽으로 등을 돌리고 앉으신 적이 없었다. 그런데 광해는 은덕을 저버리고 천자의 명을 두려워하지 않았으며 배반하는 마음을 품고 오랑캐와 화친하였다. …예의의 나라인 우리 삼한이 이적금수夷狄禽獸의 나라가 되게 하였으니, 가슴 아픈 일을 어떻게 다 말할 수 있겠는가. 천리天理를 멸절시키고 인륜을 막아 위로 중국 조정에 죄를 짓고 아래로 백성들에게원한을 사고 있는데, 이러한 죄악을 저지른 자가 어떻게 나라의임금으로서 백성의 부모가 될 수 있으며, 조종의 보위에 있으면서 종묘 · 사직의 신령을 받들 수 있겠는가. 이에 그를 폐위시키노라."

광해군에 의해 5년간 서궁에 유폐되어 있던 인목대비가 치를 떨면서 써 내려간 폐위 교서다. 왕을 내쫓은 명분은 폐모살제廢母殺弟, 무리한 궁궐 공사, 그리고 '명나라를 배반하고 오랑캐와 내통했다'는 것이었다.

많은 사람이 이 대목에서 크게 한탄한다. 권력투쟁 과정에서 피붙이를 살해하고 굳이 필요하지도 않은 궁궐을 짓느라 국력을 소진한 일은 비판받을 만도 하다. 그러나 명나라와의 관계를 가리켜 '군신'이니 '부자'니 하면서, 쓰러져가는 명나라를 위해 무섭게 일어나는 후금과 맞서야만 한다니, 너무도 현실을 모를 뿐 아니라, 뼛속까지 사대주의에 절은 태도가 아닌가? 더욱이 당시는 임진왜란의 상처가 채 아물지 않아 병력은 부족하고 민생은 허덕이던 상황인데, 무슨 힘으로 후금을 무찌르겠다고 큰소리를 치며, 실용 외교에 힘쓰고 있던 임금을 내쫓았단 말인가?

그런데 잘 알려지지 않은 사실이 있다. 광해군이 주위의 반대를 무릅쓰며 명과 후금 사이에서 '중립외교'를 지향한 점은 사실이지만, 그것은 그 혼자의 뜻이었을 뿐, 당시 정권을 잡고 있던 대북파나, 인조반정을 일으킨 서인들이나 '친명배금親明背金'을 주장하기는 마찬가지였다는 점이다. 광해군은 왕이면서도 외교와 관련해 말을 듣지 않으려 하는 대북의 신하들 때문에 피가 마를 지경이었다. 그것은 그만큼 당시 조선 사회에 '명=중화, 후금=오랑캐'라는 등식이 상식으로 퍼져 있었음을 나타낸다. 그 의식은 심지어 병자호란을 겪고, 명목상 청나라를 받들어 모시는 상황이 되고서도 두고두고 없어지지 않았다. 조선 초에 태종이 양녕 대신 세종을 선택하고, 세종은 명나라를 추종하며 여진과 원수가 되기로 선택했던 역사적 결정들의 오랜 유산이랄까.

아무튼 현실은 냉엄했다. 인조반정은 청나라(후금)의 침공 명분을 제공했으며, 만주 팔기의 기병대는 선비들의 대쪽 같은 명분론을 너무도 간단히 짓밟아 버렸다. 숙부를 내쫓고 옥좌를 차지한 인조는

45일 만에 단군 이래 최고로 굴욕적인 항복을 했다. 엄동설한에 거적을 깔고 엎드려 삼궤구고三軌九叩의 예를 올렸다. 그래도 굴욕으로 끝난 사람은 다행이다. 피할 수도 있었을 전쟁으로 잃어버린 목숨은 어디서 보상받는가.

외교와 정치는 현실이다. 위대한 정신은 그 소유자를 불멸로 만들지만, 정치와 외교가 돌봐야 할 것은 불멸의 영웅이 아니라 그날그날을 살아가는 민생이다. 그리고 그런 돌봄은 날카로운 현실 감각을 필요하다. 병법에 있지 않던가.

"적을 알고 나를 알면 백전백승이다."

이것을 '중국인'의 말이라 하여 무시할 것인가?

명분이냐? 실리냐?

642년, 993년, 1623년.

상당히 비슷한 배경에서 세 가지의 역사적 결정이 이루어졌다.

642년, 연개소문의 쿠데타는 당나라에 대해 '지나친 저자세'를 취한다고 여겨졌던 영류왕을 내쫓고 중국에 정면 대결하는 강경책으로 전환하는 결정이었다. 993년, 서희는 소손녕과 회담하여 기존의 송나라와 국교를 끊고 거란에 사대하는 대신 전쟁을 끝낼 뿐 아니라 강동 6주를 얻어내는 결정을 했다. 1623년, 인조반정이 일어나 명나라와 후금 사이에서 중립외교를 벌이던 광해군을 내쫓고 철저한 친명배금 노선을 분명히 결정했다.

어느 경우에나 약소국의 입장에서 강대국의 실력을 인정하고 고개를 숙이는 대신 실리를 차지할 것인가, 대의명분에 따라 당당한 자세를 견지할 것인가 하는 선택과 연관된 결정이었다. 연개소문 쿠데타와 인조반정은 실리 대신 명분을, 서희의 회담은 명분 대신 실리를 선택했다.

정치와 외교가 실리만을 추구해서는 안 된다. 국민이 납득하려면 최소한의 명분이 필요하다. 또한 좁은 안목으로 실리만을 추구한 결과 장기적으로는 오히려 명분과 실리를 모두 잃어버리는 우를 범할 수도 있다.

하지만 수많은 사람의 생명과 재산이 걸린 결정을 할 때는 이상에 치우치거나 개인의 감정을 앞세워서는 곤란하다. 아무래도 실리를 먼저 고려

해야 하지 않을까. 개인이라면 자신의 신념을 위해 목숨을 바칠 수도 있겠지만, 수많은 사람을 대신해서 결정하는 것이라면 개인적 결정과는 다른 신중함이 필요하지 않을까.

실리 대신 명분을 택한 결과, 고구려는 당나라와 신라의 협공을 받아 멸망했다. 조선은 두 차례의 전쟁으로 쑥대밭이 되고, 임금이 직접 맨땅에 머리를 처박으며 항복하는 치욕을 겪었다. 반면 서희의 결정은 송나라를 배신하는 것이었으나 전쟁을 막았을 뿐 아니라 영토마저 확장하는 큰 결실을 거두었다.

그런데 묘한 것은 분명히 비슷한 배경에서 이루어진 비슷한 결정인데도, 오늘날 연개소문의 결정은 긍정하면서 인조반정은 부정하는 경향이 많다는 점이다. 그것은 상대가 되는 '대국'이 중국인가 북방 민족인가, 결정 주체가 고구려인가 조선인가의 차이 때문일까? 하지만 명분이냐 실리냐 사이에서의 결단은 대동소이하다. 연개소문이 중국에 맞섰지만 인조반정 세력은 중국에의 사대를 버리지 않았다고 해서 전자는 '민족적', 후자는 '비민족적'이라고 평가를 달리할 필요는 없다. 그런 잣대야말로 중요한 결단의 순간에 실리보다 명분에 치우치도록 하는 위험한 자세의 실마리가 아닐까.

060

1696년 안용복의 독도 수호

홀로 국토를 지키다

"귀국 어민들이 매번 우리 영토인 '다케시마'에 무단으로 들어와 고기잡이를 하고 있다. … 앞으로는 다케시마에 오지 못 하도록 엄중히 단속해주기 바란다."

일본 정부가 독도 영유권을 주장하면서 우리 정부에 제출한 항의서인가?

아니다. 지금으로부터 300년도 더 된 옛날에 쓰인 문서이며, 또한 엄밀히 보아 그 문서를 작성한 주체는 당시의 일본 정부가 아니라 대마도였다.

이 문서에서 '다케시마竹島'로 부르는 섬은 울릉도를 말한다. 신라 장군 이사부가 우산국을 정벌했다는 신라 시대 이후 울릉도와 독도는 한국의 영토였다. 그러나 15세기 초, 울릉도를 포함한 멀리 떨어진 섬들이 왜구의 침략에 시달리고 있다는 보고를 받은 조정은 공도空島 정책을 써서 울릉도민을 모두 육지로 소개한다. 다만 그 영토권을 포기한 것은 아니어서, 수시로 순찰을 하고 있었다. 그런데 무인도가 된 울릉도와 독도에 적극적 관심을 보인 쪽이 바로 대마도였다. 이들은 일찍부터 도민을 울릉도에 이주시킬 생각으로 조선 정부의 협조를 요청했으나, 그때마다 거절을 당하곤 했다. 하지만 일본 어민과 나무꾼 등은 끊임없이 고기잡이와 벌채를 벌이며, 같은 이유로 두 섬을 찾는 조선 사람들과 충돌을 벌이곤 했다. 숙종 19년1693년에도 그런 사건이 있었고, 당시 안용복을 포함한 조선인들이 일본 호키 주의 오타니 가문 사람들에게 피랍되어 호키 주로 잡혀가 조사를 받았다. 그리고 이들의 송환 과정에서 대마도에 들르자, 대마도에서는 이들과 함께 "우리 영토인 다케시마…" 운운하는 서찰을 조선 조정에 보냈던 것이다.

당시 36세였던 안용복은 군선에서 노를 젓는 사람이었다. 더 자세히 말하면, 당시 조선에서 제일 천한 신분인 노비였다. 다만 외거노비였으므로 실질적인 생활의 구속은 적었던 것 같다. 송환된 후 안용복이 주장한 대로라면 그는 호키 주에 끌려간 후 오히려 당당하게 "울릉도는 우리 조선 땅인데 어째서 너희 땅이라고 하느냐?"며 호키주 태수에게 따졌다. 태수는 상부에 이 문제를 문의했고, 그 결과 일본 중앙정부라고 할 수 있는 도쿠가와 바쿠후에서 "두 섬은 분명 조선 영토다"라는 인정을 받았다. 그래서 그 내용을 증명하는 문서까지 받고 귀국하는 중이었으나, 대마도에 이르자 심한 대우를 받고 문서도 빼앗기고 말았다고 한다.

안용복의 주장에는 다소 사실과 다른 부분도 있었다. 가령 그는 호키 주 태수에게 직접 따졌다고 했으나 태수 휘하 관리의 심문을 받았을 뿐이었다. 또 당시 바쿠후는 안용복 등을 송환하라는 지시를 내렸지만 두 섬이 조선 영토라는 유권해석은 해 주지 않았으며, 아마도 호키 주가 직속된 돗토리번에서 해석한 듯하다. 과연 문서를 받았는지도 약간은 의심스럽지만, 이는 일본 측에 뒷받침할 자료가 남아 있고 돗토리번으로서는 두 섬을 조선 영토로 해두는 게 유리하기도 했으므로(당시 바쿠후는 해금령을 내려 먼바다에서의 어로 활동을 금지하고 있었다. 따라서 울릉도가 '일본 영토'라 한다면 돗토리번이 문책당할 여지가 있었다), 사실로 봐도 될 듯하다.

그러면 당시 조선 정부의 대응은 어땠는가? 어정쩡함과 유약함 그 자체였다. 이런 어정쩡함을 견디지 못한 사람, 그가 바로 안용복이었다. 그는 이번에는 납치가 아니라 직접 일본으로 건너가기로 한다. 그리하여 '감세장'이라는 관직을 사칭하고는 1696년 봄에 울릉도로 건너갔다. 그리고 그곳에서 발견한 일본 어민들을 꾸짖고, 다시 일본으로 갔다. 그리고 다시 한번 호키 주, 돗토리번 등에 울릉도·독도 문제를 캐물었다. 사실 당시는 돗토리번에서 바쿠후에 울릉도 귀속 문제를 문의한 결과, 바쿠후에서 "조선 영토로 간주한다"는 유권해석을 내린 상태였다. 다만 어떻게든 두 섬을 조선 땅으로 인정해서 해금령 위반에 따른 문책을 피하려던 돗토리번과 달리, 대마도에서는 두 섬을 일본 땅으로 주장하고 싶었다. 그래서 조선 정부에 전하라는 바쿠후의 문서를 받아 놓고도 숨겨둔 채 조선에 전달하지 않고 있었다. 그러다가 이제 안용복이 다시 찾아오자, 문제가 커질 것을 우려한 대마도도 결국 울릉도가 조선 땅임을 인정한다는 바쿠후의 문서를 조선에 전달한다. 안용복의 큰 공로가 아닐 수 없었다.

그러면 안용복은 조선에 돌아와서 영웅으로 대접받았을까? 그 반대였다. 그는 유배형에 처했고, 이후의 행적은 분명치 않은데 아마 유배지에서 숨을 거뒀을 것으로 보인다. 당시 조선 조정 대신들도 안용복이 큰일을 했다는 데는 의견이 일치했다. 그러나 국법상 무단으로 외국에 들어갔을 경우 사형에 처하게 되어 있었다. 그래서 그 공로를 봐서 유배형으로 감형한다는 결정을 내린 것이다. 물론 법은 법이다. 그러나 국토를 지킬 책임을 미루고 있던 자신들 대신 한 힘없는 천민이 나서서 문제를 해결했건만, 하다못해 일단 유배를 보냈다가 감형해줄 아량조차 발휘하지 못했던 걸까.

오늘날 안용복은 교과서와 위인전기에서 영웅으로 칭송된다. 하지만 일본과의 사이에 독도 문제는 아직껏 해결되지 않고 있다. 정부는 "방치하는 게 유리하다"며 이 문제를 영구히 미결로 남겨두려는 듯한 자세다. 만약 답답한 현실을 참지 못하고 법을 어기면서 이 문제를 해결하려는 개인이 등장한다면, 우리는 '제2의 안용복'을 어떻게 대우해야 할까.

朝鮮之八道

京畿道
江原道 此道中 竹嶋松嶋 有之
忠清道
全羅道
平安道
咸鏡道
黄海道
慶尚道

원록구병자년 조선주착안 일권지각서 元禄九丙子年 朝鮮舟着岸 一卷之覺書

안용복 조사보고서는 2005년 일본 오키섬에서 발견됐다. 문서에는 "죽도(울릉도)와 송도(독도)는 강원도에 있는 조선의 영토"임이 표기되어 있다. 현재는 시마네현 오키섬 무라카미 가문(村上家)이 소장하고 있다.

61

1784년 이승훈의 천주교회 창설

취사선택의 실패

1984년, 한국을 최초로 방문한 요한 바오로 2세 교황은 '한국 천주교회 창설 200주년 기념 미사'를 손수 집전했다. 1784년에 이승훈이 최초로 세례를 받은 일을 기원으로 삼은 것이다. 얼핏 생각하기로는 이승훈 개인이 천주교도가 된 것이 어째서 교회의 창설이 되느냐 싶다. 하지만, "너희 한 사람마다 곧 교회이다"라는 성서의 말씀에 따라 비록 조선에서 한 사람만 신도가 되었어도 교회가 성립했다고 보는 것이다.

이승훈은 남인 계열의 유력한 집안의 자손이었다. 1780년에 진사가 되었고, 1783년에 서장관으로 사신 일행에 포함되어 북경에 갔다. 이승훈은 외국인 선교사에게서 수학을 배우고자 예배당을 찾았는데, 그곳 선교사들은 그에게 수학만이 아니라 천주교의 가르침도 주었다. 그리고 마침내 1784년 2월, 예수회 출신의 그라몽 신부에게 세례를 받고 최초의 교인이 된다. 이승훈이 선택한 세례명은 '베드로'로 조선 교회의 주춧돌 노릇을 하겠노라는 의미가 담겨 있었다.

천주교 서적과 십자가상, 묵주, 성화 등을 가지고 귀국한 이승훈은 친구이자 인척이었던 이벽, 정약용, 권철신에게 세례를 주었으며 차차 신자가 늘어 명례방에 집회소가 만들어졌다. 또 충청도 내포와 전라도 전주에도 신자 공동체가 생겨났다. 그러나 1785년에 이승훈 등의 집회가 관아에 발각되면서 최초의 박해가 이루어진다. 정조는 "이단 사설이 유행하는 이유는 교화가 불충분하기 때문이니, 다만 그 책을 불태우고 잘 타일러서 정도로 돌아오게 해야 한다"는 온건론을 내세웠으므로 사람이 죽거나 하는 일은 없었지만, 이승훈은 천주교 서적을 불태우며 배교를 선언해야 했다.

배교 후에도 이승훈은 은밀하게 종교 활동을 계속했으며, 1793년에는 중국인인 주문모 신부를 입국시키기도 했다. 하지만 1790년에 로마 교황청에서 제사를 우상숭배로 규정하고 조선인이 계속해서 조상에 대한 제사를 지내지 못 하게 하자 이승훈의 처지는 더욱 난처해진다. 여기에 이듬해인 1791년에는 '진산 사건'이라 하여 전라도 진산군의 유생 윤지충과 권상연이 조상의 신주를 불사르고, 윤지충의 모친이 죽자 천주교식으로 장례를 지내는 일이 발생하였다. '신줏단지 모시듯'이라는 말이 아직 남아 있을 만큼 절대적으로 중시했던 조상의 신주를 태웠다는 것은 당시로서 천인공노할 만행이었다. 이로써 정조도 더는 온건론을 유지할 수 없었고, 윤지충, 권상연을 처형했다. 여기에 이승훈이 아직도 천주교를 믿는다는 고발이 들어가면서 그는 평택 현감직에서 파면되고 옥에 갇힌다. 이승훈은 다시 한번 배교함으로써 풀려나지만, 정조가 죽고 노론 벽파의 세상이 되었을 때 불어 닥친 신유박해의 바람에 휩쓸려 처형되고 말았다1801년. 그는 자신이 이미 배교했다고 호소했으나 소용이 없었다. 그는 자신의 세례명의 기원이 된 성서의 사도처럼 세 번 배교하고 죽은 셈이다.

이승훈의 세례에서 비롯된 18세기 말 조선 천주교회의 창설과 그 탄압은 정치적으로 정조 개혁정치의 오른팔이었던 남인 세력이 몰락하는 결과를 낳았다. 하지만 역사적으로 더 큰 의미는 이로써 서양 문물의 수입과 그에 따른 자생적 근대화가 본격화될 뻔하다가 좌절되었다는 것이다.

그 잘못은 누구에게 있을까. 우선 교회의 입장을 절대시하고 포교 대상국의 문화와 입장을 고려하지 않은 로마교회의 '제국주의적' 성격이 문제였다. 조선에서 최초의 순교자가 나오게 만든 '제사 금지' 조치도 그렇지만, 이승훈 등이 세례를 받을 때 신부들의 질문 내용에는 "너희 임금이 배교하라고 명령하면 어떻게 하겠는가?"도 들어 있었다. 여기에 대해 "처벌을 각오하고 왕명에 거역하겠다"고 밝혀야 세례를 받을 수 있었다. 교회 입장에서는 당연한 질문일지도 모르지만, 조선의 입장에서는 이는 조선의 문화를 인정하지 않는 정도가 아니라 '국가 반역'을 맹세토록 하는 것이었다. 아무리 당시의 조정이 관대했던들 이를 받아들일 수 있었을까.

그래도 장기적으로는 이렇게 서구 문화의 유입과 결별함으로써 큰 대가를 치른 쪽은 조선이었다. 천주교를 조선보다 더 심하게 박해하면서도, 나가사키를 통해 네덜란드 개신교도의 문물은 받아들였던 일본의 예를 따랐다면 어땠을까. 이승훈이나 정약용은 신앙과 서양 문물 공부를 뚜렷이 구분하지 않고 함께 받아들였다. 그리고 그들을 박해한 조정도 마찬가지였다. 그러나 종교와 문화를 구분해서, 실용적으로 취사선택하지 않은 지혜가 아쉽지 않을 수 없다.

62

1791년 신해통공

왕의 필요와 백성의 필요

"… 옛사람이 말하기를 '한 지방이 모두 통곡하고 있다면, 그것이 어찌 한 집안만 통곡하는 것과 같으랴' 하였습니다. 간교한 무리가 일부 작당하여 저주하는 말에 얽매여 도성의 수많은 사람의 곤궁함을 구제하지 않는다면, 나라를 위해 원망을 책임지는 뜻이 어디에 있겠습니까."

정조 15년1791년 신해년 정월 25일, 정조가 신임하고 있던 좌의정 채제공이 정조 앞에 엎드려 금난전권禁亂廛權에서 비롯된 폐단을 고발하고, 그것을 없앨 방도를 건의하고 있었다. 금난전권이란 무엇인가. 조선 초에 육의전을 비롯한 시전 상인에게 왕실 용품을 납품하는 대가로 시장 독점권을 주는 한편, 비공인 상인인 난전亂廛을 직접 단속할 권한을 주는 것을 의미한다. 그런데 시대가 변하고 상업이 발달하면서 상인의 수는 대폭 늘어난 한편, 기존 상인이 금난전권을 무기로 시장에 새로 진입하려는 상인을 막고 있는 통에 시장에 유통되는 물자가 부족해져서 물가가 크게 올랐다. 그뿐만 아니라 금난전권을 악용해 시전 자격만 따놓고는 스스로는 장사를 하지 않고 난전을 찾아다니며 협박하여 물건을 빼앗거나, 상납을 받는 무리도 날뛰는 형편이었다.

이에 정조는 채제공의 건의를 받아들여 육의전을 제외한 시전의 금난전권을 폐지한다는 전격 결정을 내렸으며, 신해년에 이루어진 상업 자유화 조치라 하여 이를 '신해통공辛亥通共'이라 한다. 다만 그 조치가 가감 없이 곧바로 시행되지는 못했으며, 여러 논란을 거친 끝에 약 3년 뒤의 '갑인통공甲寅通共'으로 마무리된다. 어물전을 육의전에서 제외하며, 특권을 빼앗긴 시전상인들에게 세금을 줄여 주는 조치가 갑인통공의 골자였다.

"신해통공은 후일에 임상옥과 같은 평민 상업자본주의를
일으키는 결정적인 역할을 하였다." 복기대

실제로 신해통공은 조선 후기에 '자본주의의 싹이 나타났다'고 볼 정도로 상업과 산업이 활발해지는 계기를 마련했다고 평가된다. 특권상인이 몰락하면서 상업이 자유화되고, 시장이 발달하며, 돈과 물자의 흐름이 원활해졌기 때문이다. 그것은 "사람이 이익을 쫓는 것은 물이 아래로 흐르는 것과 같다. 억지로 막으려 하면 폐단이 생긴다"고 보았던 정조의 '자유주의적' 사상과도 연관된다고 할 것이다.

다만 당초 신해통공의 명분이었던 "수많은 사람의 곤궁함을 구제한다"는 점에서는 신해통공은 좋은 결과를 가져오지는 못했다. 특권 상인의 횡포 대신에 대규모 사상私商의 독과점과 횡포가 이어졌다. 힘없는 백성의 관점에서는 늑대 대신 호랑이가 나타났다고 할까. 그것은 당초 정조가 신해통공을 결단하면서 일반 백성의 사정만이 아니라 자신의 왕권 강화를 염두에 두었기 때문일 것이다. 기존의 특권 상인은 정조의 왕권을 위협하던 노론 벽파 세력과 손이 닿아 있었다. 정조는 신해통공으로 그들의 힘을 억누르는 한편 대규모 사상들을 자신의 지지 세력으로 끌어들였다. 신해통공은 분명히 이 땅의 '자생적 근대화'로 이어지는 중요한 개혁 조치였지만, 민생개혁이라는 점에서는 한계가 있는 결정이었다.

63

1800년 정조, 사망 직전 김조순에게 앞날을 부탁하다

세도정치의 문을 열다

1800년 6월 24일, 창경궁의 영춘헌, 한 사람의 왕이 죽었다. 그는 다름 아닌 정조. 세종과 쌍벽을 이루는 학자 군주이자 조선의 대표적 개혁 군주로서 오늘날까지 널리 추앙받는 임금이다.

정조의 죽음을 둘러싸고 '암살이 아닌가'라는 의혹이 그 직후부터 오늘날까지 계속 이어져 왔다. 정조는 이른바 '수구 기득권'이라는 노론 세력과 평생 고독한 투쟁을 벌여 왔기 때문이다. 하지만 확신하기는 어려운 일이다. 여러모로 뛰어났던 정조는 의학에도 조예가 깊어, 자신의 병세를 직접 진단하고는 전의들에게 일일이 처방을 지시했다. 게다가 그는 급사한 것이 아니라 서서히 병세가 악화하여 죽었다. 장시간에 걸쳐 '의학전문가' 정조를 속이고 잘못된 약을 올렸어야 한다는 말인데, 그러기란 아무래도 힘들었을 것이다. 또한 오회연교라는 것도 내용이 모호하여 '노론에 대한 선전포고'라고 해석

할 수만은 없고, 실제로 정조는 재위 후반기에 노론과 타협적인 자세를 유지하고 있었다.

정조가 최후에 급진개혁보다는 타협을 선택했다는 근거가 따로 있다. 그리고 그것은 그의 죽음을 둘러싼 것과 같은 의혹이 생길 여지가 없이 분명하다. 바로 죽기 직전에 노론이자 외척(세자의 장인)인 안동 김씨의 김조순에게 앞날을 부탁했다는 사실이다.

물론 김조순은 정조와 대립각을 세워 온 노론 '벽파'가 아니라 정조에게 동조하는 노선을 취해 온 '시파' 출신이다. 또 인격적으로 나무랄 데가 없는 사람이었다. 그러나 정조가 즉위 초부터 견지해 온 정치 노선이 '탕평蕩平'과 '좌척左戚', 즉 "당파를 초월하여 인재를 등용하고 외척 세력은 철저히 배제한다"였음을 돌이켜보면 그의 최후의 선택은 자신의 원칙을 스스로 무너뜨린 것이 아닐 수 없었다.

"정조가 마지막에는 큰 착오를 저질렀다고 볼 수밖에 없다."

이덕일

김조순에게 세도世道를 부탁할 수밖에 없었던 이유는 아마도 노론의 세력을 끝내 제압하지 못한 상황에서, 현실적으로 어린 세자를 보호해줄 사람을 달리 찾을 수 없었던 데 있었으리라. 그러나 그 선택은 영·정조 시대의 찬란한 '문예부흥' 시대를 마감하고, 이후 개화기에 이르기까지 수구적이고 폭압적인 정치가 펼쳐지도록 했다. '세도정치' 시대가 열린 것이다.

"정조의 사망 이후 펼쳐진 세도정치는 붕당정치의 변질을 초래하면서 공존의 정치를 파괴하고, 근대화의 희망을 불식시켰다."

김경수

세도정치의 원형은 앞서 정조 재위 초기에 있었던 홍국영의 독재정치에서 찾곤 한다. 정조는 홍국영을 실각시킨 후 탕평과 좌척을 내세우며 개혁 지향적 정치를 폈으며, 그 가운데 조선 문명의 마지막 꽃이 피어났다. 그러나 그의 죽음과 함께 그 꽃은 쓸쓸히 저버렸으며, 그러한 낙화洛花를 가져온 흐름의 시초는 정조 스스로가 제공하였다.

64

한평생 걸려 정리한 한반도의 모든 것

22첩으로 구성하여 한 첩을 책장처럼 넘겨볼 수 있게 만든 「대동여지도」를 한 면에 모두 펼치면 세로 6.6m, 가로 2.4m나 된다. 그래서 서울대학교 규장각을 제외한 곳에서는 그 축소판을 하나의 종이에 떠서 전시한다.

김정호(?~1864)는 지도를 만들기 위해 태어난 사람이라고 말할 수 있다. 1834년경에 「청구도」를, 1856년~1859년경에 「동여도」를, 1861년에 「대동여지도」를 제작했으며 다시 3년 후에는 「대동여지도」를 수정해서 재간행했다. 또한 지리에 관련된 인문, 자연 정보를 기록한 지지地誌도 만들었는데, 1844년에는 「동여도지」를, 1854~1856년경에 「여도비지」를 간행했다. 필생의 사업 중 하나로 「대동지지」를 작성하는 작업을 하다가, 완성을 못 본 채 세상을 떠났다. 30년 이상을 오직 지도에만 매달린 외길 인생이었다.

그런데 김정호와 「대동여지도」에 대해서는 몇 가지 잘못된 '신화'가 있다. 우선 그가 「대동여지도」를 제작하기 위해 전국 방방곡곡을 답사하여 실측했으며, 백두산에는 세 번 이상 올라갔다는 이야기다. 이는 1925년에 최남선이 처음 거론했는데, 그는 자신의 주장을 뒷받침할 근거를 밝히지 않았으며 백두산 등반 회수도 매번 틀리게 말했다. 또 하나의 근거 없는 이야기는 「대동여지도」가 외국에 군사정보를 누출하는 것이라며 당시 대원군이 집권하고 있던 정부에서 김정호를 탄압해 감옥에서 죽게 만들고, 「대동여지도」의 목판은 불살라버렸다고 하는 것이다. 이 역시 최남선이 처음 거론했고, 1934년에 조선총독부가 펴낸 『조선어독본』에서는 김정호의 '백두산 등반설'과 함께 '옥사설'을 믿을 만한 정설인 양 소개했다. 아울러 "「대동여지도」는 지도 제작의 불모지였던 조선에서 전무후무한 업적이었다"는 평가까지 덧붙였다.

그러나 김정호가 일부 답사를 통한 실측을 했으리라고 보기는 해도(어느 정도인지는 아직도 학계의 논란거리다), 백두산을 몇 차례 오를 정도로 실측에만 의존하지는 않았으리라는 것이 지금의 정설이다. 일단 당시의 도로 사정상 전국을 일일이 답사하기가 사실상 불가능했고, 가난한 평민이었던 김정호에게는 답사에 필요한 자금도 없었다. 또한 불태웠다는 「대동여지도」 목판은 지금 버젓이 남아 있으며, 『조선왕조실록』을 비롯한 당시의 기록에는 김정호를 탄압한 이야기가 전혀 보이지 않는다. 그리고 김정호는 무無에서 「대동여지도」를 만들어낸 것이 아니었다. 조선에서는 「혼일강리역대국지도」, 「건상곤여도」, 「동국지도」 등 우수한 지도들이 오래전부터 제작되었으며 김정조선 후기 고산자古山子 김정호가 1861년 제작한 한반도 실측 지도이다. 1985년 대한민국의 보물 제 850호로 지정되었다. 근대적 측량이 이루어지기 전 제작된 한반도 지도 중 가장 정확하다.

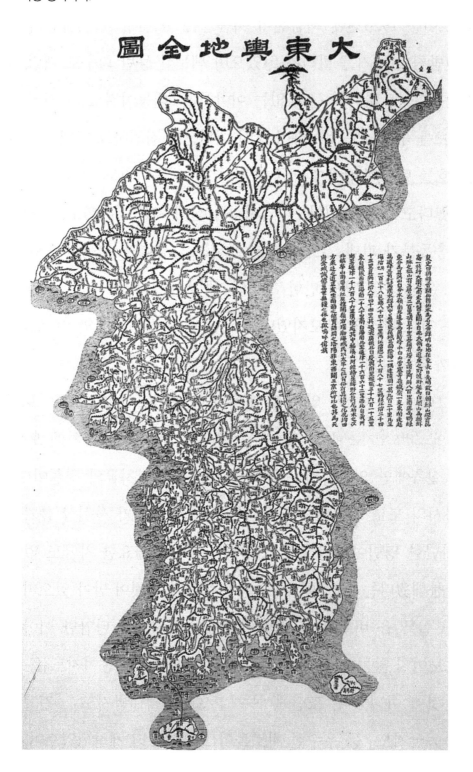

호는 선배들의 지도를 참조하며 자신의 지도를 만들었다. 김정호 지도의 독창성은 '실측한 것'으로 착각할 만큼 산과 강을 그 실제 규모에 비례하여 표현했다는 점(이전 지도는 사회적으로 중요한 대상은 실제보다 크게, 큰 의미가 없는 대상은 작게 그리는 것이 관행이었다), 전국을 한눈에 나타내는 전국지도와 일부 지방의 상세한 지리를 나타낸 지역지도를 결합했다는 점 등에 있다.

「대동여지도」 제작이 역사적으로 중요한 이유는 무엇인가? 우선 조선의 지리학을 집대성하고, 오늘날에도 정확성과 예술성에서 찬탄을 불러일으키는 명작, 민족사의 보물을 낳았다는 점에서 의의가 있다. 그러나 또 하나의 의의는 이러한 보물이 정작 철저히 외면되었다는 점, 조선 후기의 발전된 실학實學 성과가 제대로 활용되지 못한 채 묻혔다는 점에 서 찾아야 한다. 세계적으로 보기 드문 상세한 역사기록이라는 『조선왕조실록』에는 분명 김정호를 탄압한 내용이 나오지 않는다. 그러나 더 정확히 말하면, 김정호라는 이름 자체를 전혀 찾아볼 수 없다. 「대동여지도」, 「청구도」, 「동여도지」 등 그가 심혈을 기울인 작품들 역시 단 1회도 언급되지 않는다. 『조선왕조실록』만 보자면 김정호라는 인간은 존재한 적이 없다. 그만큼 당시의 조정은 어느 평민이 평생을 바친 업적을 깡그리 무시했다는 뜻이다. 도리어 「대동여지도」의 가치를 알아보고 그것을 활용한 쪽은 일본이었다. 그들은 구한말 침략 당시 그 지도를 군사 목적에 사용하였고, 강점기에는 토지조사 사업에 이용했다. 이러한 사실 때문에 "조선 정부가 기밀 누출을 이유로 김정호와 「대동여지도」를 탄압했다"는 잘못된 신화가 생겨난 것이 아닐까. 조선 후기에는 분명 성리학에 대한 반성, 서양 학문의 유입, 비양반 계층의 각성 등으로 새로운 발전상을 보이고 있었다. 그러나 그 발전을 더욱 장려하고 국력을 기르는 데 활용했어야 할 리더십은 존재하지 않았다.

1861년 김정호의 대동여지도 제작

제4부　근대

65

경복궁에 비친 낙조

'유신維新'이라는 말을 들으면 대개 박정희의 '10월 유신'을 떠올릴 것이다. 하지만 유신이란 한자문화권에서 오랜 전통을 가진 숙어다. 1865년 4월 3일, 창덕궁에서도 그 말이 언급되었다.

> "옛 궁전을 중건하는 것은 나라의 운수를 새롭게 만드는景命維新 계기이므로 기쁜 마음에 축원하여 마지않습니다. 대체로 나라에 큰 공사가 있으면 으레 백성의 힘을 빌리는데, 이것은 어버이의 일을 도우려고 아들이 달려오는 것과 마찬가지입니다. 재정도 담당 관리들이 응당 차례차례 해결해나갈 것입니다."

경복궁을 중건한다는 조대비의 하교에 좌의정 김병학이 답한 내용이다. 조선의 정궁正宮으로 1395년에 지어진 경복궁은 1592년 임진왜란으로 불탄 이후, 230년이 넘도록 잡초만 우거진 을씨년스런 빈터로 남아 있었다. 그런데 흥선대원군 이하응의 강력한 의지에 따라 다시 지어지는 것이었다.

경복궁 중건 논의는 전부터 있었다. 숙종이나 영조도 검토했으며, 헌종, 그리고 조대비의 남편이 되는 익종 역시 경복궁 중건을 계획하고 자금 조성까지 착수했으나 결실을 맺지 못했다. 그러나 대원군은 의지가 남다른 것은 물론, 명분까지 확실했다. 태조께서 이룩하신 정궁을 새로 지음으로써 국가의 위신을 높이고, 조정의 분위기를 일신한다는 것이다. 또한 그것은 대원군의 국정철학이 반영된 목표이기도 했다. 그가 집권한 후 강력히 추진해온 정책에는 모두가 '근본으로 돌아간다反本'는 뜻을 품고 있었다. 비변사를 혁파하고 의정부 중심 체제를 복원하며, 삼군부를 부활시키고, 서원을 없애는 등의 개혁은 모두 조선 후기에 이루어진 '편법'을 제거하고 건국 당시 세워진 원칙으로 돌아간다는 의미였다. 다시 말하면 당쟁과 세도정치 시기에 약해질 대로 약해진 왕권을 태조나 태종의 시대와 같이 강력하게 만든다는 의미이기도 했다. '본래대로 된다. 그럼으로써 새로워진다.' 태조가 세운 경복궁을 다시 웅장하게 세운다는 행위는 그러한 '반본=유신' 이념의 기념비가 될 것이었다.

그러나 김병학의 호언장담과는 달리, 이미 피폐해져 있던 조선의 국력으로 경복궁 중건은 무리한 시도였다. 재정 조달이 여의치 않자 대원군은 급기야 무리수까지 두었다. 말로는 '원하는 사람만 낸다'는 원납전願納錢을 강제로 거두고, 새로 동전을 주조해서는 "상평통보의 100배 가치가 있다"라며 당백전이라고 선전했다. 그러나 원납전은 곧 '원한을 품고 내는' 원납전怨納錢이 되었고, 당백전이 100배 가치로 유통되는 경우는 눈을 씻고 봐도 없었다. 이로써 민생은 더욱 피폐해지고, 경제 질서는 엉망이 되었다. 과도한 원납전 부과로 재산을 빼앗기고는 울분을 못 이겨 자살하는 사람까지 속출했다. 엎친 데 덮친 격으로 프랑스군의 공격(병인양요)으로 당시 비축해둔 물자가 소실되면서 공사에는 더욱 지장이 생겼다.

그러나 대원군은 관직을 매매하고 일반인의 묘지에서 나무를 베어내면서까지 끝끝내 공사를 추진했다. 그 불굴의 의지는 1868년 6월 10일 중건 공사 완료로 결실을 보았다. 같은 해 7월 2일에 고종, 대비와 함께 경복궁으로 이어 할 때 대원군은 얼마나 감개무량했을까.

그러나 그 엄청난 대가는 대원군 자신도 톡톡히 치러야 했다. 호포세 부과와 서원 철폐의 과정에서 이미 양반의 지지를 잃어버린 그는 경복궁 중건을 통해 일반 민중의 지지마저 잃어버렸다. 더욱이 시기가 너무 좋지 못했다. 경제는 흔들리고 서구열강은 침략해 오는 국가적 위기상황에서 국력을 불요불급한 궁궐 공사에 쏟아부은 대원군의 선택은 누가 봐도 긍정할 수 없었다. 더구나 최익현 같은 꼬장꼬장한 유생에게 "왕실이 사치를 위해 토목공사를 벌여 민력을 피폐하게 한다"는 것은 곧 폭정의 표상이었다. 대원군은 광해군이 무리하게 궁궐 공사를 하다가 어떻게 되었던가를 잊어버린 것일까? 그는 경복궁 완공 후 5년 만에 권력에서 밀려났다. 그리고 경복궁 자체는 그로부터 몇 달 만에 대규모의 화재로 반 이상이나 불타 버렸다. 그리고 다시 37년이 지나자, 조선왕조 자체가 막을 내렸고, 경복궁은 조선총독부를 짓기 위해 함부로 파괴되고 개조되었다.

"대원군은 정도전이나 조광조 못지않은 개혁 의지를 갖고 있었다. 그러나 그런 개혁의 지향점이 복고와 폐쇄에 있었던 것이 대원군 비극의 시작이었다. 그의 개혁 열차의 종착역은 시대착오적인 성리학 사회의 재건이었고 왕권 강화였다. 바로 이것이 대원군 개혁정치의 한계이자 비극이었다. 경복궁 중건을 왕권 회복의 상징으로 삼은 것이 그런 착오의 한 예이다." 이덕일

'새롭게 하는 일(유신)'과 '근본으로 돌아가는 일(반본)'은 일부 일치할 수 있다. 그러나 결코 같은 의미일 수는 없다. 대원군의 문제점은 모든 것을 새롭게 바꿔야만 살아남을 수 있는 중대한 시기에 옛날 것을 되풀이할 줄밖에 몰랐다는 것이다.

66

과거에 매달렸던 실용주의

洋夷侵犯

非戰則和

主和賣國

서양 오랑캐가 침범하고 있다.

싸우지 않으면 화친하자는 것인데,

화친하자고 주장함은 나라를 파는 것이다.

1871년, 신미양요가 '승리'로 끝난 직후 대원군이 전국의 교통 중심지마다 세운 척화비斥和碑의 내용이다. 마치 훗날 군사정권이 관공서와 학교마다 '멸공통일'의 구호를 내걸고 항상 보고 익히도록 했던 것처럼, 쇄국정책을 천명하는 데 그치지 않고 '국민의 정신무장'을 독려했던 셈이다.

307

중세 때까지만 해도 활발한 대외 활동을 했으나, 근세 이후부터 외부로 열린 문에 빗장을 걸고 대외 교류에 소극적인 자세를 보인 점은 동양 국가의 공통점이다. 그중 조선은 유달리 심했다. 중국은 시베리아를 통해 러시아와 교류하고, 서유럽 국가는 광동에서 거래했다. 일본도 도쿠가와 시대에 기본적으로 쇄국을 표방했으나 나가사키만은 개방하였고, 그곳을 통해 수입한 서양 학문으로 '난학蘭學'을 꽃피웠다. 하지만 조선의 경우 건국 초부터 외부와의 교류를 꺼림은 물론이요. 국내 주체들끼리의 교류조차 억제하였다. 경제질서 교란을 염려한다며 화폐와 귀금속의 유통을 막았고, 적의 침공로가 된다고 하여 오솔길을 넓힐 생각도 하지 않았다. 애써 한글을 만들어 놓고도, 조선이 망할 때까지 중요한 정보는 극소수의 양반 사이에서 한문으로만 주고받았다.

대원군이 강력히 추진한 쇄국정책은 그러한 동양 국가의 해금海禁 노선이 파탄 나는 것을 보면서 취해졌기에 더욱 문제였다. 세계의 중심이라 자랑하던 청나라가 아편전쟁으로 치욕을 당하고1841년, 개국 이래 침략당한 역사가 없었던 일본이 미국의 포함외교 앞에 반강제로 개방을 하는 상황에서1856년, 우리는 '어떻게 하면 피해를 보지 않고 개방할 수 있을까'라고 생각하기는커녕 '절대로 개방에 응해서는 안 된다'고 생각했던 것이다. 중국과 일본보다 훨씬 약하고, 서양에 대한 지식도 제일 적은 나라가 선택한 어리석은 결정이었다.

대원군은 왜 쇄국을 선택했을까? 고리타분한 고집쟁이 노인이어서? 하지만 그가 의외로 '실용주의자'였으며, 본래는 외국에 대해 거부감도 별로 없었다는 지적이 있다. 그는 어려서부터 혹심한 정쟁

조선 말기의 왕족. 정치가로 이름은 이하응李昰應이다. 영조의 5대손이자 남연군의 넷째 아들이며, 고종의 친아버지이다. 1907년 헌의대원왕興宣大院君으로 추봉되었다. 본 작품은 흥선대원군의 초상화 중에서 가장 크고, 보존상태 역시 제일 양호하다. 흥선대원군이 직접 쓴 제발문을 가지고 있다는 점에서 의미가 있다.

과거에 매달렸던 실용주의 **309**

의 틈바구니에서 자라며 현실주의적인 사고방식을 키웠다. 또한 공리공론만 일삼으며 왕권을 흔드는 세도 정치가를 혐오하면서, 정조正祖와 남인南人 계통의 실학자들을 본받아 부국강병에 힘쓰고자 했다. 그 과정에서 프랑스의 가톨릭 신부들을 기용해 무기 제조와 같은 실용 지식을 습득하려고도 했다. 일종의 동도서기東道西器, 즉 '동양의 도리를 지키는 가운데 서양의 기술을 이용한다'는 자세를 가지고 있었다고 할 수 있다.

하지만 대원군의 동도서기는 '동도' 쪽에 너무 치우쳐 있었다. 그는 권력을 독점하는 과정에서 주류 노론 양반의 기득권을 침해했고, 따라서 그들의 원한을 샀다. 때문에 그들을 달랠 필요가 있었다. 바로 그들의 '위정척사爲正斥邪' 사상에 공명함을 보여주는 것으로! 그래서 대원군을 맹렬히 비난하던 최익현, 이항로 등도 나중에 민씨 정권이 개방에 나서자 "차라리 대원군이 나았다"며 입장을 바꾼다.

그리고 대원군의 실용주의라는 것도 어차피 주자학적 세계관의 한계를 넘지 못하는 것이었다. 대원군도 중화와 이적의 구분을 믿어 의심치 않았으며, 우월한 정신문명을 가진 동양이 서양의 사악한 물질문명에 물들어서는 안 된다고 여겼다. 그리하여 집권 초기에 이미 '절반은 서양 오랑캐'인 일본과의 교류를 끊었고, 프랑스와의 관계가 난감해지자 프랑스 선교사들과 수천 명의 천주교도를 학살하는 병인박해1866년를 일으켰다. 그 결과 병인양요와 신미양요가 줄을 잇고, 거기서 참으로 요행히, 그나마도 '상처뿐인 승리'를 거두자 그 결과를 과대평가하면서 "우리가 힘만 합치면 어떤 서양 오랑캐도 물리칠 수 있다"며 척화비 건립을 지시했던 것이다.

쇄국정책은 국제사회에서 가뜩이나 뒤져 있던 조선의 근대화를 더욱 어렵게 만들었으며, 끝내 망국으로 이어지는 요인을 제공하였다.

"근대화의 물결 속에서 세계정세를 충분히 고려하지 못하였다.
결국, 우리의 식민지화 초래의 단초가 되어, 이후 한국사에서
식민지 지배, 민족의 분단 등의 원인을 잉태하고 말았다."

하문식

그렇다고 무조건적인 개방이 대안일 수는 없을 것이다. 오늘날은 어떨까? IMF 이후 밀려드는 신자유주의의 물결. FTA, 수입농산물…! 우리는 이 시대에 알맞은 현명한 개방을 해나가고 있는가? 아니면 '매국'을? 아니면 '망국'을 자초하고 있는가?

67

1876년 강화도조약

역시 믿을 수 없는 회담

자칭 '국보'라 했던 문학박사 양주동 씨의 회고담에는 학생 시절 '기하학'의 개념에 처음으로 눈뜬 경험 이야기가 나온다. 처음에는 기하학적인 정리定理가 대체 무슨 소리인지 몰랐는데, 선생님이 지시하는 대로 이렇게 선을 긋고, 또 긋고 하다가 "자, 그러면 이제 어떻게 되었지?" 하니 어느새 정리가 실증되어 있었다는 것이다. 그때 양주동 학생은 놀라움과 함께 이런 비애를 느꼈다고 한다.

> "아, 바로 우리 조상들이 이랬구나. 외국인이 시키는 대로 여기에 도장을 찍고, 또 저기에 찍고 하다가 "자 이제 어떻게 되었지?" 하고 보니 어느새 나라를 빼앗긴 상황이었구나."

다른 경우는 몰라도, 한국이 근대세계에 처음으로 문을 열었던

1876년 강화도 조약(병자수호조약)만큼은 그야말로 '멋모르고 찍으라는 대로 도장을 찍어 버린' 조약이라고 해도 좋았다. 우리는 왜 그럴 수밖에 없었을까?

조약 체결 이전까지 한일관계는 국교단절 상태로, 임진왜란 이래 가장 나쁜 상황에 부닥쳐 있었다. 일본은 메이지 유신을 통해 자체적 근대화에 들어선 1867년부터 조선에 국교 재개를 요청했지만, 일본을 '절반은 서양 오랑캐'라 부르며 혐오했던 대원군은 코대답만 했다. 이에 분노한 일본에서는 조선을 무력으로 정벌하자는 '정한론征韓論'이 나오기도 했으나, 일단 지켜보자는 입장이 우세하여 약 10년간 일종의 '냉전' 상태가 이어지고 있었다.

그러나 앞서 그 스스로가 미국의 포함외교에 따라 불평등조약을 체결하며 반강제로 문호를 개방했던 일본은 메이지유신을 거치며 착착 힘을 길렀을 뿐 아니라, 거꾸로 다른 나라를 협박하는 나라로 탈바꿈하고 있었다. 먼저 유구琉球를, 그리고 대만을 사실상 세력권에 넣은 일본은 다음 차례를 조선으로 잡았다. 그래서 1875년에 '운요호 사건'이 벌어지는 것이다.

일본은 측량을 빌미로 군함인 운요호를 조선 근해에 출몰케 하였고, 급기야 강화도 초지진의 수비병들이 발포하도록 유도했다. 그러자 일본은 "조선이 불법적인 공격을 했다"며 부산에 군함 3척을 급파, 함포사격을 가했다. 22년 전 미국에 당한 그대로 조선을 압박할 것이다. 일본은 다시 군함을 6척으로 늘려 파견하면서 강화도에 무단으로 상륙했다. 그리고 강화조약이냐, 전쟁이냐를 선택할 것을 요구했다. 조선 조정은 혼란에 빠졌으나, 결국 청나라 사신의 조언을 받아들여 조약 체결에 응하기로 한다.

강화도조약은 모두 12개조로 이루어져 있는데, 제1조 '조선은 자주국으로 일본과 평등한 관계를 맺는다'는 조항은 제7조 '조선은 일본의 해안 측량을 허용한다'와 제10조 '개항장에서 일어난 양국인 사이의 범죄 처리는 속인주의에 따라 각각의 법률대로 처리한다'의 조항과 사실상 모순된다. 제1조는 근대적인 주권평등 원칙을 천명했으면서, 7조에서는 일본이 조선 해안을 일방적으로 측량할 수 있음을, 10조에서는 일본인이 조선에서 치외법권을 가짐을 규정했기 때문이다. 일본은 1조의 규정에 따라 청나라의 조선에 대한 종주권을 부정하는 한편, 5조(조선은 부산 이외의 두 항구를 개항한다)와 7조, 10조의 조항으로 조선 침략의 근거를 마련했다. 이때부터 조선은 일본과의 무역에서 생필품인 농산물을 수출하고, 대신 면제품이나 사치품 등을 수입했다. 그 결과 곡식 가격이 올라 서민 생활이 크게 어려워지고, 국내 수공업은 큰 타격을 입고 몰락해갔다. 그리고 거침없이 이루어진 해안 측량의 결과는 고스란히 군사적 침략을 위한 자료가 되었다.

그러면 당시 조약에 임하는 정부의 태도는 어땠을까? 그야말로 안이하기 짝이 없었다. 당시 조정의 중론은 "일본인이 와서 수호修好하겠다고 하니, 수호하면 그만이다"였다. 물론 그 과정이 좀 불편한 감이 없지 않았으나, 그것은 대원군이 너무 강경하게 일본을 대한 탓이라고 납득하는 분위기였다. 당시 고종은 조선 대표들을 불러 "국가적 체면을 손상하지 않고 무사히 일을 마쳐 다행이다"라며 치하했다. 또 그들이 "일본인들이 너희 나라는 국방력이 너무 약하다고 충고하였습니다"라고 아뢰자 "저들이 정말 우리를 걱정하는 교린交隣의 자세가 되어 있구나" 하며 진심으로 고마워했다. 국치國恥에 가까운 개방을 당해 놓고도, 세자의 생일을 겸하여 나라에 경사가 났다며 널리 사면령을 베풀고 노인에게 술과 고기를 대접하며 흥청거렸다.

결국, 당시 임금과 신하는 강화도조약의 진짜 의미를 까맣게 모르고 있었다. 그들은 철저히 전통적인 사대교린事大交隣의 관념에 따라 생각했으며, 근대적인 외교와 법률에 대해서는 아무것도 몰랐다. 일본은 남쪽 오랑캐로서 대대로 싸우거나 달래 왔는데, 이제 조금 태도가 거칠긴 하지만 어디까지나 좋은 뜻에서 교린을 재개하자는 것이니, 예전에 통신사를 보내며 교류하던 대로 하면 그만이다. 이렇게 여겼을 뿐이었다. 얼마나 큰 착각, 뼈아픈 실책이었는가! 그 사실은 30년 뒤, 을사늑약에 따라 외교권을 일본에 빼앗길 때에야 비로소 알게 될 것이었다.

참으로 한심한 조상인가? 그렇다. 하지만 오늘날 우리는 양주동의 탄식을 되풀이하기에 앞서 생각해 볼 일이 있다. 지금 우리는 어떤가? 과연 외국과의 협상에서 두 눈 똑바로 뜨고, 찍어야 할 도장과 절대로 찍지 말아야 할 도장을 구분하고 있는가?

68

1884년 갑신정변

개혁의 쿠데타: 가장 짧은 쿠데타

'개화파'의 싹은 이미 18세기 말 실학자 가운데 박제가 등 '북학파'에서 나왔다. 북학파는 명나라가 멸망한 지 오래인데 여태껏 '존주대의尊周大義'를 들먹이며 명나라를 섬긴다고 할 뿐 아니라, 청나라의 앞선 문물을 멸시하고 극단적인 정신문화만을 내세우고 있는 당시의 주류 이념을 비판했다. 그리고 청의 문물을 수입해 상공업을 진흥하고 부국강병에 힘써야 한다고 역설했다.

1870년대가 되자 개화파라고 부를 수 있는 세력은 점차 분명해졌다. 박규수, 김옥균, 홍영식, 서광범, 유길준 등 뜻있는 양반뿐 아니라 오경석, 유대치, 이동인 같은 중인이나 승려 등 당시의 소외계급 출신자, 그리고 고대수 같은 궁녀까지 두루 망라했다. 이들은 신사유람단 파견, 우정국 설치 등 정부의 개화 정책 과정에서 주도적 역할을 하는 한편, 은밀히 일본에 청년 사관을 보내 군사교육을 받게 하는 등 '새로운 내일'을 위한 준비를 착착 해나갔다.

그러나 1880년대 초, 그동안 사사건건 개화파와 대립해 온 수구파들이 조정에서 주도권을 쥐게 되었다. 그리고 1882년의 임오군란으로 청나라가 조선 정국에 적극적으로 개입하면서, 청나라를 업은 수구파와 일본을 의지하는 개화파 사이의 알력은 일촉즉발의 상황까지 치달았다.

김옥균은 1883년부터 쿠데타를 모의하기 시작했다. 그동안 양성해 온 사관생도들을 주력으로 삼고, 여차하면 일본 공사관 수비대의 도움을 받기로 약속도 해 두었다. 때마침 청나라는 프랑스와 청불전쟁을 벌이느라고 임오군란 후 조선에 파견했던 병력을 절반쯤 빼내어 인도차이나로 보냈다. 절호의 기회라 여긴 개화파는 거사 일을 확정했다.

1884년 12월 4일, 수십 년 동안의 세력 형성과 2년여의 거사 준비가 실행으로 옮겨졌다. 그러나 이렇게 해서 마침내 시도한 쿠데타는 고작 3일밖에 가지 못했다. 개화파는 그 일원인 홍영식이 총판을 맡고 있던 우정국 낙성식에서 민태호, 민영익, 민영목, 조영하 등 수구파의 핵심 인물을 살해하고(민영익은 미국인 의사 알렌의 치료를 받은 덕분에 목숨을 건졌다), 고종과 명성황후를 경우궁으로 납치했다. 일단 정변을 성공시킨 김옥균은 정변 사흘째인 12월 6일에는 정강정책을 발표하는데, 14개조만이 전해지는 그 내용에는 '청국에 대한 사대를 폐지한다', '문벌을 폐지하며, 인민 평등권을 제정한다', '지조법地租法을 개혁하고 환곡을 면제한다', '재정은 호조로 일원화한다' 등 당시로서는 매우 급진적인 개혁안이 포함돼 있었다.

그러나 거기까지였다. 명성황후가 위안스카이와 은밀히 내통하고는 경우궁에서 창덕궁으로 이어하겠다고 한다. 김옥균은 넓은 창덕궁을 효과적으로 수비하기가 곤란하다 싶었지만, 결국 이어에 동의한다. 그 즉시, 위안스카이가 지휘하는 1,500명의 청군은 창덕궁으로 돌진했다. 수비하고 있던 일본군은 약속을 깨고 철수해 버렸으며, 불과 50명의 개화당 사관으로는 상대가 되지 않았다. 김옥균, 박영효, 서광범, 서재필 등은 일본으로 망명했고, 홍영식은 청군에게 사살되었다. '삼일천하'의 종말이었다. 일본은 개화파를 전력으로 돕기로 했던 약속을 헌신짝 버리듯 팽개쳤다. 이후 정변 진압 과정에서 일본 측이 입은 피해를 빌미로 조선 정부에 배상금을 받아내는 한편, 청나라와는 톈진조약을 맺고 조선에서의 이권을 공평히 나눠 갖기로 합의했다. 일본에 망명해 있던 박영효 등은 청일전쟁 이후 귀국해 친일파 내각에서 한몫하지만, 김옥균만은 일본과 중국을 방황하다가 1894년 자객 홍종우에게 피살된다.

이 땅에서 벌어진 수많은 쿠데타 중에서도 가장 맥없이 끝나 버린 갑신정변. 그러나 그 의의는 크고도 다양하다. 갑신정변 당시 병조참판에 임명되었던 서재필은 "위안스카이 때문에 일을 망쳤다"고 한탄하고는 덧붙여 "무엇보다 까닭도 모르고 반대만 하는, 일반 민중의 무지몰각함이 패인이었다"고 토로했다. 그러나 갑신정변 주도 세력이 비판받는 것은 오히려 이 점에서다. 민중이 무지몰각하여 '선구자'들을 알아주지 않았다기보다, 정변 주역이 민중을 이해하고 그 지지를 확보하기 위해 노력하지 않았다는 것이다. 이후 10년 만에 동학운동이 일어나는 것으로 보아 민중은 현실 인식에 결코 안이하지 않았다. 또한 외세가 서로 조선을 손아귀에 넣으려 광분하고 있던 당시 상황에서, 그중 한 축인 일본에 지나치게 의지했다는 점은 갑신정변의 한계점으로 지적되고 있다. 갑신정변의 결과 청-일의 개입이 노골화되는 한편 격화되면서, 이후 조선의 운명이 강대국에 놀아나며 자주성을 잃어가는 하나의 계기를 제공했다는 것이다.

> "그로 인해 청나라의 우리나라에 대한 영향력만 더 강해졌으며,
> 청나라와 일본 간에 톈진조약이 체결되어 후에 청일전쟁의
> 원인이 되었다."
>
> 윤내현

뿐만 아니라, 그 과정에서 '개혁-수구'의 대립축보다 '친일-친청'의 대립축이 더 뚜렷이 부각됨으로써 본래는 개화파에 속했던 민씨 일파들(민영익, 민영목 등)도 김옥균파의 적으로 돌아서는 결과를 낳았다는 점 역시 지적하지 않을 수 없다. 이처럼 개혁 세력 사이에 불필요한 파벌이 발생하고, 그 결과 행동 통일이 되지 않아 개혁의 실패를 가져온 예는 앞서의 조광조 개혁, 그리고 나중의 양김씨 분열에서도 찾아볼 수 있다. 마지막으로, 국왕 부처를 확보하고도 청나라와의 내통과 그에 따른 창덕궁 이어를 막지 못했던 정변 세력의 미숙한 상황 통제력도 갑신정변이 고작 사흘 동안의 초 단막극으로 끝나게 했다.

하지만 우리 근대사에서 그 사흘이 남긴 족적은 적지 않다. 그들이 천명한 정강정책을 보면 근대적 주권의 수립(청의 종주권 부정), 민권과 인권의 확인(문벌 폐지와 평등권 선언), 근대적 국가체제 수립(재정권의

일원화, 전근대적 수취체제 개혁)의 장대한 구상이 나타나 있다. 또한 그중에는 언급이 없으나 『한성순보』에서 천명된 바 입헌군주제로의 체제 개편을 추구한 것으로 보인다. 우리 역사상 처음으로 자발적인 근대화 청사진이 제시된 것이다. 하지만 갑신정변의 좌절은 조광조의 좌절에 이어 다시 한번 청년의 개혁 의지가 보수 기득권 세력에게 꺾이고 만 예이기도 했다.

"젊은 개혁파의 개혁 실패로 국가의 큰 변화와 개혁이 좌절되고 말았다."

정병철

69

1894년 동학농민운동

자주를 외친 대중의 첫 목소리

봉준이가 운다. 무식하게 무식하게
일자무식하게.
아아 한문만 알았던들,
부드럽게 우는 법만 알았던들.

황동규 시인의 「삼남에 내리는 눈」1975년 첫머리다. 그렇다. 민중
은 고매한 문자 속에 절망을 간추릴 줄 몰랐다. "가을바람에 괴로이
읊노니, 이 세상에 나를 알아줄 이 적도다." "남포에 님 보내니 슬픈
노래 나오도다. 대동강 강물이여, 어느 날에 마르려나." 민중은 잘 울
지 않는다. 헛된 욕망의 좌절에 연연하지 않는다. 그런 것들이야, 태
어나기 전부터 이미 빼앗겼거니. 그들은 잘 웃는다. 허허허 웃는다.
매서운 겨울이 와도, 다시 봄이 올 줄로 믿고 웃는다. 열흘 굶은 막내

가 울다 지쳐 품 안에서 말라 죽어도, 내년에는 또 아이를 낳으려니 하고 웃는다. 작은 행복에 기뻐하지 않으면 인생은 견딜 수 없다. 팔자려니! 업보려니! 남보다 먼저 자신을 탓해야 그냥저냥 살아갈 힘이 난다.

그래도 결국 슬픔을 억누를 수 없을 때는,

그래도 도저히 분노가 스러지지 않을 때는,

그들은 온몸으로 운다. 가슴에서 터지는 핏줄기로 운다. 어설픈 말장난은 필요 없다. 멀쩡한 달이야, 소나무야 멋대로 가져다, 내 영혼을 뒤흔드는 절망을 희롱하지 않는다. 가장 땅에 가까운 자들이기에, 그들이 한번 울 때는 지축이 뒤흔들린다. 산이 무너진다. 강물이 거꾸로 흐른다.

고종 34년1894년 1월 10일, 전라남도 고부에서 시작된 민중봉기 역시 그런 울음의 하나였다. 고부 군수 조병갑은 부패하고 잔혹하기가 백성의 피를 빨아먹는 흡혈귀와 같았다. 오죽 지독했으면 보다 못한 조정에 의해 3년 전에 해임되었겠는가. 그러나 조병갑은 백방으로 수를 써서 다시 고부 군수로 부임한다. 그리고 전보다 더한 탐학을 일삼는다. 고부 군민은 더 이상 참지 못했다. 그들은 전봉준을 중심으로 모임을 결성한다.

동학의 접주를 맡고 있던 전봉준은 조병갑에게 아버지를 잃었다. 가렴주구를 그만둘 것을 용감하게 호소하다가, 호된 매질을 거듭거듭 받고 그만 숨이 끊긴 것이다. 전봉준은 운명이 내민 손을 뿌리치지 않았다. 군민들은 전봉준을 앞세워 고부 관아로 쳐들어갔다. 봉기는 성공했고, 조병갑은 달아났다. 억울하게 갇혀 있던 죄수들은 풀려났다. 주린 배를 움켜쥐고 있던 사람에게는 창고에 가득 쌓여 있던 쌀이 주어졌다. 그러나 이 사태를 무마한답시고 내려온 안핵사 이용태가 도리어 백성을 약탈하기 시작했다. 격분한 군민들은 다시 무기를 손에 들었다. 이제 방법이 달리 없었다. 조정이 직접 보낸 안핵사까지 쫓아 버린 이상 고부군 한 고장에서만 끝날 일은 아니다. 세상을 바꿔야 했다.

헛되이 사람을 죽이지 않으며, 물자를 파괴하지 않는다.
충과 효를 모두 완전히 하며, 세상을 구하고 백성을 편안히 한다.
왜놈 오랑캐를 쫓아내며, 성군의 도를 깨끗이 한다.
군병을 일으켜 한양에 들어가, 권귀權貴를 이 세상에서 없애 버린다.

'4대 강령'을 내건 농민은 스스로 군대를 편성했으며, 전주를 목표로 진군했다. 관군은 황토현에서 그들을 막아섰다. 그러나 결과는 동학군의 대승이었다. 어제까지 밭에서 괭이질이나 하던 농투성이의 집단이 총칼로 무장한 정식 군대를 무찌른 것이다. 동학군은 거침없이 진격하여 정읍, 흥덕, 고창, 무장을 잇달아 점령했다. 긴장하지 않을 수 없었던 조정은 명성이 자자한 무장이었던 홍계훈에게 관군 중에서 가장 강력한 장위영 군대를 주었다. 윤선輪船까지 동원한 토벌대는 수륙 양면으로 기세등등 남하하여, 몹쓸 농투성이들을 쓸어버리려 했다. 마침내 4월 23일, 관군과 농민군은 장성에서 격돌했다. 그러나 이번에도 승리는 농투성이들의 것이었다. 홍계훈은 패배해 달아나고, 27일에는 무방비 상태의 전주 감영이 농민군에게 떨어졌다. 농민군은 먼저 전신국을 부숴 한양과의 연락을 끊고, 농성 태세로 들어갔다. 호남의 동학군이 이처럼 승승장구하는 동안 충청도와 경상도에서도 농민 봉기가 일어나 관군과 교전하고 있었다.

믿을 수 없는 패배를 당한 조정은 망연자실해져서 조병갑, 이용태 등 사태의 원인이 된 탐관오리들을 조정이 이미 엄히 처벌했으며 앞으로도 그런 사태가 재발하지 않게끔 지방관들을 잘 단속하겠다고 약속하며 해산을 종용했다.

동학농민군은 결국 정부의 성의를 믿고, '폐정개혁안'을 제시하여 허락을 얻은 뒤 해산하기로 했다. 무적 군대는 다시 평범한 농민이 되었지만, 농촌상황은 전과 같지 않았다. 곳곳에 집강소가 설치되고, 그곳에서 농민들은 스스로 토론과 결의를 통한 자치와 개혁을 해나갔다. 노비문서 불태우기, 고리대 탕감, 심지어 지주의 토지를 몰수해 농민에게 분배하는 활동까지 해냈다. 집강소 설치와 자치 운동은 삼남은 물론이고 경기, 강원, 황해, 평안도까지 번져갔다. 당시 전국의 절반가량이 자치 운동의 영향에 있었고, 수백만 명의 농민이 참여했다고 한다.

이처럼 지방에서는 '아래로부터의 민주주의'가 힘껏 새싹을 틔우는 동안, 중앙은 외세의 아귀다툼이 벌어지고 있었다. 정부가 혼자 힘으로 동학을 진압하지 못하자 은밀히 청나라를 끌어들였고, 질세라 일본도 개입해 왔기 때문이다. 결국 승리한 쪽은 일본이었고, 그들은 경복궁을 무력으로 점령해 민씨 척족을 내쫓은 후 친일 개화파로 내각을 구성했다. 그리고 '갑오경장'을 실시했다, 그 내용에는 신분제 철폐 같은 '폐정개혁안'과 상통하는 부분도 있었다. 하지만 지방자치를 약속하는 부분은 하나도 없었다.

중앙에서 일본이 정변을 일으켰다는 소식이 전해지자, 농민들은 다시 한번 "왜놈 오랑캐를 쫓아내고 성군의 도를 깨끗이 한다"는 목표 아래 무기를 들었다. 이번에는 전봉준의 남접 농민군 4천 외에도 손병희의 북접 농민군도 참여했다. 일부 관군과 유생도 힘을 보탰다. 1894년 10월 24일, 논산에 집결한 동학군은 총 3만의 병력으로 공주를 공략함으로써 제2차 농민항쟁에 들어갔다.

그러나 이제는 사정이 달랐다. 과거 새로운 세상을 만들겠다는 열의, 기필코 살아남아 아내와 자식이 기다리는 집으로 돌아가겠다는 각오에 불타는 농민군은 무장한 관군을 무찌를 수 있었다. 그러나 상대는 일본군이었다. 근대적 군사훈련 과정을 거친 살인기계였다. 기계 앞에 인간의 열정은 힘없이 무너졌다. 우금치 전투를 고비로 농민군의 패배는 확실해졌다. 전봉준, 손병희 등 지도자들은 각각 부대를 이끌고 사방으로 흩어졌고, 이후 일본군 및 관군과 개별적으로 충돌하며 하나씩 무너져 갔다. 1894년 12월 17일에서 18일 사이, 충북 보은 북실에서 2600명의 농민군이 살육되는 것으로 동학농민운동은 끝났다. '살인기계'의 수법은 냉혹했다. 이미 10월 17일, 일본 히로시마 대본영에서는 "포로를 남길 필요는 없다. 전원 살육하라"는 지시를 내렸다. 현장 기록에 따르면 학살된 2,600명 중 현장에서 사살된 사람은 약 400명에 지나지 않았다. 나머지 2,200명은 항복한 상태에서 총검에 찔리고, 개머리판에 맞아 죽었다.

"한민족 역사에 있어서 그 시대의 폭정과 부패를 반대한
'역적', 즉 농민운동이 수없이 많았던 것은 사실이지만
전봉준이 동학농민운동을 선포한 것은 타자에 의해 강요된
조선의 식민지화 시대에 내적으로 봉건제도를 반대하고
외적으로 제국주의 열강을 반대하는 '반제반봉건'적인 첫
대중적인 운동이었기 때문에 큰 의의를 지니고 있다.
다시 말해 이 '선포'는 민족해방 혹은 국가 자주를 외친
대중의 첫 목소리를 대변하고 있다고 해도 과언이 아니다."

최봉룡

북한 학계가 동학농민운동을 '반反봉건'의 입장에서만 바라보지
만 남한 학계는 동학을 '반제반봉건'으로 여긴다. 그중에서도 '반제反
帝', 즉 민족주의적인 성격을 보다 강조한다. 사실 동학운동의 성격은
복합적이었으며, 그중에는 구시대적이라 할 만한 부분도 있었다. '왜
놈 오랑캐를 쫓아내며, 성군의 도를 깨끗이 한다'고 밝힌 강령에서도
보듯, 동학운동은 '존왕양이尊王攘夷'라는 전통적 이념을 답습하였다.
전봉준은 순창에서 체포되어 심문을 받던 도중 "오직 충군애국忠君
愛國하려 했을 뿐이다"고 밝혔다. 그는 고종과 대원군의 밀지를 받아
움직였다고도 한다.

하지만 한편으로 동학이 충군애국을 앞세우지 않고, 오직 민중
이 주인 되는 세상을 말했다면 어땠을까. 해묵은 고정관념을 너무도
가차 없이 부숴버리는 서슬에 놀라, 많은 사람이 동학을 꺼리고 외면
하지 않았을까. 당시 민중은 봉건적 특권의 폐지를 부르짖으면서도,

한편으로 임금께 충성을 바친다는 봉건적 가치관을 앞세워야만 겨우 목소리를 낼 수 있었다. 지금은 어떤가. 동학을 민족주의적으로 해석할 여지가 없다면, 우리 국사 교과서에서 그만큼 대접받을 수 있을까.

동학은 청일전쟁을 초래하고, 결국 위태로웠던 조선이 일본의 마수에 붙잡히게 하는 계기를 제공한 실책이었다고 하는 비판도 있다. 하지만 이들의 한에, 이들의 분노에, 이들의 피에 더는 민족주의적인 역할을 덧씌우지 말자. 동학의 진정한 의의, 그것은 충군도 아니고 애국도 아니다. 민중은 권력 앞에 짓밟히는 잡초가 아니라 당당한 인간이라는 것을 확인하고, 잠시나마 지배자의 간담을 서늘케 하는 기개를 떨친 것이다.

> "'새야 새야 파랑새야/ 녹두밭에 앉지 마라/ 녹두꽃이 떨어지면/ 청포장수 울고 간다.' 전봉준을 기려 만든 이 〈녹두가〉란 노래는 일제강점기를 지나 현대에 이르기까지 지배층의 수탈에 맞서 싸우는 민중들 사이에서 불리고 있다."
>
> 최용범

그러나 현대에 와서 민중이란 존재할까?

동학운동은 3.1, 4.19, 5.18, 6.10으로 면면히 흐름을 이어오고 있다. 어느 것이나 폭압과 부당한 권력에 맞서 대중들이 떨치고 일어섰던 사건이다. 그 순간 거짓 지배자와 통치자는 빛을 잃고, 오직 거리를 달리는 수많은 사람만이 이 땅의 주인임을 재확인해 주었다. 그러나 한편으로, 3.1에서 6.10에 이르는 동안, 때가 되었음을 알리는 엘리트의 역할은 점점 잦아들었다. 그리고 그와 함께, 민중의 민중으로서의 자각도 점점 흐려졌다. 근대화와 민주주의, 자본주의를 거치며, 마침내 민중은 없어졌다. 지금은 단지 시민만이 있을 뿐이다.

민중이란 무엇인가? 하늘을 대신하는 자이다. 시민이란 누구인가? '욕망하는 개인'들이다. 똑같이 부당한 권력에 대항해 싸우더라도, 민중은 먼저 정의를 요구한다. 그러나 시민이 바라는 것은 자유다. 민중보다 영리하고 유식하지만, 민중이 영영 가질 수 없었던 지식과 주권을 소유하고 있지만, 시민은 개인의 이익 앞에서 정의를 포기해 버리고 만다. 그렇지 않으면, 어떻게 저렇게 많은 장애인이, 외국인 노동자가, 비정규직이 외면받을 수 있는가? 그렇지 않으면, 어떻게 부동산 투기와 고액 과외 같은 사회악이 점점 더 기승을 부릴 수가 있는가?

이제 민중은 죽었다. 아무도 자신을 민중이라고 여기지 않기 때문이다. 우리는 먼저 우리의 이익과 우리의 정의를 구한다. 그리고 다른 누군가가 모든 것을 나쁘게 만들고 있다고 믿는다. 사실은 하나에서 열까지 바로 '나' 때문에 나빠졌는데도.

지금은 사라진 민중의 눈물, 그 무식하기 짝이 없던 눈물이, 오늘도 학대하고 학대받으며, 우리 자신만을 위한 천국을 꿈꾸며 사는 우리를 구원해 줄 수 있을까.

눈이 내린다, 우리가 무심히 건너는 돌다리에,
형제의 아버지가 남몰래 앓는 초가 그늘에,
귀 기울여 보아라, 눈이 내린다, 무심히,
갑갑하게 내려앉은 하늘 아래,
무식하게 무식하게.

70

1894년 신분제 철폐

수천 년 동안의 사슬

'갑오경장'의 평가는 엇갈린다. 국가기구, 신분제, 문화관습 등 여러 부문에서 우리나라의 근대화를 이룬 개혁으로 높이 평가되는가 하면, 동학혁명을 총칼로 무너뜨린 일본과 일본의 추종자들이 조선을 자기 입맛대로 요리하기 위해 추진한 것으로 폄하하기도 한다.

"사회적 불평등을 해소하고 근대화의 제도적 기틀을
마련하였다."
                                                        최진옥

"일본적 근대화의 시발점이었다. 서구문화의 아류인
일본문화권에 예속되는 계기가 되었다."
                                                        허동현

그러나 적어도 몇 가지 부문에서는 갑오경장을 통해 획기적인 개혁이 이루어졌음은 부정할 수 없다. 그중 하나가 수천 년 동안 이 땅의 대다수의 사람을 짓눌러왔던 신분제도 철폐였다.

> "대저 국가를 도모하는 도리는 용인用人이 첫째이니, 사색편당의 논論을 일체 타파하고, 문벌과 지역을 불문하여 오직 어질고 재주 있으면 임용할 것이며…."

갑오경장이 시작된 첫날인 1894년 6월 22일, 고종은 이러한 내용의 조칙을 내렸다. 여기에 호응하여, 갑오경장에 의해 입법기관 역할을 맡게 된 군국기무처는 '문벌과 반상의 등급을 혁파하고, 귀천에 구애됨이 없이 인재를 선용하는 건'을 반포하였다. 아울러 '연좌제를 폐지하는 건'과 '공사노비를 혁파하고 인신매매를 금지하는 건', '역인驛人, 창우娼優, 피공皮工의 면천을 허락하는 건', '과부의 재혼을 자유에 맡기는 건'도 반포했다. 뿌리 깊은 봉건적 신분제도가 하루아침에 모래성처럼 무너지는 것만 같았다.

사실 갑오경장 추진 과정에서 활약한 소장파 관료들은 예전 세도정치 시대에는 감히 이름도 댈 수 없었던 비주류 신분 출신이 많았다. 김가진, 안경수, 윤치호 등은 서얼이었으며, 정병하, 고영희, 오세창 등은 중인, 이용익, 이하영 등은 평민이었다. 아울러 갑오경장으로 과거제와 향교가 폐지되고 근대식 교육제도와 공무원 임용제도가 도입된 것도 신분차별에 따른 특정 계층의 관직 독점을 깨트리는 중요한 요인이 되었다.

또한 갑오경장에서는 사·농·공·상의 전통적 분업체제를 무시하고, 양반 출신이라도 자유롭게 상공업에 종사할 수 있도록 하는 개혁도 시행되었다. 이에 따라 종전처럼 과거를 통해 고위직을 차지하거나 진사, 생원의 신분으로 무위도식하던 양반이 대자본가로 변신하거나 중소 상공인이 되어갔다.

다만 한계는 있었다. 아무리 그래도 조선은 양반의 나라였다. 위에서 밀어붙이는 개혁이 그 오랜 기득권과 고정관념을 단번에 뒤집을 수는 없었다. '문벌과 반상의 등급을 혁파하고, 귀천에 구애됨이 없이 인재를 선용하는 건'은 이후 '가급적 능력 위주로 사람을 쓰라는 뜻'이라고 매우 보수적으로 해석되었다. 또한 반상제를 폐지했으면 당연히 없어져야 할 양반의 여러 특권도 대부분 그대로 통용되었다. 특히 세금을 면제받는 특권은 새로운 국가 건설을 위해 반드시 폐지해야 할 특권이었으나, 강력한 저항에 부딪혀 결국 무산된다. 이는 국권 상실에 이르기까지의 고질적인 정부 재정난의 원인을 제공했다. 근대적 개혁과 부국강병을 위해 들어갈 돈은 많았으나, 양반 출신들이 세금을 내지 않으니 그 돈을 마련할 데가 없었다. 가문을 따져서 혼인하고 '해방된' 노비들이 여전히 주인집에서 종살이하는 모습도 그런 예였다.

무엇보다 갑오경장에 따른 신분제 철폐의 혜택을 가장 받지 못했던 계층은 백정이었다. 가령 그들도 바뀐 호적에 기록되기는 했지만 붉은 점을 찍거나, 아예 백정용 호적부를 따로 만들거나 하는 식으로 보통 사람과 차별받았다. 그리고 백정의 자녀는 어느 학교에서도 받아주지 않았다. 혹시라도 입학 허가가 나왔다면 그게 더 큰 일이었다. 사람으로 견딜 수 없는 가혹한 '왕따'를 당해 자칫하면 목숨까지 잃었으니까. 이런 상황은 조선왕조가 무너지고 나서도 1920년대까지 변하지 않았다. 그리하여 백정들 스스로 '형평운동'을 벌여, 차별의 철폐를 주장하고 나갈 수밖에 없었다.

사람 위에 사람을 두지 않는 것이 정의라고 생각한 사람은 이 땅에도 많았다. 그러나 그 대부분이 '현실적으로' 신분 차별은 어쩔 수 없다는 거짓말로 자신을 속여왔다. 그리고 그들보다 훨씬 많은 사람이 자신이 괴롭히는 사람에 대해 아무런 죄책감도 여기지 않고 살았다. 아무튼, 그 자신이 괴로운 게 아니니까. 그런 질곡에서 벗어나려면, 새로운 사상이, 제도가, 경제체제가 필요하기는 했으리라. 그러나 차별받는 사람들 자신의 노력이 없이는, 박해에 정면으로 부딪쳐 싸울 각오가 없이는, 결코 아무도 완전한 해방을 가져다주지 않는 것이다.

세상의 절반, 여성에 관한 한국사의 결정들

인구 비율상 인구의 절반을 차지하며, 남성과 비교해 생물학적인 열등 요소도 없는(약간의 근력 차이는 있지만) 여성. 그러나 이들은 오랫동안 역사의 아웃사이더였으며, 오늘날까지도 장애인이나 동성애자들과 같이 사회의 '소수'를 이루고 있다.

한국사를 움직인 무려 108가지나 되는 결정 가운데 여성과 직접 관련되는 결정이 고작 세 가지뿐이라는 사실, 여성의 손으로 이루어진 결정은 하나도 없다는 사실(최후의 역사적 결정인 부계 성 강제조항 폐지 결정에 여성 헌법재판관이 참여하기는 했으나)은 우리 역사가 얼마나 여성을 소외시켜 왔는지 여실히 보여준다. 여성과 직접 관련되는 결정이란 세종의 숙신옹주 친영 결정, 갑오경장 당시의 신분제 폐지 결정, 그리고 부계 성 강제조항 폐지 결정이다.

세종의 친영례 실시 결정은 이 땅에 '시집살이' 문화를 뿌리내렸으며, 이전 시대와 비교해 조선의 여성이 열악한 지위를 갖게끔 하는 의미가 큰 결정이었다. 세종은 결코 남성 우월론자나 여성 혐오자가 아니었으나, 이 땅을 이상적인 성리학적 체제로 만드는 데 온 힘을 기울였던 사람이었다. 따라서 전통의 데릴사위제를 깨고 『주자가례』에 따른 시집살이제를 보급하는 데 앞장섰다.

갑오경장의 신분제 폐지는 여성만을 위한 것도 아니었고, 그 효과가 당장 실제로 나타나지도 못했다. 하지만 과부의 재혼을 자유의사에 맡긴다는 결정은 분명 중요한 여권 신장 결정이었다. 이제 여성은 '죽어서도 시집의 귀신'이 아니게 된 것이다.

여성을 남성에게 묶어 두는 마지막 관습의 잔재는 호주제와 민법 제781조의 부계 성 강제조항이었다. 이는 민법 개정과 헌법재판소의 결정으로 폐지되기 전에 이미 몇 차례의 법률 개정으로 어떤 실제적 이익과는 무관한, 상징적 '차별' 조항으로만 남아 있었다. 그러나 그런 상징적 차별조차도 더 이상 견딜 수 없다는 여성의 목소리에 호응하여, 마침내 이 땅에 뿌리 내린 지 수백 년이 넘은 여필종부女必從夫의 문화가 말살되기에 이르렀다.

여성이 낳지 않은 인간은 없다. 물론, 남성과 무관하게 태어난 여성도 없다. 이 단순하고도 단순한 진실을 깨닫는데, 왜 그토록 많은 시간이 필요했던 것일까.

71

450년 만의 햇볕

갑오경장은 '문명개화'를 목적으로 했던 것만큼, 문화와 일상생활에서도 중국 중심적인 틀에서 벗어나 근대적인 틀을 마련하고자 하였다. 그런 틀은 어문 생활에 있어서 한문 대신 '국문' 즉 한글을 사용할 것을 요청했다.

1894년 7월 9일, 군국기무처가 기안한 '국내외 공사公私 문자의 외국명, 지명, 인명을 국문으로 번역 시행하는 건'이 공포되었다. 한문으로는 프랑스를 '법국法國'으로, 워싱턴을 '화성돈華城敦'으로 표현하는 등 중국 발음 기준으로 만든 가차 한자를 빌려다 쓸 뿐이었다. 그러나 우리나라식대로 읽으면 발음이 매우 달라졌고, 그나마 널리 통용되는 고유명사 외에 특수한 인명이나 지명은 일일이 참조할 한자 가차명도 없었으므로, 할 수 없이 '美國歌唱之尊, Michael氏, 本生於Jackson家也' 하는 식으로 알파벳을 그대로 쓰는 형편이었다. 때문에 한글을 써서 그런 고유명사를 표기하도록 한 것이다. 불편함에 따른 부득이한 조치였지만, 이것이야말로 '표현하지 못하는 소리가 없고… 누구나 쉽게 배워 널리 쓸 수 있는' 한글의 장점을 마침내 정부가 인정한 첫 사례였다.

여기서 그치지 않았다. 개화파 지식인과 정치인은 국문이 가진 편리함과 과학성을 강조하며, 중국에 대한 오랜 사대주의를 떨쳐 버리기 위해서라도 한글 위주의 어문 생활을 해야 한다고 강조하였다. 그래서 1894년 11월 21일에는 '국문 전용법'이 반포된다.

"법률, 칙령은 모두 국문으로 본을 삼는다. 다만 한문을 부역附譯하거나 국한문을 혼용할 수 있다."

이로써 한글은 탄생한 후 450년 만에 '나라글'이 되었다. 그러나 이로써 하루아침에 관공서에서 한자가 없어지고 한글 세상이 된 것은 아니었다. 오히려 그 반대가 현실이었다. 관료들이 한글을 혐오했기 때문인지, 아니면 한글을 잘 쓸 줄 몰랐는지, 법은 분명히 국문을 기본으로 삼는다 했지만, 갑오경장 후 10년이 넘도록 공문서에 한글은 거의 보이지 않고 예전대로 순 한문으로 작성한 문서가 대부분이었다. 그래서 부득이 1905년 2월 6일에는 '공문 서류에 국한문을 혼용하는 건'을 발하여 순수한 국문 사용이 아니라 국한문 혼용을 공문서 기본 표현법으로 수정했다.

갑오경장에서의 한글 우선 정책은 여기서 그치지 않았다. '관료 임용에 귀천을 따지지 않는다'는 원칙을 뒷받침하기 위해서라도

1894년 7월 12일에 공무원 임용고시를 국문으로 출제하도록 했고, 이에 앞서 1894년 6월 28일에는 학부아문 아래 편집국이 국문 보급과 국문 번역, 교과서 제작의 업무를 맡도록 했다. 1895년 3월 25일에는 '학부 관제'가 반포되었는데, 이때 각급 교육기관에서는 교과과정 및 시험에서 국문을 사용하게 하였다. 또 동년 8월 9일에는 전통의 국립대학 성균관에 한문을 국문으로 번역하는 '언해' 과정을 설치했다.

갑오경장을 이어받은 대한제국의 개혁 정책 중에서 국문과 관련된 최후의 것은 1907년 7월 8일의 「국문 연구소」 설치였다. 학부 학무국장 윤치오를 위원장으로 하는 이 국립연구소는 "국문의 원리와 연혁과 현재 행용行用과 장래 발전 등의 방법을 연구함"을 목표로 했으며, 이후 1910년 주권을 빼앗길 때까지 한글 연구, 한글맞춤법 고안, 국어사전 편찬 등의 연구를 수행했다. 이 과정에서 이능화, 지석영, 주시경 등이 연구소 위원 자격으로 활발히 참여했으며, 특히 주시경은 이 연구소에서의 연구 성과를 토대로 『우리말본』을 만들었다.

한 나라의 말글이란 정부의 정책이나 개인, 단체의 노력으로 쉽사리 바뀌지 않는다. 법으로 공문서 표기를 국문화하기로 했음에도 한문 전용 표기가 오랫동안 바뀌지 않은 사실, 아니 당초에 『독립신문』처럼 철저한 한글 전용으로 못하고 국한문 혼용의 길을 열어둔 사실이 그것을 입증한다. 한글이 완전히 우리 어문생활의 중심이 되기에는 아직도 많은 시간이 필요했다. 그러나 그 단초가 되는 결정은 19세기 말 갑오경장을 통해 내려졌으며, 그것이 단지 문서의 한글화 결정만이 아니라 공무원 임용과 교육 과정에서 한글을 사용하고, 연구소 설립·운영을 통한 한글 연구 작업까지 포함하고 있었다는 점은 높이 평가하지 않을 수 없다. 갑오경장의 배후에 친일 세력이 있었다는 사실로도 그 평가는 빛이 바래지 않는다.

72

1895년 명성황후 시해

누가 이 여인을 죽였는가?

십여 명의 일본 낭인浪人, 사무라이 영화처럼 검정색 일본 옷을 입은 그들이 야수처럼 고함을 지르며, 뭐라고 일본말을 내뱉으며, 닥치는 대로 일본도를 휘두르며 덤벼든다. 유서 깊은 궁성은 순식간에 피와 비명으로 얼룩진다. 마침내 광기에 들뜬 칼잡이는 조선의 국모를, '마지막 황후' 명성황후를 난자한다. 그리고 그녀의 시체를 끌고 가 불태워버린다….

1895년 8월 20일에 벌어진 을미사변, 명성황후 시해 사건을 들을 때면 대부분 떠올리는 인상일 것이다. 그러나 이것은 사실과 좀 다른 모습이다. 일본 낭인이 칼을 휘두른 것도, 그들이 왕비를 죽이고 시체를 태운 것도 사실이지만, 그들은 단지 십여 명의 난폭자가 아니라 수백에 달하는 대부대였다. 그리고 그 다수는 조선인, 얼마 전까지만 해도 왕과 왕비를 호위하는 임무를 맡고 있던 군인이었다.

그들은 곧 해산되기로 결정되어 있었던 훈련대 병사로, 당일 새벽을 기해 한 가지 임무를 내세우며 경복궁으로 난입하려 하고 있었다. 그것은 바로 대원군 호위 임무로, 사실 대원군은 이 폭도들 틈에 섞여 가마에 탄 채로 함께 움직이는 중이었다. 순간 그들을 가로막은 4~50명의 군인! 그 선두에는 훈련대장 홍계훈이 서 있었다. 그는 어제까지도 자신의 부하들이던 훈련대에 해산을 명령했으나, 대답은 발포였다. 홍계훈은 곧 피투성이가 되어 광화문 앞에 쓰러졌고, 폭도들은 궁궐로 침입했다.

명성황후가 기거하던 건청궁 앞에서 또 한 차례의 저지가 있었다. 미국인 다이 장군이 이끄는 60여 명의 근위대였다. 그러나 어떻게 수백 명을 당하겠는가? 최후 저지선을 돌파한 일본인들과 훈련대원들은 건청궁을 피바다로 만들고, 명성황후를 찾았다. 궁녀들 틈에 숨은 그녀를 지목한 사람은 그녀의 아들, 장차 순종이 될 왕세자였다. 칼끝 앞에 '달리 방법이 없었다.' 일본인들(일본인들만이었을까?)은 그녀를 벤 뒤, 얼마 뒤 도착한 미우라 고로 일본 공사에게 시체를 확인시켰다. 그리고 옥호루 동쪽의 소나무 숲에서 시체를 태워버렸다.

왕비가 재가 되어 하늘로 날아가고 있는 동안, 그녀의 시아버지 대원군은 일본 낭인의 대장인 오카모토의 호위를 받으며 당당하게 궁궐로 들어섰다. 그리고 충격으로 정신이 나간 아들, 고종을 위협해 정권을 빼앗았다. 그리고 "왕후 민씨가 자기의 친족을 끌어들여 짐의 주위에 배치하고 짐의 총명을 가리며, 백성을 착취하고, 짐의 정령政令을 어지럽히며, 벼슬을 팔아 탐욕과 포악이 지방에 퍼지니, 도적이 사방에서 일어나서 종묘사직이 몹시 위태로워졌다. …이것은 왕후의 작위와 덕에 타당하지 않을 뿐만 아니라 그 죄악이 가득하여 선왕의 종묘를 받들 수 없는 것이다"는 왕후 폐위 칙서를 반포하게 했다.

왕비는 비참한 죽음에 이어 직위를 박탈당하는 치욕까지 겪은 것이다. 그녀가 명성황후로 불리게 되는 것은 그로부터 2년, 고종이 대한제국을 선포한 다음 시호를 추증한 다음부터다. 따라서 요즘 인기 있는 뮤지컬의 영어 제목이 '마지막 황후(The Last Empress)'인 것은 조금 왜곡이랄까. 그녀는 황후로 죽지도 않았고, 마지막도 아니었으니 말이다(순종의 황후인 순명효황후 민씨와 순정효황후 윤씨가 있다).

대체 왜 이런 일이 일어났는가? 왕실을 둘러싸고 끈질기게 계속된 정쟁과 원한, 그것에 편승한 외세의 야욕, 그리고 기득권을 잃게 생긴 군인 집단의 반발이 얽힌 결과였다.

처음에는 대원군이 명성황후에게 우호적이었다. 1865년, 당시 15세였던 민자영을 운현궁에서 직접 만나 보고 마음에 들어 며느리로 삼기로 결정한 사람이 바로 대원군이었으니까. 아마 여염집의 시아버지와 며느리 관계뿐이었다면 계속 그렇게 우호적이었을지도 모른다. 그러나 필연적으로 정치가 끼어들었다. 안동 김씨의 세도정치 때 불우했던 민씨 가문(그래서 대원군이 그녀를 선택하기도 했다)은 왕비를 통해 권력을 장악하려 했으며, 권력중독자 대원군이 그것을 용납할 리 없었다. 1871년에 왕비가 고대하던 아들을 낳았으나 대원군이 보낸 보약을 먹고 8일 만에 죽는 일이 생기자, 왕비는 자연히 대원군을 의심한다. 1873년에 대원군이 실각한 후부터는 민씨 척족을 전면에 내세우고 서원 복원, 쇄국정책 철폐 등 대원군의 주요 정책을 모조리 뒤집는 정치를 폈다. 이로써 운현궁에 은퇴해 있던 대원군은 대원군대로 왕비를 증오하게 된다.

1876년에는 왕비의 오빠이며 호조판서였던 민승호가 폭발 사고로 죽는데, 대원군이 폭탄을 보냈다는 소문이 파다했다. 그 역습(?)이랄지, 4년 뒤에는 고종이 후궁에게서 낳은 완화군이 돌연사하는데 왕비가 독살했다는 소문이 돌았다. 왕비를 견제하며 완화군을 다음 왕으로 밀고 있던 대원군은 격노했다. 그리하여 이듬해 1881년에는 경복궁을 습격하여 왕과 왕비를 몰아내고 대원군의 서자인 이재선을 왕위에 앉히려는 쿠데타를 모의하지만, 사전에 발각되어 실패하고 이재선은 귀양 갔다가 사사된다. 1882년에는 임오군란이 일어나는데, 박한 대우에 반발한 구식 군대가 봉기한 이 사건은 여러모로 을미사변을 닮아 있었다. 군인들은 현정부의 반대 세력인 대원군을 추대했고, 왕비를 암살하려 시도했다. 다만 이때는 명성황후가 무사히 피신했다는 점에서만 달랐다. 대원군은 청나라의 개입으로 북경에 잡혀갔다가 3년 뒤 귀국하는데, 1894년에 동학운동이 일어나자 그 기회를 타서 다시 쿠데타를 시도한다. 이번에는 손자인 이준용을 왕으로 삼으려 했는데, 역시 사전에 발각되어 이준용은 유배되고, 대원군은 유폐되었다. 이것이 을미사변 직전까지 이 불행한 시아버지와 며느리가 주고받은 살벌한 공방전이었다.

국사 교과서 등에서는 을미사변을 일본이 저지른 만행으로만 해석한다. 물론 일본 정부가 깊숙이 관여한 정황은 틀림이 없다. 하지만 대원군과 조선인 훈련대의 역할도 무시할 수 없다. 오히려 대원군이 다시 한번 쿠데타를 일으키면서 그 과정에서 며느리 명성황후를 제거하려 했고, 그 야심에 일본과 당시 해체가 예정되어 있던 훈련대가 합류한 것으로 보아야 한다. 엄격히 말해 을미사변은 암살이라기보다 쿠데타였다. 그런데도 대원군은 영문도 모르고 끌려 나왔을 뿐이라거나, 폭도들은 훈련대가 아니라 조선 군복을 입은 일본군이었다는 식의 호도는 이 전대미문의 흉사, 일국의 왕비가 도륙당하는 사건에 한국인 스스로가 개입했다고 여기고 싶지 않은 사고 때문이리라.

대원군과 마찬가지로, 명성황후도 역사적 평가가 엇갈리는 인물이다. 조국을 구하려 했던 여걸이라고도 하고, 나라를 망친 요녀라고도 한다. 하지만 그런 평가 너머, 우리는 한 여인의 처참한 시체를 본다. 시아버지가 그녀를 죽였다. 남편은 그녀를 버렸다(고종은 그녀가 죽자 채 며칠도 기다리지 않고 엄상궁을 다시 가까이하기 시작했다). 아들은 그녀가 왕비임을 확인하는 역할을 했다. 명성황후는 무슨 생각을 하며 경복궁 후원에서 죽어갔을까.

그 피맺힌 저주 때문일지, 그녀를 해친 자는 행복하지 못했다. 오카모토는 1896년 일본에서 열린 재판에서 면죄부를 받지만, 대륙을 유랑하며 하릴없이 지내다 객사하고 만다. 대원군은 꿈에도 그리던 권력을 찾지 못했고, 1898년에 쓸쓸히 숨을 거둘 때 아들인 고종을 마지막으로 한번 보기를 한사코 원했으나 고종은 끝내 나타나지 않았다. 일본은 최대의 걸림돌을 제거했다고 생각했으나, 왕후를 처참히 시해한 데 분노한 조선 민중은 그로부터 격렬한 반일로 돌아섰다. 김구가 1896년에 쓰치다를 죽일 때도, 안중근이 1909년에 이토 히로부미를 살해할 때도 "명성황후의 원수를 갚는다!"는 외침을 잊지 않았다. 일본을 꺼리게 된 고종은 러시아와 밀착하여, 일본은 러일전쟁을 치르고서야 조선을 손아귀에 넣을 수 있었다.

개화-수구 간의 갈등의 역사에서 일제 침략-저항의 역사로 넘어가는 고개, 그 고갯마루에 그녀의 시체가 있다.

1895년 명성황후 시해

73

개화와 친일 사이

1884년의 갑신정변은 허무하게 끝났지만, 개화파는 아직 소멸하지 않았다. 박영효, 서광범, 서재필 등 암살된 김옥균을 제외한 개화당의 중심인물은 한동안 일본이나 미국에 피해 있다가, 청일전쟁이 끝나자 귀국하여 다시 정치무대에 나섰다. 그리고 이번에 그들은 갑신정변의 실패에서 교훈을 얻었던지, 한편으로는 왕실과 밀착하고, 한편으로는 민상호, 현흥택 등 정동구락부 출신의 '개혁적' 고위관료들과 합세했다. 그리고 다른 한편으로는 단체와 언론을 조직하여 일반 민중의 힘을 빌리려 했다. 그렇게 하여 1896년 7월에 수립된 것이 독립협회였다.

독립협회는 먼저 사대의 상징이던 모화관과 영은문을 헐고 대신 독립관과 독립문을 세웠으며, 최초의 한글신문인 『독립신문』을 발간해 문명개화 사상과 인권사상을 전파하는 기구로 삼았다. 그리고

1898년부터는 매주 일요일에 토론회를 개최하여, 적극적인 국민계몽에 나섰다. 당시 독립협회는 위원급에 정부의 실세 고위관료들이 대거 참여하고, 간사급에는 고종이 공들여 뽑은 중인 출신의 중하위관료들이 포진함으로써 조선의 최고 지식인 단체이자 권력단체로 막강한 영향력을 발휘했다.

그러나 이런 독립협회의 형세는 대한제국 수립을 계기로 달라지기 시작했다. 독립협회는 고종이 황제라고 칭하고 제국을 수립하라는 칭제건원 운동에 앞장서기도 했지만, 그 과정에서 입헌군주제를 채택해야 한다고 주장하여 절대군주제를 선호했던 고종과 그 친위집단의 미움을 샀다. 게다가 수구파가 기대고 있던 청나라가 꺾이면서 개화파만의 세상이 되었는가 싶더니, 새로운 적이 나타났다. 바로 삼국간섭 이래 한반도에 대한 야심을 노골화한 러시아였다. 1898년 3월에는 친러파가 러시아에 부산의 절영도를 조차租借하는 문제를 들고나와, 독립협회는 만민공동회를 개최하여 이에 맞선다. 그러나 그 과정에서 정부의 무능과 부패를 고발하는 등, '시민단체'적인 움직임을 보임으로써 그만큼 고종과 정부 세력과는 대립하게 되었다. 이에 한때 독립협회에 가입하지 못해서 안달이었던 고위관료들은 대부분 떨어져 나가거나(서재필도 이때 미국으로 가버린다) 반대로 제명당했고(이완용도 그중 하나였다), 독립협회는 더욱 순수한 민간 운동 단체로 모습을 바꾸게 된다.

그에 따라 주장도 점차 '과격'해져서, 정부에 의회 개설을 요구했을 뿐 아니라 일부에서는 입헌군주제를 넘어 공화제를 추진하려는 움직임까지 보였다. 이렇게 되자 고종은 더는 독립협회를 용인할 수

1896년에 한국에서 최초로 발간된 민간 신문이자 한글, 영문판 신문이다. 미국에서 귀국한 서재필이 조선 정부의 지원을 받아 4월 7일에 처음 발간했다.

없다고 결심했다. 그리하여 보부상들의 조직인 황국협회를 사주하여 만민공동회장에 난입, 폭력으로 협회를 뒤엎어 버린다. 독립협회는 20일 만에 다시 출범하지만, 이번에는 고종이 직접 해산 명령을 내림으로써 1898년 12월을 끝으로 역사 속으로 사라진다.

독립협회가 우리의 자주적 근대화 과정에 끼친 공로는 크다고 할 수 있다. 입헌군주제와 의회 개설 추진을 통해 근대 민주주의를 이 땅에 실현하려 했으며, 『독립신문』을 통해 민주주의와 함께 자유주의 사상도 널리 보급했다. 게다가 그 신문이 한글을 사용함으로써 한편으로는 오랜 한자 사용 생활에서 벗어나 민족자주성을 확보하려 했고, 또 한편으로 일반인도 쉽게 읽고 이해할 수 있게 했다는 것은 세종이 창제하고 갑오경장으로 공식문자의 자격을 얻은 한글의 효용을 비로소 완전히 발휘한 것이다. 독립협회 후기의 운영은 관변단체에서 벗어나 진정한 시민단체로 거듭나는 모습이었고, 만민공동회에서는 수천 년 동안 정치와 역사의 종속변수일 뿐 한 번도 주체적 목소리를 낼 수 없었던 일반 민중이 관료와 지식인들 앞에서 당당히 하고 싶은 말을 하는 극적인 장면을 볼 수 있었다. 그야말로 단군 이래 최초의 '민주주의 경험'이었던 것이다.

그러나 그 경험은 너무나 짧았다. 그리고 뚜렷한 한계를 갖고 있었다. 그것은 갑신정변의 한계를 극복하려 나름 애썼지만 그래도 엘리트 중심성, 일본 종속성에서 완전히 탈피하지 못했다는 것이다. 독립협회의 대표적인 기념물인 독립문 건립 모금에 가장 많은 돈을 기부한 사람이자, 아직도 남아 있는 그 현판을 쓴 사람이 다름 아닌 이완용이었다는 사실이 그 점을 여실히 보여준다. 이완용은 독립협회의 초대 위원장도 지냈다. 또한 만민공동회도 러시아 세력의 침투에 반발하여 이루어진 것으로, 그 내막은 사실 독립협회 내의 대표적 친일파였던 안경수가 당시 위원장이던 윤치호 등과 한 마디 상의도 없이 일본의 사주를 받아 개최한 것이었다. 의회 개설 운동도 고종의 군주권을 약화하고 친일적 관료들의 권력을 키우려는 의도에서 나온 것이라 풀이된다. 그것도 '의회'라지만, 내용을 보면 상식적인 의회처럼 국민의 투표로 뽑힌 대표자들로 이루어지는 것이 아니었다. 황족이나 귀족, 재산가 등 중에서 선임된 자들이 모여 정부가 입안한 법률을 추인하는(자체 입법권이 없었다) '통법부' 내지 고위관료와 민간 재산가들의 '사교모임'에 불과했다.

결국 독립협회는 그 중대한 의의에도 불구하고 한계가 뚜렷했다. '만민공동'을 말하지만 실제로는 소수 엘리트의 놀음이었고, '독립'을 말하지만, 외세와 연계된 특정 정파의 이익이 국익보다 중요했다. 하지만 한편으로 생각해 보면 근대정치의 경험이 전혀 없던 19세기 말의 당시로서, 그 정도의 한계란 당연하지 않을까도 싶다. 그러면 지금은 어떨까? 민주공화국이 출범한 지 60년이 넘는 21세기의 지금, 우리의 정당과 언론은 과연 그런 한계에서 얼마나 벗어나 있는가?

74

1904년 메가타의 화폐 정리 사업

103년 전의 IMF

대한제국은 일본과 러시아의 세력 다툼 속에 이리 치이고 저리 치이는 입장이었지만, 이 땅의 첫 '근대국가'로서 변신을 위해 노력했다. 그중 하나가 1901년의 '화폐 조례'를 통한 금본위 화폐제도로의 전환 기도, 1903년의 '중앙은행 조례'에 의한 최초의 근대적 금융기관 수입 기도 등이다. 그러나 이는 실패로 끝난다. 아무런 간섭이 없는 환경에서 강력한 중앙정부가 추진했어도 성공이 어려운 개혁이었지만, 대한제국은 간섭에서 벗어나지도, 충분히 강력하지도 못했다.

1904년, 러일전쟁에서 승기를 잡은 일본은 한국에 한일협정서 체결을 강요한다. 그리고 그에 따라 메가타 다네타로目賀田種太郎를 재정 고문으로 기용토록 한다. 말이 '고문'이지, 메가타는 경제에 관한 한 고종황제보다도 강력한 권한을 갖고 있었다. "한국정부는 재정에 관한 일체의 사무를 메가타의 동의와 결재를 거쳐야 한다"는 조약문에서도 그 사실은 뚜렷했다. 1997년 외환위기 때문에 경제주권을 국제통화기금(IMF)에 넘기지 않을 수 없었던 우리, 그러나 그와 비슷한 일은 이미 103년 전에도 있었다.

메가타는 고문에 취임하자마자 '화폐 정리 사업'을 추진했다. 당시 화폐 조례에 따라 한국의 공식 화폐는 금, 은화로 되어 있었으나, 이는 시중에 거의 유통되지 않았다. 중앙에서는 전환국에서 마구 찍어낸 백동화가, 지방에서는 예부터 쓰이던 상평통보가 화폐 구실을 하고 있었다. 이로써 금융의 일원화, 합리화, 중앙통제가 이루어지지 못했을 뿐 아니라, 질이 나빠서 쉽게 파손되는 백동화가 주요 화폐가 되다 보니 경제적 손실이 심각했다.

따라서 메가타가 추진했던 화폐 정리, 즉 백동화가 엽전의 유통을 일절 금지하고 중앙에서 찍어낸 금, 은화만이 유통되게 하는 개혁은 적실성이 있었다. 하지만 그 이면에 도사리고 있던 것은 일본의 한국경제침략과 지배 야욕이었다. 신화폐의 가치를 기존의 일본 화폐와 등가로 놓고, 백 퍼센트 태환이 가능하게 하는 동시에 일본 화폐가 국내에서 쓰일 수 있게 했다. 이로써 한국경제는 일본경제의 신용보장에 따라 움직이게 되었고, 한국의 신화폐는 사실상 일본 화폐나 다름없어졌다. 아니, 실질적으로 일본 화폐만이 공식 화폐로 유통되게 되었다. 이런 한편으로 기존의 백동화가 상평통보를 보유하고 있던 서민들이나 군소상인들은 미처 신구권 교환에 응하지 못한 경우가 많아 큰 손실을 보고 말았다. 특히 '품질이 나쁜' 백동화는 교환해주지 않는다는 방침 때문에, 눈 뜨고 재산의 상당액을 날리는 경우가 많았다. 그리하여 당시 서민경제가 크게 흔들리고, 빚에 쫓겨 멀리 달아나거나 자살하는 사람이 속출할 지경이었다.

아무튼 한국은 마침내 근대 자본주의 금융질서를 수립했다. 그러나 그것이 자주적이지 못했고, 많은 무리함을 수반했음은 두고두고 한국경제에 어두운 그림자를 남긴다.

"구한말 막 형성되고 있었던 민족자본가층의 몰락을
야기하였으며, 화폐를 중심으로 한 자본 축적을 기피하고
부동산 중심의 자본축적에 급급한 왜곡된 자본주의 형태의
시발점이 되었다."   정제원

075

하얼빈의 총성

"탕! 탕! 탕!"

아침햇살이 부드럽기만 한 만주 하얼빈역, 그 나직한 고요함을 세 발의 총소리가 뒤흔들었다. 흰 수염을 날리며 귀빈용 열차에서 내려, 러시아 사절의 영접을 받으며 역사로 나오던 사람은 가슴과 배에 정통으로 총을 맞고 비틀거리며 쓰러졌다. 러시아 군인이 벌떼처럼 달려들어, 아직도 브라우닝 권총을 똑바로 쳐들고 있는 청년을 덮쳤다.

"코레아 우라! 코레아 우라! 코레아 우라!"

체포되면서 러시아 말로 외쳤다. 한국 만세!

복거일의 소설 『비명을 찾아서』는 1909년 10월 26일에 안중근이 이토 히로부미를 사살하지 못하고, 이토가 살아남았다면 어떻게 되었을지를 놓고 이야기를 전개한다. 일본은 한국과 만주를 병합하지만 매우 은근하고 온건한 정책을 취함으로써 반발을 최소화하고, 무엇보다 미국에 대항해 제2차 세계대전에 참전하지 않음으로써 전후에도 한국을 그대로 자국 영토로 남긴다. 그래서 1980년대가 되어서도 한반도는 일본 지배하에 있고, '한국인'들은 자신들이 한국인임도 잊고 '충실한 일본인'으로 살아간다는 내용이다. 그렇다면 안중근의 이토 암살 결정이야말로 한국사에 지대한 영향을 미친 결정이리라. 그런데 과연 그랬을까?

이토 히로부미가 당시 일본 정계의 거물이면서 비교적 온건파에 속했다는 것은 사실이다. 그는 때로는 무자비한 강제력도 필요하다 여겼지만, 기본적으로는 외교와 협상으로 문제를 해결하려는 자세의 소유자였다. 그처럼 마지막 남은 조슈파 유신지사이면서도 뼛속까지 군국주의자였던 야마가타 아리토모와는 차이가 컸다. 그래서 이토가 쓰러짐으로써 일본 정부 내에서 아리토모를 견제할 사람이 아무도 없게 되어, 이후 일본의 폭주가 걷잡을 수 없어지고, 그에 따라 한국 병합도 그 시기가 앞당겨졌다는 분석이 있기도 하다.

한 사람의 있고 없음이 역사에서 그렇게까지 큰 비중을 차지하기란 드물다. 이토는 당시 야마가타 파벌의 공세로 영향력이 점점 줄고 있었으며, 그가 한국에 건너와 통감이 되고 다시 추밀원 의장이 되면서 일본의 조선 침략 과정을 진두지휘하는 역할을 맡은 것도 야마가타의 힘에 밀려 어쩔 수 없이 택한 길이었다고 한다. 그렇게 볼 때

이토가 하얼빈에서 숨지지 않았다 해도 과연 대세를 바꿀 수 있었을지 의문이다. 또 이토는 보다 온건하기는 했어도 일본이 발전하려면 대륙으로 진출하는 수밖에 없고, 대륙에 진출하자면 한국을 병합하는 수밖에 없다는 당시 일본 정부 고위인사의 중론에는 이견이 없었다. 또한 제1차 세계대전까지만 해도 미국, 영국과 밀착해 있던 일본이 제2차 세계대전 때는 적으로 돌아서고, 그에 따라 결국 패망하게 되는 일도 필연이었다. 본래 미·영은 극동에서 러시아의 남진 정책을 막기 위해 일본이 필요했지만, 그 이후부터는 일본의 팽창을 억누르고 태평양과 동남아에서 자신들의 세력을 확보하려 했기 때문이다. 외교의 귀재인 이토가 살아 있었다면 보다 유연한 대응이 가능했을지 모르지만, 미·영과의 충돌은 피하기 어려웠을 것이다.

결국 안중근은 이토 히로부미라는 개인을 쏘았다기보다, 일본의 침략주의를 쏘았다고 보아야 한다. 그런데 몇 년 전까지만 해도 안중근은 일본을 옹호하는 입장이었다. 일본은 러시아를 비롯한 서양 열강이 동양을 침략하고 있으며 이에 맞서 같은 동양인들끼리 뭉치자는 '동양평화론'을 내세웠으며 안중근도 이에 동조했다. 그러나 러일전쟁 후 일본의 동양평화론이란 결국 동양침략론에 지나지 않음이 드러난다. 이토를 비롯한 일본 정치인들은 동양이 서양에 맞서려면 힘이 필요하고, 힘은 문명개화에서 나오며, 더욱 개화된 일본이 미개한 중국, 한국을 '도와서' 개화하도록 할 필요가 있다고 주장했다. 그러나 그 돕는다는 것은 곧 국권을 빼앗고 이권을 강탈한다는 의미가 아닌가. 안중근은 동양 인종이 서양에 맞서 싸워야 한다는 데는 동의하되 그것은 어디까지나 각국의 독립을 전제로 한다며, 나름의 동양

평화론을 주장한다. 김구의 소원이 오직 '대한독립'이었다면, 안중근의 소원은 '대한독립'과 '동양평화'였다. 사형선고를 받고 형장의 이슬로 사라지기 직전까지 집필에 힘썼던 『동양평화론』을 보면, 동양 3국 국민 모금을 통해 은행을 설립하고 그 자금으로 일본의 재정난을 해결한다든가 동양 3국 공통 군대를 창설한다든가 하는 다소 비현실적인 구상도 있다. 동양 인종 대 서양 인종이라는 인종에 근거한 대결론은 파시즘적인 요소마저 있다는 지적도 없지 않다.

하지만 그는 절대로 대한의 주권만은 포기해서 안 된다고 믿은 '대한국인'이었다. 문명개화를 위해서는 일본의 지배를 받아들일 필요가 있다고 여긴 많은 개화파 지식인, 독립운동을 해도 폭력적 수단만은 안 된다고 주장한 온건파 운동가, 그들과는 전혀 달랐던 안중근의 선택은 한국인과 일본인에게, 그리고 세계인에게 한국이 결코 짓밟히는 대로 짓밟히지만은 않는다는 분명한 메시지를 남겼다.

76

3.1운동의 불씨를 만든 명망가들의 선언

기미년 삼월 일일 정오,
터지자 밀물 같은 대한독립만세.

어릴 적 학교만 다녔다면 익히 알고 있는 삼일절 노래. 그랬다. 실제로 1919년 3월 1일은 밀물 같은 만세 소리로 세상이 온통 뒤집어졌다. 그 시간은 정확히 말해 정오가 아니라 오후 두 시였지만…. 국권을 빼앗긴 지 근 9년, 이 땅의 민중은 힘없이 밟히는 잡초가 아님을 보여주었다.

그러나 '민족대표' 33인은 "오등은 자에 …." 하고 시작되는 「기미독립선언서」를 애초 결정했던 파고다공원이 아니라, 요릿집이던 태화관에 옹기종기 모여 낭독했다. 그것은 애초부터 「독립선언서」를 쓴 최남선을 포함한 엘리트 집단과 일반 민중의 3.1운동에 대한 접근법이 달랐기 때문이었다. 33인은 국제평화주의를 신봉했고, 우드로 윌슨이 표방한 '민족자결주의'에 특히 고무되어 있었다. 그들이 3월 1일에 독립선언을 하고 군중시위를 벌이기로 한 것도 파리에서 열리고 있던 1차 세계대전 강화회의에 파견한 민족 대표에게 힘을 실어주자는 의도였다. 반면 대부분의 민중은 이틀 뒤인 3월 3일이 1월 22일 숨진 고종의 장례식을 시작하는 날이라는 점에 더 주목했다. 고종은 45년이나 재위했던 사실상 조선의 마지막 왕이었고, 대한제국을 선포하여 황제라고 칭했던 사람이었다. 조선에서 태어나 대한제국의 흥망을 보고 살았던 민중에게 고종의 죽음은 뭐라 말할 수 없는 비애를 가져왔다. 그 비애는 9년여가량 계속된 일제의 무단통치, 그 가혹함에 대한 분노와 결합하였다. 슬픔과 분노, 그것은 쌓이고 쌓이며 폭발력을 극한까지 키웠다가 마침내 터지고 말았다. 전국적인 조직망도 없고 현대적인 통신시설도 없던 당시에, 파고다공원에서 터진 만세 소리를 불과 며칠 사이에 전국에서 메아리치게 했던 것이다.

엘리트 집단의 3.1운동은 그와 달랐다. 울분에서 비롯된 투쟁의 선언이 아니었다. 미래에 대한 한없는 낙관 속에서 점잖게 양보와 타협을 제의하는 것이었다. "아, 신천지가 안전眼前에 전개되도다. 위력威力의 시대가 거去하고 도의의 시대가 내來하도다. 과거 전세기에 연마장양鍊磨長養된 인도적 정신이 바야흐로 신문명의 서광을 인류의 역사에 투사하기 시始하도다…." "전 세계 기운이 오등을 외호外護하나니, 착수가 곧 성공이라. 다만, 전두前頭의 광명으로 맥진驀進할 따름인저." 그 글발은 어색한 국한문 혼용체만큼 답답하고, 어처구니없을 정도로 안이하다. 33인이 처음에 파고다 공원에서 군중과 함께 시위를 벌이기로 했다가 태화관으로 장소를 변경한 것은, "무지한 민중이 혹시라도 흥분하여" 비폭력 시위의 대의를 잊고 극렬한 행동을 벌일까 염려해서였다. 고종의 국장일은 3일인데 이틀 전인 3월 1일을 택한 이유는? 장례일 당일에 거사하는 것은 장례 행사를 방해할 위험이 있다고 여겼고, 2일은 일요일이라 33인 중의 기독교계 대표들이 완강히 반대했기 때문이다.

그러므로 독립선언서의 기초자인 최남선이나 최린, 박희도, 이갑성, 정춘수 등 33인 중 일부가 나중에 '친일파'로 돌아선 일은 별로 놀랄 일이 아니다. 그들은 구한말에 갑신정변과 독립협회를 추진했던 개화파의 후예였다. 민족과 민중에 대한 의식은 없지 않지만, 필요하다면 일본의 힘을 빌려서라도 문명개화를 해야 한다고 믿었고, 경제발전과 교육의 진흥이 정치적 자유보다 앞선다고 생각했다. 그들이 반대했던 것은 기본적으로 일제의 지배 자체라기보다 무단통치라는 통치방식이었다. 그들은 '무지몽매한' 민중을 믿지 않았고, 코리아가 대체 어디 있는 나라인지 알지도 못하는 서구 지도자들의 '선의善意'를 더 믿었다.

그러나 그들이 도화선을 제공한 3.1운동은 민중운동이었다. 그것은 농민운동이기도 했다. 국민의 85퍼센트에 달하는 농민이 열렬히 시위에 참여했기 때문이다. 학생운동이기도 했다. 코흘리개부터 까까머리 중학생까지 동맹휴학을 하고 거리로 나왔기 때문이다. 노동운동이라고도 할 수 있었다. 노동자들도 파업 시위를 벌이며 만세 대열에 동참했기 때문이다. 또한 여성운동이요, 종교운동이요, 각 지역민의 운동이었다. 이 나라의 국민을 구성하는 모든 계층, 모든 지역의 사람이 그렇게 오직 한 마음으로 한 목소리를 외친 일은, 일찍이 없었고, 앞으로도 좀처럼 없을 것이었다.

희생도 컸다. 사망 7,500명, 부상 16,000명, 체포 47,000명. 시위자 중 주동자로 분류된 사람들은 10년 이상의 중형을 받았다. 하지만 '진짜 주동자들', 태화관 현장에서 유유히 체포된 33인은 2, 3년의 징역형에 그쳤다. 일제도 엘리트와 민중은 구분했다.

파리 강화회의는 코리아를 철저히 무시한 채 끝났다. 그러자 33인을 비롯한 엘리트 민족운동가들은 이내 3.1운동에서 손을 떼어 버렸다. 그래도 그들은 별로 아쉬울 일이 없었다. 이를 계기로 총독부가 무단통치에서 '문화통치'로 태도를 바꾸었기 때문에. 그들은 이를 기회로 학교를 설립하고 신문을 내며, 일본의 주권은 인정하되 자치권을 확보하자는 운동을 추진해 나간다.

한편 민중의 염원은 대체로 무위로 끝났다. 그들이 만세를 통해 애도한 왕은 다시는 나타나지 않을 것이다. 그러나 새로운 왕들이, 조국이 해방된 뒤에도 이런저런 이유를 들며 '민주'를 내밀며 독재를 행하려 할 것이다. 그러나 완전한 실패라고는 할 수 없다. 민중을 지배하려는 자, 속이려는 자는 단지 힘으로 누르기만 해서는 안 된다는 것, 더욱 교활해지고, 더 많은 당근을 내놓지 않으면 결코 안심할 수 없다는 교훈을 주었으니까.

77

1919년 임시정부 수립

'임시'로 만든 '조국'

3.1운동의 여파로 독립운동 세력은 동시다발적으로 '정부수립' 운동을 벌인다. 그중에서 세 곳의 정부가 특히 중요성을 띠고 있었다. 아직 3.1의 함성이 가시지 않던 3월 21에는 러시아 블라디보스톡에 있던 전로한족중앙총회가 '대한국민의회'라는 이름의 정부 기구로 재편하였다. 다시 4월 11일에는 중국 상해에서 임시의정원이 수립, 13일에 '대한민국 임시정부'를 출범시켰다. 그리고 다시 열흘이 지난 4월 23일에는 서울에서 국민대회가 '조선민국' 수립을 선언했다. 그리고 몇 달 동안의 통합 논의 끝에 1919년 9월에 상해 대한민국 임시정부는 노령정부(대한국민의회)와 한성정부(조선민국)를 흡수 통합한다고 선언했다. 임시정부 초대 대통령으로는 이승만, 국무총리에는 이동휘가 선임되었다.

이렇게 수립된 임시정부는 참여한 독립운동가의 수와 조직의 규모로 볼 때 단연 최대의 독립운동 단체였고, 좌와 우의 주요 인사들이 망라되어 있었다. 또 파리강화회의에 김규식을 파견하는 등 외교 활동을 벌이는 한편, 만주에서는 광복군사령부가 무장투쟁을 전개했다. 그리고 국내와 연락을 위한 연통제를 실시했다. 무엇보다 그 정치 체제를 근대 민주주의 체제로 정했다는 점은 중요한 의의가 있었다.

> "왕조가 망한 지 불과 10년 만에 새로이 표방한 독립국의 정체를 왕정 또는 입헌군주국 체제가 아닌 "민국"으로 결정했다는 건 엄청난 정치의식의 변화라고 보인다."
>
> 김동수

이런 이유에서 오늘날 대한민국은 1948년의 정부수립으로 비로소 탄생한 신생국가가 아니라, 유구한 민족사와 함께 상해임시정부의 법통을 이어받은 국가로 표방된다. 이 이념은 1987년의 6공화국 헌법에서 전문에 명시되었다.

그러나 야심적으로 출범한 임시정부는 1920년대에 벌써 분열과 혼란을 맞았다. 다양한 독립운동 세력을 망라하여 좌우합작으로 출범한 임시정부가 점차 이념 대립(그보다는 친미파와 친러파의 대립이라고 보아야 할지 모른다)과 노선 대립(이승만을 중심으로 하는 우파는 외교적 노력을 통해 독립을 달성하자고 했고, 이동휘를 중심으로 하는 좌파는 무장투쟁에 주력하자고 했다)에 빠져들었기 때문이다. 이러한 대립은 이승만은 미국의 통치권 아래에 들어가려는 공작을 비밀리에 진행했음이, 이동휘는 소련에서 받은 독립운동 지원금을 휘하의 고려공산당 자금으로 일부 전용한 사실이 알려지며 극에 달했다. 이후 이승만, 이동휘가 모두 임시

대한민국 임시정부

대한민국 임시정부의 입법기관인 '임시의 정원' 폐회 후 새로 성립된 국무원 요인의 기념 촬영이다. 안창호 노동국 총판과 당시 차장들의 얼굴이 보인다.

정부를 떠났을 뿐 아니라 임시정부에 실망한 신채호, 사명을 띠고 외국으로 갔던 김규식, 여운형 등도 상해로 돌아오지 않고 독자 활동에 들어갔다. 또 만주의 광복군사령부도 여럿으로 분열되고, 상해와의 연락을 끊고는 독자적으로 투쟁하였다.

세력이 크게 위축된 상해임시정부는 1930년대에 들어 김구와 안창호 등의 노력으로 그나마 면모를 일신하였다. 특히 윤봉길, 이봉창의 의거로 중국 국민당 정부의 후원까지 받게 되었다. 하지만 1940년대에는 일본군의 중국 침략이 격화됨에 따라 중경으로 이전했고, 한국광복군 총사령부를 조직하여 미국과 연계해 국내 침투 작전을 모색했으나 결실을 보지 못하고 광복을 맞았다.

상해임시정부는 해방 후 분할점령을 한 군정 당국에 의해 정통성을 인정받지 못했으며, 김구 등 요인은 정부 요인이 아닌 개인 자격으로 귀국할 수 있었다. 김구를 중심으로 하는 임시정부 요인은 한국독립당을 결성해 해방공간의 한 축이 되었으나, 급격한 좌우 분열, 분단의 와중에서 결국 주도권을 잡지 못하고 말았다.

오늘날에는 상해임시정부의 의의를 평가하는 가운데 그것이 지나치게 과장되었다는 지적도 나온다. 그동안 알려진 대로 상해임시정부가 '정부'로서 주권을 행사했다고 보기는 무리가 있고, 심지어 모든 독립운동 단체를 대표할 자격조차 없었다는 것이다. 가령 출범 과정에서 노령정부와 한성정부를 통합했다고 하지만, 사실 한성정부는 상해정부와 접촉하지 않았으며 통합에 응한 것은 '신한민국정부'라는 실체가 모호한 조직이었다(이런 이유로, 해방공간에서 김구 중심의 임정 세력과 대립했던 이승만은 상해정부보다 한성정부에 진정한 법통이 있다고 주장했다.

그는 한성정부에서도 정부수반으로 선임되었었기 때문이다). 또 노령정부도 통합 과정에서의 이견 때문에 대부분 상해정부 참여를 거부하였다. 국내와의 연락수단이던 연통제도 이미 1921년에 소멸해버려, 해방 당시 국내에서는 임시정부의 활동을 알고 있는 사람이 드물 정도였다. 1920년대 중반 이후로는 새로운 통일 독립운동기구 수립 움직임이 일 때마다 "유명무실한 상해정부를 해체한다"는 것을 전제로 삼기도 했다.

무엇이 상해임시정부의 빛을 바래게 했을까? 식민사관을 주장하던 일본인이라면 조선인의 고질적인 파벌싸움 때문이라고 했을 것이다. 실제로 지나친 파벌이 문제이기도 했다. 하지만 그보다는 그것이 '정부'이건 '단체'이건, 국내 사회, 조선 민중에 뿌리를 내리지 못한 채 외국 땅 변두리에 세 들어 살면서 소수 엘리트 운동가들의 명망과 외국 정부의 지원금에 기대 연명할 수밖에 없었던 현실이 더 큰 문제였으리라. 그러나 일본의 강력한 압제 속에 암약하며, 출신과 배경, 이념과 노선을 달리하는 다양한 사람이 '임시'로나마 조국과 민족을 위해 뭉쳤다는 점, 그 사실에서 우리는 의미를 찾아야 하지 않을까.

78

1945년 한반도 분할 점령

전쟁의 불씨

1944년은 2차 세계대전 막바지였다. 미국을 비롯한 연합군은 소련 참전과 일본 항복을 기정사실로 놓고, 전후 처리 문제를 논의하기 시작했다. 소련이 참전한다면 그 대가로 일본 지역을 분할 점령토록 해 줄 필요가 있었다. 그런데 왜 결국 일본은 놔두고 한반도가 분할된 걸까?

처음에는 일본을 미·소·영·중 4개국이 분할 점령하는 안이 나왔다. 그러나 곧 반론이 나왔다. 전략적으로 중요한 일본은 미국이 단독 점령하는 편이 좋고, 지정학적으로 볼 때 일본까지 소련이 일부 점령한다면 한반도는 통째로 소련 손에 들어갈 가능성도 크다는 것이다. 애초에 그들에게는 한국인이 갖고 있던 믿음, 즉 '일본이 망하면 조선은 당연히 하나로 통일된 자주독립국가가 될 것'이라는 막연한 믿음에 대한 고려는 안중에도 없었다. 일본의 한국 병합은 너도

나도 제국주의를 추구하던 당시에 당연한 것으로 여겨졌다. 결국 한국은 일본의 힘을 없애기 위해 독립시켜 주기로 보장했으되 어디까지나 '일본의 영토'로 간주하고 있었다. 미국과 연합군이 염두에 두고 있던 대안은 '열도 분할이냐 반도 분할이냐'였지, '일본 분할이냐 한국 분할이냐'가 아니었다.

1945년 1월에는 미 육군 작전국 전략정책단에서 한반도를 4분할 한다는 안을 수립했다. 소련에는 함경북도와 남도를, 영국에게는 평안북도와 남도(황해도 추가 가능)를 준다. 중국은 제주도와 전라남·북도 내지 충청남도를 점령하고, 나머지 지역, 즉 수도권을 비롯한 중부 지역과 경상도가 미국의 점령지가 된다.

이 방안은 중국이 지리적으로 인접한 평안도 지역에 먼저 들어오는 것을 막고, 일단 4개국이 분할 점령했다가 차차 미·소 양국의 양자 점령으로 바꿔 간다는 내용이 핵심이었다. 다시 1945년 7월에는 '38선을 기준으로 미국과 소련이 남북 분할한다'는 안이 작전국장 존 헐과 전략정책단장 조지 링컨에 의해 수립되었는데, 굳이 38선이 주목된 이유는 '어떻게든 서울은 미군 점령지에 포함되어야 한다'는 생각이 크게 작용했기 때문이다. 이후 히로시마에 원폭을 투하한 미국은 '이제는 굳이 소련의 참전이 필요 없다'는 생각에서 한반도 전역을 미국이 단독 점령하는 구상을 하기도 했지만, 소련이 서둘러 참전함으로써 무산되었다.

이처럼 한반도 분할점령은 상당 기간 논의를 거듭해 이루어진 안이며, 매우 정치적인 고려가 들어가 있었다. 한때 알려진 것처럼 '오직 군사적 목적에서, 별생각 없이 뚝딱 이루어진' 것이 아니었다.

그렇게 알려진 것은 38선 분할 확정 자체는 매우 다급하게 진행되었다는 사실 때문이었는데, 그 이유는 항복 직전에 있던 일본이 조선에 주둔하던 일본군을 만주의 관동군 휘하로 편입시킨다는 정보가 있었기 때문이다.

관동군은 당연히 소련군에게 항복할 것이고, 그러면 위계 질서상 조선의 일본군도 소련군에 항복하게 된다. 그렇다면 실질적으로 한반도 전역이 소련에 돌아간다는 이야기 아닌가? 미국은 갑자기 매우 바빠질 수밖에 없었다. 그래서 1945년 8월 10일에 링컨 장군을 비롯한 합동기획 참모부의 장군 몇 사람이 서둘러 회동하면서 "한반도를 빨리 분할해야 해. 어디를 기준으로 하지? … 어디든, 오늘 오후 4시까지 마쳐야 돼."라고 말했으며, 이것이 나중에 "별생각 없었던 창졸간의 한반도 분할" 이야기로 꾸며진 것이다. 나중에 그들은 "뜻밖의 상황 전개에 당황해 그만 너무 서둘렀다. 원산을 지나가는 40도선으로 분할했어도 될지 몰랐는데."라고 술회했다고 한다.

아무튼 분할점령과 관련해 확실한 것은, 그것이 한민족의 의사와 전혀 동떨어진 결정이면서 한민족의 미래에 결정적으로 영향을 미친 결정이었다는 사실이다.

"절호의 독립찬스를 맞았으나, 러시아와 미국의 갈라먹기식
남북 점령으로 열강의 이전투구장으로 변모하고 말았다.
이후 양국에 종속된 반식민지로 독립국으로서의 길을 찾지
못하였다."
최태선

"신라의 삼국통일 이후 단일국가를 유지해온 한반도가
남북으로 갈라지게 되었다."

이동현

"이 땅에서 자본주의와 사회주의가 대립하게 된 출발점이었다."

정현백

79

1945년 반탁운동 결정

엘리트의 기만

소수 지도자의 선도에 따라 대규모 민중 운동이 일어났을 때, 반드시 합리적이고 유익한 결과를 가져오지는 않았다. '해방공간'의 주도권이 좌익에서 우익으로 넘어가는 계기를 마련한 신탁통치 반대운동, 줄여서 '반탁운동'이 그런 예다.

1943년의 카이로 선언은 한국을 독립시킨다는 내용을 포함했지만, 동시에 '일정한 절차를 거쳐(in due course)'라는 조건을 붙이고 있었다. 이는 신탁통치를 의미했고, 미국의 경우는 대략 40년의 신탁통치가 필요하다는 의견이었다. 그러나 이 사실은 국내에 자세히 알려지지 않은 채, 일제가 패망하면 곧바로 독립되리라는 희망만 퍼져갔다.

이런 상황에서 8.15 광복이 이루어진 몇 달 만인 1945년 12월 26일에 모스크바 3상 회의에서 "한국의 신탁통치가 결정되었다"는 소식이 전해지자, 국내의 여론은 들끓을 수밖에 없었다. 더욱이 일부

신탁통치 반대운동

1945년 12월 27일, 미·영·소 삼국 외상 회담에서 「한국 5개년 신탁통치 실시」를 결정했다는 모스크바발 외신은 우리 국민을 분노케 하였고, 12월 29일 즉각 「탁치 반대 국민 총동원 위원회」가 결성되고 「탁치반대시위」가 전국에 파급되었다. 그러나 불과 4일 뒤인 이듬해 1월 2일 「공산당」은 「탁치지지」로 돌변하자 좌우 양 진영의 대결이 표면화되었다.

언론은 미국이 즉시 독립을 주장한 데 비해 소련이 신탁통치를 고집했다는 오보를 냄으로써, 비난의 화살이 소련과 좌익에게 집중되도록 했다.

그러나 사실 신탁통치 기간 중 연합국 대표들이 구성하는 위원회가 통치권을 갖자는 미국 측 의견에 맞서 한국인들로 이루어진 임시정부에 통치권을 주자는 의견을 낸 쪽은 소련이었고, 그 의견이 채택되어 신탁 기간일망정 한국인 스스로에 의한 자치가 가능해진 터였다. 이는 군사분계선에 따른 분단도 해소하게 되어 있었다. 결국 '우리가 우리 손으로 우리의 미래를 결정하지 못한다'는 점에서는 울분을 터뜨릴 만도 했으나, 그 내용은 그다지 불리한 게 없었으며 오히려 남북분단의 가능성도 예방하는 것이었다.

그러나 우익 세력은 일치단결하여 '신탁통치 결사반대' 운동을 주도했다. 좌익에서도 처음에는 반대 입장이었으나 곧 찬성 입장으로 돌아섰다. 그것은 각 정파의 이해관계 때문이었다. 우익 중에서 이승만과 한민당 계열은 국내적 지지기반이 약하다는 점과 임시정부 출범 후 친일 청산이 진행될 경우 타격을 입을 가능성을 두려워했다. 김구 중심의 임시정부 계열 역시 국내 정치기반의 취약성을 염려했고, 임시정부의 정통성을 인정하지 않으려는 미군정의 입장에 맞서 자신들의 입지를 강화하기 위해 민족감정에 호소했다. 반면 좌익의 경우 지지 세력 확보에 자신이 있었으므로, 임시정부 구성에서 유리하게 될 것을 계산하여 찬탁을 주장했다.

그러나 이러한 사정이 대중에게는 제대로 알려지지 않았고, 신탁통치에 찬성하는 것은 또 다른 매국 행위라는 인식이 퍼져나갔다. 그

1945년 반탁운동 결정

런 가운데 좌익의 입지는 급속히 약화하였으며, 국내적 혼란 속에서 미소공동위원회가 공전을 거듭한다.

> "이로써 통일된 자주 독립국을 건설할 수도 있었을 기회를 잃고
> 치열한 좌우익의 다툼과 미, 소의 대립 구도 속으로 전개되어,
> 결국 남북이 분단되어 각기 독자적 국가건설로 귀착되고
> 말았다."
> 김동수

대중운동에는 용감하고 결단력 있는 지도자가 나타나 나아갈 길을 보여줘야 할 때도 있다. 하지만 때로는 그 길이란 그 지도자의 사적인 이해관계로 왜곡된 길이다.

제5부 현대

80

찢겨진 산하

1946년 5월, 한반도를 둘러싼 공기는 차츰 무거워지고 있었다. 3년 전 찾아온 해방의 감격은 38선을 경계로 한 미국과 소련의 분할 점령과 군정 실시로 찬물을 뒤집어썼다. 그 이후 정부 수립 문제를 놓고 진행된 미소공동위원회는 뚜렷한 성과 없이 공전을 거듭한 지 4개월 만에, 기한 없는 휴회에 들어갔다.

이런 가운데 당시 국민에게 미치는 카리스마적 영향력이 막대했던 이승만의 노선이 주목되었다. 그는 통일 국가 건설의 당위성을 부정하지 않으면서도, 1946년 6월 3일 전라북도 정읍에서의 연설에서 남한만의 단독정부를 수립할 수도 있음을 언급했다.

"이제 우리는, 무기한 휴회休會된 미소공위가 재개될 기색도 보이지 않으며, 통일정부를 고대하나 여의케 되지 않으니, 우리는

377

남방만이라도 임시정부 혹은 위원회 같은 것을 조직하여 38 이북에서 소련이 철퇴하도록 세계 공론에 호소하여야 될 것이니, 여러분도 결심하여야 될 것이다."

이는 당시 정계에 일대 파문을 일으켰다. 반탁운동의 과정에서 한때 대동단결했던 우파는 둘로 나뉘었다. 한민당 등은 단독정부 수립 노선을 적극 지지했으며, 김구를 중심으로 하는 임정 세력은 이승만을 맹비난하고 좌우합작을 통한 통일정부 수립을 모색한다고 천명했다.

그러나 대세는 점차 단독정부로 기울고 있었다. 1947년 5월 재개된 제3차 미소공동위마저 성과 없이 결렬되고, 좌우합작 운동은 극우와 극좌, 즉 한민당과 남로당의 방해로 결실을 보지 못했다. 1947년 9월에는 한국 문제가 미소공동위에서 UN으로 이관되고, 그해 11월 UN 감시하의 남북한 동시 총선거를 통해 통일정부를 수립하기로 하였으나, 선거 감시를 위한 UN 한국임시위원단(UNTCOK)의 입국을 북한이 거부한다. 그리하여 마침내 1948년 2월, 이러한 UN 결의가 나온다. "선거 감시가 가능한 지역에서만 일단 인구 비례에 따른 총선거를 시행, 정부를 수립한다." 단독정부 수립이 확정된 것이다.

그리하여 단독정부를 막으려던 최후의 움직임, 즉 1948년 4월 평양에서 열린 남북대표자 연석회의에 김구와 김규식이 참석한 것도 허무하게 끝이 나고, 1948년 5월 10일의 총선을 거쳐 8월 15일에 대한민국 정부가 남한 단독정부로서 수립하였다. 한편 북한에서도 같은 해 9월 9일에 '조선민주주의인민공화국'을 수립하였다.

"결정적으로 우리 민족에 의한 민족 통일의 노력에 획을 그어
민족분단을 고착화시킴으로써, 현재에 이르기까지 분단의
아픔과 좌우익의 이념 대립을 가져와 우리 사회 분열의 원인을
제공하는 데 큰 영향을 미쳤다." 하문식

그러나 단독정부 수립의 책임을 이승만의 단정노선과 결과적으로 그것을 확정지은 UN의 결의 쪽으로만 돌려서는 안 된다는 주장이 있다. 북한 역시 독자적으로 단독정부를 추진했으며, 오히려 남한에 비해 더 적극적이었다는 것이다.

스탈린은 해방 후 겨우 한 달이 지난 1945년 9월 20일에 "북한에 통일전선에 기초한 부르주아 민주주의 정권을 수립하라"는 비밀 지령을 내렸다. 그리고 이에 따라 북조선 5도 인민위원회 대표자대회, 서북 5도 당대회, 이북 5도 행정위원회 등이 잇달아 개최, 수립되면서 북한은 실질적으로 독립된 국가로 변모해갔다. 1946년에는 독자적인 토지개혁을 했고, 당시 남한으로 도망쳐 온 실향민들의 증언은 한결같이 "당시 북한은 누가 뭐래도 하나의 국가였다"고 한다. 이어서 1947년 2월 수립된 북조선인민위원회는 북한 전역에 행정조직망을 구축하고, 별도의 군대와 경찰을 운영하는 등 공식 명칭만 정부가 아닐 뿐이었다. 단정 수립의 최종 책임을 모면하기 위해 정식 정부수립일을 1948년 9월로 늦췄을 뿐. 그런 까닭에서라도 김구 등의 평양 방문은 헛바람에 그칠 운명이었다. 평양회담 한 달 전인 1948년 3월에 김일성은 이렇게 말했다.

"38선 이북 지역은 혁명을 위해 훨씬 더 유리한 조건에 있다. 따라서 여기서 먼저 혁명을 수행하여, 이 지역을 '민주기지'로 만들자. 그다음에 전체 조선으로 혁명을 발전시키자."

결국 남북한 분단 정부 수립이란 냉전이라는 유령이 남북한의 극우, 극좌세력과 간음하여 낳은 사생아였다. 여기에 그것은 너무 민족주의에 치우친 관점이 아닌가, 라는 이의가 있을 수도 있다. 적어도 대한민국 정부 수립은 이 땅에 민주주의와 자유주의를 실현하는 가슴 벅찬 역사의 과정이 아니었던가? 그런 시각도 가능하다. 그러나 분단과 전쟁, 이념대립으로 인해 우리의 민주주의와 자유주의는 그동안 얼마나 많은 억압을 받았던가. '북한 괴뢰 집단과의 대결'을 명목으로 수립된 독재체제 아래에서, 얼마나 많은 인권이 유린당하고, 얼마나 많은 노력이 무의미하게 소모되었던가. 1948년 통일의 무산은 완전한 민주국가, 자유 사회 수립의 무산이기도 했다. 여기에 누가 이의를 달 것인가?

81

1949년 토지개혁

미흡한 새 세상

일제강점기는 여러 면에서 암울한 시기였다. 경제·사회적인 관점에서 보아도 그랬다. 당시 일제의 손으로 이 땅에 자본주의와 공업기반이 도입된 것은 사실이지만, 그것은 일본 금융자본의 이익과 세계대전 수행을 위한 중공업 수요를 위한 것이었을 뿐, 우리 민족 대부분은 농민으로 남아 있었다. 그것도 대다수가 자기 땅이 없이 지주에게 가혹한 수탈에 시달리는 소작농으로.

따라서 이들 농민에게 토지를 분배해 줌으로써, 소수의 지주가 나라를 좌우하고 대다수 민중은 경제적으로나 정치적으로나 '없는 것이나 마찬가지'인 존재에 그치는 전근대적 현실에 종지부를 찍는 것이야말로 해방 후의 지상 과제였다. 그것을 이룩해야만 비로소 제대로 된 근대화가, 민주주의가 가능할 터였다.

하지만 정부가 수립되기도 전인 1946년 3월에 이미 토지개혁을

381

단행한 북한과 달리, 남한에서의 토지개혁은 쉽지 않았다. 3년간 국정을 담당한 미군정은 당초에 그런 개혁에 대한 열의가 없었다. 정부수립 후에도 국회의 삼 분의 일을 지주계급에 기반을 둔 한민당(민국당)이 장악했고 관료기구에도 그들과 맥이 닿는 '지주-친일파' 인사들이 상당수였다. 그래서 제헌헌법에 토지개혁을 한다는 내용이 포함되고 5.10 총선에서도 대다수의 후보자가 토지개혁을 공약했음에도, 논쟁만 계속될 뿐 개혁의 실마리는 쉽사리 풀리지 않았다.

이때 어떻게든 토지개혁이 실현된 데는 이승만 대통령의 의지가 크게 작용했다. 그는 자타가 공인하는 우파였지만 농림부 장관에는 좌파인 조봉암을 기용함으로써 토지개혁 문제에 열의를 보였다. 국회에서 토지개혁법안이 발목을 잡힌 상태가 이어지자, 대통령령을 발동하여 사실상 '초법적'인 토지개혁을 강행했다. 그는 왜 그토록 토지개혁을 추구했을까? 스스로 '국부國父'라고 생각하던 사람으로서 '소수의 귀족-엘리트를 억제하고, 다수의 민중에게 혜택을 준다. 그래서 왕조를 지지토록 한다'는 전통적인 개혁 군주의 노선을 따르지 않았을까도 싶다. 또한 당시 이승만으로서는 비록 대통령이 되었지만 매우 불리한 처지에 있었다. 국회는 한민당과 임정계 등 '야당' 세력이 삼 분의 이를 차지했고, 국민은 토지개혁 지연과 경제난 때문에 정부보다 남로당에 더 지지를 보내고 있었다. 따라서 하루바삐 토지개혁을 함으로써 야당 세력을 억제하고 일반 국민의 지지를 얻을 필요가 절실했다.

우여곡절 끝에 토지개혁 법안은 1949년 6월에 국회에서 의결된다. 무상몰수·무상분배를 특징으로 하던 북한의 개혁법과는 달리 유상몰수·유상분배 즉 지주에게 대가를 치르고 토지를 구입한 후 농민에게 역시 대가를 받고 분배해 준다는 원칙이었다. 구체적으로 토지 소출의 평년작 평균 150퍼센트를 기준으로 지주에게 보상하며, 농민은 125퍼센트 기준으로 5년에 걸쳐 상환한다고 되어 있었다. 또한 토지를 잃은 지주가 다른 업종을 택할 수 있게 알선하며, 기업을 창립할 경우 자금을 지원해 준다는 내용도 있었다.

이처럼 북한의 토지개혁보다 뒤늦은데다 농민이 아닌 지주에게 더욱 유리한 내용이었기에 '한계가 있었다'고 보기도 한다.

> "농지개혁작업은 지지부진하여 4년의 세월이 지난 1949년
> 6.21에야 비로소 개혁법이 통과되었는데, 그나마 유상매수
> 유상분배로 결정되고, 농지만이 그 대상이 됨으로써 농민적
> 토지 소유를 이루는 데 크게 부족한 결과가 되고 말았다.
> 더욱이 농지개혁이 이루어지지 않는 동안 많은 농민이
> 무장투쟁(빨치산)에 참여하게 됨으로써 민족적 대립과 갈등이
> 격화되는 한 계기가 되었다고 본다."   김동수

그러나 이로써 단군 이래 처음으로(남녘을 기준으로 한다면) 거의 전 농민이 독립 자영농이 되는 토지분배구조를 갖게 되었고, 그것은 고려와 조선의 숱한 개혁사상가들이 심혈을 기울였음에도 끝내 이루지 못한 목표였다. 그 의의는 절대 적지 않을 것이다. 이로써 신생 대한민국에 품었던 국민의 불만이 누그러져서 곧바로 벌어진 한국전쟁에서 북한에 동조하지 않게 되었고, 토지를 바탕으로 한 경제구조가 청

산됨으로써 본격적인 자본주의 발전의 길이 열렸다고도 평가된다.

하지만 여기에 이의를 제기하는 시각도 있다. 가령 브루스 커밍스 등은 남한의 토지개혁에는 실체가 없었다고 혹평한다. 당시 한민당 세력은 법안이 통과된 후에도 끈질기게 지연전술을 써서, 법을 구체적으로 실행할 시행령이 만들어지지 못하게 막았다는 것이다. 그래서 한국전쟁이 시작될 때까지 실질적인 토지분배는 전혀 없었으며, 북한이 점령 지역에서 토지개혁을 실시하자 그 뒤 '마지못해' 토지개혁을 했을 뿐이라고 한다. 그러나 이를 반박하며, 그것은 법에 따른 조건이었을 뿐 이승만의 '초법적' 대통령령으로 한국전쟁 발발 당시에는 이미 70~80퍼센트의 농지가 분배를 마친 상황이었다고 주장하기도 한다.

어느 주장이 더 사실에 가까운지는 좀 더 상세한 연구가 있어야 하리라. 하지만 토지개혁을 마친 대한민국이 다른 제3세계 국가와 비교해 의욕적인 발전을 할 수 있게 되었음은 아무도 부정하지 않는다. 토지개혁을 하지 못한 탓에 지주 세력이 계속해서 사회의 진보를 막고, 계급대립이 극심해져서 혼란이 거듭된 동남아나 라틴아메리카 국가들의 예를 볼 때, 이후 한국전쟁이라는 치명타를 맞았음에도 이들 나라보다 훨씬 빠르게 발전할 수 있었던 원동력은 토지개혁에서 찾을 수 있다는 것이다.

82

거인의 죽음

"… 저는 순간, 틀림없이 선생은 국가의 반동이라고 생각했습니다. 국가를 위하여 선생을 죽이는 것이 좋겠다고 단정했습니다. 국가의 장래를 위하여 선생을 죽이고 나도 죽겠다고 결심했습니다. 최고로 흥분한 저는 선생과 여순사건, 장덕수 사건 등을 연상하였고, 그 후의 언쟁은 기억에 없습니다. 저는 저도 모르게 의자에서 반쯤 몸을 일으키고 권총을 꺼내, 눈을 감고, 제1탄을 발사하였습니다…."

1949년 8월 3일, 그렇지 않아도 한여름이었던 서울은 한층 더 뜨거웠다. 서울지방법원 대법정에는 사람들이 구름처럼 몰려들어 저마다 왁자지껄 떠들었다. 약 한 달 전(6월 26일) 김구를 살해한 육군 소위 안두희가 중앙고등군법회의에서 재판을 받는 날이었다. 안두희를

385

죽이라는 소리가 메아리치는가 하면, "애국자 안두희를 즉각 석방하라"는 시위도 보였다.

암살 경위를 증언하는 안두희는 침착했다. 그 내용을 정리하면 본래 김구를 민족의 지도자로 깊이 존경하였으나 점차 공산주의자들과 결탁하며 반국가적 행동을 하는 듯한 김구에게 실망했으며, 암살을 염두에 두기 시작했다. 6월 26일의 행동은 치밀한 계획에 의한 것이 아니라 다분히 우발적이었다는 것이었다.

그러나 이러한 주장에는 의문점이 많다. 암살이 이루어지자마자 현장에 '우연히' 헌병이 출동하여 "군 관계자 수사는 우리가 맡는다"며 경찰의 손에서 안두희를 빼돌린 점, 안두희가 비밀 우익 테러단체 백의사의 일원이었던 점 등이다.

안두희는 무기징역을 선고받았지만 얼마 후 15년으로 감형되었고, 한국전쟁을 빌미로 잔형 집행정지 처분을 받고 포병장교로 복귀하였다가, 1951년에 잔형을 면제받고 1953년에 완전히 복권되었다. 이후 그의 일생은 김구의 복수와 진상 규명을 요구하는 민간단체와 개인의 끊이지 않는 테러, 이를 피해 다니는 잠적의 연속이었다. 1993년에는 권중희에게 붙잡혀 암살의 배후가 이승만이라는 '자백'도 하였으나, 곧 강박에 의한 거짓 자백이었다고 말을 바꿨다. 결국 1996년에 박기서에게 암살됨으로써, 의혹과 파란에 찬 일생을 마감했다.

안두희가 끝내 제대로 된 자백을 않고 숨짐으로써 김구 암살에 대한 완벽한 진상은 미궁 속에 빠졌다. 그러나 민간 차원에서 진상 규명을 위한 노력은 계속되어, 1960년 처음으로 '백범김구선생 시해 한국의 독립운동가이며 정치인이다. 1927년부터 1933년까지 1940년부터 1948년 8월 15일까지 제6대, 8대, 10대 대한민국 임시정부 국무령과 주석을 지냈다. 호는 백범白凡이다. 호는 미천한 백성을 상징하는 백정의 '백白'과 보통 사람이라는 범부의 '범凡' 자를 따서 지었다.

진상규명투쟁위원회'가 결성된 것을 시작으로 수십 년 간의 노력 끝에 1993년 국회에 '백범김구선생 시해진상규명조사 소위원회'가 설치되었다. 이 위원회는 2년 만에 제출한 보고서에서 '안두희에 의한 우발적 단독범행이 아니라 면밀하게 준비 모의되고 조직적으로 역할 분담된 정권 차원의 범죄였다'고 규정하고 김창룡 육군 방첩대장을 비롯해 채병덕 총참모장, 전봉덕 헌병부사령관, 신성모 국방장관 등 군부가 깊숙이 개입했다고 밝혔다. 단 이승만과 미국의 개입 여부는 개입의 정황은 있되 확증은 찾을 수 없다고 했다.

> "민족주의의 거두 김구의 죽음으로 남한 정권은 친일파가
> 더욱 득세하는 계기가 되었고, 평화적인 남북통일의 희망은
> 사라져버리고 남북의 극한적 대립으로 치닫게 된다."　　윤동진

> "대한민국이 통일된 민주 사회로 갈 수 있었던 방향타를 잃고
> 말았다."　　사공득

과연 김구가 계속 살아 있었다면 한반도 평화 통일이 가능했을까? 확신하기는 어렵다. '남한 단독정부를 인정하지 않는다'는 입장을 취했던 김구는 5.10총선에 불참했다. 하지만 7월 20일의 대통령 선거에는 출마, 이승만에게 패배했다. 이것은 결국 대한민국이라는 현실을 인정한 것이 아닌가? 아니면 일단 남한의 정권을 쥔 다음 북한과 협상하여 평화통일을 추진하려 했을지도 모른다. 그러나 앞서 남북대표자 연석회의에서 보았듯 김일성이 자신의 기득권을 순순히

양보했을지도 의문이고, 이승만과 한민당, 미국 등 남한 내 정치세력이 모두 통일에 반대하는 상황에서 김구 홀로 통일을 추진하기란, 아니 대통령이 되기란 애초부터 무리였을지 모른다.

이후 그의 죽음은 곧 이어진 반민특위 해체와 함께, 남한 정치세력의 '친일 원죄'와 남북 간의 극한 대립이라는 한국 정치의 별로 바람직하지 못한 성격이 확고히 뿌리내리는 계기로 작용했다.

83

원죄의 씨를 뿌리다

일제강점기 동안 부일 행위를 통해 민족에게 피해를 입힌 '반민족행위자'를 처벌하기 위한 특별법은 대한민국이 수립되기도 전, 1947년 3월에 이미 시도되었다. 그러나 당시 미군정은 남조선과 도입법위원이 발안한 이 법안을 승인 거부했다. '범죄자의 규정이 모호하여 부득이하게 협력한 자들을 구별하기 어렵다'는 이유와 '이런 법률의 취지는 인정하지만, 모든 민족의 일치된 의견을 표현해야 하므로, 민선 의회가 수립된 다음으로 미룰 필요가 있다'는 이유였다. 하지만 그것은 핑계일 뿐, 당시 미군정이 일제강점기의 관료에게 크게 의지하여 통치를 행하고 있었던 것이 실질적 이유라고 보는 사람이 많았다.

이리하여 정부수립 후 제헌국회에서 반민법이 논의된다. 당시 국회의 삼 분의 일을 차지하고 있었던 한민당 의원들은 맹렬히 반대했으나, 소장파들을 중심으로 뜻을 관철해 1948년 8월 16일부터 '반민족행위처벌법(반민법)' 제정이 착수된다. 그리고 22일 만인 9월 7일에 3장 32조의 법안을 통과시켜, 9월 22일 정부에서 공포된다. 이에 따르면 '국권피탈에 적극 협력한 자, 일제로부터 작위를 받거나 제국의회의원이 된 자, 독립운동가 및 그 가족을 살상·박해한 자, 직·간접으로 일제에 협력한 자'를 반민족행위자로 규정하고 각각 사형에서 5년 이하의 징역 및 재산몰수형까지 처하게 되었다. 그리고 이 법에 따라 반민족행위자를 조사하고 처리하기 위한 '반민족행위특별조사위원회(반민특위)'가 11월 25일에 설치되었다. 김상덕을 위원장으로 하는 반민특위는 1949년 1월 1일부터 본격 가동되었다.

1949년 1월 8일에 악명 높은 친일 기업인 박흥식을 체포하는 것을 시작으로, 반민특위는 약 6개월 동안 7,000명을 조사 대상자로 선정, 그 중 690명을 반민족행위자로 규정, 다시 그 중 305명을 검거, 221명을 기소했다. 이 중에는 나중에 제2공화국 정부수반이 되는 장면, 신민당 총재가 되는 유진오, 동아일보 창업주이자 고려대 이사장이었던 김성수, 조선일보 사장 방응모, 조선 최고의 천재로 불렸고 『무정』 등으로 현대 국문학을 열었다고 평가되는 이광수, 대학자이며 「기미독립선언서」를 썼던 최남선, 민족대표 33인 중 하나로 독립선언을 했던 최린 등이 포함되어 있었다. 그러나 실형을 받은 사람은 14명에 그쳤으며 유일하게 사형 판결을 받은 김덕기를 포함, 14명 모두 얼마 후 석방되었다.

반민특위의 활동이 기대보다 활발하지 못했던 것은 다각적인 방해 때문이다. 이승만 대통령은 1949년 1월 9일에 반민특위는 근본적으로 초법적이며, 북괴와 대치하고 있는 상황에서 공연히 지나간 일을 들쑤셔 안정을 저해한다며 특위 활동을 비판하는 담화를 발표했다. 그는 다시 2월 15일에 반민법을 일부 개정하도록 국회에 요청했는데, 특별재판소와 특별검찰을 사법부와 행정부 소속으로 돌리고 조사위원과 재판관, 검찰관을 대통령이 임명하도록 하는 등 사실상 특위를 무력화하는 내용이었다. 이 개정안은 국회에서 부결되지만, 정부 특히 경찰은 계속해서 반민특위 활동에 비협조적이었다.

대부분 친일 경력에서 벗어나지 못한 우익 세력은 특위 출범 이전부터 반민법 활동에 노골적인 반대를 표명했다. 반민법이 공포된 다음 날인 1948년 9월 23일에 '반공구국 총궐기 국민대회'를 개최하여, 반민법은 민족 분열을 초래하는 악법이며 반민법 제정에 앞장섰던 소장파 국회의원은 김일성의 앞잡이라고 매도하였다. 10월 말에는 친일 경찰로 유명했던 노덕술 등이 주축이 되어 백태민이라는 테러리스트를 사주해 김병로, 신익희 등 국회와 법조계의 반민법 관련자들을 살해하는 계획을 꾸몄다가 백태민의 자수로 사전에 발각되기도 했다. 또 『대한일보』 등 우파 계열 신문에는 연일 반민특위 활동을 매도하며 그것을 북한의 지령을 받은 국가전복 음모라고 선동하는 기사가 올랐다.

반민특위의 숨통을 끊은 것은 테러와 공작의 합작이었다. 1949년 6월 6일, 경찰이 특위 산하의 특경대를 습격·포위했다. 그리고 특경대의 무장을 해제한 다음 강제 해산시키고 말았다. 이 대낮의 테러에 대해 국회는 정부를 맹비난했으며, 이에 이승만 대통령이 국회에 출석하여 경찰 관련자를 처벌하고 체포된 특위 인사를 석방한다고 하여 무마시켰다. 하지만 이는 오히려 특경대 해산을 확정함으로써 반민특위는 활동에 필요한 손발을 잃게 되었다. 게다가 같은 6월 6일에는 김약수, 이문원, 노일환, 황윤호 등 국회의원들을 '프락치'로 체포했다. 반민법 활동 과정의 주역이었던 이들이 북한의 지령을 받아 움직이고 있었다는 것이다. 반민법 지지자가 거세된 국회는 7월 6일에 당초 1950년 6월 20일로 정했던 반민법 공소시효를 1949년 8월 31일로 앞당기는 법 개정안을 통과시켰다. '신속한 사안 처리를 위해'가 이유였다. 그러나 이후 8월 말까지 사실상 활동은 없었다. 식물인간이 된 반민특위의 생명은 1949년 9월 22일 '반민특조기관 및 특재부수기관폐지안'이 국회에서 통과되면서 끝났다.

> "해방 이후 정치, 경제, 사회, 문화 등 각 분야에서 친일 잔재를
> 청산하지 못해, 친일파들이 그대로 기득권을 유지하며 우리
> 사회 지도층으로 부상하면서 각종 개혁을 이루지 못하였다."
>
> 홍윤진

> "독일이나 프랑스처럼 친일파를 과감하게 제거하지 못함으로써
> 체제의 정통성이 확보되지 못했다."
>
> 최태선

반민특위의 좌절을 포함한 해방 후 친일 청산의 실패를 두고, 흔히 전후 프랑스의 친나치 청산 작업과 비교한다. 프랑스에서는 나치 협력자 2,000여 명을 처형, 4만여 명을 징역형에 처했다. 그에 비하면 우리의 청산은 너무도 미흡하다고 느끼게 된다. 하지만 냉정한 현실 분석이 필요하다고도 한다. 프랑스는 '적국에 불법 점령'된 상태였고,

불과 5년 만에 해방되었다. 그러나 우리는 비록 '강점'이라 하지만 국제사회는 일본의 한국 병합을 인정했으며, 그 상태가 35년 지속되었다. 그래서 일본 패망 후 미국은 한반도를 '일본의 영토'로 간주해 분단시키고 총독부 관료들을 계속 기용하는 데 아무런 거리낌이 없었다. 또한 35년이나 체제가 유지되다 보니 우익이라고 할 만한 사람들은 대부분 친일파가 되었다. 이런 상황에서 친일 청산을 하려니 정부와 싸워야 했고, 우익과 싸워야 했다. 그래서 결국 현실적으로 반민특위는 성공 가망이 없었다. 이를 극복하고 명실공히 친일청산을 하려면 체제 전체를 근본적으로 뒤집어엎는 혁명이 있어야만 했다. 그렇지만 냉전이라는 또 하나의 현실이 그런 혁명의 가능성마저 봉쇄하고 있었다.

반민특위의 활동이 아주 의미가 없는 것은 아니었다. 박흥식을 비롯해 일제강점기에 부를 축적했던 친일파 기업가들은 비록 실형을 선고받지 않았어도 이 과정에서 된서리를 맞았고, 그 틈을 타서 정주영, 이병철 등 새로운 기업인이 부상했다. 또 한번 친일파 혐의자로 낙인이 찍힌 정치인, 문화인은 살아서는 화를 당하지 않았더라도 죽어서 그 업적이 송두리째 부정당했다. 60년이 지난 지금까지도 친일청산 작업을 다시 해야 한다는 목소리가 있다. 그것은 한편으로 그만큼 우리 체제가 불신받고 있으며 어떤 쇄신이 필요하다는 의미이기도 하지만, 그만큼 해방 직후에 미뤄 둔 숙제가 두고두고 기억되고 있음을 뜻하기도 한다.

84

1950년 한국전쟁

한반도 냉전 심화의 결정적 계기

2006년 11월 20일, 노무현 대통령은 한국전쟁을 '내전'이라고 지칭했다가 구설에 올랐다. 일부 언론과 정당에서는 이를 '대한민국 국가원수로서 부적절한, 좌파적 역사관'이라 매도했다. 그보다 앞서 7월에는 동국대 강정구 교수가 '6.25는 통일 전쟁'이라는 언급을 했다가 국가보안법 위반 혐의로 구속되어 재판을 받고 실형을 선고받았다. 이처럼 한국전쟁이 일어난 지 60년이 다 되어가는 21세기, 민주주의와 세계화가 성숙한 시대를 사는 지금도, 우리는 한국전쟁을 두고 자유롭게 말할 수 없다. 그토록 많은 연구가 한국전쟁의 기원과 성격을 놓고 행해졌음에도, 아직 터부와 미스터리는 사라지지 않고 있다.

한국전쟁의 성격은 그 궁극적 결정의 주체가 누구였는지, 누구의 어떤 의도에 따라 내려진 결정이었는지의 문제와 관련된다. 아직도 북한에서는 공식 입장으로 남아 있는 '북침설'은 이제는 대개 부정된다. 구소련 몰락 후 공개된 문서에서 김일성이 스탈린의 허락을 얻은 후 남침을 결정했음이 드러났기 때문이다. 그러나 '내전 확대설'과 '남침 유도설'은 아직 신봉자가 적지 않다. 내전설은 남북한 각각 단독정부가 수립된 이후 38선에서는 끊임없이 무력 충돌이 일어났다는 사실에 주목한다. 1949년 5월에서 7월까지는 연대급 전투, 즉 1천 명 내외의 병력이 충돌하는 때도 생겼다. 한국전쟁은 이런 소규모 무력 충돌이 대규모로 비화한 것에 불과하다는 것이다. 하지만 1949년 6월에 주한미군이 철수하면서 남한은 전투를 피하려는 입장으로 돌아섰고, 소련이 제어에 들어갔기 때문에 북한의 공세도 잦아들어 1949년 12월부터 한국전쟁 발발 직전까지는 충돌이 있어도 기껏 수십 명 수준으로, 산발적으로 일어날 만큼 진정된다. 이것은 남한과 미국을 방심케 하려는 북한과 소련의 작전이었을지 모르지만, 아무튼 내전적 무력 충돌이 '자연스럽게' 전면전으로 비화하였다고 보기 어렵다.

남침 유도설은 미국 최고의 한국학자라는 브루스 커밍스를 비롯한 많은 지지자를 갖고 있다. 남한이나 미국이 직접 북침하지는 않았어도 북한의 침공을 유도하였고, 이를 빌미로 북침-통일을 계획했다는 것인데, 이를 뒷받침할 만한 근거가 상당히 있다. 우선 1950년 1월 12일, 애치슨 미 국무장관이 전국 기자클럽 연설에서 "미국의 극동 방위선은 알류산 열도, 일본을 거쳐 오키나와로 … 오키나와에서 필리핀으로 연결된다"는 이른바 '애치슨 라인'을 발표한 것. 이로써 미국은 한국을 방위선에서 제외했으며, 당시 보고를 받은 김일성은 눈에 띄게 흥분했다고 한다. 아마 스탈린도 비슷했을 것이다. 1949년

한국전쟁 당시 중공군

1950년 10월 말, 중공군은 참전 이후 곧 자취를 감추었다. 유엔군은 11월 10일에는 공세로 전환했다. 사진은 구성 남쪽에서 유엔군 수색대에 발견된 중공군이다.

(위) 전쟁으로 인해 폐허가 된 도시
(아래) 한국전쟁 당시 민중들의 모습

의 미군 철수까지 포함해, 이처럼 한국전쟁 발발 시 개입하지 않을 듯한 인상을 줘 놓고서 정작 전쟁이 발발했을 때 미국의 대응은 빨랐다. 6월 24일, 아직 전쟁이 시작되지 않은 상태에서 병력 이동 상황만으로 백악관에 비상이 걸렸고, 6월 25일 당일 한국 문제를 유엔에 상정했다. 그리고 미군 중심의 전면적 군사개입을 나섰다. 그 부조화를 볼 때, 미국이 일부러 남침 상황을 유도하고는 신속하게 개입했다고 짐작하기에 충분하다는 것이다. 또한 커밍스는 한국전 발발 당시 남한의 일부 군사행동이 수상했다고 지적한다. 6월 24일에서 25일까지 김백일과 백인엽의 부대가 북한의 해주를 공격한다. 그들은 그곳을 일시 점령했으나 곧바로 철수해 버린다. 이것은 남한이 북한의 남침 징후를 인지하고 있었으며, 이를 촉발하기 위해 전면전을 일으키기에, 충분한 도발을 행했다는 의미라고 한다.

애치슨 라인 발표가 남침을 유도한 것이라는 해석은 학계의 수정주의자뿐 아니라 한국과 미국의 정치인 사이에서도 널리 유포되었었다. 그중에는 대표적인 우파 정치인 임영신도 있다. 그녀는 "미국은 우리를 배신했다"고 하며 "공산주의자들이 침공해올 경우 어떤 방식으로, 어떤 규모로 해올지를 실험하기 위한 것"이라 했다. 임영신의 해석은 좀 비현실적이지만, 다른 의도가 있어서 일부러 한국을 애치슨 라인에서 제외했다는 주장도 있다. 바로 「안보 각서 68호」 문제다. 1950년 4월에 작성된 이 각서는 미국의 군비 증강이 필요하다는 내용을 담고 있다. 그러나 당시 미국은 유럽에서 북대서양조약기구(NATO)를 강화하고 마셜 플랜을 실시하는 데 바빠서, 군비 증강에 예산을 쓰기 꺼려했다. 이에 따라 정부 내의 '매파'들에게 「안보 각서

68호」를 정당화해 줄 뭔가가 필요해졌다는 것이다. 그것이 곧 한국 전쟁이었고, 실제로 애치슨은 몇 년 뒤 "한국이 우리를 구해 주었다" 고 밝혔다.

그러나 이런 해석에 반대하는 사람들은 먼저 '애치슨의 연설을 꼼꼼히 읽어볼 것'을 권한다. 애치슨 라인을 제시한 다음, 그는 그 라인에 포함되지 않은 나라의 방위에 대해서는 "먼저 자체적으로 방위 해야 하며, 그다음은 유엔이 개입해야 한다"고 언급했다. 말하자면 애치슨 라인에 포함된 국가에 대한 침공은 미국이 마치 본토 공격을 당한 듯이 직접 개입하겠지만, 그 외의 나라는 자체 방어 후 필요시 유엔 개입의 순서를 밟는다는 것이다. 결코 애치슨 라인 밖의 나라의 운명은 알 바 아니라는 메시지는 아니었다. 실제로 한국전쟁 발발 이 후 미국의 개입은 애치슨이 말한 대로 순서를 밟았다. 더욱이 애치슨 은 연설 후반부에 "한국에 대해 미국이 원조를 중단한다는 추측은 어 리석으며, 미국은 한국을 계속 보호할 것"이라는 언급까지 했다. 따 라서 애치슨 라인에서의 한국 제외만을 가지고 김일성과 스탈린이 기뻐했다면, 그들은 너무 성급했던 것이다.

또한 애치슨 라인에 언급된 지역들을 잘 들여다보자. 알류산은 미국의 영토이고, 필리핀은 옛 식민지이며, 일본 본토와 오키나와에 는 대규모 미군 기지가 있다. 즉 미국 본토에 준해서 지킬 필요가 확 실한 곳이었다. 그에 비해 한국은 전략적 가치가 별로 없다는 의견이 미국 관료와 미군 사이에서는 오래전부터 나돌고 있었다. 그렇다면 의문은 한 가지, 그렇게 한국을 '하찮게' 취급했으면서 어째서 신속 하게 개입했냐는 것이다. 하지만 그것도 설명은 가능하다. 비록 미군이 철수했지만, 군사고문단은 남아 있었고, 이들이 상황을 수시로 보고하고 있었다. 또 1950년 5월에 들어서는 국무부 특사 덜레스가 방한하여 38선을 시찰하고, 국회 연설에서 "한국이 만약 공격을 받는다면 미국은 방위에 나설 것"이라고 공약하기까지 했다. 사실 1950년 중반께 미국의 개입 가능성이 커져 갔기에, 북한이 더 기다리지 못하고 서둘러 남침했다고 보는 설도 있다.

결국 한국전쟁은 김일성이 스탈린과 모택동의 승인 하에 결정한 것이었다. 그것이 미국 내지 미국 내 매파의 유도에 빠져든 것이었다고 볼 가능성은 있다. 하지만 그것을 입증하려면 좀 더 많은 증거가 필요하며, 단순히 애치슨 라인 선언이나 「안보 각서 68호」의 존재만으로 그런 결론을 내기에는 부족하다. 스탈린, 모택동의 허락이 없었다면 김일성이 전쟁을 결정하지 못했으리라는 것, 또한 근본적 원인은 남북한의 분단과 개별정부 수립에 있다는 것은 분명하다. 그런 점에서 한국전쟁은 국제전의 성격이 있지만, 김일성의 결단이 가장 중요했다는 점에서 내전적 성격도 겸한다(이후 유엔군과 중국의 참전으로 주로 국제전적 성격을 띠게 되는 것과는 별개다).

한국전쟁은 우리 역사에 어떤 영향을 남겼을까? 우선 그것은 분단을 확정했다. 그때까지만 해도 분단은 세계열강이 임의로 만들어낸 분단, 그것을 다시 소수의 국내 정치지도자들이 편승해서 강화한 분단이었다. 그러나 전쟁을 통해 분단은 살아남은 모든 사람의 머리와 가슴에 뚜렷이 새겨졌다. 눈앞에서 숨진 어머니, 전쟁 통에 잃어버린 남편, 학도병으로 전쟁터에 나갔다 영영 보지 못하게 된 아들을 생각하는 사람으로서, 누가 북한을 증오하지 않으랴. 북한 쪽에서도 마찬가지였다. 미군의 무차별 폭격에 의한 민간인 살상의 참혹함이 절대 덜하지 않았다.

한국 전쟁은 묘하게도 전쟁에 책임이 있는 사람의 권력을 더욱 크게 해주었다. 김일성은 1955년 12월에 남로당 당수 출신으로 월북한 후 내각부총리를 지냈던 박헌영을 처형했다. 박헌영이 "남조선의 혁명 역량은 최고에 달했으며, 전쟁이 일어난다면 농민이 모두 들고 일어나 호응할 것"이라고 호언장담하여 오판을 가져왔다는 이유였다. 이후 월북자를 포함해서 김일성 독재를 조금이라도 견제할 만한 세력은 철저히 숙청당했다. 수백만 명의 목숨을 앗아간 결정을 내린 그는 83세까지 최고의 권력과 쾌락을 누리며 살았다.

남한도 비슷했다. 이승만은 전쟁을 시작한 당사자는 아니더라도 전쟁 발발에 어느 정도 책임이 있었다. 그러나 그는 오직 안보를 무기로 독재 권력을 확보했다.

"나라가 혼란스러워지면 제2의 6.25가 올 수 있다."

그에 대한 비판이 쏟아질 때마다 내세운 방패였다. 더 그런 공갈을 참지 못하게 된 학생과 시민이 그를 권좌에서 물러나게 했으나, 곧 더욱 강력한 독재체제가 수립되어, '멸공통일'을 내걸고 온 사회에 군사문화를 보급해 나간다.

북한은 몰라도 남한은 복수정당제와 자유 선거가 보장된 자유민주주의 체제였건만, 전쟁의 상흔은 오래도록 남아서 조금이라도 사회주의 색채가 있는 정당이나 학술 활동을 금단했다. 그래서 이념적

· 정책적인 차이가 없는 보수정당만이 남게 된 정치판은 민주화 이전에는 여당과 야당, 이후에는 지역당의 구분만 가능했다. 또 강정구 교수의 예에서도 보듯, 아직도 북한과 관련된 학술 활동은 완전히 자유롭지 못하다. 어릴 때 맞고 자란 아이가 음산하고 공격적인 어른이 되듯, 참혹한 전쟁은 국민의 도량을 좁혔고, 사회의 깊이를 얕게 만들었다.

85

1950년 북한군의 3일 서울지체

전장의 안개에 싸여?

1950년 6월 25일 새벽, 보병 8개 사단(약 20만), 전차 242대, 전폭기 211대. 이들이 한꺼번에 38선을 넘었다. 이에 맞서는 한국군은 보병 8개 사단, 사단 수는 북한과 같지만(북한의 총병력은 10개 사단이었다. 즉 2개 사단만 남긴 전 병력을 전선에 투입했다) 실제 병력은 북한의 절반도 못 미쳤고, 그나마 38선에 배치된 병력도 4개 사단뿐이었다. 경비행기 20대 남짓, 중화기는 정찰용 장갑차와 곡사포 약간이 전부였다. 이런 전력으로 기습까지 당한 이상 밀리지 않는 게 이상했다. 서울은 단 3일 만에 북한군의 수중에 들어갔다.

그런데 여기서 한국전쟁 최대의 미스터리가 생긴다. 북한군이 여세를 몰아 계속 남진하지 않고, 사흘 동안 서울에서 움직이지 않았다. 이 뜻 모를 지체 덕분에 국군은 반격할 기회를 얻었고, UN의 움직임을 통해 미군이 개입해올 시간도 마련되었다. 북한으로서는 이 사흘

동안의 지체야말로 '조국해방전쟁'을 실패로 돌아가게 만든 뼈아픈 결정이었던 셈이다.

> "서울을 점령하고 바로 지체 없이 부산까지 밀고 내려갔더라면 적화통일이 되었을 것이다."
>
> 윤동진

대체 왜 북한군은 사흘 동안 지체한 것일까? 확실한 이유는 알 수 없다. 통일이라도 되어 북한 측의 자료를 자유롭게 이용할 수 있게 되기 전에는…. 지금으로서는 몇 가지 추측을 해볼 뿐이다.

첫째, 북한군의 전쟁 목표가 애초에 한반도 '통일'이 아니었다는 추측이 있다. 전격 기습을 통해 서울을 점령한 다음, 남한과의 협상에 나서려 했다는 것이다. 지금도 그렇지만 당시 서울은 남한의 정치·경제·산업의 중심지였으므로 서울만 장악하고 나면 남한의 전쟁 의지는 꺾일 것이며, 북한에 유리한 협상 조건에 응할 수밖에 없으리라고 여겼으리라는 것이다. 이는 그럴듯한 추정이지만, 북한이 애써 소련과 중국의 동의를 얻어 전면 공격을 감행한 마당에 한반도 통일을 목표로 삼지 않았다고는 납득하기 어렵다. 통일이 목표이기는 했으나 일단 서울을 점령한 후 남한 정권을 협박해 '항복' 받으려 했다고도 보지만, 아무리 전황이 낙관적이더라도 적의 저항력이 아직 남은 상태에서 그렇게 여유를 부렸다는 것도 현실적이지 않다.

둘째, 보급 과정에 문제가 있었으리라는 추측이 있다. 당시 북한은 '소련 → 중국 → 북한'으로 이어지는 단계적 보급체계를 세운 상태로 전쟁을 시작했다. 이처럼 단계적으로 하다 보니 손발이 맞지 않거나 하는 문제가 있어서, 일부 보급 물자가 제때 도착하지 못했다. 그중에 도하渡河 장비가 있었으리라는 것이다. 일단 서울을 점령했으나 남하하려고 보니 한강 다리는 폭파되고 없었고, 한강을 건너려면 일반 병사는 몰라도 탱크 등 중장비로서는 도하 장비가 필요했다. 따라서 장비가 도착할 때까지 사흘을 기다릴 수밖에 없었다는 것이다. 이렇게 보면 아직 피난민이 건너지 않은 상태에서 서둘러 다리를 폭파함으로써 많은 원성을 낳았던 '한강 다리 폭파 작전'은 결과적으로 최적의 결단이었다고 할까.

이 밖에 '북침설' 또는 '남침 유도설'을 주장하는 학자들은 국군이 일단 전쟁을 도발하고 나서 신속하게 후퇴한 것이 수수께끼의 진상이라고 한다. 전력으로 '반격'한 북한군은 의외로 국군이 아무 저항 없이 서울을 내주며 퇴각하자 영문을 몰랐고, 따라서 상황을 파악하느라 잠시 행동을 멈추었다는 것이다. 그러나 이 추정은 사회주의권 붕괴 후 공개된 자료들을 통해 북침설 자체가 신빙성을 잃으면서 설득력을 갖지 못하고 있다.

'전장의 안개'라는 말이 있다. 전쟁 상황은 너무나 많은 변수가 작용하기 때문에, 아무리 치밀하게 계산하고 전쟁에 임해도 뜻밖의 일 때문에 예상 밖의 결과에 부딪힐 수 있다는 말이다. 북한군이 사흘간 지체하기로 하고, 그 결과 소기의 목적을 달성하지 못한 것은 전장의 안개에 순간 시야를 빼앗겼기 때문일까, 아니면 어떤 의도가 있었던 것일까?

86

소련 안보리 불참의 의문

"한반도 공산화를 막고 이후 대한민국을 존립·발전케 한 것은
전적으로 유엔(UN)이 한국전쟁에 개입했기 때문이다."

이와 같은 이영춘의 분석은 정확하다. 그런데 국제연합(유엔)이
한국전쟁에 개입한 것이 특별한 일인가? 다시 말해, 개입하지 않기로
했을 가능성도 있었을까?

있었다. 그것도 아주 많았다. 그것은 유엔의 이중적인 성격에 기
인한다. 유엔은 예전 국제연맹이 '국가 주권의 동등성 원칙'에 집착
하여 만장일치 방식으로 매사를 결정하다 보니, 일부 국가의 돌출행
동을 막지 못해 세계대전을 막지 못했음을 고려하였다. 그래서 한편
으로 주권 동등성 원칙을 유지하면서도 현실적으로 강대국의 발언권
을 더욱 인정하는 방식을 취했다. 유엔총회와 별도로 5개 강대국의

거부권이 인정되는 '안전보장이사회'를 설치한 것이다. 5개 상임이사국 중에는 소련이 있었고, 소련은 북한에 대한 어떤 제재도 거부할 터였다. 따라서 한국전쟁에 유엔이나 미국이 개입하는 일은 차단될 가능성이 매우 컸다.

그러나 1950년 6월 25일 오후 2시에 소집된 안보리 회의에는 소련이 불참했다. 따라서 '북한의 무력공격을 심각하게 우려하며, 북한은 적대행위를 중단하고 38선 이북으로 철수할 것을 촉구한다'는 내용의 결의안 82호가 채택될 수 있었다. 소련은 6월 27일의 결의안 83호, 7월 7일의 84호 채택 회의에도 불참함으로써 유엔의 이름으로 한국의 안전을 위해 무력을 포함한 원조를 제공하며, 이에 동참하는 회원국 병력의 지휘권은 미국이 맡는다는 내용까지 무사통과되었다.

김일성, 모택동과의 사전 밀약을 통해 한국전쟁을 추진해 놓고서도, 어째서 소련이 안보리 결의에 계속 불참했는지는 현대사의 최고 수수께끼 중 하나다. 지금 알려진 자료에 따라 생각해볼 수 있는 이유는 우선 미국의 빠른 대응이다. 미국은 당시 군대를 한국에서 철수시킨 상태였으나, 군사고문단은 유지하고 있었다. 그래서 북한이 남침을 위해 병력을 움직이자마자 즉시 상황 보고를 받았으며, 6월 24일 밤 11시에는 유엔 안보리 상정이 결정되었다. 그리하여 6월 25일 당일에 벌써 안보리가 소집될 수 있었다. 그런데 당시 소련은 중국이 공산화된 후 안보리 상임이사국을 대만에서 중국으로 옮기는 문제가 지연됨에 따라 1월 13일부터 안보리에 불참 중이었다. 하지만 이번과 같은 사태라면 즉시 복귀해서 거부권을 행사할 수 있었는데, 미국이 그처럼 빨리 움직일 줄은 몰랐으므로 대응이 굼떴다. 그래서 소련 외무장관 그로미코가 안보리 참석 여부를 묻기 위해 스탈린을 급히 찾았으나 끝내 연락이 이루어지지 못한 상태에서 안보리 회의는 끝나고 말았다.

하지만 이는 6월 25일의 첫 안보리 회의에 소련이 불참한 이유는 설명해줄지 몰라도, 이후 두 차례의 회의(유엔의 무력 개입에서는 이쪽이 훨씬 중요했다)에까지 불참한 이유는 설명이 안 된다. 소련이 미국의 군사개입 가능성을 낮게 보았다는 추측이 있는데, 극동 방어선에서 한국을 제외한 '애치슨 발언'이나 주한미군 철수 등은 그런 오판을 뒷받침할 수도 있다. 그래서 소련은 최종적으로 개입이 있기까지 안보리에서의 진행 상황을 심각하게 여기지 않았다는 것이다. 이와는 반대로 미국이 안보리 결의와는 무관하게 개입할 거라 보았다고도 한다. 그럴 바에는 차라리 안보리 결의에 불참함으로써 동구권 국가들도 개입에 불참토록 하고, 결국 한국전쟁에 개입하는 것은 미국과 그 우호국들이지 유엔 자체가 아니라는 인상이라도 주려 했다는 것이다. 모두 일리가 있으나 소련의 불참 이유를 충분히 설명해 주지는 않는다.

결론적으로 소련이 안보리 회의에 불참한 덕분에 미국을 비롯한 16개국은 유엔의 이름으로 한국전쟁에 참전할 수 있었으며, 7월 1일에 미 24사단 21연대 제1대대가 부산에 상륙함으로써 비로소 반격의 전기가 마련된다.

87

맥아더,
누구를 위하여 전쟁하려 했나?

"…이 전쟁은 이제 전혀 새로운 적과 벌이는 전혀 새로운 전쟁이 되었습니다. …

중국과의 전면전에 들어갈 필요가 있습니다. …

중국의 스물한 곳의 목표물에 26개의 원자폭탄을 투하할 필요가 있습니다. …

그러면 우리는 이 지긋지긋한 전쟁에서 해방될 수 있을 것입니다."

1950년 12월 24일, 맥아더 유엔군 사령관이 워싱턴의 트루먼 대통령에게 보낸 전문은 크리스마스이브 분위기와 전혀 어울리지 않는 내용을 담고 있었다. 그는 산타클로스가 핵폭탄을 가득 자루에 넣고 날아가서 만주 땅에 마구 흩뿌려야 한다고 말하고 있었다.

그러나 트루먼은 안경 너머로 작은 눈을 반짝이며 전문을 읽고는 불쾌한 듯이 내던져 버렸다. 바로 얼마 전까지 중국군의 개입은 절대로 없다고 호언장담했던 맥아더가 아닌가? "크리스마스까지는 전쟁을 끝내고 말겠다"도 그의 입버릇이었는데, 이제 그 크리스마스가 되어서는 '위험한 장난감'을 잔뜩 달라고 조르고 있는 것인가? 트루먼은 한숨을 쉬며 중얼거렸다.

"이 친구, 아무래도 계속 내버려 둬선 안 되겠어….."

트루먼과 맥아더 사이에 틈이 점점 벌어지고, 끝내 맥아더 해임으로 이어진 것이 그가 원폭 투하를 요청했기 때문은 아니었다. 사실 원폭은 미국이 수시로 검토했던 수단이었다. 한국전쟁이 발발한 이튿날, 백악관은 이미 원폭 투하를 검토했다. 맥아더도 유엔군 총사령관에 취임하자마자 "원자폭탄 30발로 전쟁을 곧바로 끝내버리자"고 주장했었다. 맥아더가 해임된 후에도 몇 차례 원폭 투하가 검토되었다. 1953년 7월에는 개성 지역에 전술핵을 투하한다는 작전 명령서에 아이젠하워 대통령이 사인까지 했다. 그러나 곧 휴전이 이루어짐으로써 실시되지는 않았다.

맥아더가 해임된 진짜 이유는 그가 총사령관으로서 전쟁을 잘못 지휘하고 있었기 때문이며, 보다 근본적으로는 일개 군인이 아니라 정치인으로서 트루먼과 경쟁하고 있었기 때문이다. 극동군 사령관으로 도쿄에서 '일본 총독'이나 다름없는 생활을 누리던 맥아더는 한국

전쟁의 총사령관이 되면서 이 전쟁을 백악관으로 입성하기 위한 마지막 트로피로 삼기로 했다. 많은 반대를 무릅쓰고 과감한 인천상륙작전을 추진한 데도 그런 이유가 있었다. 거기까지는 좋았다. 그러나 과연 유엔군이 38선 이북까지 진입할 권한이 있느냐는 의구심을 일축하면서 북진을 감행하고, 혹시 중국과 소련의 참전을 초래할까 봐 백악관이 노심초사하는 것도 아랑곳없이 과감한 작전을 계속할 때, 트루먼은 맥아더의 속셈을 의심하기 시작했다.

군 지휘관으로서 맥아더의 치명적 실책은 먼저 중국의 개입 가능성을 무시한 것이었다. 유엔군과 한국군이 압록강으로 접근하면서 중국은 "결코 좌시하지 않겠다"는 성명을 몇 차례 내보냈고, 실제로 소규모 병력을 보내 산발적으로 개입해왔다. 그러나 맥아더는 중국은 전면 개입할 의사도 능력도 없다며 백악관의 염려를 일소에 붙였다. 트루먼이 불안한 나머지 태평양의 웨이크 섬까지 날아와 맥아더와 만났을 때도, 맥아더는 세상에 걱정할 것도 많다는 식으로 중국은 절대로 참전하지 않는다고 몇 번이고 강조했다.

그다음 실책이 더 뼈아팠다. 1950년 11월 24일에 중국이 전면 개입했을 때, 사실은 그렇게까지 위협적인 상황은 아니었다. 당시의 중국군에게서 흔히 '인해전술'을 떠올리지만, 중국군은 20만이 조금 넘는 규모라서 유엔군보다 오히려 조금 적었다. 게다가 보유 장비가 유엔군과 비교할 수 없을 만큼 열악했으며 그나마 제대로 갖추지 못한 경우가 많았다. 인해전술은 사람 수로 밀어붙이는 것이 아니라, 별무기도 없이 '맨주먹'으로 돌격하는 처절한 전법이었다. 그런데도 중국군에 유엔군이 대책 없이 몰린 이유는? 맥아더가 중국군 개입 가능성을 전혀 고려하지 않고 안이하게 대응한 탓도 있다(사실 그는 그 반대의 행동도 했다. 중국군이 진입하지 못하게 압록강의 다리를 모조리 폭파해 버리자고 트루먼에게 주장한 것이다. 이는 중국을 자극해서 곧바로 참전케 할 가능성 때문에 거부되었으나, 맥아더가 과연 중국의 개입을 꿈에도 몰랐을까 하는 의심을 들게 한다). 그러나 그는 한술 더 떠서 "압록강과 두만강까지 진격하면 적은 발붙일 땅이 없어지고, 싫든 좋든 전쟁은 끝난다"며 휘하 사단에게 누가 먼저 압록강, 두만강에 닿는지 '경쟁'을 시켰다. 경쟁에 들어간 사단은 당연히 가장 빠른 코스인 바닷가 길을 택했고, 그러느라 중앙부는 병력 공백 상태가 되고 만다. 이틈을 노린 중국군이 중앙으로 뚫고 들어와 유엔군과 한국군에 치명타를 안겼다.

1951년 1월 4일, 중국군에게 밀려 다시 한번 서울을 빼앗기는 상황이 되자 맥아더는 트루먼에게 병력 증강을 요청한다. 트루먼은 묵살한다. 그러자 맥아더는 "병력 증강이 없이는 우리는 패배할 수밖에 없다. 이제 한반도의 공산화는 피할 수 없게 되었다"고 하면서 한국의 핵심 인사들을 하와이나 사이판, 또는 제주도로 피난시키는 계획안까지 제시했다. 그러나 크리스마스까지 전쟁을 끝낸다던 예언처럼 맥아더의 패전 예언도 헛방으로 끝났는데, 새로 미8군 사령관에 부임한 리지웨이가 중국군을 몰아붙여 38선 부근까지 다시 올라갔기 때문이다.

이제 맥아더는 처지가 딱하게 되었다. 이대로라면 자신의 힘으로 전쟁에서 이기고 한국을 통일시켜서 당당한 개선장군으로 미국에 돌아갈 수 없다. 그러므로 이대로 휴전이 이루어지도록 해서는 안 되었다. 백악관과 미국 국민 사이에서 한국전쟁을 지겨워하는 분위기가 짙어지고, 휴전 논의가 구체적으로 오가는 것을 본 맥아더는 1951년 3월에 '도쿄 대반란'을 일으켜 협상 진행을 망쳐 버린다. 도쿄의 극동군 사령부에서 중국을 전면 공격할 것을 주장하는 성명을 발표한 것이다. 중국군 지휘관들에 대해서는 "내 발아래 무릎 꿇고 항복하라"는 요구까지 덧붙였다. 백악관의 인내심은 이것으로 한계에 달했다. 4월 11일, 트루먼은 맥아더를 해임했다.

맥아더로서는 차라리 잘 되었다고 생각했다. 이제 자신은 끝까지 전쟁에서 이기려 했던 '불행한 영웅'이 되는 것이고, 트루먼은 영웅의 등에 칼을 꽂은 비겁자가 될 테니까. 그런 생각은 맥아더 해임에 대한 대중과 일부 정치인의 열광적인 반응으로 입증되는 것 같았다. 미국 전역에서 맥아더 지지 데모가 벌어졌다. 4개 주의 의회는 대통령 탄핵 결의안을 통과시켰다. 맥아더가 귀국하여 의회에서 '노병은 죽지 않는다'는 유명한 연설을 한 다음 워싱턴 시가를 행진했을 때, 그를 뒤따르는 사람은 7백만 명에 달했다. 맥아더는 멀리 백악관을 쳐다보며, 1952년 선거에서 이기고 취임 선서를 하는 자신의 모습을 그렸을 것이다.

그러나 그의 인기는 모래성이었다. 맥아더가 "어쨌든 전쟁은 이기고 봐야 한다"고 주장한 반면 트루먼은 "한국전쟁에 너무 집중하다 보면 유럽에서 소련의 도발을 불러온다"고 반박했다. 그리고 트루먼의 주장은 점점 설득력을 얻어 갔다. 전략적으로 더 그럴듯했기 때문이라기보다, 한때 맥아더에게 열광했을지언정 미국 국민은 전쟁에 염증이 나 있었기 때문이다. 한국전쟁도 지겨운데 유럽에서까지 전쟁하게 되는 일은 무엇보다도 피하고 싶었다. 맥아더에 대한 의회 청

문회에서 맥아더가 몇몇 군사적 결정에 대해 제대로 답변하지 못하자, 대중은 그를 철저히 외면하기로 했다. 노병은 사라질지어다!

　맥아더가 해임되지 않고 계속 전쟁을 지휘했다면 한국전쟁은 유엔군과 남한의 승리로 끝났을까? 그리고 한국은 통일되었을까? 그렇게 보는 사람이 많다. 하지만 맥아더는 순수하게 한국을 위해서, 또는 전쟁의 승리를 위해서 매진한 사람이 아니었다. 그가 계속 그 자리에 있었다면 세계대전을 촉발하지는 않았더라도 전세 역전을 위해 핵무기를 포함한 비상 수단을 감행했을 것이다. 그랬다면 한반도와 동북아 일대가 죽음의 그림자에 덮였으리라. 애초에 그가 전쟁 승리를 서두르지 않았다면, 백악관의 훈령대로 국경선 접근은 한국군에게만 맡기면서 중국을 달래는 한편 적절히 위협해서 개입을 포기하게 했더라면, 더 원만히 통일되었을 수도 있었다. 대한민국이 '정치군인'에게 피해를 본 것은 1961년이 처음이 아니었다.

88

이승만의 벼랑 끝 전술

이승만은 다급했다. 미국이 한국에 아무런 보상을 하지 않은 채 전쟁을 끝내려 했기 때문이다. 남한 자체의 군사력은 북한에 비하면 없는 것이나 마찬가지였다. 더욱이 북한의 뒤에는 소련과 중국까지 있었다. 미국이 이대로 한반도에서 발을 뺀다면 얼마 지나지 않아 제2의 한국전쟁이 발발할 것이고, 대한민국은 사라질 것이다. 사실 지금의 한국전쟁도 미국이 주한미군을 철수시키면서 일어난 것이 아닌가. 그때도 이승만은 미국에 상호방위조약을 맺거나 최소한 한국을 방위하겠다는 공식 선언이라도 해달라고 요구했지만, 미국은 묵살했다.

이승만의 걱정거리는 북한만이 아니었다. 한국전쟁은 '본의 아니게' 일본의 재건을 크게 돕는 계기가 되었다. 게다가 미국은 동아시아에서 일본을 근거지로 삼고 계속 키워 주려는 태도를 보이고 있었다. 그렇다면 힘을 회복한 일본이 언제 또 침략해 올지 모르지 않은가. 이승만은 무슨 일이 있더라도 미국을 이대로 보낼 수 없다고 단단히 결심했다.

반면 미국은 냉담했다. 미국에서는 애초에 이 전쟁에 끼어든 것 자체가 실수였다는 인식이 확산되고 있었다. 처음 정했던 대로 일본까지만 방어하면 충분할 것을, 공산주의의 팽창을 결코 좌시하지 않겠다는 '트루먼 독트린'에 따르다 보니 발을 너무 깊이 담그게 된 것이다. 인천상륙작전 성공 후 38선 이남을 수복하는 선에서 마쳤다면 또 괜찮았으리라. 그러나 맥아더의 고집 때문에 무리수를 두다, 그만 중국의 참전을 불러왔다. 이제 미국이 보기에 한국전쟁은 세계대전을 일으킬 각오가 없이는 승리할 수 없는 전쟁이었다. 그러나 미국은 지금 세계대전을 일으킬 능력도, 의사도 없다. 여기까지 온 게 잘못이었고, 이제라도 발길을 돌리는 게 최선이다. 이렇게 믿은 대다수의 미국 국민은 "한국전쟁을 끝내겠다"를 핵심 공약으로 내건 아이젠하워를 대통령에 당선시켰다.

"이대로 휴전은 절대 안 되오. 그것은 우리나라에 사형집행장을 발부하는 것과 같소."
"나를 대통령으로 만들어준 유권자들의 바람이니 어쩔 수 없소. 하지만 휴전이 곧 한국을 모른 체한다는 의미는 아니오."
"미국은 일본만 편들고 있지 않소? 언젠가는 일본의 이익을 위해 한국을 버리지 않겠소? 전에 카쓰라 태프트 밀약 때처럼 말이오. … 그러니 우리는 미국을 믿을 수 있는 어떤 보장이 필요하오."

"그런 것은 곤란하오. 다만 약간의 군사적 지원 정도라면….."

"정 그렇다면 우리는 단독으로 북진할 것이오!"

"그렇게 자살을 하고 싶거든, 마음대로 해 보시오. 우리는 38선 이북으로의 공격에는 참여할 의무가 없소. 당초 유엔이 귀국의 정통성을 인정한 범위는 38선 이남에 한정됨을 모르시오?"

1952년 말부터 1953년 중반까지 이승만과 아이젠하워 사이에는 이런 식의 대화가 끝도 없이 오갔다. 단독 북진하겠다는 위협조차 미국이 코대답으로 일관하자, 이승만은 마침내 강수를 둔다. 1953년 6월 18일, 미국과 사전 협의 없이 북송을 거부하던 2만5,000여 '반공포로'를 전격 석방한 것이다. 미국은 노발대발했다. 이로써 휴전협정 체결 무드가 완전히 깨졌을 뿐 아니라 잘못하면 전쟁이 상기화할 가능성마저 있었기 때문이다. 미국은 다시 한번 이승만이 무슨 일을 벌일지 모르는 고집불통임을 알게 되었다. 그래서 그를 암살하고 다른 지도자를 내세우는 '에버레디 작전'까지 진작 수립해 두었던 미국이었으나, 남한에 이승만을 대신할 정치인이 없다는 결론 때문에 실행하지 못하는 처지였다.

결국 미국은 한국전쟁 발발 3주년이 되는 1953년 6월 25일에 로버트슨 국무 차관보를 특사로 보내 이승만과 협상하게 했다. 이 협상에서 미국은 이승만이 휴전에 협조하지 않을 경우 군사·경제적 원조를 일절 끊겠다고 위협했으나, 이번에는 이승만이 코대답을 할 차례였다. 로버트슨이 휴전에 합의해 준다면 상호방위조약에 응할 수도 있음을 내비치자, 이승만은 "말로만 하는 약속은 필요 없다. 막상 미국 상원에서 조약 비준이 안 되면 그만 아니냐"면서 보다 확실한 보장을 요구했다. 결국 미국은 "휴전을 방해하지 않겠다"는 이승만의 약속의 대가로 한미동맹 체결을 약속하는 한편, 휴전 후에도 미군이 한국에 계속 주둔토록 한다는 약속까지 해야 했다.

그리하여 한국이 불참한 가운데 1953년 7월 27일에 휴전협정이 조인되어 한국전쟁이 끝났고, 이어서 8월 8일에는 한국과 미국 사이에 상호방위조약이 가조인되었다. 정식 체결은 10월 1일 워싱턴에서 있었다.

조약문을 보면 미국이 이 조약을 맺으며 얼마나 꺼림칙해 했는지가 드러난다. 한국은 공격을 받을 경우 미국이 자동개입하기를 바랐으나, 1조에서 '서로 협의한다'고만 규정하였다. 또 2조에 '공동의 위험에 대처하기 위하여 각자의 헌법상의 절차에 따라 행동한다'고 하여, 미국의 경우 행정부에서 참전을 결의해도 의회의 승인을 받지 못해 무산될 가능성을 열어두었다. 그러므로 한국 입장에서는 전쟁 발발 시 미국이 싫어도 자동개입하게 되는 '인계철선'으로서의 주한미군의 존재 필요가 있었다. 하지만 주한미군 역시 장소나 규모, 기한을 구체화하지 않고 "대한민국 영토 내와 그 부근에 배비할 수 있는 권리"를 미국에 일방적으로 허용하는 형식을 취함으로써(3조) 미국이 주한미군을 수시로 증원 · 감축할 수 있으며, 필요에 따라서는 한국의 의사와 상관없이 일방적으로 철수할 수도 있게 되어 있다. 3조 조항 문구에 표현된 일방성은 '상호방위조약'이라기보다 점령국가가 압도적인 우위를 누리며 점령대상국과 맺는 협상 문구에 어울린다.

이처럼 한미동맹은 휴전협정을 앞두고 이승만의 '벼랑 끝 전술'

에 의해, 달리 말하면 싫다고 뿌리치는 미국의 바짓가랑이를 잡고 늘어지는 것으로서 간신히 성사되었다. 그러나 오늘날에는 그것이 미국이 한국을 식민지화하기 위한 족쇄로 인식되고, 자주성 확보를 위해 한시바삐 없애야 할 대상처럼 여겨지는 경우가 많다.

사실 한국전쟁 전후 미국이 없으면 생존이 불가능했던 한국의 현실 때문에, 한미관계는 두 나라 사이의 평등한 동맹이라기보다 미국이 일방적으로 혜택을 베푸는 식으로 체결되었다. 이는 이후 수십 년간 우리의 정치·경제·문화가 미국에 크게 제약되고, 일부 미국인의 오만한 행동이나 심지어 범죄행위도 우리가 제대로 대응할 수 없는 굴종적 상황을 초래하였다. 그리하여 차차 싹을 틔운 반미감정은 2000년대에 들어 '평택기지 이전 반대 운동'이나 '미선·효순 규탄시위'에서 극적으로 표출되기에 이른다. 한미동맹에 대해 지나치게 감정적·민족주의적인 접근은 곤란하다. 하지만 오늘날 한미동맹은 국익 차원에서도 재검토될 필요가 있다. '친미냐 친중이냐', '한-미-일이냐 남북한-중국이냐' 등의 대결 구도 중 하나를 선택하는 것보다는 남북한, 일본, 중국, 미국, 러시아가 동등한 입장에서 동북아 안보 문제를 논의하는 집단안보 체제로 이행하는 것이 여러모로 바람직하다. 그러기 위해서는 우선 한미동맹부터 '발전적으로 해체'해야 한다. 때로는 '익숙한 것에서의 결별'이 더 나은 내일을 만들기 위해 필요할 때가 있다.

89

민중 승리의 결정적 계기가 되다

"이제는 우리도 나서야 하지 않겠소…?"

"그래요. 제자들이 죽어가고 있는데…. 평소에 그 애들한테 자유를, 그리고 정의를 이야기하던 우리가 이대로 앉아만 있을 수는 없지요…."

4월 21일, 4.19의 기폭제가 된 4.18 고려대생 데모를 낳았던 고려대학교 총장실에서 몇몇 교수들이 모여 자못 심각하게 대화하고 있었다. 강단에서 이승만 정권의 불의를 질타하고, 젊은이가 일어서야 한다고 독려했던 교수들이었다. 이제 그에 화답하여 젊은이들이 일어섰고, 정권은 총탄으로 응답했다. 지금이야말로 스승들이 뭔가를 보여줘야만 한다, 모두가 고개를 끄덕이며 공감을 표시했다.

그래도 역시 교수들의 엉덩이는 무거웠다. 4월 20일 처음 이야

421

기가 나왔는데, 행동에 나선 것은 4.19가 거의 끝나 가던 4월 25일이 었다. 그것도 선언문을 누가 쓰느냐를 두고 이리 밀고 저리 밀다가, 초안이 나오니 그 문구를 두고 또 한참 갑론을박을 했다. 결국 4월 25일 연세대학교에서 서울대 김증한, 고려대 이항녕, 연세대 권오순, 성균관대 조윤제, 동국대 김영달 등 258명이 서명한 〈시국 선언문〉을 낭독하게 된다. 그런데 김영달 교수의 제의로, 찬반투표 끝에 예정에 없던 '교수데모'까지 시작했다. "학생의 피에 보답하자"는 플래카드를 치켜든 백발의 교수들은 마침내 거리로 나섰다. 그리고 그들의 발걸음이 세종로에 이르렀을 때는 4, 5만에 달하는 학생들이 그 뒤를 따르며 분노의 구호를 외치고 있었다.

"이 대통령 하야하라!"
"부정선거 다시 하라!"
"살인귀 처단하라!"

사사오입이라는 눈 가리고 아웅식 꼼수까지 쓰며 정권 연장에 급급했던 이승만의 노욕老欲에 진절머리가 났기에, 국민은 일어섰다. 그러나 그 이면에는 "못 살겠다, 갈아보자!"가 있었다. 이승만은 '임시정부 초대 대통령'에다 '미국 박사'라는 후광에서 나오는 개인적 카리스마에 냉전 상황을 이용해 독재 권력을 유지해왔다. 그러나 미국의 원조에만 기대다시피 했던 경제가 점점 어려워지면서 국민의 불만은 증폭되었다. 가장 불만이 많은 계층은 바로 학생이었다. 당시 매년 졸업하는 대학생 수와 비교해 사회가 제공할 수 있는 일자리는

18분의 1밖에 되지 않았다. 지금이면 30퍼센트 정도의 실업률도 심각한 사회불안 요인이 될 텐데, '이태백' 수준을 넘어 대학 졸업생 중 취업자를 찾기가 거의 어려운 지경이었으니 불만이 얼마나 팽배했겠는가? 여기에 평화적인 소규모 학생시위에 당국이 폭력으로 대응한 것이 오히려 사태를 결정적으로 악화시켰다.

"우리 오빠는 죽었다!"
"우리 오빠는 죽었다!"
"우리 오빠는 총에 맞아 죽었다!"

시위 대열 앞에서 손을 치켜들며 울부짖는 여학생의 절규는 시위대의 분노에 기름을 부었다. 반공청년단 본부와 관영 신문사가 불길에 휩싸였다. 정부는 계엄령을 선포했으나, 성난 민심은 이미 무엇으로도 막을 수 없었다. 대구, 마산, 부산 등 남부 지방에서는 이미 수십 일 전부터 시위가 벌어지고 있었고, 다른 지방으로도 걷잡을 수 없이 번졌다. 초등학생까지 어깨동무하고 시위대에 참여하는 상황이었다. 마침내 25일에 교수 데모까지 벌어지자, 그다음 날 이승만 대통령은 전격 하야를 발표한다.

"국민이 사임을 원하면 그렇게 할 것이다."

이 약간의 모호함이 있는 성명은 그다음 날인 27일, 대통령 사직서가 국회에 제출됨으로써 확정되었다.

이승만이 하야를 결정하게 된 배경에는 4.19 시작 이래 세 차례나 이승만을 면담하며 '결단'을 촉구했던 매카너기 미국 대사의 압력, 계엄령하에서도 시위대에 끝내 발포하지 않았던 군의 중립적 태도 등이 있었다. 하지만 아직도 대부분의 국민이 자신을 '국부'로 떠받들고 있으며, 시위는 일부 불온한 학생들의 폭동에 불과하다는 이승만의 환상을 결정적으로 깨트린 것은 4월 25일의 교수 데모였다.

90

후퇴란 없다?

"배수의 진을 친 우리에게는 이제 후퇴란 있을 수 없습니다. 우리들 앞에는 오직 전진이 있을 따름입니다."

1961년 7월 3일, 5.16을 성공시키고, 국가재건최고회의의장에 취임하며 박정희 소장이 마지막으로 남긴 말이다. 그의 표정은 단호하고 비장했다. 그러나 5.16 직전, 그는 그렇게 단호해 보이지 않았다. 오히려 일생일대의 행동에 앞서 위축되고, 불안한 마음을 숨기지 못했다. 그는 "이게 마지막 담배이려나" 하며 김종필과 양담배를 피우며 혁명 전야를 새웠고, 당일에는 "실패하면 어디 산속에라도 들어가 빨치산이 되는 수밖에 …"라며 술에 얼근히 취한 채로 지프에 올랐다. 그리고 자신을 기다리고 있는 운명을 향해 출발했다.

박정희는 해병대와 공수단 병력을 인솔해 한강 인도교를 건넜고,

저지하던 헌병대와 총격전을 벌였다. 그에 한발 앞서 문재준이 지휘하는 6군단 포병단이 의정부에서 출발해 서울로 진입했다. 장도영 참모총장은 장면 총리와 윤보선 대통령에게 피신을 권했고, 장면은 혜화동의 카르멜 수녀원으로 달려가 쿠데타가 끝날 때까지 그곳에 틀어박혀 있었다. 한편 윤보선은 쿠데타 소식을 듣고 "올 것이 왔군"이라고 중얼거렸다. 그리고 오전 중에 박정희와 대면하고, 그에게서 "각하, 저희는 이 거사를 인조반정으로 생각하고 있습니다"라는 말을 들은 뒤 쿠데타를 추인해 준다. 그는 이에 대해 "어디까지나 유혈사태를 막으려 했을 뿐이다"라고 변명하지만, 민주당 구파인 자신과 신파인 장면 사이의 오랜 반목, 그리고 명색이 대통령인데 실권을 행사할 수 없는 제도적 제약에 대한 불만, 이런 것들이 '인조반정'이라는 말에 솔깃하게 만들지 않았을까. 5월 18일에는 쿠데타에 정면으로 반대하던 1군 사령관 이한림이 체포되고, 육사생도들의 '혁명지지 시위'가 벌어졌으며, 잠적했던 장면이 나타나 내각 총사퇴를 결의했다. 19일에는 매그루더 유엔군 사령관이 쿠데타 지도부와 회동, 미국이 쿠데타를 추인한다는 입장을 전달했다. 6월 6일에는 헌법을 일부 정지시키고 민정 이양 때까지 국가재건비상조치법에 따라 통치한다, 그동안은 국가재건최고회의가 행정·입법·사법 3권을 통합한 특별기구로서 최고통치권을 행사한다는 내용이 발표된다.

사실 이 쿠데타는 얼마든지 예방하고, 진압할 수 있었다. 군부에 불온한 움직임이 있고, 구체적으로 박정희 등이 쿠데타를 모의하고 있다는 첩보는 5.16 이전에 10차례도 넘게 올라갔다. 그러나 장도영 총장이 매번 근거 없다며 묵살해 버렸다. 이에 앞서 미국은 박정희를 믿을 수 없는 인물로 보고 여러 차례 그를 예편시킬 것을 권유했는데, 과거 남로당에 가입했던 전력이 꺼림칙했기 때문이다. 그러나 역시 무시되었다. 5.16 당일, 장도영이 인도교 방어를 헌병대에게 맡기지 않고 중화기를 갖춘 공병단을 투입했다면 박정희는 한강을 절대 건널 수 없었다. 쿠데타 보고 후 장면이 수녀원에 달려가 숨고 외부와 연락을 끊지만 않았어도, 윤보선이 그린 미국대사와 매그루더 사령관의 무력 진압 건의를 물리치지만 않았어도, 3,600명가량에 불과한 '혁명군'은 문제없이 진압될 수 있었다.

이런 안이한 태도에서 비롯된 어이없는 실수와 어긋남 때문에 5.16은 가능했고, 이 땅에는 고려 무신정권 이래 7백 년 만에 군사정권이 들어서게 되었다. 하지만 보다 직접적인 원인은 여느 쿠데타와 같이, 쿠데타 주도 세력이 느낀 불만과 권력욕에 있다. 5.16 세력의 결집은 약 1년 전인 1960년 5월의 '정군淨軍 운동'이었는데, 김종필, 김형욱 등 소장파 장교들이 주도한 이 운동은 부패한 군 고위 장성들을 물갈이하자는 것이었다. 이는 묵살되고, 김종필 등은 예편된다. 이들은 정규 육사 출신으로 선배들의 무능함과 전문성 결여를 경멸했다. 그리고 한편으로 한국전쟁의 영향으로 단기간에 성장한 군의 규모 탓에 발생한 인사 적체 현상에 불만을 품었다. 이들은 대개 삼남지방 출신자로서, 이북 출신자가 군 고위층을 장악하고 있던 현실도 불만스러웠다. 여기에 장면 정부가 군 규모를 축소하겠다는 정책을 내놓자 불안을 느낀 이들은 박정희를 중심으로 뭉치게 된다.

하지만 이렇게 성공한 군사쿠데타가 4.19나 광주민주화항쟁 같은 대규모 저항운동에 부딪히지 않은 이유는 무엇일까? 그것은 4.19

이후 국민이 정치에 품었던 높은 기대에 제2공화국이 제대로 부응하지 못했기 때문이다. 4.19는 이승만의 독재와 부패, 그리고 경제 위기 때문에 발생했다. 그러나 장면 정부는 독재만 안 했을 뿐 그 못지않게 부패했고, 구파와 신파 사이의 다툼으로 바람 잘 날이 없었으며, 무엇보다도 경제를 살리는 모습을 보여주지 못했다. 여기에 "가자, 북으로! 오라, 남으로! 만나자, 판문점에서!" 하며 통일 운동으로 확장된 학생운동은 아직도 한국전쟁의 상흔이 가시지 않고, 반공의식이 뇌리에 깊이 박혀 있던 일반 시민에게 불안감을 조성했다. 그리하여 국민 다수가 '뭔가 확 일어나서 바뀌었으면 좋으련만' 하고 있을 때, 마침 터져 준 것이 5.16이었던 것이다. 이런 분위기는 지식인도 감지하고 있었다. 그래서 사상계 대표 장준하조차 5.16 직후에는 "받아들여야 한다"는 식의 사설을 발표했다. 비록 얼마 뒤에는 격렬한 반 박정희 입장으로 돌아서게 되지만.

"이로써 한국 산업화가 본격적으로 시작되었다."　　　　　정현백

"절대빈곤에서 벗어나기 위한 경제개발과 근대화 정책으로
　후진국에서 탈피하는 계기를 마련했다."　　　　　장두홍

"군사정부가 집권함으로써 우리나라 민주화 발전과정에
　역행하였다."　　　　　이상협

"경제개발의 반대급부로 민주주의 발전이 방해되고, 빈부격차와

재벌의 문어발 확장 등 사회 갈등이 증폭되었다." 홍진호

박정희가 한 말처럼, 대한민국은 스스로 민주주의를 훼손하고 군사정권을 추인하면서 배수의 진을 친 셈이었다. 이제는 다소 민주적 절차 희생과 인권 탄압을 각오하고라도 경제발전과 근대화에 매진할 수밖에 없다. 그것이 은연중 국민이 품고 있던 의식 또는 무의식이었다. 그러나 중단 없는 전진은 없다. 모든 것은 멈추어야 할 때가 있고, 바꾸어야 할 때가 있다. 그렇지 않고 종전의 길에 집착하다가는 큰 환멸과 고통 끝에 철저하게 파멸하고 만다. 박정희는 자신이 남긴 말이 한시적으로만 의미가 있으며, 대한민국이 자신을 용인해 주는 데도 한계가 있다는 사실을 더 일찍 깨달았어야 했다.

91

1964년 베트남 파병

동맹의 덫, 혹은 복음

흔히 알려진 대로, 미국이 먼저 베트남전에 우리 군대를 보내 달라고 요구하지 않았다. 1961년 11월, 대통령 당선인 자격으로 미국을 방문해 케네디와 만난 자리에서 박정희가 먼저 제의했다. 당시 미국은 베트남전 전황을 별로 염려하지 않았으므로 도리어 소극적인 입장이었지만, 상황이 차차 수렁으로 빠져들어 가자 파병을 요청해 온다. 이에 따라 한국군의 베트남전 파병은 네 차례에 걸쳐 이루어졌다.

1차는 1964년 9월 11일, 의무병 130명과 10명의 태권도 교관단으로 이루어진 병력은 '파병'치고는 병과가 전투와 직접 관련이 없는 조촐한 규모였다. 1965년 2월에는 2천여 명으로 규모를 늘리는데, 아직 전투병은 아니고 공병 위주의 비전투 병력이었다. 그러나 8개월 만에 이루어진 3차 파병 때는 드디어 1개 사단 규모의 전투 병력이 파병된다. 청룡부대(해병), 맹호부대(육군)는 도합 2만에 달했다. 그리고 이듬해인 1966년 8월에 다시 2개 사단 규모의 백마부대가 추가 파병되었다.

이로부터 1973년 3월까지 모두 32만 명의 한국 젊은이가 베트남 땅을 밟았다. 그리고 그중 5천 명이 죽었고, 1만 6천 명이 다쳤다. 살아남은 '참전용사'들의 상당수는 미국이 사용한 고엽제 때문에 아직도 고통을 받고 있다.

머나먼 이국땅에서 피를 흘리는 일의 명분은 '6.25 때 미국의 은혜를 갚는다', 그리고 '공산주의 확산에 대항하여 자유 진영을 수호한다'였다. 하지만 그 진짜 목적은 실리에 있었다. 국가나 개인이나 마찬가지였다. 정부는 갈수록 전쟁 수행에 어려움을 겪고 있던 미국의 처지를 이용하여 파병의 대가를 두둑이 받아냈다. 아직도 2차 대전이나 한국전쟁 때 낡은 장비를 가지고 있던 한국군은 미국에게서 최신식 장비를 받았고, 그것을 한국에도 가져와 쓸 수 있었다. 또 원래 감축 예정이었던 차관이 전보다 더 늘려서 주어졌고, 한반도에 대한 미국의 안보 공약도 한층 강화되었다. 한편 참전 군인은 미군에 준하는 봉급(당시 한국의 임금 수준에 비하면 매우 높은 것이었다)을 받았고, 그 대부분을 고향에 있는 가족에게 송금했다. 또한 한국 기업은 군수용품 납품과 베트남 수출, 재건사업 참여 기회를 얻어 특수를 누렸다. 이 모든 경제적 이익은 1967년도부터 시작된 2차 경제개발 5개년 계획을 성공적으로 추진할 밑거름이 되기에 충분했다.

그러나 베트남전 참전으로 우리가 치른 희생은 젊은이들의 피만이 아니었다. 그 결정은 한반도에서 냉전 구도를 강화했다. 북한은 한국과 미국이 더욱 밀착하는 것과 '베트남 다음은 우리'라는 걱정 때 당시 미군은 신무기를 총동원해 군인과 민간인을 학살했다. 하지만 베트남은 기지를 굽히지 않고 끝내 통일 국가를 건설, 민족의 자존심을 지켰다. 이 전쟁은 후에 미국이 최초로 패배한 전쟁으로 역사에 남았다.

문에 남한에 대한 도발과 압박 수준을 높였다. 이에 맞서 냉전 반공주의에 기초한 남한 권위주의 정권 역시 더욱 경직되었다. 이에 앞서 박정희 정권은 한일회담 때문에 민심을 크게 잃으면서 야당의 공세에 시달리고 있었지만, 파병이 가져온 경제적 이익과 반공 무드에 편승해 힘을 되찾았다.

베트남전은 한국을 외교적으로도 고립시켰다. 중립이면서 대체로 미국에 반대하는 노선이던 제3세계 국가들은 이 일로 한국을 '미국의 개'로 낙인찍고 철저히 '왕따'시켰다. 다시 밀월관계가 되었나 싶던 한미관계도 한국의 요구가 점점 많아지고 '독재정권을 돕고 있다'는 미국 내의 비판이 늘어나면서 급속히 나빠져 갔다. 한국군이 베트남에서 자행했다는 민간인 학살 등의 가혹행위는 오늘날까지 대한민국과 베트남 사이에서 숙제로 남았다.

'공산주의에 맞서 자유세계를 수호한다'는 전쟁의 명분, 그러나 그 실체는 식민지에서 겨우 해방되어 자주독립과 통일을 염원하던 한 나라에 대한 미국의 무리한 개입, 아니 침략이었다. 우리는 그 침략전쟁에 스스로 힘을 보탰다. 돈 때문에, 안보 때문에, 그리고 정권의 이해관계 때문에. 그래도 박정희가 저승에서 살아온다면 "당시로서는 어쩔 수가 없었다"고 말할지 모른다. 오늘날에는 어떨까. 전투병력이 아니라지만, 이라크에 파병된 한국군은 미군 외에는 가장 오래 그곳에 머물렀다. 지금도 세계 곳곳에서 파병되어 활동하고 있는 우리 군이 있다. 오늘날 우리가 후손들에게 변명할 수 있는 파병의 명분과 실리는 무엇인가.

92

한일관계, 숙제는 이어지고

이승만과 박정희는 싫든 좋든 대한민국이라는 나라의 뼈대를 세운 사람들이다. 그런데 이승만의 경우 한일국교 정상화를 가장 미루고 싶어했던 반면, 박정희는 그것을 가장 서둘러서 추진해야 할 일이라 여겼다.

국교 정상화 논의는 한국전쟁이 진행 중이던 1951년 처음 시작되었으나, 이승만은 12억 달러라는 천문학적인 배상금을 요구하며 회담에 진지하게 임하지 않았다. 이런 가운데 '식민지 시절 일본이 끼친 은혜' 운운하는 일본 정부인사 측의 '망언'이 간간이 나오며 회담은 교착과 결렬을 반복했다. 독립운동 지도자였다는 것을 중요한 정치적 자원으로 삼고 있고, 한편으로 정부수립 과정에서 친일파에게 면죄부를 주었다는 콤플렉스가 있는 이승만으로서는 일본에 대해 고압적이고 냉담한 자세를 견지할 필요가 있었다.

그러나 박정희는 입장이 달랐다. 우선 미국이 한일국교 정상화를 간절히 바라고 있었다. 당시 냉전 구도에서 사회주의 진영과 대결하고 있던 미국은 유럽에서는 북대서양조약기구(NATO)를 통해 통일된 전선을 구축하고 있었으나, 다른 축인 극동에서는 한국, 일본과 각각 쌍무적 방위조약을 맺었을 뿐 동맹국 사이의 협의기구가 없었다. 그래서 1960년대 이후 한국과 일본 사이만이라도 원만하게 하려는 것이 미국의 한결같은 방침이었다. 5.16 직후 미국을 방문한 박정희는 이런 압력을 강하게 받았으며, 집권의 정당성이 취약했던 그로서는 그런 미국의 압력을 진지하게 받아들여야만 했다. 또한 경제적 필요성도 있었다. 한시바삐 한국의 근대화를 완성하고 경제를 부흥시켜야 했는데, 그러기 위한 자금이 턱없이 부족했다. 그래서 어떻게든 빨리 일본에서 배상금을 받아내야 했다.

그러나 박정희가 선뜻 국교 정상화를 결정하기도 곤란했다. 5.16의 명분 중 하나가 민족주의였기 때문이다. 당시에는 별로 지적받지 않았지만, 그에게는 '일본군 출신'이라는 콤플렉스가 있었다. 따라서 '혁명'을 하고 나서 처음 추진하는 주요 정책이 일본과의 화해라는 것은 아무래도 모양이 좋지 않았다. 이런 와중에 이미 1962년 11월에 김종필이 비밀리에 일본 외상 오히라 마사요시와 회담하여, 대일 청구권에 대해 합의하는 문서를 작성했다는 사실이 알려지면서 야당과 언론, 그리고 학생들의 회담 반대론과 정권 비판론은 거세게 몰아치기 시작했다.

1964년 봄에 정부가 '한일회담을 3월 타결, 4월 조인, 5월 비준한다'는 협상 일정을 발표하자 야당은 범국민투쟁위원회를 조직하고 전국적 시위에 돌입했다. 대학가에서도 거리로 쏟아져 나왔다. 6월 3일에는 1만여 명의 시위대가 광화문을 메웠고, 한때는 청와대까지 진입할 뻔했다. 다급해진 정권은 비상계엄령으로 반격했다. 이른바 '6.3 투쟁'은 4.19 이후 최대 규모의 민중투쟁으로 기록되게 된다.

박정희는 굴복하지 않았다. 어떻게 해서든 한일회담을 성사시키기 위해, 그는 민주주의를 더욱 억압하는 한편 손상된 '민족'의 가치를 '반공'으로 보충하기로 한다. 언론 윤리위원회법을 통해 언론을 노골적으로 통제하고, 학원보호법으로 학생운동을 원천봉쇄하려 했다. 그뿐만 아니라 이른바 '인민혁명당' 사건을 조작하여, 한일회담 반대 시위의 배후에는 '좌경용공 세력'이 있다는 인식을 심으려 했다. 정부 여당이 정치적 위기 시마다 '간첩 사건'을 터뜨리거나 반정부 운동을 '북한의 사주를 받은 반체제 운동'이라는 색깔론으로 포장해 탄압하는 수법은 이때부터 본격화된다.

이런 우여곡절 끝에 한일회담은 1965년 6월 22일에 조인되고, 8월 14일에 국회의 비준을 받았다(공화당 단독으로 치러졌다). 한일회담 논의가 나온 지 15년, 박정희 정권이 추진한 경우만으로는 3년 만이었다.

가장 관심을 모은 대일청구권은 '무상 3억 달러, 정부 차관 2억 달러, 상업차관 3억 달러 이상'으로 최종 합의되었다. 당시 우리는 '일본의 불법적 식민지배에 대한 배상' 차원으로 청구권을 바라보았지만, 일본은 식민지 경영이 당시 세계적인 통례였고 그 과정도 전혀 불법이 아니었다면서 일본은 한국에 배상할 의무가 없다는 입장이었다. 제2차 세계대전을 마무리지은 1951년의 대일평화조약에서는 전

한일회담반대투쟁韓日會談反對鬪爭

한일회담반대투쟁은 1만여 명의 시위대로 확대돼 정권 퇴진을 요구하기에 이른다. 이에 위기를 느낀 박정희 정권은 비상계엄을 선포하고 탄압을 한다. 이때 384명의 민주인사를 비롯한 학생들이 구속되었다(6·3사태). 이 시위는 박정희 정권에 대항한 최초의 반정부운동이라는 점과 일본에 대한 범국민적 반감이 확산되었다는 점에서 의의가 있다.

한일관계, 숙제는 이어지고   **437**

쟁 당사자인 연합국이 패전국 일본에 배상을 받는 문제가 협의가 이뤄졌는데, 한국은 연합국 소속도 아니었기에 이런 쪽으로도 배상금을 요구할 수 없었다. 따라서 한일회담 상의 대일청구권은 배상금이라기보다 일본이 한국민에게 제공하는 '위로금 및 원조금' 형태로 실현되었다. 따라서 그 금액이 예상보다 적으며 그나마 차관 형태가 반 이상이라는 점, 징용대상자, 종군위안부 등 일제강점기에 피해를 본 개인의 대일청구권은 도매금으로 무시되고 말았다는 점이 두고두고 문제점으로 지적된다.

독도 문제도 한일회담의 오랜 걸림돌이었다. 영유권을 두고 서로 물러서지 않는 가운데 제3국의 조정에 따르는 방안, 국제사법재판소로 가져가는 방안 등이 논의되었으나 결국 결론을 내리지 못했다. 보는 입장에 따라 일본의 영유권 주장에 잘 대응했나고도 여길 수 있고, 회담 성사에 급급해 독도영유권을 못 박을 기회를 날려버렸다고도 볼 수 있었다. 특히 나중에 "김종필이 독도를 아예 폭파해 버리자고 주장했다"는 말이 알려져 정부 비판에 기름을 부었는데, 사실 이것은 일본 측의 이세키 유지로의 말이며 그것도 농담에 가까운 발언이었다.

한편 우리는 이승만 당시부터 이른바 '평화선'이라 하여 일방적으로 대한해협에 선을 긋고 이를 넘어오는 일본 선박을 나포해 왔는데, 이를 국제법에 따라 조정하여 한일 각국의 영해와 공해의 선을 확정했다. 평화선은 국제법적 근거가 미약했지만, 아무튼 이것은 한국의 일본에 대한 양보였다. 또 일본은 그동안 주장해 온 한국 내 일본인 재산의 반환을 포기함으로써 나름대로 양보를 했다.

"누가 제게 일본에 관하여 질문한다면, 서슴없이 가슴에 맺힌 반일감정을 격하게 토로할 것입니다. 또 친일이냐 반일이냐고 묻는다면 솔직히 반일이라고 말할 것입니다. … 그러나 과거의 상처도 상처지만, 보다 심각한 문제는 국토가 분단되고 공산주의의 위협으로 둘러싸인 오늘날 우리 조국의 현실인 것입니다. 우리는 이 긴박한 국제사회의 경쟁 속에서 지난날의 감정만 붙들고 있을 수는 없습니다. 아무리 어제의 원수라 하더라도 오늘을, 그리고 내일을 위해 필요하다면 손을 잡아야 하는 것이 국리민복을 도모하는 현명한 대처가 아닐까요? 우리는 보다 먼 장래를 위하여, 보다 큰 자유를 위하여, 보다 굳건한 자유 진영의 결속을 위하여, 과거의 감정에 집착하지 않고 대국적 견지에서 현명한 결단을 내려야 할 때입니다"

1965년 5월 18일, 박정희가 미국 기자클럽 연설에서 남긴 말이다. 과연 어제의 적이 오늘의 친구가 되는 것이 냉엄한 현실일 것이다. 엄연한 냉전 상황에서 같은 자유 진영의 이웃 나라와 언제까지 등을 돌리고 있을 수도 없었을 것이다. 일본에서 받은 돈이 이후 경제발전을 위해 요긴하게 쓰였음도 사실이다.

그러나 '졸속 협상'으로 독도 문제와 개인 청구권 문제를 묻어버렸다는 비판은 피하기 어렵다. 박정희가 그만큼 한일회담에 급급했던 것은 뇌물을 통한 정치자금 확보가 진정한 이유였다는 주장도 있다. 회담 진행 중 박정희가 일본 측에서 비밀리에 6,600만 달러를 받아 공화당에 넘겼다는 사실이 최근 밝혀졌기 때문이다. 그리고 정식으로 받은 자금도 경제발전에 쓰였다지만, 그 과정에서 일본 기계와 부품을 수입함으로써 우리 경제는 '미국에 수출한 돈으로 일본 제품을 구입하는' 동아시아 삼각무역 구도에 처하게 되었다고도 할 수 있다. 그보다 더 중요한 문제점은 이 회담의 추진과 그에 대한 반대 과정에서 민주주의의 압살과 냉전 반공주의의 심화가 빚어졌다는 사실이리라.

정치와 외교는 현실이다. 따라서 우리는 낭만적인 민족감정으로 나당동맹을 깎아내리거나, 광해군의 외교 노선을 비난했던 사람과 같은 입장에 서지 않도록 조심해야 한다. 하지만 정치도 외교도 결국 국민의 행복을 위해 존재하는 것이다. 그 목적을 망각한 지나친 현실주의는 정당화될 수 없다.

93

1968년 경부고속도로 착공

압축적 경제 발전을 가능하게 한 결정

경부고속도로는 어느 날 갑자기 국무회의 석상에서 튀어나온 계획이 아니었다. 노무현의 수도이전 계획처럼, 1967년 제6대 대통령 선거의 핵심 공약으로 제시된 것이다. 그리고 이를 통해 당선되긴 했지만, 막상 공약 실천 과정에서 숱한 반대를 받아야 했던 것도 비슷했다.

당시 한국의 토목건설 경험과 기술로는 무리라는 비판 외에도, 야당과 언론은 "경제성 없는 정치적인 이벤트에 불과하다"며 이 사업의 가치를 일축했다. 그리고 그런 비판은 타당성이 전혀 없지 않았다. 처음 자금지원 요청을 받은 세계은행에서는 공사 예정지의 차량 통행량을 실측한 결과 "굳이 고속도로를 건설할 만큼 통행 수요가 없다"고 하며 융자에 응하지 않았다. 박정희 정부는 할 수 없이 331억 원의 공사비를 자체 조달해야 했으며, 그중 상당액은 한일회담의 결과 얻은 일본 측의 배상금으로 채워졌다.

이렇게 하여 '단군 이래 최대의 토목공사'는 1968년 2월에 첫 삽을 뜬다. 그리고 1970년 7월에 완공된다. 본래 목표였던 1971년에서 완공일이 거의 1년이나 단축되었다. 그동안 공사 비용은 예정되었던 331억에서 98억이 늘어난 429억이 투입되었고, 연인원 9백만 명이 현장에서 땀을 흘렸다. 그리고 그중 77명이 공사 과정에서 목숨을 잃었다.

고속도로가 완공된 이후에도, 아니 그로부터 40년 가까운 세월이 흐른 지금까지도 이 결정을 둘러싼 논란은 그치지 않는다. 당시 박정희는 매일같이 공사 진척 상황을 보고받고, 틈만 나면 현장을 직접 방문할 정도로 고속도로 공사에 마음을 쏟았다. 대통령이 이러니 장관들도 고속도로 공사에 온통 매달렸고, 공사를 맡은 정주영 현대건설 회장 등도 아예 천막을 치고 현장에서 먹고 살 정도로 공사에 매진했다. 그런 열정이 있었기에 세계 최빈국이 빠른 시간 내에 중진국으로 올라설 수 있었구나 싶기도 하다. 하지만 한편으로는 그만큼 위에서 간섭하고, 조이고, 다그쳤기에 공사가 다급하게 진행되어 1년이나 공기가 단축된 것이 아닐까? 그렇게 서두르고, 그처럼 조바심 내지만 않았던들 77명이나 희생자가 나오지 않아도 되지 않았을까? '세계에 유례가 없을 만큼 신속한 건설'의 신화는 경제적으로도 뒤끝이 좋지 않았다. 날림공사나 부실 공사의 결과 새로 닦은 고속도로는 얼마 안 가 누더기가 되었으며, 따라서 끊임없이 취해진 보수공사의 비용을 모두 합치면 경부고속도로를 네 번은 더 지을 수 있다는 통계가 있는 것이다.

그래서 결국 '닦을 필요가 없었던 길'이라는 냉소적 평가도 있지만, 경부고속도로는 단순히 '도로의 건설' 그 자체보다 더 큰 파급 효과를 가져왔다. 철도에만 의존해야 했던 화물물동량을 소화할 수 있게 된 점 외에, 때맞춰 올라간 국민소득에 발맞춰 집마다 '마이 카'를 갖는 자동차 구입 붐을 불러왔다. 전국이 '1일 생활권'이 됨으로써 개인과 기업의 경제 활동 범위도 훨씬 늘어났고, 건설 과정에 참여했던 회사들은 해외 대규모 건설을 포함해 굵직한 공사를 따낼 수 있는 역량을 갖추었다.

서울과 부산이, 그리고 그 가운데 있는 도시들이 이어지면서 도시화에는 가속이 붙었다. 도시는 갈수록 활기차고 분주한 곳이 되어 갔다. 시골에서 농사짓던 젊은이들이 너도 나도 괭이를 팽개치고 도시로 모여들었다. 그리고 1970년대 중화학 공업화의 '역군'이 되었다. 경부고속도로가 완공되던 그해, 완공일로부터 5개월 만에, 청계천에서는 하나의 생명이 불길로 타올랐다. "근로기준법을 지켜라"는 절규와 함께 분신자살한 전태일이었다.

결국 경부고속도로는 그냥 아스팔트로 포장한 428km의 도로가 아니었다. 그것은 이제 농업국가에서 자본주의 공업 국가로 털갈이를 시작한, 대한민국이라는 괴물의 붉은 피가 흐르는 대동맥이었다. 경부고속도로는 민족성을 바꾸었다. '하면 된다'는 정신이, '빨리빨리'라는 문화가, '불균등발전'이라는 구조가, 그리고 '경제만 살리면 그만'이라는 관념이 여기서부터 생겨나 전 국토에 퍼져나갔다. 당장 필요하지 않을지는 몰라도 산업 활성화를 위해 도로부터 내고 보자는 생각, 그것은 당장 필요하지만, 군사적 목적에 이용될지도 모르니 되도록 길을 내지 말자는 조선 시대의 생각과는 180도로 달랐다. '은

둔의 왕국 코리아'는 경부고속도로를 닦으며 퍼낸 흙더미 속에 영원히 묻혀버렸다. 그 결과 생겨난 오늘의 코리아에서, 우리는 과연 얼마나 행복하게 살고 있는가?

1968년 경부고속도로 착공

94

한글 vs 한글

해방공간 시기에, 쉽게 배우고 편하게 쓸 수 있는 한글이야말로 민주주의 시대에 맞는 문자이며, 해방된 나라에서 새롭게 '국민국가'를 세우려면 국민 모두에게 말을 전하고, 국민 모두의 말을 들을 수 있는 한글이 필수적이었음은 대부분 공감하고 있었다. 하지만 수천 년을 내려온 한자의 영향력이란 실로 무서워서, 1948년 제헌국회에서 이 문제가 논의되어 10월 9일 '한글 전용법'에 관한 법률이 공포되었으나 '공문서'에 한해 한글로 적고, 필요시에는 한자를 병용한다는 것이어서 완전한 한글 전용과는 거리가 있었다. 이에 앞서 7월 17일에 공포된 헌법도 한글 전용본과 함께 국한문 혼용본이 함께 배포되었다.

한글 전용이냐, 국한문 혼용이냐의 논쟁은 이후 그칠 줄 모르고 계속되었다. 국어국문학계도 둘로 나뉘어, 전용론자들과 혼용론자들은 저마다 논거를 제시하며 논쟁을 거듭했다. 전용론자들은 한글로 표현할 수 없는 우리말이 없는데 굳이 불편한 한자를 배우고 쓸 필요가 없다는 점을, 혼용론자들은 싫든 좋든 한자는 우리 민족문화 전통에 녹아 있다는 것과 국민의 어문 습관을 하루아침에 바꾸는 건 무리가 있다는 점을 내세웠다. 이러는 가운데 정부 정책도 때로는 전용 쪽으로, 때로는 혼용 쪽으로 갈팡질팡하는 모습이었다.

이런 흐름에 일단 종지부를 찍고, 한글 전용 쪽으로 크게 방향을 바꾸게 된 계기가 1968년 한글 전용 결정이었다. 당시 정부는 경제계획을 하듯 '한글 전용 5개년 계획'을 수립해 시행하고, 박정희 대통령이 직접 '한글 전용 촉진 7개 사항'을 지시했으며, 학교의 한자 교육도 폐지하는 등, 전에 없이 적극적인 한글 전용 정책을 추진했다. 이에 따라 1970년에는 공문서는 물론 민간 간행물에서도 한글 전용을 하게 되었으며, 초중고 교과서에서 한자가 제거되었다.

박정희 정권은 왜 이 시점에서 이처럼 한글 전용에 적극적이었을까? 박정희는 집권 내내 민족주의를 자신의 정권 기반으로 삼으려 했고, 민족주의를 통해 국민을 동원하고 사기를 진작시키려 했다. 좋게 보면 근대적인 국민 형성의 과제를 완수하고 국민적 힘을 결집해 경제발전 등의 추진이 가능토록 하려는 것이었다. 하지만 달리 보면 자신을 정점으로 하는 일사불란한 '병영국가'를 수립하여 파시즘적인 지배를 영구적으로 유지하려 했다고도 하겠다. 그가 한글 전용화를 추진하고, 동시에 국사 교육을 강화하며 이순신, 강감찬, 김유신 등 역사상의 '군인 영웅'들을 널리 부각한 시점이 바로 삼선개헌을 영구집권을 꾀하던 시점1969년과 일치한다는 사실은 주목할 만하다.

하지만 박정희의 한글 정책은 일관성이 부족했다. 1970년에 7개 학술단체가 '한자교육 부활 촉구성명'을 내는 등 한글 전용에 대한 반발이 만만치 않았고, 또 유신체제 이후 유교적 전통을 다시 강조하는 입장으로 바뀌면서(그 이전에는 유교를 한국의 근대화를 지연시킨 주범으로 비판했으나, 유신 이후부터는 반대로 충, 효, 인 등 유교적 가치가 '서구적' 가치의 대안으로서 적극적으로 되살릴 필요가 있다는 긍정론으로 바뀐다), 한자를 되살리는 쪽으로 선회하는 것이다. 1971년에 한자교육이 부활되고, 1974년에는 교과서에 한자병용을 시행했다.

그러나 큰 줄기는 이때 정해졌다고 볼 수 있으며, 따라서 이때의 결정에 특별한 역사적 중요성을 부여할 수 있다. 지금도 한자-한글 사이의 논쟁은 계속되지만, 그것은 1968년 이전처럼 '한글 전용이냐, 국한문 혼용이냐'가 아니라 '전용이냐 병용이냐'다. 즉 순수하게 한글만을 적느냐, 경우에 때에 따라서 한자를 옆에 병용倂用하느냐의 논쟁이지 이전처럼, 마치 일본에서 한자와 가나를 섞어 쓰듯 국한문을 혼용하느냐 마느냐의 논쟁이 아니다. 그리고 한글 전용에 익숙한 세대가 점점 늘면서 한자의 입지는 갈수록 좁아지는 추세다.

한자가 전통문화 유산은 물론 현대 한국어의 상당 부분을 차지함은 부정할 수 없다. 중국어나 한문을 쓰자는 것이 아니라 표기 과정에서 한자를 일부 활용하자는 것인 이상 한자 병용이 우리 말글을 크게 훼손하는 것이라 보기도 힘들다. 그러나 한글과 한자의 문제는 기능적으로만 볼 일이 아니다. 일상 속에서 한자를 보고, 배우고, 쓰게 되면 모르는 사이에 한자에 깃든 정서를 갖게 된다. 그것은 한글만을 쓸 경우와 다른 정서일 수밖에 없다. 우리는 한자를 통해 중국,

일본과 공유하고 있는 동아시아적인 정체성을 알게 된다. 반면 한글을 통해서는 우리 민족만이 가진 고유의 정체성을 안다. 어느 쪽이 더 귀중할까? 한자교육이 중국의 국력에 따라 부침하고, 한편에서는 영어교육이 갈수록 기세를 부리는 가운데, 우리의 미래에 한글이 가져올 가치를 고민해 보아야 한다.

95

1972년 10월 유신

가지 않았어야 할 길

1972년 10월 10일, '10월 유신' 선포,

1972년 10월 17일, 전국에 비상계엄 발령, 국회 해산 및 정당의

정치 활동 금지

1972년 10월 27일, 유신헌법 공고

1972년 11월 21일, 헌법 개정을 위한 국민투표 실시,

91.9퍼센트의 투표율에 91.5퍼센트의

찬성으로 개정안 확정

1972년 12월 15일, 통일주체국민회의 대의원 선거

1972년 12월 23일, 통일주체국민회의에서 박정희를

99.99퍼센트의 지지율로 제8대 대통령에

선출

1972년 12월 27일, 박정희 취임, 제4공화국 출범

두 달여 남짓한 기간에 한국의 민주주의는 압살 되고, 대한민국 사상 최악의 파시즘적 체제가 수립되었다.

그것은 제2의 5.16쿠데타였다. 비록 총알 한 방 쏘지 않았지만, 광화문에는 11년 만에 다시 탱크가 늘어섰다. 국회와 정당의 발이 묶인 것도 마찬가지였다. 충격과 공포 속에서 치러진 국민투표로 생겨난 '헌법'은 대통령 직선제를 통일주체국민회의에 의한 간선제로 바꾸었고, 대통령에게 긴급조치권과 국회해산권을 주었다. 그리고 국회의원의 삼 분의 일은 '유정회'라는 이름으로 사실상 대통령이 마음대로 임명할 수 있게 했다. 아울러 국회는 국정감사권을 빼앗기고 회기도 연 150일 이하로 제한되었으며, 지방의회는 아예 없어졌다. 약 1년 8개월 전에 "이번만 하고 물러나겠다. 제발 단 한 번만 기회를 달라"며 눈물까지 쏟은 끝에 변칙적 3선 개헌의 대통령으로 당선된 박정희는 이로써 사실상 죽을 때까지 청와대에 머물 수 있게 되었다.

그것은 제2의 한국전쟁이었다. "이 전쟁에서 지면 지는 쪽의 체제가 무너집니다. … 우리는 앞으로 10년 동안, '제2의 6.25'를 치른다는 단단한 각오를 해야 합니다." 청와대 경제수석비서관이던 오원철이 남겼다는 말처럼, 당시는 대외적 경제위기와 안보 위기가 겹친 속에서 바야흐로 북한과 사느냐 죽느냐 하는 경쟁에 돌입해야 한다는 생각이 팽배해 있었다.

경제위기는 1971년 8월, '달러 쇼크'에서 비롯된다. 그때까지 미국은 세계 최대의 금 보유고를 밑천으로, 달러에 대해 고정적으로 금을 교환해 준다는 입장이었다. 이는 달러의 기축통화화를 확립한 한편 제2차 세계대전 후 세계 경제의 호황을 가져왔는데, 그 후 20년 정도의 세월이 지나고 베트남전 등으로 미국의 제정이 악화되면서 금 보유고도 한계에 달하게 된다. 그리하여 닉슨의 '무한 태환 중지' 선언이 나올 수밖에 없었다. 이는 세계 경제에 거대한 충격을 가져왔고, 특히 수출에 목을 매고 있던 한국경제는 세계 시장의 돌연한 위축에 휘청거리지 않을 수 없었다. 호황기에는 제3세계의 저가 소비재를 즐겨 사던 선진국들이 돌아섬에 따라, 보다 부가가치가 높은 중화학 공업 제품으로 승부를 봐야 한다는 지적이 나온다.

이에 박정희는 1972년 11월 30일에 "1981년에 1인당 국민소득 1천 달러, 수출 1백억 달러를 달성하겠다"고 선언했으며, 1973년 1월에는 '중화학 공업화 선언'을 하고 중화학 공업 중심으로 산업을 재편해갔다. 이에 앞서 1972년 3월에는 현대조선소가 착공되고, 7월에는 포항제철 준공, 10월에는 울산 석유화학단지가 건설되었다.

중화학 공업화에는 군사적인 목적도 있었다. 당시 한국은 국방력이 북한보다 현저히 뒤지는 상황에서, 미국의 안보 공약에 목을 맨 처지였다. 그러나 세계는 데탕트에 접어들고 있었다. 미국은 1970년에 '닉슨 독트린'을 통해 사회주의 국가라고 해서 무조건 적대시하지 않을 것이며 세계 경찰 역할을 축소할 것임을 밝혔다. 그리고 1972년 2월에는 닉슨이 중국을 방문, 국교를 정상화함으로써 그런 입장을 실증했다. 그 여파로 주한미군이 2만 명 감축되는 등 한국에 대한 안보 공약도 불분명해졌다. 이에 더 미국만 믿고 있을 수는 없고, '자주 국방만이 살길이다'는 인식이 심어진 것이다. 따라서 중화학 공업화를 통해 방위산업을 적극적으로 육성할 필요가 있었다. 유신 4개월 전에 이루어진 7.4 남북공동성명, 통일 3원칙의 천명과 남북조절위원회 설치는 남북 간에도 데탕트가 이루어질 희망을 주었으나, 동시에 '통일 과정에서보다 우위를 차지하기 위해' 경제, 군사적으로 발전을 재촉할 필요성을 제시하려는 것이었다. 이 모든 것은 '능률과 실질을 숭상하는' '한국적 민주주의'의 도입 명분으로 쓰였다.

그것은 제2의 일제강점기였다. 유신 이후 비상계엄이 세 차례, 긴급조치가 두 차례, 위수령이 한 차례 실시될 만큼 정치적 불만에는 오직 강압적 수단만이 사용되었다. 언론에는 '협조 요청'이라는 이름으로 기사의 내용, 크기, 위치까지 일일이 지시하는 식의 재갈이 물렸다. 그에 항거하면 폐간 위협과 기자 대량 해직이 있었다. 1973년 8월에는 박정희의 가장 강력한 라이벌이었던 김대중이 납치되어 암살을 간신히 모면했다. 1973년 10월에는 최종길 교수가 고문 끝에 죽었고, 1975년 4월에는 '제2차 인혁당 사건'으로 8명이 '사법살인'을 당했다. 그 밖에 유신에 반대하다가 체포, 구속, 구타, 해직을 당한 사람은 셀 수 없이 많았다. 이승만 정권에서도 벌어진 적이 없는, 일제강점기 이래 최대 최악의 민권탄압이었다.

일제가 일부 '경제발전'을 가져왔듯, 유신도 경제만은 발전시켰을까? 유신 기간 중 경제성장은 연평균 11퍼센트에 달했고, 국민소득 증가율은 10.1퍼센트였다. 수출도 32.7퍼센트 증가했다. 사실 중화학공업화로의 전환에는 반대도 많았으나, 이를 묵살하고 밀어붙인 결과 세계 경제의 불황과 석유 위기를 잘 견디고 경제 강국으로 성장할 발판이 마련되었다고 평가된다. 그러나 그것은 재벌 위주의 경제구조와 특정 산업과 특정 지역에 편향된 불균등발전 패턴을 낳았다. 또한 외채와 물가 상승으로 경제에 장기적 부담이 주어졌고, 부동산 값

폭등과 소득 양극화 현상도 이때부터 시작되었다. 박정희 이후, 아니 유신 이후 한국경제의 고질병으로 불리는 특징들이 확고히 자리 잡았다.

결국, 유신은 공보다는 과가 많았다. 그것은 '불가피했다'고 변명하기도 어렵다. 박정희는 집착했다. 자신의 인생에 강렬한 인상을 준 세 가지 사건, 5.16, 한국전쟁, 일제강점기 시대에 사로잡혀 벗어나지 못했다. 물러서야 할 때를 알지 못했다. 가난! 억압! 전쟁! 싸워야 한다, 나아가야 한다.

그가 그토록 집착했기에, 포기보다 돌파를 택했기에, 나라 안에서나 밖에서나, 화해 대신에 대결을 택했기에, 대한민국은 더 나은 나라로 가는 길에 일찍 접어들지 못했다.

96

장기 독재시대,
20년 만에 막을 내리다

"각하, 이런 버러지 같은 놈과 정치를 하니 되겠습니까!"

궁정동의 어느 안가 깊숙한 방, 한창 술기운이 거나하게 돌고, 담배 냄새와 여자들의 분 냄새가 코를 찌르는 가운데, 갑자기 중앙정보부장이 벌떡 일어서더니 미친 듯 외쳤다. 순간 대통령을 포함한 모두가 그를 놀란 눈으로 쳐다보았지만, 그것이 다가 아니었다. 김재규는 권총을 꺼낸 뒤 입이 딱 벌어진 차지철을 향해 방아쇠를 당겼다.

"이게 뭐 하는 짓들이야!"

박정희가 고함을 쳤다. 그러나 권총을 쥔 김재규의 팔은 빙글 돌아 그쪽을 향했다.

'야수의 심정으로, 유신의 심장을 쏘았다.'

총격 당시의 순간에 대하여, 훗날 김재규는 이렇게 증언했다. 총성이 귀를 찢고, 어떻게 된 일인지 조명까지 꺼졌다. 칠흑 같은 어둠 속에서 비명과 우당탕 넘어지는 소리, 물건이 깨지는 소리, 발을 끌며 도망치는 소리가 한동안 이어지고, 다시 한번 총소리가 울렸다.

1979년 10월 26일, 늦은 저녁이었다.

왜 쏘았나?

재판 과정에서 김재규는 자신이 박정희와 동향(경상북도 구미)이고 육사 동기이기도 해서 진작부터 각별한 배려를 받았다, 따라서 그를 살해한 것은 인간적으로는 큰 배신이었다고 밝혔다. 그러면 왜 쏘았는가?

우선 경호실장 차지철과의 갈등을 원인으로 내세운다. 차지철은 저돌적이고 오만한 성격이었고, 대조적으로 내성적이고 겸허했던 김재규와는 성격부터 안 맞았다. 두 사람은 1968년 3선 개헌 준비 과정에서 처음 감정대립을 표출하는데, 국회의원을 부드럽게 설득하려던 김재규와 윽박질러서 항복을 받아내려던 차지철과의 충돌이었다. 이런 충돌은 이후 몇 번이고 거듭되며 두 사람을 앙숙 관계로 몰아간다. 나이, 직급 등에서 두 사람의 위치가 반대였다면 김재규 혼자 속병을 앓는 것으로 끝났겠지만, 김재규가 더 높은 위치다 보니 차지철은 그

나름대로 불만이 많고, 김재규는 '건방진 어린놈'이 자신에게 정면으로 대드는 모양이 견딜 수 없었다.

이런 상황은 유신 이후, 차지철이 경호실장이 되면서 교묘하게 김재규를 따돌리고, 김재규의 중앙정보부까지 무시하는 독주 행각을 벌이면서 심각하게 악화한다. 당시 차지철은 권력에 취한 나머지 갈수록 안하무인의 행동을 하여, 김재규 외에도 그를 질시하는 사람이 많았다. 반면 김재규는 신민당 관련 공작이 계속 실패하여 박정희의 질책을 받는 등 저 사람은 이제 글렀다, 권력의 핵심에서 언제 떨려날지 모른다는 시선을 받고 있었다. 이런 좌절과 억울함, 분노가 쌓이고 쌓여서 마침내 10월 26일에 차지철을 쏘게 되었고, 우발적인 행동 뒤 자신에게 돌아올 처벌이 두려워지자 그만 예정에 없던 박정희 시해까지 저질렀다는 것이다.

두 사람이 앙숙이었다는 점은 의심의 여지가 없으나, 아무리 그래도 중앙정보부장쯤 되는 사람이 그렇게 즉흥적으로 일을 저질렀다고는 믿기 어렵다. 이후의 행동을 보아도, 어딘가 어설픈 구석은 있지만, 사전에 계획한 대로 행동했다는 인상이 강하다. 다른 설명은 그가 유신체제를 종식하고 민주주의를 회복하기를 염원했다, 아니 그 정도는 아니더라도 유신체제의 종말이 임박했다고 보았다, 그래서 '유신의 심장을 쏜' 것이라는 시각에 따른다.

유신은 가장 폭압적인 지배체제였으나, 그만큼 취약했다. 4.19의 전통이 있는 나라에서 언제까지나 민주주의를 새장 속에 가두어 둘 수는 없었다. 유신이란 결국 일종의 군사적 지배체제였는데, 군이란 약간의 위험 요소에도 민감하게 반응하게 되어 있다. 유신정권은 소규모의 학생 시위에도 긴급조치를 발동할 정도로 민감했고, 경직되어 있었다. 이런 과민 반응은 반대로 정치적 불만을 강화하고, 결국 울분이 쌓여 언제고 대규모로 터지게 되는 것이었다. 유신 말기에 일어난 일련의 사건들, 즉 YH 노동자의 신민당사 농성 사건, 김영삼 국회 제명, 그리고 부산-마산 민주항쟁(부마사태)은 제2의 4.19를 예고하고 있었다. 정권 내에서 그런 위기의식을 누구보다도 절감하고 있던 사람이 김재규였다. 그래서 그는 박정희에게 계속해서 온건책을 건의했으나, 번번이 묵살되었다. 김재규에 따르면 박정희는 부마항쟁에 대해 "신민당이 폭력배를 동원해서 벌인 장난이 아닌가"라고 말할 정도로 상황을 잘못 인식했으며, 차지철은 "뭐하면 탱크를 동원해서 다 밀어버리면 된다"고 극언을 일삼았다는 것이다. 대규모 유혈 사태가 있을지도 모른다는 위기감에 휩싸인 김재규는 마침내 박정희와 차지철을 제거해야만 한다고 결심했다는 것이다.

이 가설은 대체로 많은 지지를 받으며, 이에 따라 김재규를 '민주화 운동가'로 추앙하려는 움직임까지 있다. 하지만 김재규는 유신 반대론자로서는 유신에 너무 깊숙이 관여했다. 그는 유신헌법으로 만들어진 유정회를 통해 손쉽게 국회의원 배지를 달았고, 건설부 장관과 중앙정보부장 요직도 모두 유신 이후 맡은 것이었다. YH 사건 당시 공권력 행사에 의한 강제 진압을 고집하여 결국 사태를 악화시킨 장본인도 바로 김재규였다.

이런 해석은 모두 10.26을 김재규 한 사람의 결정에 의한 사건으로 풀이하는 것이다. 과연 이만한 역사적 사건이 한 개인의 단독 결정으로 빚어졌을까? 보다 체계적이고 조직적인 세력의 움직임은 없었을까?

여기서 제기되는 것이 '미국 관련설'이다. 10.26 직전 유신체제가 직면하고 있던 위험은 국내적인 것만이 아니었다. 10.26이 있기 넉 달 전에 방한했던 미국 대통령 지미 카터는 한국의 민주주의 억압 상황을 신랄하게 비판했고, 한미관계는 한미동맹 체결 이래 최고로 험악해졌다. 미국이 박정희를 못마땅하게 여겼던 것은 반민주 때문만이 아니며, 그의 자주국방 노선이 더 큰 골칫거리였다. 1976년에 독자적 핵 개발을 추진하다가 미국의 반대로 좌절했으나, 박정희는 그 뒤에도 핵 개발을 포기하지 않았다. 미국 입장에서 남한이 핵을 개발하면 북한도 개발하려 할 것이고, 일본과 대만도 가만히 있지 않을 것이다. 그렇게 되면 동북아에서의 힘의 질서는 완전히 무너지며 핵 확산이 걷잡을 수 없게 된다. 따라서 무슨 일이 있어도 핵 개발은 막아야 한다. 나중에 북한 핵 개발을 저지할 때와 똑같은 논리가 이때도 사용되었다.

그러면 미국이 공작을 벌여 박정희를 없앤 것일까? 일단 그것을 입증하는 결정적인 증거는 아무것도 없다. 다만 김재규는 10.26 직전에 글라이스틴 미국 대사, 브루스터 CIA 지부장, 위컴 주한미군 사령관 등과 빈번히 접촉했다. 그들은 김재규와 "한국의 민주주의 상황에 대한 유감만 표명했다"고 하는데, 과연 그랬을까? 글라이스틴은 자신이 유신체제에 대해 강한 불만을 표시한 것을 두고 김재규가 오해했을 가능성을 배제하지 않았다. 또한 김재규는 재판 과정에서 자신이 박정희를 암살한 이유를 다섯 가지 들었는데, 그중 하나가 '미국과의 관계 개선을 위해서'였다. 그는 또 항소이유서에 '자주국방은 말도 안 되는 일'이라는 언급을 했고, 처형 직전 면회 온 가족에게 "조국이 적화되는 일만은 두고 볼 수 없었다"고도 했다. 이렇게 볼 때 김재규가 미국의 직접 지시를 받지는 않았더라도 미국을 염두에 두고 거사에 임했을 정황은 배제할 수 없을 것 같다.

또 한 가지 의심스러운 정황은 신군부의 역할이다. 10.26 당시 전두환은 보안사령관으로서 안보 관련 사건 수사권을 바탕으로 막강한 권력을 발휘할 수 있었다. 그의 심복인 장세동은 수도방위사령부 제30경비단장으로 경복궁에, 동생 전경환은 경호 계장으로 청와대에서 근무 중이었다. 사건 현장의 지척에 있었다는 것이다. 이 사실과, 전두환이 의문점투성이인 수사를 거쳐 김재규를, 그리고 12.12로 정승화를 제거하고 권좌에 앉은 사실 사이에 우연 이외의 어떤 필연성은 없을까?

브루투스의 검

박정희 암살이 결과적으로 민주주의 발전에 기여했다고 보는 시각도 있다. 비록 곧바로 신군부가 등장함으로써 군사정권이 연장되었지만, 박정희만 한 카리스마가 없었으며 무조건적 독재는 4.19가 아니면 10.26을 불러온다는 교훈을 새긴 후계자들은 민주주의에 더욱 양보할 수밖에 없었다는 것이다. 10.26이 없었다면 박정희도 김일성처럼 종신 대통령이 되었을지 모르며, 나아가 '왕조'를 구축하여 민주주의 발전에 더 오랜 세월이 필요했을지 모른다고 보기도 한다.

반면 비교적 우파적 견해를 가진 사람들은 박정희의 암살 때문에 핵 개발을 포함한 자주국방 노력이 좌절되고, 경제개발도 추진력과 장기 기획력을 크게 잃었다고 아쉬워한다. 사실 박정희를 이은 전두환, 노태우 정권은 박정희 때와 유사한 관치 경제를 운영하면서도, 박정희와 비교해 단기적 경제 성과만 노리면서 사회 간접자본 투자 등 장기적 문제 해결에는 소홀했다. '국부國父'로서의 책임감과 여유가 없었던 탓일까, 1980년대 들어 세계 자본주의를 풍미하기 시작한 신자유주의 때문일까? 또 일부에서는 박정희가 종신대통령을 꿈꿨다는 설에 반대하며, 그가 권력을 넘겨주고 물러날 준비를 하고 있었다고 주장한다. 그런데 김재규의 흉탄 때문에 평화적 정권교체 기회가 무산되었다는 것이다.

하지만 박정희가 정말로 퇴임을 준비하고 있었다고 해도, 그는 이미 호랑이 등에 탄 몸이었다. 폭압적 독재 권력은 그것을 손에 놓는 순간 더는 안전을 보장해 주지 않는다. 그 주변의 인물도 마찬가지다. 박정희가 퇴임하고 민주주의가 회복되었다면, 그와 그의 측근들은 곧 가혹한 정치보복에 직면했을 것이다. 그런 점이 두려워서라도, 박정희 본인은 어땠을지 몰라도 그 주변 사람은 유신의 종말을 원하지 않았으리라. 각하를 설득할 수 없다면 막아야 한다, 비상 수단을 써서라도! 어쩌면 김재규가 들었던 권총이 차지철의 손에 있게 되었을지도 모른다.

결국 부마항쟁도, 미국과의 마찰도, 10.26도 모두 유신체제가 갖는 모순에서 파생된 필연이었다. 브루투스의 검이 로마 공화국을 수호하면서 동시에 황제가 되려 했던 카이사르의 모순에서 나왔듯, 김재규의 권총도 민주주의 체제이면서 폭압적 독재체제, 미국의 위성국이면서 자주국이었던 유신 대한민국의 모순에서 비롯되었다.

97

1979년 12.12

악惡의 반복

김재규의 총탄으로 박정희 독재 정권 18년은 막을 내렸다. 그가 거사의 명분으로 내세운 '더는 독재를 용납하지 않겠다는 민심'은 분명했다. 그것은 오랜 문치주의 전통이나 문민 우위의 민주주의 원칙에 모두 어긋나는 군부정권의 때를 이제 말끔히 씻어내야 한다는 게 시대의 소명이라는 의미도 되었다.

군 역시 이런 분위기를 느꼈고, 곧바로 승복하는 자세를 보였다. 10.26 바로 다음 날인 1979년 10월 27일, 노재현 국방부 장관 등 군 수뇌부가 한자리에 모여서 '우리 국군장병은 최규하 권한대행을 중심으로 국방의 책임에 전념할 것이며 … 군은 더는 정치에 관여하지 않을 것이다'는 성명을 발표한 것이다. 박정희의 죽음에 따른 새로운 시대의 움직임에 가장 빨리 부응했던 셈이다. 이들은 또 10월 29일, 30일에 국방부에서 회동을 하고 '유신헌법을 폐기한다', '차기 대통령은 새 헌법에 따라 선출되도록 한다'는 결의도 했다. 공개 성명에서처럼 '정치에 관여하지 않는' 것은 아니었지만, 적어도 문민화와 민주화에 대한 의지는 군 수뇌부에서 대부분 일치했던 셈이다. 그러나 이는 일부 외신에 보도되었을 뿐, 당시 일반 국민에게는 전혀 알려지지 않았다. 당시 보안사령관을 맡고 있던 전두환 소장의 보도 금지 조치 때문이었다.

보안사라고 하는 특수한 직책을 내세워, 전두환은 자신보다 훨씬 상급자들의 결정 사항을 일절 보도되지 못하게 막았을 뿐 아니라 그 스스로는 정치 발언을 공공연히 했다. "다음 대통령도 유신헌법에 따라 선출되어야 한다"는 것이었다. 군 수뇌부의 일반적 의견과는 정반대였다. 10.26 직후 발령된 계엄령에 따라 실질적 최고통치자인 계엄사령관 자리는 정승화에게 돌아갔지만, 전두환에게는 보안사령관 직위와 함께 박정희 살해 경위를 수사하는 합동수사본부장이 주어졌다. 이 인사는 12.12를 잉태하고 있었다.

먼저 김재규가 중앙정보부장이었다는 점을 이용해 중앙정보부 국장급 전원을 조사대상에 넣으며 사실상 손발을 묶었고, 이로써 마비된 중앙정보부의 기능을 보안사로 이관시켰다. 그리고 직위상 최고결정권자인 정승화 계엄사령관 역시 '박대통령 시해 사건 수사'라는 명분으로 엮어 넣기로 했다. 10.26 당일 김재규가 한동안 정승화와 동승했다는 점을 이용한 것이다. 이렇게 전두환은 보안사령관과 합수부장이라는 두 직위를 교묘히 활용하여 권력 장악을 준비해 나갔다. 또한 그는 혼자가 아니었다. 노태우, 허화평, 허삼수, 이학봉 등 육사 내의 사조직 '하나회' 동기 및 후배들이 보안사를 중심으로 포진했으며, 전두환은 이들과 함께 11월부터 '거사' 준비에 들어갔다.

결국 일은 벌어졌다. 1979년 12월 12일 오후 6시 반, 합수부 수사 제2국장 우경윤 대령이 이끄는 수사관 및 헌병들이 용산구 한남동의 정승화 계엄사령관 공관으로 들이닥쳤다. 총격전이 벌어졌다. 우경윤 등은 경비대의 시체를 짓밟으며 공관에 난입하여 정승화 사령관을 강제로 끌어냈다. 이후 13일 새벽까지 서울 곳곳에서 총성이 들렸으며, 국방부와 육군본부, 수경사 등 주요 국방기구들이 쿠데타 세력에게 장악되었다. 최규하 대통령은 협박 끝에 12.12사태에 대한 사후 승인서에 서명했다.

이로써 대한민국의 무력을 한 손에 움켜쥔 전두환은 이후의 조치를 하나하나 취해 나갔다. 3월 말부터는 언론계 중진들을 회유하여 신군부를 찬양하도록 하는 'K 공작'에 착수했다. 1980년 4월 14일에는 전두환이 중앙정보부장을 겸임했는데, 이왕 빼앗고 있던 정보권만이 아니라 중앙정보부에 은닉되어 있던 막대한 자금을 손에 넣기 위함이었다. 이는 이후 5공화국 수립 과정에서 중요한 자금원이 된다. 그리고 마침내 5월 17일에는 '북한이 남침할 조짐이 있다'며 계엄령을 전국으로 확대하고, 국회를 해산하며, 전두환을 위원장, 군 장성들과 일부 각료를 위원으로 하는 국가보위비상대책위원회를 설치해 사실상 정부 기구로서 기능하도록 했다. 그리고 광주민주화운동, 즉 5.18을 무력으로 진압하고는 1980년 8월에 통일주체국민회의를 통해 전두환이 청와대의 주인이 된다. 12.12에서 전두환 취임까지의 기간을 모두 하나의 쿠데타로 본다면, 무려 9개월 반이나 되어 '세계 사상 가장 긴 쿠데타'로 불릴 만도 했다. 아니, 거기에는 10.26부터 12.12에 이르는 기간도 포함되어야 할까?

5.16이 지긋지긋한 가난과 4.19 직후의 혼란상에 대한 일반 국민의 환멸 때문에 어느 정도 정당화된 측면이 있었던 반면, 12.12는 순전히 정치군인들의 집권욕만이 본질이었다. 군 전체를 포함한 사회 일반이 원하지 않는 가운데, 새 역사를 이끌어갈 비전도 계획도 없으면서 오직 권력 때문에 수많은 피를 뿌리며 집권했던 신군부, 그들에 대한 역사적 단죄는 이미 끝났다고 보아도 될 것인가?

> "군인들이 일으킨 불법 쿠데타로 국가의 정통성을 훼손하고,
> 군사문화의 창궐을 통해 사회활동에 비정상적인 일들이
> 정상적인 일들을 제치고 횡행하게 하였다. 한마디로 상식이
> 통하지 않는 사회를 만들어 놓았다.   신경헌

98

민주화운동의 위대한 기념비

— … 나주 쪽으로 내려가는 방향으로 왼쪽이죠. 왼쪽에 차가 이렇게 들어가 버렸어요. 그래서 가서 봤더니 버스예요. 버슨데 이렇게 처박아져가지고 뒤집어져가지고 요렇게 있더라구. 옆으로 눌려 있더라구. 사고가 났으니까 우리는 차를 세워야 되잖아요. 서가지고 보니까 애기가 나오더라구. 그 당시 고등학생이지.

— 1명만 나왔어요?

— 1명이지 1명. 1명 나왔는데 거기서 그 애기가 나오니까 얼른 나오라, 해갖고 누구 사람 있냐, 그러니까 다 죽어불고 없다는거여.

— 그 차가 왜 사고가 난 거예요?

— 총 싸붓재. 몰살당해분거지. 몰살.

— 『5.18 민주화운동증언록』에서

466

유신은 계속되고 있었다. 12.12에 의해서. 12.12는 계속되어야 했다. 5.17에 의해서. 1980년 5월 17일, 비상국무회의는 계엄령을 전국으로 확대하며 국회를 해산한다는 결의를 했다. 그 하루 전에는 서울과 광주 등에서 계엄 해제와 민주화를 요구하는 학생과 시민의 대규모 시위가 열리고 있었다. 대부분의 사람이 잠든 자정을 기해서 계엄 확대를 발표한 신군부는 김대중, 김종필, 이후락, 문익환 등의 집을 급습해 연행하는 한편 공수부대에 이동 명령을 내렸다. 제7공수여단은 신속하게 광주로 이동했다. 작전명 '화려한 휴가'를 위하여.

날이 밝고서야 계엄 확대 및 김대중 구금 소식을 알았던 광주 대학생들은 전남대 앞에 모여 시위를 벌였다. 그러자 어느새 전남대에 진을 치고 있던 공수부대가 달려왔다. 폭언, 몸싸움, 그리고 무차별 구타. 일요일 아침의 평온을 깨는 이 폭력행위는 방관자 입장이던 시민들도 시위에 가담하게 했다. 정오를 전후해 전장은 금남로로 옮겨졌고, 시위대와 군대의 투쟁이 밤새도록 벌어졌다. 19일 새벽 3시경 제11공수여단이 광주에 증파되었고, 비슷한 시각, 시위대에 있었던 김경철이 병원에서 사망함으로써 광주민주화운동의 첫 희생자가 나왔다. 그리고 19일 오후, 첫 발포가 있었다.

20일부터 시위대의 규모, 행동도 확대되고, 진압도 격화되었다. 택시와 버스 운전사가 시위대에 합류하는 한편, 왜곡 보도를 했다 하여 시민들이 광주MBC를 불태웠다. 그리고 경찰서를 습격하고, 시청을 점거했다. 야밤에 또 발포가 있었다. 그리고 다음 날 오후부터는 본격적으로 총탄이 시민에게 쏟아지기 시작했다. 앉아서 죽을 수 없다고 여긴 일부 시민은 경찰서 등에서 총기를 탈취해 무장했다. 그러

1980년 5월 18일, 금남로 거리는 시민과 택시로 가득 메워졌다. 광주시민은 맨몸으로 독재 정권에 대항하여 민주주의를 지켜냈다. 하지만 아직도 눈먼 적폐 세력은 망언을 서슴지 않는다. 그날의 진실을 규명하고 법적 조치를 취하는 것이 오늘날 과제가 될 것이다.

자 아무리 그래도 폭력은 안 된다고 무장해제를 독려하는 종교인과 운동 지도자가 있었고, 싸움하려면 이겨야 한다고 대드는 사람들도 있었다. 그러는 가운데 희생자는 계속 늘어갔다.

22일에는 전남도청이 시민군에게 점령되었다. 시민들은 '5.18사 태 수습 대책 위원회'를 결성하고 사태 수습을 모색하였다. 그러나 계엄군은 협상을 거부했다. 그리고 광주시 외곽에서부터 포위망을 조금씩 좁혀들었다. 27일 새벽, 2만5천에 달하는 병력이 일제히 도청 으로 진격했다. 도청 안에는 약 4, 5백의 시민이 있었고, 처절한 싸움 이 전개되었다. 도청 안에서만 17명이 죽었다. 이렇게 '해방구 광주' 는 끝났다.

사망자가 수천에 달한다고 알려졌는데, 정부의 공식 발표로는 사망자 166명, 실종자 47명, 부상자 2,800명의 인명피해가 났다고 했 다. 부상자 중 1,064명이 연행, 구금되었고 627명이 국가내란죄 등으 로 구속되었다. 당시 정부와 언론은 '불순분자들의 선동에 의한 과격 난동'으로 이를 정의했으며, 80년대 말 민주화 이후 수세에 몰린 당 시의 발포 책임자들은 '과격 시민들의 위협 때문에 어쩔 수 없는 자 위권 발동이었다'고 변명했다. 그러나 군인들은 진압이 불필요한 경 우에도 서슴없이 발포했다. 앞에 든 경우처럼 지나가던 버스를 벌집 으로 만드는 경우도 있었고, 여성이나 어린이를 살육하는 경우도 있 었다. 반면 '폭도'로 매도된 시민들은 자율적으로 질서를 유지했으며, 운동 기간에 불필요한 파괴나 절도, 강탈 등은 전혀 일어나지 않았다.

'광주사태'는 '광주민주화운동'으로 규정1988년, 진상규명 국회 청 문회 개최1988년, 5.18 특별법 제정 및 전두환 · 노태우 구속1995년, 국가기념일 지정1997년 등 지속적인 추모와 격상을 받았다. 그러나 그 한과 고통은 아직도 스러지지 않고 있다. 망월동은 10.26에도 불구하고 '중단 없는 전진'을 하려던 탱크에 깔려 짓밟히면서 대한민국 역사에 지울 수 없는 상처를 남겼다. 군부는 당당히 승리한 것 같았으나, 승리는 잠깐이었다. 이 상황을 최소한 방관했던 미국에 대해서도, 한국전쟁 이후 처음으로 반미감정이 싹트게 되는 '벌'이 뒤따랐다.

오늘날까지 광주는 시와 소설, 영화로 추억되고, 재생산된다. 그리고 스러지지 않은 한과 고통을 호소한다. 그것이 체 게바라 티셔츠처럼 낭만적인 소비상품으로 변태하지 않고, 더 나은 내일을 위한 밑거름이 되려면, 단지 추억이 아닌 새로운 화해의 계기가 필요하지 않을까.

99

1981년 올림픽 유치 성공

벽을 넘어 한국을 세계에 알리다

"··· 셰울."

1981년 9월 30일, 후안 안토니오 사마란치 국제올림픽조직위원장이 봉투에 들어 있던 제24회 올림픽 개최지 이름을 말하는 순간 바덴바덴 쿠르하우스 회의실은 한국어로 외치는 만세 소리로 가득 찼다. 세계 각국 언론사 카메라가 일제히 한국 대표 쪽으로 돌아서면서 파바박 플래시를 터뜨렸다. 그들은 기쁨에 겨운 한국 대표단원들의 표정을 담았다.

얼마나 오랜 땀과 눈물을 들였던가? 발표 직전까지 일본의 나고야가 더 우세하다는 언론 보도 때문에 마음을 졸였을 대표들의 뇌리에는 안도감과 함께 지난 몇 년 동안 보낸 시간이 주마등처럼 떠올랐을 것이다.

서울 올림픽 유치 계획은 박정희 생애 마지막 결정 중 하나였다. 1979년 3월에 대한체육회에서 올린 계획안을 9월에 최종 승인, 10월 8일에 공표하며, 박정희는 "한국의 경제발전과 국력을 과시한다"는 것을 목표의 첫 번째로 꼽았다. 그리고 공산권 및 비동맹 국가들과 외교관계를 개선하고, 국민의 일체감을 제고한다는 목표도 마지막에 덧붙였다. 그리고 그 자신은 18일 뒤에 궁정동에서 역사 속으로 퇴장한다. 올림픽 유치와 개최라는 무거운 짐을 그의 후계자들인 신군부 지도자에게 맡기고.

국제올림픽 관계자들을 설득하는 일이 쉽지는 않았다. 그들이 보기에 서울에서 올림픽 개최하는 걸 꺼릴 만한 이유가 네 가지나 있었다. 멕시코를 예외로 하면 올림픽이 후진국에서 치러진 예가 없고, 서구에 반쯤 걸친 일본을 빼면 아시아에서 치러진 예도 없으며, 한국은 북한과의 오랜 대결 상황이 이어지는 데다 군부독재 국가이기도 해서, 군사적·정치적 불안을 배제할 수 없는 나라였다.

올림픽 조직위, 노태우를 비롯한 여러 체육부 장관과 여당 고위층, 그리고 정주영 전경련 회장 등 재계 인사까지 '손에 손잡고 벽을 넘'기 위해 백방으로 노력했다. '후진국이 과연…' 하는 점에 대해서는 한국의 기적과도 같은 경제성장을 부각시키고, 최고의 올림픽 시설을 조기에 완공해 보임으로써 우려를 불식시켰다. 그 밖의 약점에 대해서는 오히려 그것이 장점이라고 강변했다. 아시아 나라라고? 그러니까 올림픽 정신에 맞지 않는가. 안보와 정세가 불안하다고? 그러니까 더더욱 서울에서 평화와 화해의 축제를 여는 의미가 크지 않겠는가?

서울올림픽 홍보 포스터는 한국 디자인계 거목 양승춘 디자이너가 제작했다. 삼태극은 '동서의 화합'과 세계에서 한국으로, 한국에서 세계로'라는 뜻을 담아 88서울올림픽의 공식적인 상징이 되었다.

마침 세계는 제2의 데탕트로 접어들고 있었다. 그동안 치러진 올림픽이 냉전의 여파로 '반쪽'으로 치러져야 했던 점이 오히려 서울에서만큼은 이념을 뛰어넘어 하나로 모이자는 움직임을 낳고 있었다. 그리고 여기에는 우리의 남북화해, 긴장 완화 노선이 맞물려 있었다. 군부정권은 여전히 철저한 반공을 표방하고 있었으나, 닉슨 독트린 이래 한반도가 계속해서 냉전의 최전선에 머물러 있는 것은 바람직하지 않다는 인식이 점점 퍼지고 있었다. 그래서 박정희도 '6.23 선언'을 통해 사회주의권 국가에도 문호를 개방하겠다는 뜻을 천명했으며, 5공에 들어서도 중국, 소련과 적극적으로 관계 개선을 해 나간다는 입장을 분명히 했다. 북한과의 관계에 대해서도 화해의 뜻을 비쳤는데, 이는 모두가 일방적이며(북한 역시 일방적인 '화해 의사 표명'으로 맞서고 있었다), 오랜 불신을 풀기에는 부족했다. 그래서 내안으로 주목한 것이 바로 스포츠 외교였다. 미-중 관계 정상화가 양국 간 친선 탁구 경기를 통한 이른바 '핑퐁외교'로 성공했음을 거울삼아, 사회주의권에서 열리는 국제대회에도 적극 참가하고 남북한 단일팀을 구성하자는 제의를 하는 등, 일단 정치적 색채를 뺀 스포츠를 통해 상호신뢰를 높여간다는 것이었다. 그 정점이 바로 서울올림픽이었다.

결국 올림픽은 '역대 대회 중 가장 성공적'이라는 자화자찬이 가히 부끄럽지 않을 만큼, 160개국이 참여하여 아무런 사고 없이 성대하게 치러졌다. 서울올림픽의 현장에 직접 있어 보지 않은 사람이라면, 그 세대를 살아 보지 않았다면, 당시 사람들이 무엇을 느꼈는지 결코 알 수 없을 것이다. 올림픽을 모르는 사람은 없었다. 그러나 대한민국처럼 작고 약한 나라가 그것을 치러낼 수 있을 거라 생각한 사람은 거의 없었다. 일찍이 외국인들이 거리마다 넘치는 일을 겪은 사람도 거의 없었다. 아직까지만 해도 대학교육을 받은 사람은 전체에 비해 적었고, 그중 극소수만이 해외여행 금지 조치를 뚫고 외국에 유학이나 출장을 갈 수 있었던 시기에, 텔레비전이 아닌 현실에서 그렇게 많은 '외국'을 접한 것은 실로 특별한 경험이었다. 서울에서 올림픽을, 그것도 성대하게 치르고, 우리나라가 세계 4위가 된다는 것, 그것은 꿈이 이루어지는 것이었다. 상식이 무너지고 새로운 세계가 열리는 것이었다. 그 꿈을 이루기 위해, 모두가 힘을 합쳤다. 정부 여당과 재계만 힘쓴 것이 아니라, 문화계와 종교계, 그리고 이름 없는 일반 시민도 올림픽 성공을 위해 자신이 할 수 있는 일을 다 하려 했다.

결국 올림픽 유치는 군부정권의 자구책이었을까? 국민의 뜻을 하나로 모으고, 잊지 못할 감격과 자부심을 느끼게 함으로써, 민주주의 압살에 대한 불만을 지우려 했던 걸까? 분명히 그런 면도 있을 것이다. 그러나 국익을 위하여, 우리의 저력을 세계에 과시하는 한편 사회주의권과의 화해를 시도하려는 뜻도 분명히 있었다. 그 목적을 위해 '군대식'으로 밀어붙이고, 세계를 무대로 화려한 성공을 거둔 그들은 과연 '하면 된다'고 다시 한번 확신했을 것이다. 그러나 그들은 곧 알게 된다. 서울올림픽은 동시에 '할 수 있다고 뭐든지 해서는 안 된다'는 교훈을 남기기도 했음을. 잘린 반도에 갇혀 있던 국민은 올림픽을 기회로 세계와 접속했다. 그리고 민주화라는 세계적 조류를 받아들였다. 군부정권이 이룩한 경제부흥과 체육 입국은 어느 것이나 자신들의 정권 유지에 도움이 되지 못했다. 그러나 '뭐든지 해서는 안 된다'는 의미를 더 잘 새기지 못한다면, '세계로 나아가는' 것이 반드시 행복을 보장하지 않음을 깨닫지 못한다면, 민주화된 선진 국민도 비극을 겪게 마련이다. 불행히도 대한민국은 그런 비극을 곧 겪게 된다.

1981년 올림픽 유치 성공

100

반도체 강국으로의 도약

1982년 2월, 삼성 본사에 한 통의 전화가 걸려 왔다. 미국에 체류 중이던 이병철 회장이었다. 귀국해서 공식 회의를 통해 천천히 이야기해도 될 일을 왜 굳이 전화로 한 것일까. 그러나 이병철은 그만큼 마음이 급했다. 그는 본래 신중한 성격이었지만, 미국 반도체 산업단지 시찰 중에 오랫동안 생각해 오던 일을 결심하게 된 것이었다.

"반도체를 생산해야 한다. 이 부문에 진출하는 게 하루라도 늦으면 늦을수록 그만큼 뒤처진다."

이렇게 해서 훗날 세계 반도체 시장의 최대 강자가 될 삼성의 반도체 생산이 결정되었다.

반도체 생산을 시작한 국내 기업 중에 삼성이 최초는 아니었

477

다. 아니, 오히려 국내에서도 후발 주자에 속했다. 반도체 조립생산은 1970년에 금성과 아남에서 처음 시작했다. 그러나 노동집약적인 단순조립이었고, 부가가치가 높은 웨이퍼 가공생산은 높은 기술 수준이 필요했다. 여기서 미국의 모토로라 사의 협력업체였던 켐코(KEMKO)가 1974년 한국반도체로 재탄생하면서 웨이퍼 생산에 돌입, 1975년 9월에 첫 제품을 출하했다.

반도체에 대한 정부와 국내 기업인의 관심은 1980년대에 본격화되었고, 이병철이 반도체 산업 투자를 검토하기 시작한 것도 1980년이었다. 하지만 1969년 삼성전자를 설립할 때부터 반도체로의 전환이 예정되었다고 한다. 그것은 이른바 삼백三白 산업, 즉 밀가루, 면화, 설탕을 다루는 단순소비재 생산업에 주력했던 패턴을 벗어나 고부가가치 중공업 제품 생산으로 전환한다는 결정이었기 때문이다.

삼성은 '재벌'다운 방식으로 반도체 투자를 본격화했다. 이 부문의 선구자이던 한국반도체의 자금난을 이용해서 인수합병하고, 삼성반도체 통신이라는 자회사로 삼았다가 1988년에는 삼성전자에 흡수한다. 1983년에는 미국 실리콘밸리에 삼성반도체 통신 현지법인을 설립하고, 1986년에는 아이다호 주에도 설립하였다. 1983년에 64K D램을 생산하기 시작했고 1986년에는 256K D램, 1987년에는 1M D램의 생산에 들어갔다. 그 과정에서 세계 반도체 시장의 공급과잉으로 인한 채산성 악화, 미국 반도체기업의 제소 등 일부 시련이 있었으나, 결국 극복하고 1980년대가 끝나던 시점에는 반도체 매출액이 12억8,400만 달러로 세계 13위, 시장점유율 2.3%를 기록하였다.

그리고 1994년에 세계 최초로 256M D램을 개발하며 메모리 분야 세계 1위로 올라섰다.

한 기업의 사업 결정이 한국사에서 그렇게 중요한 의미를 갖는 결정인가? 후후발 산업국, 후진국이었던 한국이 세계에서 어깨를 겨루는 경제 대국으로 성장하는 데 삼성의 반도체는 그만큼 중대한 기여를 했다.

"산업의 쌀이라 불리는 반도체 생산을 결정한 이병철의 선택은
21세기 한국의 주요한 성장동력이 되었다."   최용범

자동차, 조선 등 중공업 분야에서 새로운 시도를 한 정주영 현대 회장의 결정 또한 이 못지않게 의미 있는 결정이었다고도 한다. 그러나 그것은 현대의 본래 색깔에 따른 것이었고, 정부의 방침에 따른 것이기도 했다. 그리고 21세기 산업구도에서 반도체가 갖는 비중을 생각할 때, 70을 넘긴 나이로 익숙하지 않은 분야에 전력투구하기로 했던 이병철의 결정을 더 중요시해도 되리라 본다.

101

1987년 6.10 수용한 6.29

한국의 민주주의가 뿌리내리게 된 절반의 승리

"호·헌·철·폐, 독·재·타·도!"
"호·헌·철·폐, 독·재·타·도!"

1987년 6월, 아직 여름이라기에는 따스한 시기련만, 그해 6월은 여느 해의 8월보다 뜨거웠다. '개발독재 25년'의 결과로 너저분했던 서울 거리는 반듯한 포장도로와 높다란 콘크리트 건물의 숲으로 뒤바뀌어 있었지만, 이제 그 거리를 빼곡히 메운 것은 수십만의 학생, 그리고 그 빠른 경제성장의 결과이자 견인차이기도 한 '넥타이부대'들이었다.

"호·헌·철·폐, 독·재·타·도!"

카키색 복장으로 몸을 감싼 전경이 최루탄 발사기를 90도 각도로 겨누며 닥쳐들면, 시위대의 대열은 잠시 흐트러지는 듯하다가도, 어느새 바로 옆 골목에서 똑같은 구호가 터져 나왔다. 모두가 한목소리로 외치고 있었다. 가끔 "민주주의, 민중공화국!"이라는 목소리가 끼어들기도 했지만.

1987년 '6월 항쟁'이 앞서 있었던 민중 운동과 근본적으로 달랐던 점은 당시는 급박한 경제 불안과는 무관했다는 것이다. 그리고 '주머니는 비고 혈기는 넘치는' 학생만이 아니라 방금까지 사무실에서 일하던 사무원도, 그리고 일부 아주머니, 노인까지도 시위에 가세했다는 것이다. 그 노도와 같은 시위대의 물결, 최루탄의 하얀 구름을 헤치며 전진하는 사람, 사람, 사람을 청와대에서 내려다보며, 전두환은 내심 야속하기도 했으리라. '본인은' 박정희보다도 더 경제를 잘 끌어오지 않았던가? 역사에 남을 88올림픽도 유치해서, 이제 다음 해의 개최를 앞두고 있지 않은가? 이승만이나 박정희처럼 두고두고 혼자 집권하지는 않으리라, 단임만은 기필코 실천하리라 약속했고, 그에 따라 후계자도 이미 지명하지 않았는가?

그랬다. 하지만 문제는 전두환의 후계자가 그의 육사 동기생 노태우라는 것, 그리고 국민이 직접 뽑는 선거가 아니라 체육관에서 장난 같은 요식절차를 거쳐서 '등극'하는 간선제로 청와대에 들어앉게 되리라는 점이었다. 과거였다면야 일단 먹고 사는 것이 중요하니까, 그런 민주주의를 빙자한 장난이라도 하는 수 없이 받아들였을지 모르지만…. 이제는 먹고 사는 것만이 중요하지 않았다.

'장난'은 집어치우고, 국민에게 자기 손으로 대통령을 뽑을 권리를 돌려주자는 논의는 1985년 총선거에서 '직선제 쟁취'를 내건 신한민주당이 예상을 뒤엎고 제1야당이 됨으로써 본격화되었다. 1986년 말에는 '1천만 개헌 서명운동'이 시작되고, 뒤이어 '개헌 추진 현판식'이 전국적으로 추진되자, 정부여당도 더는 모른 체할 수 없게 되었다. 그리하여 국회에 개헌특위가 설치되는데, 민정당은 직선제 개헌이 아니라 내각책임제 개헌안을 들고나왔다. '대통령제에서 권력이 한 명에게 집중되는 현상을 막는다'는 명분이었으나, '여당 프리미엄(얼마간의 부정선거)'에 따라, 제1당을 차지할 자신이 있었던 민정당이 정권을 계속 연장하려는 꼼수가 훤히 들여다보였다.

개헌특위에서의 입씨름이 헛바퀴만 돌면서, 1986년 12월에는 당시 신민당 총재였던 이민우가 이른바 '인석(이민우) 구상'이라는 것을 발표한다. 내용은 상당 수준의 민주화 조치를 조건으로 내각제에 합의할 수도 있다는 것이었는데, '내각제에 합의'라는 조항만 문제 삼은 김영삼, 김대중 두 지도자는 이민우를 '사쿠라'로 매도하고는 신민당을 탈당, 새로 통일민주당을 창당한다. 이때 분위기가 급격히 강경해지자, 전두환은 1987년 4월에 '개헌 논의를 일체 중단한다'는 4.13조치를 발표해 버린다.

2년 이상 정치권의 개헌 논의를 조바심 내며 지켜보던 민심은 폭발했다. 그리고 그 폭발을 핵폭탄급으로 증폭시키는 사건이 터졌다. 서울대 언어학과에 재학 중이던 박종철이 공안당국에서 물고문을 당한 끝에 숨지고만 것이었다. 어느 시대, 어느 땅에서나, 죄 없이 흐른 젊은 피는 민중의 복수를 부른다. 그렇게 1987년의 6월은 무섭게 뜨거워져 갔다.

"여야 합의로 조속히 대통령 직선제로 개헌하고, 새 헌법에 의해 대통령선거를 실시, 1988년 평화적 정부 이양을 실현한다…."

치열했던 항쟁은 6월 29일에 끝났다. 전두환의 후계자로서 청와대를 예약하고 있었던 여권의 2인자, 노태우가 전격적으로 '직선제 개헌 수용'을 선언했던 것이다. 그것은 권력이 국민의 힘에 항복한 것으로 받아들여졌다. 국민은 환호했고, 또한 안도했다. '오늘 기쁜 날, 찻값은 무료'라고 써 붙인 카페가 화제가 되기도 했다.

"말은 해서 뭘 해…. 나는 이제 완전히 발가벗었다."

선언문을 낭독하고 돌아서는 노태우에게 어떤 기자가 심정을 묻자, 그는 굳은 표정으로 이렇게 대답했다고 한다. 가만히 있으면 대권이 손에 들어오는데도 '국민의 뜻을 받들어' 기득권을 포기했다는 뜻. 그는 이후에도 '6.29는 국민에게 항복한 것이 아니냐'는 질문에 '항복 맞다. 국민이 원한다면 백 번이라도 항복하겠다'고 대답하여, 전두환의 짝패라고는 하지만 겸허하고 온건한 사람이라는 인상을 주었다.

하지만 사실 그것은 인상뿐이었다. 6.29의 뒤에는 급박했던 현실이 있었다. 전경만으로 시위대를 진압할 수 없다고 판단되자, 6월 14일에는 청와대에 안보관계 장관과 군 수뇌부 등이 집결했다. 그리고 '비상사태에 대비한 만반의 준비태세'를 결의했다. 19일에는 "이튿날 오전 4시까지 전투태세를 갖춘 군 병력을 배치하라"는 명령이 떨어졌다. 4.19처럼 총칼로 국민의 피를 흘릴 생각이었던 것이다. 그리고 이때 보다 강경한 자세를 취한 쪽은 전두환이 아니라 노태우였다.

그러나 다행히도 병력 동원 명령은 취소된다. 그 자세한 이유는 아직 밝혀지지 않았지만, 미국이 개입했으리라는 추측이 있다. 당시 미국은 바로 얼마 전 필리핀의 마르코스 정권이 국민의 힘에 의해 물러나는 것을 보았기에, 제3세계 민주화는 이제 피할 수 없는 대세라고 여겼으리라. 또한 당시 시위대 속에 끼어 있지는 않았지만, 정작 재벌, 언론 등 '힘 있는' 사람도 군사정권에 넌덜머리를 내고 있었다. 그리하여 절대로 무력 진압은 안 된다는 뜻을 여러 계통을 통해 청와대에 통보했다고 한다. 이제 국민의 시체를 밟고라도 군사정권을 연장하는 일에 찬성하는 사람은 아무도 없었다.

그러나 6.29는 '무조건 항복선언'만은 아니었다. 다 잡은 대권을 놓쳤다고 분개하는 노태우에게 '직선제로 가더라도 방법이 없지 않다'는 귀띔이 있었다. 바로 직선제가 될 경우 대선후보에 나설 야당 지도자는 하나가 아닌 둘이라는 것, 그리고 그들의 지지기반이 서로 앙숙인 영남, 호남이라는 것을 활용하자는 속셈이었다. 6.29 후 정부가 김대중을 서둘러 사면 복권한 것도 그런 속셈의 연장이었다.

그 속셈은 맞아떨어졌다. 두 김씨는 대권의 유혹 앞에 분열했으며, 18년 만에 되찾은 민주선거는 지역감정으로 얼룩졌다. 그런 상황에 실망한 나머지 '겸허하고 온화한, 기득권을 과감히 포기한 지도자' 노태우에게 눈을 돌리는 유권자가 많았다. 두 김씨를 지지한 유권자를 합친 것보다는 훨씬 적었지만.

결국 6월 항쟁은 '미완의 혁명'으로 끝났다. 국민의 분노에 따라 물러난 독재자 대신 정권을 잡은 옛 민주당이 도무지 국민의 뜻을 따르는 정치를 하지 못했듯, '1노 3김'의 정치 역시 갈수록 국민에게 실망만 가져왔다. 그들이 밀실에서 합의한 '6공화국 헌법'이란 자신들의 이해관계에 따라 적당히 절충한 것에 지나지 않았다. 이제 6월의 뜨거운 함성은 어느새 잊히고, 1노 3김도 시대 속의 인물이 되어버렸다. 그러나 미완의 혁명이 남긴 헌법과 정치 관행은 아직도 그대로다. 길은 아직도 우리 앞에 놓여 있다.

102

복마전을 열다

1987년 10월, 고려대학교 민주광장에는 입추의 여지가 없을 정도로 많은 사람이 모여들었다. 뜨거웠던 6월 항쟁이 6.29 선언으로 일단락된 지 3개월여, 그동안 많은 일이 있었다. 김대중 사면복권, 시위 도중 숨진 이한열의 장례식에 100만의 인파 참석, 여야 합동위원회에서 새 직선제 헌법 초안 마련…. 그리고 이제 국민의 관심은 한 가지 문제에 집중되어 있었다. 과연 김영삼과 김대중, 두 김씨는 대선후보 단일화에 성공할 것인가? 두 사람은 한국 민주주의의 상징이라 해도 좋을 만큼 화려한 투쟁 경력과 카리스마를 가지고 있었다. 일반 국민의 입장에서는 김영삼 쪽이 학생이나 재야운동가들 사이에서는 김대중 쪽이 더 선호되었으나 누가 더 대통령으로 적합한지는 우열을 가리기 힘들었다. 그러나 누가 봐도 후보단일화 없이 둘 다 나설 경우 집권당 프리미엄에다 6.29 선언으로 나름 인기를 확보한 민정당의 노태우를 이기기 힘든 상황이었다.

　'설마, 두 김씨 모두 바보가 아닌데, 천신만고 끝에 여러 젊은이가 피를 흘리며 쟁취한 이 기회를 물거품으로 만들까?' 이런 생각으로 처음에는 낙관적인 분위기였지만, 점점 심상치 않아졌다. 두 김씨가 함께 공식 석상에 나타나지 않는 일이 잦아졌고, 서로에 대해 가시 돋친 발언을 하기도 했다. 다급해진 재야인사들은 대표단을 꾸려 두 김씨를 설득해서 단일후보를 이뤄내는 작업에 들어갔다. 그리고 오늘, 참으로 오랜만에 두 김씨가 한자리에 모이는 것이다. 국민은 뭔가 긍정적인 선언을 기대하며 고려대 구국토론회 현장을 주목했다.

　그러나 토론회장 중앙에 나란히 앉은 두 김씨의 얼굴은 내내 굳어 있었다. 두 사람은 서로 무릎이 맞닿을 만큼 가깝게 앉아 있었음에도, 거의 대화를 나누지 않았다. 도중에 김대중이 목이 답답하다고 하자 김영삼이 호주머니에서 은단을 꺼내 주었는데, 어느 신문은 이 장면을 찍은 사진을 실으며 이런 설명을 달았다. "은단이라면 얼마든지 드리지요. 대통령 후보는 못 드리지만."

　여러 연사의 연설이 있고 난 뒤, 먼저 김영삼이 연단에 올라 연설을 시작했다. 그때 아무도 예상 못 했던 일이 일어났다. 청중 중 일부가 김영삼에 대해 야유를 퍼붓기 시작한 것이다. 김영삼이 뭐라고 한마디 말을 끝낼 때마다 "우~ 우~"하는 야유가, 그리고 "사퇴! 사퇴! 사퇴!"하는 고함이 터졌다. 김영삼 지지자들이 항의했지만 소용이 없었다. 김영삼은 정치에 입문한 이래 대중 앞에서 그토록 매도를 받은 일이 없었다. 얼굴이 벌게져서 간신히 연설을 마친 그는 연단에서 내려와 곧바로 식장을 빠져나가 버렸다. 김영삼을 지지하던 절반의 청중도 그의 뒤를 따라 썰물처럼 빠져나갔다. 이어서 김대중이 열화와 같은 박수 속에서 연단에 올랐다. 그의 연설은 여느 때처럼 차분하고 여유로웠지만, 감출 수 없는 흥분이 묻어나고 있었다. 열광적 지지자들로만 이루어진 청중 앞에서 연설을 마친 그는 지지자에 의해 무등 태워졌다. 그리고 기세 좋게 안암로를 행진했다. 더 이상 고조될 수 없는 분위기 속에서, 그는 이렇게 말했다. "고맙습니다, 여러분, 정말 고맙습니다. 이제 결단을 내려야 할 때인 것 같습니다." 그리고 며칠 후, 그는 자신의 계파 의원들과 함께 통일민주당을 전격 탈당하고 평화민주당이라는 신당을 창당, 11월 12일에 대선에 출마했다. 김영삼은 이를 맹비난한 다음 통일민주당 후보로 대선에 출마했다.

김대중은 나름대로 승산이 있었다. 소위 '4자 필승론.' 1노 3김 (노태우, 김영삼, 김대중, 김종필)이 모두 출마할 경우 영남표는 노태우와 김영삼이 양분하고 충청표는 김종필이 가져간다. 그러면 자신은 지지의 강도가 가장 높은 호남표를 독식하는 한편 지역감정의 도수가 낮은 수도권에서도 앞선다(자신이 김영삼보다 더 지지받는 민주투사이므로!). 따라서 대선 승리는 '떼 놓은 당상'이라는 논리였다. 하지만 뚜껑을 열어 보니 결과는 판이했다. 김대중은 김영삼에게도 밀려 3등에 그쳤다. 두 김씨의 표를 합치면 노태우보다 월등했지만, 가장 많이 득표한 승리자는 노태우였다.

하지만 여기서 단일화 실패의 책임을 김대중에게만 지울 수는 없다. 단일화 작업에 참여했던 인사들의 말로는 설득 끝에 김대중 측에서 후보를 양보할 뜻을 먼저 비쳤다고 한다. 그래서 대선후보는 김영삼, 당총재는 김대중이 맡는 식으로 대략 정리되나 싶었으나, 막판에 김영삼이 후보도 총재도 모두 자신이 맡겠다고 고집을 부렸다는 것이다. 김대중과 박정희가 격돌했던 1972년의 제7대 대선에서 김대중은 후보, 유진산은 총재를 맡았는데 그 결과 대선 캠프와 당 사이에 마찰이 심해서 선거운동에 차질을 빚었다, 따라서 대선후보가 당권까지 가져야 한다는 논리였다. 그러나 김대중이 어떻게 두 가지 다 양보 하겠는가? 게다가 김영삼이 당권까지 장악하겠다는 것은 대선 이후 치러질 총선에서 김영삼계만 편향 공천하여 김대중계를 아예 내몰겠다는 꼼수 아닌가? 그리하여 단일화는 막판에 무산되었다고 한다.

어쨌든 두 사람 모두 역사와 국민 앞에서 더욱 겸허하지 못했으며, 대권의 유혹에 빠져 국민에게 한 약속을 뒤집는 추태를 보였다. 김대중은 1986년에 '다음 대선에 출마하지 않겠다'고 선언했으며, 김영삼은 '김대중이 사면 복권될 경우 대통령으로 밀겠다'고 공언했다. 그리고 두 사람의 경쟁이 잠자고 있던 지역감정에 불을 붙임으로써, '민주화' 이후 한국 정치는 세계에서 유례가 없는 극단적 지역주의로 점철되고 만다.

후보단일화가 성공했다면 어찌 되었을까? 둘 중 누가 나왔어도 13대 대통령이 되었을 가능성이 높다. 그러면 군사쿠데타에 뿌리를 둔 정권이 연장되지 않았을 것이고, 차기와 차차기 대선에서도 3당 합당과 DJP 연합으로 군사정권의 명맥이 이어지는 일이 없었을 것이다. 한국은 조기에 민주주의를 안정시키고 공고화 작업을 착실하게 진행할 수 있었을 것이다. 지금도 완전히 해결되지 못한 한국 정치의 고질병, 보스정치, 지역 정치, 금권정치 등의 병폐가 조기에 해결되었을 것이다. 말끝마다 국민을 외치지만 정작 국민과 한 약속을 우습게 여기는 정치, 파벌 싸움과 밥그릇 싸움에 정신이 팔려 국익과 민생 문제는 외면하는 정치, 극한 대결만 있고 대화와 타협이 없는 정치, 스타 정치인 중심으로 정당도 유권자도 휘둘리며 정책과 이념은 아랑곳없는 정치, 이 모든 악惡의 꽃이 1987년, 두 김씨가 등을 돌리고 떠나 버린 곳에서 피어나기 시작했다.

103

현대 한국사 최고의 결정

1994년 6월 13일, 북한은 핵확산금지조약(NPT)에서 전격 탈퇴했다. 그리고 한반도는 곧바로 전운에 휩싸였다.

1992년 5월 국제원자력기구(IAEA)의 북한 핵사찰에서 미신고 핵시설의 사찰 문제가 지적된 이후 북한의 핵 개발 의혹은 갈수록 증폭되기만 하더니, 급기야 북한이 1994년 5월 18일에 영변 원자로 가동을 중지하고 폐연료봉을 인출하는 사태까지 이르렀다. 이것은 재처리를 통해 핵 개발에 돌입한다는 메시지나 다름없었고, 이에 국제원자력기구가 6월 6일에 북한에 제재를 결의하자 북한은 이에 맞서 핵확산금지조약에서 탈퇴해버린 것이었다.

미국은 발 빠르게 대응했다. 6월 15일에 대북한 제재 결의안 초안이 나왔고, 16일에는 백악관 안보 회의에서 미군 만 명을 한국에 급파하기로 했다. 그리고 동해로 항공모함을 이동시키고 북한을 공격할 만반의 준비 태세를 갖추도록 했다.

사태의 급박함을 알자 남한 정부도 바빠졌다. 김영삼 대통령은 클린턴에게 전화를 걸어 "전쟁만은 안 된다"고 강력히 항의했다. 그러나 미국은 요지부동이었다. 내심 남한 정부의 태도가 일관성이 없다고 여기기도 했다. 바로 석 달 전에만 해도(3월 17일) 김영삼이 "북한에 대한 국제적 제재가 불가피하다"며 미국이 너무 미온적이라고 질타하지 않았던가? 그에 대한 응수로 3월 19일 판문점 실무회담에서 북한의 박영수 대표가 "서울이 여기서 멀지 않소. 전쟁이 발발하면 서울은 불바다가 될 것이오"라는 이른바 '불바다 발언'을 터뜨려 남북관계가 냉전 종식 이래 최악의 상황까지 치닫지 않았던가? 미국은 이미 2월에 주한미군과 국군의 전시 작전계획인 'OPLAN 5027'를 발표하였다. 5단계로 이루어진 이 계획은 북한의 주요 전력을 폭격한 다음 대규모 상륙작전을 실시하고, 북한 지역을 점령하고 군정을 시행한다는 내용이었다. 미국은 이제 그 시나리오대로 전쟁을 진행할 참이었고, 정치적으로 한국 대통령이 인정하지 않는 한국군 동원은 불가능했지만, 전시작전권이 한미연합사에 있는 상황에서 법적으로는 전혀 불가능하지 않았다. 결국 한미연합군이 북한을 공격한다면, 미군은 원거리 타격과 공군 지원을 맡고, 남한은 육군과 해병대 병력을 투입해 일선에서 북한군과 교전할 것이다. 6.25 당시의 처절한 동족상잔이 재연될 판이었다. 정녕 희망은 없는가?

하나 있었다. 북한과 미국이 한 치도 양보하지 않는 듯하면서도 혹시나 해서 남겨둔 타협의 실마리, 그것은 5월에 있었던 북한의 지미 카터 전 미국 대통령의 초청이었다. 일촉즉발의 상황에서, 카터는

1994년 6월 평양을 방문한 지미 카터 (전 미국 대통령)와 김일성 주석

전 미국 대통령 지미 카터는 북한이 공식적으로 국제원자력기구(IAEA) 탈퇴를 선언한 지 불과 이틀만인 94년 6월 15일에 북한을 방문했다. 그는 나흘 동안 평양에 체류하면서 김일성과 회담을 나눴다. 당시 김 주석은 카터와의 회담에서 핵무기를 개발할 의사가 없음을 밝혔고, 이 모습이 CNN 기자회견을 통해 전 세계로 방영됐다.   ©The Carter Center

청와대와 백악관의, 그리고 평화를 사랑하는 모든 사람의 희망을 안고 평양으로 날아갔다.

1994년 6월 15일부터 18일까지 두 차례에 걸친 김일성과의 회담에서, 카터는 북핵 문제 해소를 극적으로 이루어냈다. 그것은 카터 한 사람의 수완으로만 이룬 일은 아니다. 카터는 평양에서 계속 백악관, 국무부와 연락을 취하며 양국의 입장을 조율했다. 김일성이 먼저 "IAEA 사찰단을 추방하지 않을 용의도 있다"고 밝히자 그 입장을 전달받은 클린턴은 "북한이 핵 동결 용의가 있다면 우리도 대화로 문제를 풀어갈 것이다"는 의사를 카터를 통해 전했다. 이어서 미국 핵 담당 대사인 갈루치가 5MW 원자로의 핵연료를 재장전하지 말 것, 폐연료봉 재처리 시도를 하지 말 것, IAEA 사찰 유지 등 3개 항을 기초로 북미 3단계 회담을 추진할 수 있다고 발표한 후, 미국이 유엔 안보리 제재 결의 추진을 중단하였다.

북핵 문제 타결을 위한 여로의 마지막 도착지는 서울의 청와대였다. 카터는 평양 회담을 마치고 6월 18일에 김영삼 대통령을 만나 김일성의 남북정상회담 개최 제의를 전했다. 김영삼은 이를 수락했으며, 이에 따라 남북한은 6월 28일에 정상회담을 위한 예비접촉을 하고 합의서를 채택하였다. 그러나 7월 25일부터 개최하기로 예정되어 있었던 남북정상회담은 7월 8일에 김일성이 돌연 사망하면서 무산된다. 그리고 8월 5일부터 제네바에서 북미 3단계 회담이 진행되어 북한이 흑연감속로를 동결하고 재처리를 포기하며 IAEA의 사찰을 계속 받는 대신, 미국, 한국 등은 경수로를 제공하고, 북미 관계를 개선하고 완전 정상화를 위해 노력하며, 남북대화를 재개한다는 등에 합의했다. 이로써 전쟁 일보 직전까지 갔던 북핵 문제는 2년여 만에 해소되었다.

이렇게 제2의 한국전쟁은 회피될 수 있었다. 박노자는 그런 점에서 카터의 방북 결정을 '한국 현대사에서 최고의 결정'이었다고 칭송한다. 하지만 다른 시각도 있다. 가령 권재상의 경우 "미국과 북한 모두 겉으로는 전쟁도 불사한다는 식의 태도를 보였으나, 실제로는 타협을 모색하고 있었다. 카터 방북이라는 이벤트가 굳이 없었더라도 전쟁까지 벌어지지는 않았을 것이다"라고 본다. 이것으로 북핵 위기가 완전 해소되지 않고 2003년에 재연된다는 점에서도 한계는 있었다. 하지만 아무튼 휴전 이후 한반도에 닥친 최대의 위기가 이로써 진정되었음은 사실이며, 남북대화 재개와 정상회담 추진 등 경색된 남북관계의 개선 역시 돌파구가 마련되었다는 점에서 이 결정의 중요성은 높이 평가되어야 한다.

104

1997년 IMF 구제금융 신청

세계화의 덫

"실로 부끄럽고 치욕스러운 한 주일을 보냈습니다."

MBC 뉴스데스크 앵커의 오프닝멘트처럼, 1997년의 연말은 우울했다. 예전 같으면 요란한 불빛과 장식, 음악과 웃음이 넘치는 밤거리였건만, 지금은 마치 적군에 점령당한 도시처럼 조용하고, 침울한 분위기였다. '나라가 망할지도 모른다'는 위기감이 대부분 시민의 마음을 짓누르고 있었다.

11월 21일, 정부는 국가부도 사태를 막기 위해 국제통화기금 (IMF)의 구제금융을 받아들인다는 발표를 했다. 그것은 '경제주권 포기선언'이나 마찬가지였다. 불과 195억 달러(세계은행에서는 70억, 아시아개발은행에서는 37억 달러)의 구제금융 때문에 향후 대한민국의 경제정책은 일일이 IMF의 간섭을 받아야 했기 때문이다. 하지만 불평할 수는 없었다. 연말까지 갚아야 할 외채가 50억 달러가 넘는데 금고에는 달랑 20억 달러만 남아 있었기 때문이다.

IMF 사태의 원인에 대해서는 여러 시각이 있으며, 그중 어느 것도 아직 확실하지 않다. 누가 그 직접적인 책임을 져야 하는가를 놓고 보면 '정부 책임론', '재벌 책임론', '경제체제 책임론', '국제투자자 책임론'이 있으며, 여기에 '음모론'까지 끼어들었다. 정부 책임론은 금융시장과 노동시장을 비롯한 시장에 대한 정부의 지나친 규제와 그런 관치경제에 걸맞지 않은, 안이한 발상에 좌우된 시기상조의 금융시장 개방이 외환위기를 불러왔다는 것이다. 재벌 책임론은 정경유착, 족벌경영, 투자 효율성을 무시한 문어발식 확장, 과잉 중복투자 관행과 기업의 실패를 정부에 떠넘기는 모럴해저드 등 재벌이 가지고 있던 온갖 악습이 쌓이고 쌓여 결국 시장 질서를 흔들고, 외국 투자의 썰물을 초래했다는 것이다. 여기에 대해 경제체제 책임론은 개발독재 시대 이래의 오랜 관행에 따른 고비용-저효율 구조가 민주화 이후 노동 부문을 비롯한 각 경제주체의 비용 상승 압박을 더 견디지 못하고 붕괴한 것이라 한다. 또한 국제투자자 책임론은 외환위기 당시 한국의 펀더멘털은 실제로 건전한 편이었으나, 즉흥적이고 변덕스러운 헤지펀드들이 사소한 위험 신호 때문에 갑자기 한국 시장에 대한 신뢰를 상실, 한꺼번에 투자를 회수하는 바람에 파국이 왔다고 본다. 또한 음모론은 주로 미국과 국제신용평가기관들을 수상하게 보는데, 이들은 동아시아 경제의 급속한 성장을 억제하는 한편 단기차익을 올리기 위해 이 지역 매물의 급속한 평가 절하를 조작, 의도적으로 위기를 조성했다는 것이다.

이 모든 시각은 각각 일말의 진실성을 지니는 한편, 그것만으로 사태를 설명하기에 부족한 감이 있다. 아마 진실은 이 모든 시각을 종합하고, 복합적 원인에 따라 외환위기가 왔다고 이해할 때 가장 잘 드러날 것이다. 즉 지나치게 빠른 신자유주의적 경제정책 전환, 이로 인한 해외투자와 단기외채의 급속한 증가로 인한 경제 체질의 약화, 동남아시아 외환위기의 여파와 일부 대기업의 부실에 따른 국제신인도의 동반 하락, 그에 따라 급속히 번진 불신에 따른 국제투기자본의 급속한 이탈이 위기를 초래했다. 변해야 하는데 변하지 않고 있기도 했고, 변하기에 아직 이른 데 무조건 변했기도 했으며, 아직 변할 필요가 없는데 그만 변해 버리기도 했다.

1997년 12월 3일, 정부는 IMF와 구제금융에 대한 양해각서를 체결했고, 이틀 후 IMF에서 1차 지원금 56억 달러가 유입됨으로써 국가부도 위기는 일단 넘어갔다. 그대신 한국에는 혹독한 'IMF 시대'가 찾아왔다. 이 사태는 먼저 정치권에 변동을 가져와, 영원히 계속될 듯하던 여-야 구도가 뒤바뀌고 건국 이래 처음으로 평화적으로 정권이 교체되었다. 하지만 서민과 중산층이 감수해야 했던 고통에 비하면 정치에 일어난 그런 변동은 대단치 않았다. 곧 수많은 정리해고와 구조조정, 긴 노숙자들의 대열과 비정규직 노동자들의 애환이 펼쳐지게 되어 있었다.

사회문화적으로 IMF는 그동안 끈질기게 유지해 왔던 '동아시아적', '한국적' 관행을 모조리 뒤엎고 '글로벌 스탠더드'를 따르게 되는 계기로 이해되기도 했다. 하지만 이후 추이를 보면 반드시 그렇지는 않았다. 한국 사회는 분명 전보다 다원화되고 세계화되었지만, 과거의 기득권은 더욱 강한 체질을 가지고 살아남았다. 재벌의 힘은 IMF 이전을 능가했고, 학벌이나 족벌 체제 또한 큰 변화 없이 유지되고 있다. 다만 부정할 수 없는 분명한 변화, 그것은 바야흐로 정부가 경제-사회를 선도하는 시대는 지났다는 것, 이제 진정한 힘은 경제-사회에 있으며 정치는 그 앞에서 온갖 비판과 욕설을 대신 받아 주는 역할에나 충실하게 되었다는 것에서 찾을 수 있다.

105

2000년 남북정상회담

적대적 남북관계,
화해와 협력관계로 전환되다

"반갑습네다~, 반갑습네다~!"

곱게 차린 한복과 환한 웃음, 팔이 아프도록 흔드는 꽃다발, 엄숙하게 부동자세로 늘어선 인민군복을 입은 청년들….

그리고 비행기에서 내린 감색 양복에 하늘색 넥타이의 노신사.

그를 맞이하러 성큼성큼 다가가는, 선글라스에 인민복 차림의 중년 남자….

대한민국 국민은 불과 몇 개월 전만 해도 상상조차 못 했던 일을 티비를 통해 보고 있었다. 그들은 두 사람이 만면에 미소를 띠며, 마침내 두 팔을 내밀고, 악수하는 순간 자신도 모르게 숨을 삼켰다.

"먼 길에 힘드셨습니다."

"환영해 주셔서 감사합니다."

두 정상은 오랜 친구라도 된 듯 손을 잡고 나란히 발걸음을 옮기며, 계속 웃으며 대화하고 있었다. 그 순간, 누가 그들을 '적'이라고 보았겠는가.

55년 만의 악수

남한의 입장에서 북한을 '동반자'로서 '포용'한다는 방침은 새롭지만은 않았다. 김대중의 햇볕정책은 노태우의 북방정책을 계승했다고 볼 수 있었으며, 노태우 정부에서는 남북총리회담1989년, 남북 화해와 불가침 및 교류. 협력에 관한 합의서 채택1990년, 한반도기 제정1991년, 그리고 남북한 유엔 동시가입1991년 등 주목할 만한 발전이 이루어졌다. 그리고 그것은 박정희 말기와 전두환 시기의 7.4 남북공동성명1972년, 남북이산가족 상봉 및 예술단 교환공연1986년, 올림픽 유치를 통한 냉전구도 완화 모색 등과도 맥을 같이 했다. 김영삼도 대통령 취임사에서 '북한은 적이 아닌 동반자'라고 하며 전보다 더 적극적인 화해 협력 정책을 취할 것임을 시사했으나, 북핵 사태와 잠수정 침투 사건 등으로 탈냉전 이후 가장 경색된 남북관계로 선회하고 말았다. 그래도 제1차 북핵사태가 카터 방북을 계기로 해소되면서 김일성과 처음 남북정상회담을 가질 뻔했으나, 김일성의 사망으로 무산되기도 했다. 이렇게 볼 때 2000년 6월 남북 정상이 손을 굳게 잡은 것은 이전 정부의 여러 준비와 포석의 결과라고도 할 수 있었다.

하지만 김대중 정부의 대북정책은 이제까지의 대북정책과 뚜렷이 다르기도 했다. 이제까지의 정권들은 한편으로 대북 화해를 모색하되 내부적으로는 계속 북한을 신뢰할 수 없는 적으로 제시하였다. 그리고 북한과 직접 상대하려는 민간의 움직임은 철저히 봉쇄하고, 탄압하였다. 그러나 김대중 정부는 정주영의 '소 떼 방북'과 금강산 관광 사업1998년을 비롯해서 민간 주도적인 대북 화해협력 움직임에 적극적 지지를 보냈으며, 반공을 국시로써 강조하지 않았다. 그리고 이전 정부처럼 '평화유지'를 대북관계의 중점에 두기보다 '평화정착'을 추구했다. 즉 북한을 북한 그대로 인정하며, 궁극적으로는 통일을 하더라도 적어도 당분간은 '사이좋은 이웃 나라'로서 함께 살아가자, 그러기 위해 필요한 도움은 아끼지 않겠다는 메시지를 분명히 했다. 남북정상회담을 앞두고 김대중이 북한에 몇 번이고 강조했던 것도 "우리는 북한을 돕겠지만, 결코 흡수통일은 하지 않겠다"였다.

북한 입장에서 대한민국의 대통령과 한자리에 앉기란 더 힘들었을 수도 있다. 건국 이래 북한은 남한의 실체를 인정하지 않고, '한반도 남부는 미제의 식민지'로 규정해 왔기 때문이다. 그러나 사회주의권 붕괴와 김일성 사망 이래 북한의 사정은 갈수록 나빠지고 있었다. 사회주의 경제권이 사라지면서 경제는 1990년 이래 연속해서 마이너스 성장을 하고, 안보는 바람막이가 없어진 상황에서 미국의 압박이 심해져 '코소보 다음에는 북한이다'라는 말이 공공연히 떠도는 중이었고, 김일성 사망으로 정권의 카리스마도 크게 퇴색해 김정일이 북한 국민들에게 뭔가 강렬한 인상을 심어줄 계기가 절실히 필요하기도 했다.

이런 가운데 남한의 임동원 국가정보원장과 북한의 김용순 통일전선 사업 담당 비서가 베이징에서의 사전 접촉을 통해 약 한 달 동안 정상회담의 밑그림을 그리고, 외교적으로 미국과 중국의 양해를 얻어 마침내 2000년 6월 13일이 현실로 다가오게 되었다.

6.15정상회담과 공동선언

"공산주의자도 도덕이 있고, 우리는 같은 조선 민족입니다."

평양 방문 첫날인 6월 13일, 백화원 만찬장에서 김정일 국방위원장이 김대중 대통령에게 던진 말이다. 김정일과 북한에 대해 과격하고 독선적이라는 막연한 인상을 받았던 사람들은 이런 말을 들으며 생각이 많이 바뀌었다. 아마 김대중 대통령도 그랬을 것이다. 김정일은 계속해서 '동방예의지국'을 거듭 언급하는가 하면 "제가 나이도 어리고 하니"라며 김 대통령을 배려하는 듯한 언급도 했다. 상대에 대한 경의가 늘면서, 회담 분위기도 하나의 주제로 집약되어 갔다. '민족'이었다.

'조국의 평화적 통일을 염원하는 온 겨레의 숭고한 뜻에 따라' 이렇게 6월 15일, 회담 마지막 날 발표된 공동성명은 시작했다.

1. 남과 북은 나라의 통일문제를 그 주인인 우리 민족끼리 서로 힘을 합쳐 자주적으로 해결해 나가기로 하였다.

2. 남과 북은 나라의 통일을 위한 남측의 연합제안과 북측의 낮은 단계의 연방 제안이 서로 공통성이 있다고 인정하고 앞으로 이 방향에서 통일을 지향시켜 나가기로 하였다.

3. 남과 북은 올해 8.15에 즈음하여 흩어진 가족, 친척 방문단을 교환하며 비전향 장기수 문제를 해결하는 등 인도적 문제를 조속히 풀어나가기로 하였다.

4. 남과 북은 경제협력을 통하여 민족경제를 균형적으로 발전시키고 사회, 문화, 체육, 보건, 환경 등 제반 분야의 협력과 교류를 활성화하여 서로의 신뢰를 다져 나가기로 하였다.

5. 남과 북은 이상과 같은 합의사항을 조속히 실천에 옮기기 위하여 빠른 시일 안에 당국 사이의 대화를 개최하기로 하였다.

공동성명은 끝으로 "김대중 대통령은 김정일 국방위원장이 서울을 방문하도록 정중히 초청하였으며, 김정일 국방위원장은 앞으로 적절한 시기에 서울을 방문하기로 하였다"는 언급을 남겼다. 김 대통령은 6.15 공동선언문에 14일 밤 11시 20분경 서명했으며, 15일에는 백화원에서 고별 오찬을 가진 뒤 오후 4시경 도착했던 순안공항을 통해 남쪽으로 돌아왔다. 총 45시간이 걸린 사상 최초의 남북정상회담이었다. 국내외의 언론은 일제히 '역사를 바꾼 회담'이라는 제목을 뽑았다. 그러면 과연 역사는 얼마나 달라졌는가?

남북한 정상이 한자리에 모여 회담을 하고 공동선언을 남긴 것만으로도 충분히 그 역사적 의의를 인정할 수 있을까? 그럴 것이다. 하지만 공동선언문과 그 이후의 과정을 보면 불만을 가질 사람들이 적지 않았다.

공동선언 1항, "남과 북은 나라의 통일문제를 그 주인인 우리 민족끼리 서로 힘을 합쳐 자주적으로 해결해 나가기로 하였다"는 정상회담의 최고 목적이 통일 논의에 있으며, '민족 자주'가 향후 남북관계의 대원칙임을 천명했다고 할 수 있다. 그런데 원래 이 정상회담에 거는 국제적 기대는 두 방향이었다. 미국 측은 당시 핵 문제 이상으로 국제적 골칫거리가 되고 있던 북한 미사일 문제 해결의 실마리를 이 정상회담에서 얻기를 희망했다. 즉 미국이 바라는 회담의 제1 주제는 '평화'였다. 반면 중국은 이 회담을 통해 가능하면 남한이 미국의 영향권에서 벗어나 북한과 긴밀해지기를 바랐으며, 따라서 '민족'이 제1주제여야 한다고 밝혔다. 그런데 '민족'이 제1주제로 되었을 뿐 아니라 미사일 문제는 공동선언에 언급조차 되지 않았다는 것은 미국으로서는 매우 실망스러운 결과였다.

제2항도 국내의 우파 계열에는 많은 불신을 불러일으켰다. 제3공화국 이래 남한의 공식적 통일방안은 국가연합 방식이었고, 북한은 '고려연방제'를 주장해오고 있었다. 국가연합 방식은 '2국가 2체제'로서 남북한이 상당 기간 각자의 헌법과 정부, 체제를 보존하고 대한민국과 조선민주주의인민공화국으로 계속 존립해 나간다는 것이다. 다만 공동 문제를 협의할 협의기구를 창설하여 남북 간 협의를 해 나간다. 이로써 통일을 지향하되 최대한 부작용을 예방하고, 교류협력을 꾸준히 늘리며 점진적으로 추진한다는 입장이다. 반면 북한

의 고려연방제는 '1국가 2체제'로서 통일 정부를 구성해야 한다. 다만 남북한의 이질성을 고려하여 체제는 당분간 독립성을 유지할 수 있다는 것이다. 말하자면 남한의 통일 모델이 독립국가연합 같은 것이라면, 북한의 통일 방안은 중국-홍콩과 같은 것이었다. 하지만 그동안은 서로의 공식 통일방안조차 믿지 못하고 서로 상대가 '무력적 화통일', '흡수통일'을 노리고 있다고 의심해온 것이다. 그런데 북한은 1990년대의 체제 위기를 맞이해 "낮은 단계에서는 남북의 자치 정부에 더 많은 권한을 부여할 수 있다"는 입장을 천명했었다. 그리하여 공동선언문에서는 북한이 남한의 국가 연합적 통일안을 사실상 수용한 것으로 천명한 것이다. 남한의 우파에서 이를 "북한 통일방안을 일방적으로 수용했다"고 비판한 것은 내용을 정반대로 오해한 셈이었다. 하지만 어쨌거나 이 조항은 사분화된다. 2000년대에 들어와 북한은 다시금 종전의 고려연방제를 지향하고 있기 때문이다.

화해, 그 고뇌에 찬 결정을 위하여

결국 정상회담 이후 분명한 결실을 본 것은 3항과 4항, 즉 경제협력과 남북이산가족 상봉이었는데 2000년 7월부터 개최되고 있는 남북 장관급 회담, 2007년 말 기준으로 16차까지 성사된 남북이산가족 상봉, 개성공단 착공2002년, 경의선 연결2003년, 개성관광 개시2007년 등이 그런 예다. 여기서 그 성과에 대한 평가는 뚜렷이 갈린다. '남북교류 활성화로 신뢰가 강화되고, 남쪽의 자본과 북쪽의 노동력이 결합되어 경제적 윈윈(win-win)을 달성했다'는 시각이 있는가 하면, '최소한의 상호성조차 잃은 일방적 퍼주기다. 저들은 이산가족을 볼모로 돈을 갈취하고 있다'는 시각도 있는 것이다. 상호주의를 견지해야 한다는 측에서는 '독일도 동독에 경제지원을 할 때 상응하는 개혁개방 조치를 반드시 요구했다'는 주장을 하고, 이를 반대하는 측에서는 '북한의 체제 현실상 불가능한 이야기다'며 맞선다. 2000년 남북정상회담은 적어도 남한 내부에서는 화해보다 불화에 기여했다.

그리고 대외적으로도 우리가 동북아의 '균형자' 노릇을 할 절호의 기회였는데, 북한 쪽에 너무 편향된 모습을 보임으로써 실리를 잃었다고 보기도 한다. 정상회담 이후 미국은 남한이 북한에 대해 절대로 '노(No)'를 말할 수 없게 되었다고 보고, 북미 관계를 공정한 입장에서 중재해줄 역할을 남한에서 찾기를 포기했다. 남한과 미국의 관계가 소원해지자 북한 역시 남한을 통해 미국과 연결하려던 방침을 접고, 미국과의 직접 연결을 모색하게 되었다. 남한은 북한이 2003년에 제2차 북핵 위기를 터뜨리는 일을 막지 못했고, 그 해결 과정에서도 거의 영향력을 발휘하지 못했다. 이 때 김대중은 "1990년 합의한 남북기본합의서 위반이다"며 북한을 비난했지만, '동방예의지국'을 말하던 김정일은 묵묵부답이었을 뿐 아니라 공동선언에서 합의한 서울 답방도 끝내 실천하지 않았다. 결국 2007년의 제2차 남북정상회담은 노무현 대통령이 평양을 방문함으로써 성사되었으나, 1차 회담에 비해 양측의 열의도 적었고, 성과도 뚜렷하지 못했다. 1차 회담 성사를 위해 북한에 비밀 송금을 해주었다는 사실이 밝혀지면서 정치적 파란이 일기도 했으며, 정상회담의 결과 노벨평화상을 수상한 김대중의 개인적, 당파적 손익계산이 회담의 진짜 의도였다는 시각마저 나온다. 이러한 남북정상회담의 역사적 의미에 대해 역사학자들의 시각도 엇갈렸다.

"분단 55년 만에 남북의 정상이 처음으로 대좌해 남북의 화해와
협력관계로 전환하는 결정을 내렸다."
                                                        정창현

"북한 독재정권을 남한 정부가 합법적으로 공공연하게 도와주는
계기를 마련했다. 남한 내에서 북한 인식에 대한 커다란
혼란이 가중되어서 남한 내에서 좌익과 우익의 첨예한 대립이
본격화되었다."
                                                        이주천

그러나 이 모든 문제점에도 불구하고, 남북정상회담의 의의는 결코 부정할 수 없다. 아무리 그것이 통일과 민족 화해의 대의보다는 서로의 편협한 이해관계에 따라 이루어졌다고 해도, 최악의 경우 하나의 '쇼'에 불과했다고 해도, 적어도 이는 피와 화약 냄새만 나던 살벌한 드라마가 평화의 쇼로 뒤바뀔 수 있음을 보여주었다. 더욱 온전한 평화로 나아가는 길에 있어서 이는 끝의 시작은 아닐지 몰라도, 시작의 끝은 된다.

·한국사 깊이 읽기·
만남의 순간들

"그리워하는데도 한 번 만나고는 못 만나게 되기도 하고, 일생을 못 잊으면서도 아니 만나고 살기도 한다. 아사코와 나는 세 번 만났다. 세 번째는 아니 만났어야 좋았을 것이다."

피천득의 수필 「인연」의 막바지에 나오는 구절이다. 개인의 삶에서 만남이란 얼마나 중요한 의미일까. 누군가를 만나기로 한 결정, 또는 안 만나기로 한 결정이 큰 기회를 안겨주기도 하고, 오랜 후회로 남기도 한다. 그리고 중요한 만남은 역사에도 숱하다.

한국사를 결정지은 만남으로는 김춘추와 당 태종의 만남, 서희와 소손녕의 만남, 원종과 쿠빌라이의 만남, 이성계와 정도전의 만남, 그리고 김대중과 김영삼, 김일성과 카터, 김대중과 김정일의 만남이 있다.

나당동맹을 끌어낸 김춘추와 당 태종의 만남, 신흥 무인-신진사대부 동맹을 낳은 이성계와 정도전의 만남은 두 세력의 결탁과 그에 따른 한국사의 대변동을 가져온 만남이었다. 거란 전쟁의 종식과 강동 6주 획득을 가져온 서희-소손녕 만남, 제2의 한국전쟁을 막은 김일성-카터 만남 등 나머지 만남은 평화를 낳은 만남이라고 할 수 있다. 다만 김대중과 김영삼의 만남과 그 뒤의 후보 단일화 실패는 결별과 갈등을 가져온 만남이었으며, 그것이야말로 '아니 만났어야 좋았을' 만남이었다.

역사적 만남이란 개인끼리의 만남만은 아니다. 쇄환사 파견, 강화도 조약, 그리고 한일회담에서 한-일은 매우 중요한 만남을 가졌다. 하나는 묵은 원한을 씻고 새 출발 하는 만남, 하나는 침략의 만남, 다른 하나는 화해와 동시에 또 다른 종속의 만남이었다. 올림픽과 IMF 구제금융 신청은 한국과 세계의 행복한, 또는 치욕적인 만남이었다.

만남을 통해 빚어질 수 있는 결과가 매우 클 수 있고, 그것이 좋을지 나쁠지를 미리 알기가 쉽지 않기에, 만남을 결정하기란 절대 쉽지 않다. 조선이 국초부터 병자호란 이전까지 여진족에 대하여, 그리고 대원군 시대에 서양에 대하여 내세운 '만남 사절' 방침은 결국 그다지 현명하지 못했던 것으로 드러났다. 하지만 만주 영토 상실과 중국화를 가져온 나당동맹의 만남이나 원나라에 종속되기로 한 원종-쿠빌라이 만남의 경우는 그것이 필요한 만남이었던가를 되새겨보게도 한다. 만날 것인지 말 것인지, 그리고 만나서 무엇을 어떻게 논의할 것인지의 결정은 언제나, 개인이든 나라든, 최대한의 지혜를 짜낼 것을 필요로 한다.

106

2004년 노무현 탄핵

쿠데타인가? 정의 실현인가?

"탕, 탕, 탕!"

2004년 3월 12일 오전 11시 56분, 고함, 몸싸움, 절규, 발버둥, 흐느낌이 마구잡이로 뒤섞이는 가운데 의사봉이 세 번 타격음을 냈다. 찬성 193표, 반대 2표. 탄핵이 가결되자 어떤 소장파 국회의원은 의사당 바닥에 쓰러졌고, 어떤 의원은 얼굴을 감싸고 울음을 터뜨렸다. 반면 본회의장을 황급히 빠져나가는 한나라당과 민주당 국회의원들의 얼굴은 만족감을 띠고 빛나고 있었다.

"… 50분 만에 끝났네."
"잘했어. 야당의 저력을 보여준 거야."
"선거 편하게 치르게 됐어."

적어도 마지막 말은 완전히 빗나갔다. 탄핵이 가결되는 순간부터 가결에 참여한 한나라당, 민주당, 자민련의 지지도는 바닥을 모르고 추락했다. 오죽했으면 여론조사 결과를 보고 주저앉아 울음을 터뜨린 국회의원까지 있었을까. 코앞으로 다가온 16대 국회의원 선거는 최악의 조건에서 치러야 할 선거가 될 것이었다.

대통령 탄핵이란 법조 문상에만 존재할 뿐, 영원히 실현될 수 없는 것으로 여겨졌다. 헌법 제65조에 의하면 "대통령에 대한 탄핵소추는 국회 재적의원 과반수의 발의와 국회 재적의원 3분의 2 이상이 찬성해야 한다"고 규정하고 있다. 그런데 역대 국회의 경우 여당이 재적의원 3분의 1에도 미달하는 경우는 한 번도 없었다. 과반수에 미달하는 '여소야대'의 경우도 1987년 민주화 이후에나 가끔 나타날 뿐이었다. 그러나 2003년 11월에 새천년민주당 소속 국회의원 40명이 탈당하고, 열린우리당을 창당함으로써 사상 최초로 여당이 3분의 1에 미달하는 상황이 현실화된 것이다.

요건이 갖추어졌다고 바로 실현이 될까? 그랬다. 적어도 대한민국에서는 규칙상 허점이 있으면 아무리 상식과 조리에 어긋나더라도 기필코 그 허점을 이용하고야 마는 게 보통 아니던가. 야3당, 특히 하루아침에 야당으로 전락한 민주당은 이를 갈면서 기회를 노리고 있었다. 2004년 벽두 기자회견에서 민주당 조순형 대표는 "대통령은 선거 중립의무 위반과 측근 비리 등에 사과하고 재발 방지를 확약할 것"을 요구하며 이에 응하지 않을 때 탄핵소추를 할 수 있음을 경고했다.

실마리는 2004년 2월 24일에 처음 잡혔다. 취임 1주년 기자회견에서 노무현 대통령이 "국민이 총선에서 열린우리당을 압도적으로 지지해줄 것으로 기대한다"며 여당 지지 발언을 했던 것이다. 야3당은 대통령이 선거 중립 의무를 위반했다며 곧바로 공세를 폈고, 중앙선거관리위원회에서도 이 발언이 공직선거 및 선거부정방지법상의 선거 중립의무 규정에 위배된다고 판시했다. 다시 3월 11일에는 대통령의 대국민 기자회견에서 "내가 잘못했다는데 무엇이 잘못인지 잘 모르겠다… 하지만 시끄러우니 그냥 사과하고 넘어가겠다… 이번 총선 결과를 국민의 심판으로 보면 된다"고 한 발언이 또 문제시되었다. 야당은 이를 '선관위의 유권해석조차 조롱하는 독재적, 반민주적 폭거'로 규정하고, 급기야 탄핵 소추에 들어갔다. 3월 11일 오후의 탄핵 발의는 일단 열린우리당 의원들의 저지로 무산되었다. 그러나 그다음 날 새벽 야당이 다시 공세를 펼쳐 몸싸움이 벌어지는 가운데, 박관용 국회의장이 경호권을 발동해 여당 의원들의 육탄 저지를 차단했다. 이어서 탄핵 발의, 심의, 결의 과정이 일사천리로 진행되어 사상 초유의 대통령 탄핵이 이루어지게 된 것이다.

대통령 탄핵 사유는 크게 3가지였다. 선거 중립 의무 위반, 측근 비리 등 권력형 부패, 국민경제 및 국정 파탄. 그러나 헌법학자들은 대체로 이런 사유는 탄핵 사유로 불충분하다고 한다. 탄핵은 '그 직무 집행에 있어서 헌법이나 법률을 위배한 때' 소추할 수 있다. 그렇다면 일단 '국민경제 및 국정 파탄'은 해당하지 않는다. 무능하다고 그것이 위법은 아니기 때문이다. 그다음 측근 비리의 경우도 대통령이 직접 직무상 권력을 남용해서 비리에 개입했다면 모르지만, 그런 근거는 발견되지 않았다. 마지막으로 선거 중립 의무 위반은 선관위의 해석도 있다는 점에서 보다 미묘하다. 하지만 대통령과 국회의원은 정무직 공무원으로서, 공무원이면서 정치인이라는 이중적 입장에 서 있다. 즉 일반 공무원과 달리 정당에 가입하여 정당 활동을 하는 일이 허용된다. 그런데 분명 국회의원은 자기 자신의 선거운동 외에도 소속 정당이나 동료 의원을 위해 선거운동을 할 수 있다. 그러면 왜 대통령은 안 되는가? 실제로 외국의 경우 대통령이 공공연히 소속 정당을 위한 선거 유세에 나서는 경우가 보통이다. 그런 점에서 대통령이 공무원 선거 중립 의무에 구속되지는 않으며, 설령 구속된다 해도 노무현 대통령의 발언 정도로는 중대한 의무 위반이라 볼 수 없다는 것이다.

여기에 대해 반론도 있다. 국회의원과 대통령은 입장이 다르다는 것이다. 국회의원은 몇몇 보좌관을 제외하면 지휘할 수 있는 공무원이 없다. 그러나 대통령은 행정부 소속 전 공무원의 지휘권자다. 물론 이 경우에 대통령이 공무원에게 조직적으로 선거에 개입하라고 지시한 것은 아니다. 그러나 '이제까지의 관권선거 관행'으로 볼 때 대통령이 여당에 대해 그런 식으로 운을 떼면 공무원들이 '알아서' 개입에 나서기 마련이라는 것이다. 일리 있는 반론이지만, 법률의 적용을 할 때 그처럼 모호한 관행까지 끌어서 적용하는 것은 무리라고 보는 게 더 타당하다. 또한 대통령이 측근 비리에 개입한 증거가 없다지만, 측근 비리에 대한 특검법안에 거부권을 행사한 점은 개입의 정황증거로 볼 수 있다는 주장도 있다. 이 역시 일리는 있으나, 그것이 다소 공정성을 잃은 행동이라 여길 수는 있어도 비리에 개입한 정황이라고 보기는 어렵다는 게 주된 견해다.

여기에 절차상의 문제점, 즉 국회법 제72조에 따라 본회의는 오후 2시에 연다는 규정(단 의장과 교섭단체 대표의 협의로 변경할 수 있다)을 위반하고 오전 10시에 개회했다는 점과 국회법 제93조에 따라 안건을 심사한 위원장의 보고와 제안자의 취지 설명, 질의와 토론 과정을 거치게 되어 있는 것을 모조리 생략하고 진행했다는 점이 지적된다. 이에 대해 박관용 의장은 "변경 제의를 했는데 이의 제기가 없어 수락한 것으로 보았다 … 탄핵소추 관련 국회법에는 질의 토론 요건이 명시되어 있지 않다"고 변명했다. 당시의 상황이 여야의 격렬한 몸싸움으로 정상적 진행이 곤란했음은 납득되지만, 과연 국회의장이 적절히 규칙을 지키며 의사를 진행했는가는 의문으로 남는다. 다만 이 탄핵소추안이 헌법재판소로 무사히 넘어갔다는 점에서, 절차상의 문제는 사후 승인(?)을 받은 셈이다.

법적 문제야 어찌 됐건(사실은 법적 문제가 전부일 수도 있지만), 정치적으로 탄핵은 야3당의 자살행위였다. 연일 광화문을 메우는 촛불집회 끝에 치러진 제16대 총선은 47석이던 열린우리당이 152석으로 대약진하고, 한나라당은 121석으로 주저앉으며, 새천년민주당은 9석, 자유민주연합은 4석으로 거의 존재가 없어지는 대변동을 낳았다. '진보 무드'에 힘입어 민주노동당도 10석을 차지, 민주당을 제치고 제3당에 올라섰다.

탄핵 직전까지만 해도 대통령 지지도가 30퍼센트를 밑돌 정도로 여당을 불신했던 민심이 왜 이렇게 바뀌었는가? 일부 문제점이 있다 해도 탄핵 소추 과정은 적법한 것이었다. 그런데 왜 '의회의 쿠데타'라는 평가까지 들어야 했는가? 일부에서는 이를 '대의제 원리와 국민주권 원리의 충돌'이라고 풀이한다. 직접민주주의가 현실적으로 불가능한 상태에서 주권을 국회의원 등 선출직 공무원들에게 위임하는 대의제 원리가 대한민국의 주권은 국민에게 있다는 국민주권 원리와 충돌했다는 것이다. 그러나 사실 이는 원리와 원리의 충돌이라기보다, 관념과 관념의 충돌이었다. 제1공화국 이래 국민은 대통령을 국민적 기대를 한 몸에 받는 '영웅'으로 여겼고, 적어도 취임 초에는 그에게 전폭적인 지지를 몰아주었다. 점점 실망이 쌓이면서 지지도가 바닥을 치게 되지만…. 아무튼 그에 비해 엄연한 '민의의 대표자들'인 국회의원은 일종의 협잡꾼들, 간신배들로 여겨지는 게 보통이었다. 그 간신배들이 국민의 '진정한 대표'인 대통령을 '별 시덥지않은' 이유로 갈아치웠을 때, 국민의 일반적인 반응은 이것이었다. "갈아 치워도 우리가 한다. 누구 마음대로 너희가 그러느냐?" 반면 야3당은 과거 여야 대립 시절의 관념에 따라 움직이고 있었다. 그 관념에 따르면 여당은 항상 교활한 악이고, 야당은 선이었다. 야당이 조금이라도 공세를 늦추면 여당은 관권과 금권을 동원해 무슨 짓을 할지 모른다. 따라서 타협 없는 극한 투쟁, 선명 투쟁만이 야당의 본분이라는 것이었다. 대통령이 마각을 드러낸 이상 기회가 있을 때 치명타를 안겨야 한다, 그러면 국민도 손뼉을 쳐줄 것이라는 국회의원들의 관념과 국민 일반의 '너희가 무슨 권리로?'하는 관념이 정면충돌한 것이다.

17대 총선이 여당의 승리로 끝난 다음, 헌재에서 탄핵이 기각됨으로써 노무현 대통령은 화려하게 청와대로 귀환했다. 그 이상 좋을 수는 없었다. 마치 그런 상황을 예상하고 유도한 것처럼…. 하지만 그 뒤의 행로는 결코 꽃길이 아니었다. 야3당은 탄핵 직전의 지지율만 보고 자신들의 행동이 지지받을 것으로 착각했으나, 탄핵으로 격앙된 민심이 그대로 지속적인 정부 여당 지지로 이어질 것이라는 생각 역시 착각이었다. 약 3년 후, 탄핵에 반대하며 촛불을 들고 여당에 몰표를 안기던 바로 그 손들이 한나라당 후보에 압승을 선물했기 때문이다.

107

2004년 수도이전 무산

관습 헌법의 벽

"서울이 수도라는 점은 헌법상 명문의 조항이 있는 것은 아니지만 조선왕조 이래 600여 년간 오랜 관습에 의해 형성된 관행이므로, 관습헌법으로 성립된 불문헌법에 해당한다."

2002년 17대 대통령선거 당시 노무현 후보의 핵심 공약이었던 '수도이전'은 2004년 10월 22일, 헌법재판소의 판결에 따라 무산되었다. 노 정권은 이에 굴하지 않고 충청도 연기군에 '행정복합도시'를 건설하고 그곳으로 '청와대, 국회 빼고 다 옮기는' 사실상의 수도이전을 추진하고 나섰다. 하지만 정도定都 6백여 년 만에 비로소 서울에서 다른 곳으로 수도를 옮긴다는 원대한 프로젝트는 일단 빛이 바랬다.

노무현이 수도이전을 공약한 이유는 복합적으로 해석된다. 우선

518

그 주된 명분은 서울을 비롯한 수도권에 정치, 경제, 문화, 인구 등 자원이 과다 집중된 '서울 공화국'의 병폐를 해소하자는 것, 그리하여 상대적으로 낙후된 지방을 살려 '균형발전'을 이루자는 것이다. 사실 다른 나라의 경우 정치적·경제적 중심지가 별개이거나, 중앙권력이 수립되기 훨씬 이전부터 발전해온 지방이 수도권 못지않은 역량을 갖고 있는 경우가 많다. 그에 비해 한국은 태조 이성계에 의해 한양이 수도로 정해진 이래 모든 부문이 수도권을 중심으로 돌아가게 되었으며, '사람이 태어나면 서울로 보내는' 것이 대한민국에 이르기까지 상식이 됨으로써 1960년대에 한국 사회를 분석한 그레고리 헨더슨이 "한국에서는 모든 것이 소용돌이처럼 하나의 중심으로 굽이쳐 들어간다…. 가령 지방에서는 하나 같이 서울로 올라가려고만 하며, 지방마다의 독자성과 자율성을 확보하려 하지 않는다"고 꼬집을 정도가 되었다. 이러한 불균형이 가져오는 문제를 해결하자면 수도 이전 외에는 답이 없다는 말은 설득력 있는 주장이었다.

　하지만 좀 더 자세히 들여다보면 노무현의 수도 이전론은 그렇게만 이해할 수 없는 면도 있다. 과거의 천도가 으레 그랬듯 서울에서 수도를 옮기는 것은 서울 중심의 기득권을 공격하는 의미일 수도 있다. 그러나 노무현은 그들을 달래는 입장에 서고자 '경제 수도론'을 함께 내놓았다. 정부는 지방으로 옮기지만, 서울은 경제 중심지로서 오히려 지금보다 발전시키며, 동북아의 경제 허브로 만들겠다는 것이었다. 서울 지역 유세에서는 "지저분한 것들은 저 밑으로 내려보내고, 더 쾌적하게 살아 보자"는 말까지 나왔다. 대체 왜 너도나도 수도권으로 몰리는가? 과거에야 정치적 중심지가 자연스레 경제, 문화의 중심지도 되었겠지만, 오늘날에는 청와대와 국회가 어디에 있는지는 그리 중요하지 않다. 천만 인구가 공해와 교통난, 비싼 집값에 시달리면서도 수도권을 버리지 못하는 이유는 무엇보다 일자리 때문이며, 또한 자녀 교육 때문이다. 그런데 정부만 서울에서 빼내고 경제 중심지로서의 서울의 역량을 더욱 강화한다면, 오히려 서울에 집중도가 더 커지지 않겠는가? 사실 수도 이전론자들 중에는 이런 점이야말로 이전의 진정한 목표라고 여긴 사람들도 있었다. 그들은 '균형 발전'이란 정치적 수사일 뿐이며, 수도권이라는 이유로 묶여 있는 각종 규제에서 서울을 해방해 자유롭게 공장, 학교 등이 들어설 수 있게 해야 한다, 그래야 21세기 경제전쟁 시대에 서울의 경쟁력을 확보할 수 있다고 여겼다.

사실 천도를 통해 기존의 권력 구도를 허물고, 국가의 세력 분포를 일신한다는 아이디어는 구시대적이다. 전통 시대라면 몰라도, 공간적 거리가 큰 의미가 없어진 IT시대에는 정부 부처 건물이 서울에 있든, 대전에 있든 큰 차이가 없다고도 볼 수 있다. 그러므로 노무현 수도이전 공약의 진짜 목적은 충청권 표심에 호소함으로써 선거에서 이기려는 것에 있었다고 보기도 한다. 실제로 그는 아무 연고가 없던 충청권의 압도적 지지에 힘입어 17대 대통령이 될 수 있었다.

수도 이전이 '관습헌법'이라는 일반에 생소한 개념까지 동원하며 헌법재판소에서 기각되자, 수긍할 수 없다는 여론이 상당 기간 이어졌다. 일부에서는 헌법재판관들이 대부분 서울 강남 지역 거주자들이라며, '기득권 수호에 연연하는 엘리트 계층의 음모'를 주장하기까지 했다. 그런 면도 일부 있을지 모른다. 그러나 이 결정의 더 중요한 의미는 수도권 분산의 절호의 기회가 무산된 것도 아니고, 이기적인 기득권에 의해 야심찬 개혁의지가 좌절된 것도 아니다. 전근대부터 오랫동안 '새 시대를 열어줄 영웅'으로 민중의 기대를 모았던 지도자, 개혁군주나 개혁적 대통령의 의지만으로는 더 이상 실질적인 변화를 이룰 수 없는 시대가 되었다는 것, 정치권의 밀어붙이기가 사법권의 권한에 따라 언제든지 차단될 수 있는 '정상적인 민주국가'가 자리 잡게 되었다는 것이다.

108

동방예의지국은 없다

2005년 12월 22일, 헌법재판소 전원재판부는 재판관 7대 1의 의견으로 민법 제781조 제1항 본문 중 '자는 부의 성과 본을 따르고' 부분이 헌법에 합치되지 않는다고 선고했다. 당장의 혼란을 피하기 위해 2007년 12월 31일까지는 그 조항의 잠정 적용을 명한다고 덧붙였다.

이 재판 결과는 2003년에 곽 모씨 형제가 헌재에 낸 위헌법률심판제청에 대한 선고의 형식을 취했다. 이들 형제는 생부의 사망 후 재혼한 어머니와 함께 양부를 맞이했는데, 양부의 성으로 바꾸기를 원하면서 민법에서 자식은 혈통적 아버지의 성을 따른다는 조항, 즉 '부계 성 강제조항'이 헌법 제10조에서 "모든 국민은 인간으로서의 존엄과 가치를 가지며 행복을 추구할 권리가 있다"고 규정한 것과 제36조 제1항에 "혼인과 가족생활은 개인의 존엄과 양성의 평등을 기초로 성립되고 유지되어야 하며 국가는 이를 보장한다"고 한 것에 위배된다고 헌재에 제소한 것이었다.

그런데 헌재는 부계 성 강제조항 자체는 원칙상 합헌이라고 판시했다. 그 이유는 '성은 기호가 가지는 성질로 인해 개인의 권리 의무에 미치는 실질적인 영향이 크지 않으며' 성에 대한 법률은 사회문화적 통념과 전통을 반영하기 마련이라는 점, '인간의 혈통을 모두 성에 반영하는 것은 사실상 불가능하며 … 성이 개인의 혈통을 제한된 범위에서만 반영하는 것도 허용된다고 보아야' 한다는 점이었다. 즉 성이란 그 자체로 어떤 이익을 주는 것이 아니므로 어머니의 성을 전하지 못한다고 해서 개인의 이익이 특별히 침해되었다고 볼 수 없다. 또한 일부에서 실천하고 있는 것처럼 '부모성 함께 쓰기'를 할 경우 대를 이어가면서 성이 무한정 길어지는 상황을 초래하기 때문이라는 것이다(이에 대해 선택적으로 사용하면 된다는 반박이 있다. 가령 김박영희와 정최철수가 결혼해 민희와 민철을 낳았다면, 자식들의 성은 '김박정최'라는 네 개의 성을 모두 사용하지 않는다. 김정민희, 김정민철이 될 수도 있고, 박최민희, 박정민철이 될 수도 있으며, 김정민희, 박최민철이 될 수도 있다. 그러나 이렇게 할 경우 형제자매끼리도 성이 틀리는 등 가족 구성원 모두의 성이 제각각이 될 수도 있으며, 부모 중 하나의 성이 다음 대에는 반영되어도 그다음 대에는 반영되지 않을 수 있으므로, '단일하게 계승되는 혈통'을 표시하는 성의 기능은 사실상 폐기된다 할 것이다).

그러면 왜 위헌 판결이 나왔는가? 그것은 '예외적 상황에 대한 배려가 없기 때문'이다. 가령 아이 아버지가 일찍 죽었거나, 애초부터 싱글맘이거나 해서 자녀는 생부와 실질적 가족생활을 나누지 않으며 어머니 및 새아버지와 실질적으로 결합해 있다고 하자. 그런데도 얼굴 한 번 보지 못한 아버지의 성을 따라야 하는가? 그것은 해당 자녀에게 가족 정체성의 분열을 가져올 것이다. 더욱이 재혼 가정 자녀가 현실적으로 따돌림을 받을 가능성이 높다고 할 때, 그것을 알 수 있게 해주는 표시('아버지'와 성이 다른 자녀)는 실질적 불이익을 초래할 수 있다. 양자로 입양되었을 경우도 마찬가지다. 얼굴도 보지 못한 아버지 때문에 양자라는 사실을 계속해서 확인당하고, 멸시받을 가능성에 노출된다. 그런 사실 때문에 입양에 소극적이 되기도 한다. 이런 까닭에 부계 성 강제 조항은 예외적 경우에 대한 배려가 필요하다는 것이다.

다만 이는 폐지 찬성 재판관들 중 다수 의견이며, 소수(전효숙, 송인준)는 더 적극적인 취지로 헌법불합치 판정을 내렸다. 현실적으로 부모성을 모두 따르는 게 어렵든 않든, 성이 어느 쪽 성인지에 따라 현실적 불이익이 있든 없든, 부계 성을 법으로 강제하는 것은 가부장제 문화를 온존하는 것이며 여성을 남성에 비해 열등한 위치로 상정한다고 한다. 호주제의 경우에도 호주가 남성을 우선적으로 계승된다고 해서 특별한 이익관계를 발생시키지는 않지만, 여성을 남성 뒤로 돌리는 상징적 효과를 갖는다. 따라서 호주제도 폐지되었으니, 부계 성 강제 조항 역시 폐지되어야 마땅한 것이다.

단 한 명의 반대의견(권성)은 '부계혈통 문화는 법이 있기 전부터 존재해온 문화'라는 것과 '재혼이나 입양에 의해 발생할 수 있다는 불이익 역시 잘못된 사회적 관행 때문이지, 부계 성 제도 자체 때문이 아니다'는 것을 근거로 했다. 본래 가족을 정할 때 모자관계는 확실하지만 부자관계는 확실하지 않다. 그러므로 부계를 중심으로 성씨를 전하기로 한 것인데, 이제 실체적 불이익도 없는 상황에서 추상적인 근거로 폐지해서는 안 된다. 또한 서구의 경우처럼 우리나라도 사회적 관행이 바뀐다면 재혼 가정 자녀나 양자라 해서 차별의 대상이 되지 않을 텐데, 지금 구태여 그것을 이유로 성을 바꾸어야 할 필요는 없다는 것이다.

아무튼 이 위헌 결정은 기존의 민법조항에 대한 판결이었으며, 이미 정해져 있던 법 개정에 따라 2008년 1월 1일부터 민법 제781조 1항은 "자는 부의 성과 본을 따른다. 다만, 부모가 혼인신고시 모의 성과 본을 따르기로 협의한 경우에는 모의 성과 본을 따른다"로 종전의 부계 성 원칙을 유지하되 부모의 합의에 따라 모계성을 선택할 수 있게 되었다. 또 6항에서 "자의 복리를 위하여 자의 성과 본을 변경할 필요가 있을 때에는 부, 모 또는 자의 청구에 의하여 법원의 허가를 받아 이를 변경할 수 있다"고 하여 양자, 재혼 가정 자녀 등의 복리에 대한 배려를 덧붙였다. 이로써 부계 성 강제 원칙은 일단 유지된 듯하면서 실제로는 폐지되었다고 할 수 있다.

전통과 인권이 충돌하면 어느 쪽이 승리해야 할까? 인간의 욕망은 끝이 없고, 평등한 것은 얼마든지 더 평등하게 할 여지가 있다. 보이는 모든 것을 기계적 평등의 잣대로 잰다면 한 세대에서 다른 세대로, 개인에게서 다른 개인으로 전해질 수 있는 것은 아무것도 없으리라. 그러나 한편으로 전통이란 공동체의 다수가 지켜야 할 가치가 있다고 믿는 것을 말한다. 가치가 없다는 의견이 다수가 되는 순간, 그것은 전통이 아닌 인습이 된다. 오랜 세월 동안 당연시되었던 신분제와 가부장제는 근대화와 민주화를 거치며 하나씩 발 디딜 곳을 잃어갔다. 유난히 혈통에 집착하는 편이었던 우리 가족문화(보통 서양에서는 결혼한 여자가 자신의 성조차 유지하지 못하고 남편 성을 따른다는 점을 들어 '우리는 그래도 나은 편'이라 하는데, 서양의 경우 성이란 혈통 개념이 아니라 가족 개념이다. 따라서 만약 데릴사위가 될 경우 남편이 아내 성으로 바꾼다. 더욱이 서양에는 부계 성이든 뭐든 성에 대한 강제 조항이 법률에 없다)도 여러 차례의 민법 개정을 통해 가부장제적 속성을 하나씩 잃고(가령 1980년대까지는 상속에 있어 호주 및 아들에게 차등적 혜택이 있었다), 명맥만 남은 채였다. 그러나 이제는 그것조차 없어지게 된다. 관습상 앞으로도 당분간은 부계 성 위주로 계승되겠지만, 결국 혈통의 상징으로서의 성씨는 무의미해지리라. 그때쯤이면 본관이 어디니, '○○공파'라느니 하는 이야기도, 족보나 종친회 같은 것도 상투나 갓처럼 지난 시대의 유물이 되리라. 그것이 과연 인간을 더 행복하게 해줄지는 아무도 알 수 없다. 다만 분명한 것은 이제 한국인은 실질적 이익이 걸린 불평등만이 아니라, 상징적인 불평등조차 참으려 하지 않는다는 것. 그리고 조선왕조 5백 년 간 우리의 '민족성'에 뿌리내린 두 가지 특성 중 '고요한 아침의 나라'가 경부고속도로 건설을 계기로 소멸에 접어들었다면, 이제 '동방예의지국' 역시 그 길을 걷고 있다는 것뿐.

2005년 부계 성 강제조항 폐지

한국사에서 가장 많은 중요 결정을 내린 사람은?

결정이란 무엇이든 주체가 있기 마련. 그렇다면 한국사의 108가지 결정에서 중요한 결정을 가장 많이 내린 인물은 누구일까?

1위는 세종과 박정희이다. 세종은 한글 창제, 대마도 정벌, 4군 6진 개척, 갑인자 주조, 숙신옹주 친영, 공법 개혁(및 후퇴)의 6개 결정의 주체였다. 박정희도 5.16, 경부고속도로 착공, 베트남 파병, 한일회담, 한글전용, 10월 유신의 결정을 내렸다.

두 사람이 내린 역사적 결정이 가장 많으며, 개중에서도 한글 창제나 5.16, 경부고속도로 착공 등 굵직굵직한 결정이 두 사람의 손에서 나왔다는 사실은 우리 역사가 전근대는 세종, 근대는 박정희에 의해 대표될 수 있다는 점을 시사한다. 조선왕조 6백 년의 기틀을 세우며 성리학적 이상세계에 맞춘 여러 규범과 제도를 수립한 세종, 그런 체제가 갖는 모순에 따른 가난과 근대화 지연을 극복하고자 문민 통치와 예교禮敎의 권위를 뒤집어 엎고 '강철의 제국'을 건설한 박정희, 오늘날 우리는 이 두 사람이 남긴 유산에 가장 영향받고 있지 않을까.

공동 3위는 조선 태종과 선조, 그리고 이승만이다. 태종은 1차 왕자의 난, 후계자로 세종 선택 등을 비롯해 네 가지의 역사적 결정을 내렸고, 선조는 동의보감 편찬 결정, 쇄환사 파견 등 네 가지를, 또 이승만은 단독정부 수립, 한미동맹 체결 등을 결정했다. 이들은 모두 역사의 일대 전환기에 최고통치권자의 지위에 앉아 일부는 탁월하게, 일부는 아쉽게 판단을 내렸다고 할 수 있다. 다만 이승만이 배후가 아닌가 하는 의심이 끊이지 않는 김구 암살까지 넣는다면, 이승만이 두 조선 왕을 제치고 단독 3위가 될 것이다.

5위는 위화도 회군 등 세 가지의 역사적 결정을 내린 조선 태조 이성계이다. 세종이나 태종에 비해 태조가 내린 역사적 결정이 적다는 사실에서, 조선왕조의 건국 과정이 정도전 등 신진사대부 세력과 이성계 등 신흥무인 세력의 합작으로 시작해 차차 왕실 중심으로 진행되었음을 알 수 있다.

이 밖에 두 가지씩 역사적 결정을 내린 인물들로 고려 태조(왕건), 고려 광종, 고려 고종, 조선 광해군, 정조, 흥선대원군, 김일성, 김영삼, 김대중이 있다(흥선대원군도 명성황후 암살 결정에 직접 참여했다면 태조와 공동 5위가 될 것이다). 모두 합치면 14명인데, 고려 시대 인물이 3명, 조선이 7명이며 근대 인물은 5명이다. 통일신라 이전의 인물은 하나도 없는데, 시대가 멀수록 현대까지 미치는 영향이 적다는 점에서 볼 때 당연하다고 할까.

또한 이 14명 모두 '보통 사람'이 아니라, 왕이나 대통령 등 국가의 최고통치권을 장악했던 인물들이다. 우리의 역사가 적어도 지금까지는 중앙의 최고통치권자 한 사람을 중심으로 진행되는 경우가 많았음을 알려준다.

세종 : 한글 창제, 대마도 정벌, 4군 6진 개척, 갑인자 주조, 숙신옹
　　　주 친영, 공법 개혁 및 후퇴

박정희: 5.16, 경부고속도로 착공, 베트남 파병, 한일회담, 한글전용,
　　　유신

선조 : 동의보감 편찬 결정, 이순신 전라좌수사 임명, 여진족의 원군
　　　제의 거절, 쇄환사 파견

태종 : 1차 왕자의 난, 조선왕조실록 편찬 결정, 양녕 아닌 세종에 왕
　　　위 계승, 대마도 정벌

이승만: 반탁운동, 단정수립, 농지개혁, 한미동맹

태조 : 위화도 회군, 한양천도, 정도전-이성계 만남

왕건 : 궁예 축출과 고려 건국, 대신라 햇볕정책

광종 : 노비안검법, 과거제

고종 : 강화도 천도, 팔만대장경 조판

광해군: 대동법, 후금에 국서 전달

정조 : 신해통공, 김조순에게 의탁

대원군: 경복궁 중건, 통상수교거부정책

김대중: 남북정상회담, 단일화 실패

김영삼: 단일화 실패, IMF

김일성: 한국전쟁, 카터 방북

한국사 40대 중요 결정

1위	한글 창제 1443년

숱한 역사적 결정을 제치고 한글이 '한국 역사상 가장 중요한 결정'이 된 이유는 그 민족적 의미와 민권적인 의미 때문이다.

민족을 구성하는 것은 혈연관계와 여러 생활 습관이다. 그러나 인간과 인간을 이어주는 가장 확실한 끈이 의사소통이라면, 그 의사소통을 특정짓는 말과 글을 중심으로 민족집단이 형성되는 것은 당연할 것이다. 달리 말하면, 고유의 문자 체계를 갖지 못한 민족은 민족으로 존립하기 어렵다. 또한 의사소통이 인간과 인간을 이어준다는 사실은 의사소통을 자유롭게 할 수 없는 인간은 자기 권리를 주장하기 어렵다는 의미로도 이어진다. 문자를 읽을 수 없다고 해보자. 교육을 받을 수 없을 것이고, 계약서를 읽고 서명할 수도 없을 것이다. 자신을 노예로 파는 것에 동의한다는 문서에도 멋도 모르고 고개를 끄덕이게 되리라. 따라서 문자가 있다는 것, 그것도 누구나 쉽게 배우고 자유롭게 쓸 수 있는 문자가 있다는 것은 기초적 인권 수단이며, 한민족의 일원이 받는 값진 선물이다. 따라서 '한자를 놔두고 따로 문자를 만드는 일은 오랑캐의 소행'이라는 반론을 무릅쓰고 한글을 창제키로 한 세종의 결정은 그 무엇보다 높이 받들지 않을 수 없다.

2위 위화도 회군 1366년

기원전 194년의 위만의 쿠데타에서 1979년 12.12에 이르기까지, 한국사의 고비마다 쿠데타가 있었다. 그중에서도 이성계의 위화도 회군이 가장 중요한 쿠데타이자 한국사에서 두 번째로 중요한 결정으로 꼽힌 이유는, 그것이 사실상 조선 건국 결정이었으며 동시에 우리 민족이 북방에서 결정적으로 발을 빼는 결정이었다는 데 있다.

조선은 5백 년 동안 이어지며 오늘날 남아 있는 '전통'의 대부분을 창출하였다. '조용한 아침의 나라'의 전통에서 '동방예의지국'의 전통까지. 그 전통은 현대에 들어 많이 축소, 변질되고 있으나 앞으로 상당 기간 한민족의 정체성을 주장할 것이다. 그리고 요동 정벌 병력이 '뒤로 돌아' 쿠데타를 감행한 것은 북방 민족과 반도 민족의 정체성을 공유하고 있던 우리가 그 하나를 최종적으로 버리기로 한 결정이었다. 이후 한국사는 오늘에 이르기까지 거의 모두 한반도를 중심으로 전개된다.

3위 나당동맹 648년

위화도 회군이 조선 건국을 결정했다면 김춘추와 당 태종의 나당동맹은 삼국통일을 결정했다. 삼국통일은 갈라져 있던 고대 국가들을 통합하여 한반도 중심으로 민족 정체성을 수립한 사건이었고, 다른 한편으론 동방 민족의 고유한 정체성을 상당히 포기하고 중국 문화권의 변방 국가로 편입되는 계기였다.

4위   5.16   1961년

한국의 쿠데타 중 두 번째로 중요한 사건. 그것은 무신의 난 이래 수백 년
만에 다시 군사 정권을 불러왔다는 이유 외에도, 본격적인 '근대화', '산업
화'가 이루어지는 계기가 되었다는 점에서 중요한 결정이었다. '조용한 아
침의 나라'를 벗어나 근대적인 상공업 중심의 국가로 탈바꿈하려는 움직
임은 조선 후기에도 있었고, 일제강점기와 제1 공화국 시대에도 있었다.
그러나 결정적인 탈피와 변화는 불행하게도 '능률과 실질을 숭상하는' 군
사정권 체제 하에서 비로소 가능했다.

5위   동학농민운동   1894년

슬프게도 우리 역사에서 민중은 대부분 역사의 객체였지, 주체였던 적은
거의 없다. 민중이 중심이 되어 역사의 물줄기를 바꾸는 결정을 내린 경우
는 3.1, 4.19, 5.18 등 주로 20세기 이후에 집중되어 있다. 동학농민운동은
그런 민중운동의 원형이 되었을 뿐 아니라, 봉건적 조선왕조 체제의 종말
을 고하는 동시에 본격적 외세 침략의 계기를 제공하는 결정이었다.

6위   과거제 도입   958년

과거제는 완전히 합리적인 관료 선발제도가 아니었고, 누구에게나 개방되

어 있지도 않았다. 그러나 오직 소수의 귀족 가문만이 부와 권력을 누리던 전통사회에 있어 제한적으로나마 실력 위주의 선발이라는 합리성, 평등성을 제공했다는 점에서 고려 광종 과거제 도입 결정은 의의가 크다. 또한 그것은 오늘날 '입시지옥', '고시 열풍'에까지 맥을 잇고 있으며, '한국인은 사는 내내 시험에만 매달리는 인종'이라는 평가를 받도록 하고 있다.

7위 한국전쟁 1950년

삼국통일이나 고려통일 전쟁은 민족통일의 전쟁이었다. 한국전쟁 역시 민족통일을 지향했다고 한다. 하지만 그것은 결과적으로 분단을 강화하고 확정했다. 참혹한 전쟁에서 가족을 잃고 간신히 살아남은 사람들은 남쪽/북쪽의 동포들을 원수로 여겼다. 그리고 '적'과의 화해를 말하는 자들 역시 '반동' 또는 '빨갱이'라며 탄압하고 학대했다. 그 후 수십 년이 흐르며 원한과 의심은 상당 부분 희석되었으나, 휴전선 철책은 오늘도 여전하다.

8위 평양 천도 427년

천도는 단순히 한 국가의 중심지를 옮긴다는 의미 외에도 기존의 정치적·경제적 기득권에서 탈피해 국가의 면모를 일신한다는 점에서 중요한 역사적 결정이 된다. 그중에서도 고구려 장수왕의 평양 천도는 고구려의 중심축을 만주에서 한반도로 옮기고, 고대문명의 융성 기반을 닦는 한편 '한

민족 정체성'을 발전시켰다는 점에서 가장 의미 있는 천도 결정이었다.

9위   박정희 암살   1979년

박정희는 18년간 집권하며 한국 사회에 많은 변역을 가져왔다. 그러나 그
의 체제가 독재임은 부정할 수 없다. 김재규의 총탄이 아니었다면, 대한민
국은 북한이나 미얀마처럼 하나의 독재자가 종신 집권하는 '무늬만 민주
주의'인 국가로 굳어지게 되었을지도 모른다.

10위   『동의보감』 편찬   1596년

『동의보감』은 허준 한 사람의 개인적 업적이라기보단 임진왜란 이후 도탄
에 빠진 민생을 구하기 위한 국가적 프로젝트의 하나로 진행되었다. 그리
고 그것은 대동법이나 신해통공 등 여러 민생 개혁과 비교해 가장 유감없
이 성공한 프로젝트가 되었다. 또한 『동의보감』은 한국 특유의 한의학을
세웠고, 이후 오늘날까지 한의학은 모두 여기서 나왔다.

11위	남북정상회담	2000년	김대중 · 김정일	남북관계를 화해와 협력관계로 전환
12위	경부고속도로 건설	1968년	박정희	'조용한 아침의 나라'에서 '빨리빨리' 문화로, 압축적 경제성장 시동
13위	무신의 난	1176년	정중부 · 이의방	고려 귀족사회의 붕괴, 정치사회 전반적 격변
14위	고구려 불교 승인	372년	소수림왕	세계종교의 하나인 불교 수입으로 민족문화 확충 삼국의 왕권 강화

15위	**단독정부 수립**	1948년	이승만	남북분단 확정, 냉전구도 고착화
16위	**김구 암살**	1949년	안두희	남북 간 화해 및 평화통일 가능성 상실
17위	**쇄국 정책**	1866년	대원군	근대화가 늦어지고 식민지로 전락
18위	**후보 단일화 실패**	1987년	김영삼 · 김대중	지역주의 등 한국정치의 여러 병폐가 발생
19위	**부계 성 강제조항 폐지**	2005년	헌법재판소	문화적으로 '동방예의지국'의 소멸 계기 인권시대의 본격화
20위	**카터 방북**	1994년	카터 · 김일성 클린턴	제2의 한국전쟁 방지, 남북관계 개선 실마리
21위	**12.12 쿠데타**	1979년	전두환	군사정권의 연장, 광주항쟁 촉발
22위	**올림픽 유치**	1981년	한국정부 국제올림픽위원회	세계는 한국으로, 한국은 세계로
23위	**서희의 강동 6주 획득**	993년	서희	실용주의 외교로 전쟁 방지하고 북방영토 확대
24위	**대동법 실시**	1608년	광해군	점진적 개혁으로 조선 후기의 상공업발전 촉발
25위	**인조반정**	1623년	반정세력	병자호란 촉발, 폐쇄적 성리학체제 수립
26위	**성리학 수입**	1288년	안향	수백 년간 한국 사회에 중대 영향을 끼칠 이념 수입
27위	**강화도 조약**	1876년	고종	제국주의적 세계체제 속에 편입
28위	**IMF 국제금융 신청**	1997년	김영삼	적대적 세계화의 피해, 개발 독재적 경제운용 방식의 유효성 마감
29위	**한반도 분할 점령**	1945년	미국 · 소련	남북분단 초래
30위	**고구려 중원 정벌**	395년	광개토대왕	한반도를 넘어선 민족의 활동무대 모색
31위	**왕건의 대신라 햇볕정책**	818년	왕건	고려 통일
32위	**진흥왕의 성왕 배신과 한강 유역 진출**	553년	진흥왕	신라의 부흥과 삼국통일 기반 마련

33위	**반민특위 습격**	1949년	경찰	친일 청산 좌절, 한국정치의 '원죄' 형성
34위	**33인 독립 선언**	1919년	민족대표 33인	근대적 민중운동과 독립운동의 촉발
35위	**4.19 교수 데모**	1960년	김증한 등 교수들	이승만 독재정권 종식
36위	**신분제 철폐**	1894년	개화파 내각	형식적으로나마 수천 년간의 신분제 폐지
37위	**한미동맹**	1953년	이승만 아이젠하워	현대 한국정치·사회문화의 틀 형성
38위	**묘청의 난**	1135년	묘청	북방정책과 민족 고유사상 좌절
39위	**10월 유신**	1972년	박정희	대한민국 사상 가장 폭압적인 정치체제, 중화학공업화 추진
40위	**문익점 목화 수입**	1363년	문익점	백성들의 실생활에 좋은 영향을 준 개혁